KB262103

전쟁, 평화, 무저항

지은이	가이 허쉬버그 Guy Franklin Hershberger
옮긴이	최봉기
초판발행	2012년 8월 10일
펴낸이	배용하
책임편집	박민서
등록	제364-2008-000013호
펴낸곳	도서출판 대장간
	www.daejanggan.org
	대전광역시 동구 삼성동 285-16
	전화 (042) 673-7424 전송 (042) 623-1424
ISBN	978-89-7071-265-9

이 책은 저작권법에 의해 보호를 받는 출판물입니다.
이 책의 한국어판 저작권은 Herald Press(Menno Media)와 독점 계약한 대장간에 있습니다.

 값 17,000원

전쟁, 평화, 무저항

신앙과 실천으로 보는 메노나이트의 평화 개념

가이 허쉬버그 지음

최 봉 기 옮김

WAR//PEACE//&
//NONRESISTANCE

A classic statement of a
Mennonite peace position
in faith and practice

Guy Franklin Hershberger

목차   War Peace & Non-resistance

3. 신약성서의 무저항

4. 교회사 내의 평화, 전쟁, 국가

5. 유럽 메노나이트

6. 아메리카 메노나이트

목차 War Peace & Non-resistance

• **무저항_nonresistance**: nonresistance는 즉 모든 생물을 살해하지 말며, 또 남이 살해하는 것을 용인하지도 않는다는 사상에서 나온 것이다. 간디는 이 사상에 깊이 공명하였고, 레오 톨스토이, 헨리 소로, 마틴 루터 킹으로 커다란 자취를 남겼다.

비폭력저항투쟁, 시민불복종운동으로 발전한 nonresistance는 우리말로 옮길 때 일반적으로 '무저항'으로 소개되었다. 그러나 선으로 악에 대항하라는 예수의 가르침에 근거하여 적극적이고 자발적 복종의 제자도로써의 성서적 nonresistance 개념을 설명하는 이 책에서는 일반적 개념과는 미묘한 차이가 있다.

추천의 글

가이 허쉬버그의 책 『전쟁, 평화, 무저항』은 메노나이트 교인들과 아나뱁티스트 신앙전통을 따르려는 사람들에게는 매우 귀중한 자산이자 반드시 읽어야 하는 필수교과서와 같은 자료이다. 이 책은 원래 메노나이트 교인들이 자신들의 평화주의 전통과 무저항에 대한 역사적이고 신학적인 이해를 돕기위해 계획된 연구 프로젝트의 결과물이다. 따라서 메노나이트의 신앙과 역사를 이해하는 사람들이 본다면 더욱 이 책의 중요성과 적절성에 대해 깨닫게 될 것이다. 하지만, 아나뱁티스트나 메노나이트에 대한 이해가 부족한 사람이나, 심지어 기독교를 폭력적이고 무례한 종교로 잘못 이해하고 있는 비기독교인이 읽는다해도 이 책은 이들을 기독교 평화주의자로 끌어들일 만큼 설득력있고 매력적인 내용을 담고 있다.

'전쟁, 평화, 무저항' 은 메노나이트 교인들에게는 자신들의 신앙의 현대적 적용에 대한 증언이자 역사를 배우는 기회를 제공하지만1장-7장, 일반 독자들에게는 기독교 평화주의의 핵심 내용을 볼 수 있는 기회를 제공한다.8장-11장 기독교 평화주의 담론형성에 있어 가이 허쉬버그가 공헌한 가장 큰 업적은 성서적 무저항의 의미를 정립한 것과 그것을 현대의 국가, 경제, 사회의 관계안에서 해석하려는 시도를 한것이라고 말 할 수 있다. 그것도 현대 평화주의 개념이 본격적으로 형성되기 이전인 1940년대에 이런 연구의 업적을 이뤘다는 것은 매우 놀란만한 일이다. 사실 지금도 무저항의 개념과 비폭력 저항, 평화주의 등의 개념을 비교분석적으로 명확히 이해하는 것은 결코 쉬운일이 아니다. 그런 점에서 가이 허쉬버그의 책 '전쟁, 평화, 무저항' 은 비록 오래전에 쓰여졌지만 새롭게 평가받아야 할 귀중한 자료이다.

가이 허쉬버그는 기독교인들이 예수의 제자로써 이해하고 따라야 하는 자발적 순종의 매우 중요한 한 부분을 성서적 무저항이라고 분명하게 증언하고 있다. 산상수훈에 나오는 '악한 사람을 대적하지 말고 오히려 핍박하는 사람들을 위해 기도하라' 는 예수의 가르침은 그냥 성경안에 적혀있는 옛날 이야기가 아니라 지금도 따르고 실천해야 할 살아있는 명령으로 받아들이는 것이 성서적 무저항의 근거라고 말한다. 기독교인은 보편적 인류형제애나, 비폭력의 효율성, 또는 전쟁과 비교되는 평화의 윤리적 당위성 때문이 아니라 하나님이 예수 그리스도를 통해 보여준 새로운 계명에서 금지되어 있는 것이기 때문에 무저항을 실천해야 한다고 역설한다. 그 외에 달리 성서적 무저항을 설명할 수 있는 다른 길은 없다는 의미이다. 실제로 메노나이트 교회와 퀘이커 교인들과 같은 전통적 평화교회 Historical Peace Church는 국가의 위협과 겁장이라는 이웃의 비난에도 불구하고 자신들의 신앙의 양심을 굽히지 않았던 것은 바로 이런 단순하지만 분명한 성서해석과 이해가 있었기 때문이다. 지금도 대부분의 메노나이트 대학에서는 메노나이트의 역사와 신학, 기독교윤리학, 그리고 평화학을 특징적으로 가르치고 있다. 이 분야에서 C.J 딕, 존 하워드 요더, 그리고 가이 허쉬버그의 이름은 항상 회자되고 있으며 이들의 대표적인 저서들은 기본 교과서로 계속해서 사용되고 있다.

기독교 평화주의에 대한 이해가 여전히 미약한 한국에서 가이 허쉬버그의 책 ‘전쟁, 평화 그리고 무저항’ 이 출판된다는 것은 놀랄만한 작은 사건이라고 나는 생각한다. 내가 메노나이트 학교들을 다니면서 배우고 깨닫게 된 여러가지 일 가운데 예수의 제자가 된다는 것은 평화와 화해의 사역을 실제로 동참한다는 의미라는 것을 안 것은 귀한 발견이다. 비록 그 실천이 미천하고 아직도 여러가지 관계에서 어려움을 겪고 있는 한계가 많은 사람이지만, 지난 10여년간 평화교육, 갈등전환, 회복적 정의 운동 등 크고 작은 형태의 평화사역을 한국에서 펼쳐보았던 사람으로써 가이 허쉬버그의 책은 나를 다시 한번 평화와 화해의 사역의 본질로 다가가게 하는 힘이 된다. 저자가 책의 마지막에 결론을 대신해서 정리한 개념인 진정한 그리스도의 제자도는 결국 그리스도의 무저항 복음을 전파하는 것이다라는 말이 깊은 울림으로 남는다. 성서적 무저항이 기독교인의 삶의 방식이어야 한다는 것은 많은 부분에서 자신을 돌아보고 더욱 평화와 화해의 사역에 매진하게 되는 원천이 된다.

한국교회의 전체 지형을 보더라도 남북의 분단과 군사적 대치사항이라는 특수한 상황을 늘 겪고 있는 한국에서 교회는 결코 이상황에서 자유로울 수 없었다. 따라서 한국의 주류교회들이 인정하고 따르고 있는 국가와 교회의 관계는 가이 허쉬버그가 역설하는 그리스도의 무저항 복음과는 거리가 먼 이야기다. 군 선교를 통해 년간 수천명의 젊은이들에게 값싼 세례를 베풀고 있는 한국교회에서 오히려 군과 기독교는 땔래야 땔 수 없는 불가분의 관계이고 공생의 관계로 발전했다. 성도를 만드는 것보다 제자를 만드는 것이 더 중요한 것인 줄 알지만 이제 한국교회는 성장과 부흥이라는 두 단어에 볼모로 잡히고 말았다. 그리고 비록 제자가 되는 훈련을 받았더라도 이 성장과 부흥을 위한 '헌신' 된 사람들이지 그리스도의 진정한 무저항의 복음을 실천하는 사람들은 결코 아니다.

만약 당신이 "신앙생활과 국가를 방어하는 군대와 무슨 상관이 있지?"라고 반문하는 사람이거나, "예수 그리스도의 가르침이 현대의 전쟁과 평화에 어떤 직접적 연관성이 있지?"라고 궁금해 하는 사람이라면 가이 허쉬버그의 책 '전쟁, 평화 그리고 무저항'을 반드시 읽어볼 것을 권장한다. 이 책을 통해 현대 기독교가 잃어버린 기독교의 평화전통을 이해 할 수 있을 것이며, 진정한 제자로 사는 것은 어떤 의미인지 다시 한번 깨닫게 될 것이다.

이 세상을 살면서 복음을 더 알아간다는 것은 결코 쉬운일이 아니며 자신을 부담스럽고 불편하게 만드는 일이다. 그러나 우리가 실천할 수 없는 나약한 존재라고 해서 진리 자체를 왜곡하고 부인할 수는 없다. 예수 그리스도를 통해 보여진 새로운 하나님 나라의 비전은 신실하게 하나님의 뜻을 따르는 삶의 길이며 협상될 수 있는 대상이 아니라 자발적 순종으로만 이뤄질 수 있는 길이다. 이것이 바로 진정한 제자도이다. 이 책을 통해 하나님의 나라를 확장해가는 많은 그리스도의 제자들이 세워지기를 기대한다.

이 재 영 한국평화교육훈련원 / 동북아평화교육훈련원 .원장

역자 서문

War, Peace & Non-resistance

한국에서의 이 책의 출판이 늦어졌다는 생각을 지울 수 없으나 지금이라도 번역 출판할 수 있게 된 것을 무척이나 다행스럽게 생각한다. 전쟁으로 말미암아 반세기 이상이나 분단된 채 산업과 문화 등 고도의 발전 가운데서도 여전히 전쟁의 위협 속에서 긴장하고 불안해하며 그러한 전쟁을 억제하고 평화를 가져오려는 노력 속에서 군비경쟁을 해야 하면서도 이념적으로 아직까지 양분되어 사회적 갈등으로 심각하게 상처를 주고받는 한국 사회에 이 책이 꼭 필요하다는 것을, 번역하면서 역자는 더욱 더 절실하게 느꼈기 때문이다. 사람들이 평화를 위해 노력하면서도 서로 이념적 대결로 말미암아 상처를 주고받는 것은 평화에 대해서 모를 뿐만 아니라 평화를 살아보지 못했기 때문이다. 평화를 추구하는 이들의 평화에 대한 사상이 정립되지 않았음은 물론, 평화를 위해서 무엇을 어떻게 실현해야 하는지 평화를 누린다는 것이 무엇인지를 경험해보지 않았기 때문이다.

이 책은 위에서 지적한 대로 우리가 고통 가운데 직면하는 문제들에 대하여 평화를 알고 평화를 실천하며 누릴 줄 아는 사람들의 실질적인 경험으로 조명하고 길을 안내한다. 따라서 이 책은 전쟁, 평화, 무저항에 대한 메노나이트의 단순한 교리적 · 역사적 기록을 능가한다. 이 책 속에는 평화를 사랑하고 이를 실천하기 위한 메노나이트들의 처절한 몸부림이 빼곡히 담겨져 있으며 그러한 희생적 삶이 오늘날 세계에 끼친 영향력이 무엇인지를 분명히 보게 한다. 그런 것들은 전쟁에 대한 억지력, 정교분리 원칙 안에서의 상호 협동, 신앙의 자유, 형제애의 진실, 생태적이며 신앙적인 공동체의 참 모습, 올바른 노동운동에 대한 비전, 세대를 극복하는 신앙교육, 인종 갈등에 대한 치유, 산상수훈을 삶으로 구체화시킨 무저항 등 다양하고 풍부하다.

이 책에서 우리는 전쟁의 역사와 이들 전쟁이 수행한 파괴적인 악의 진면목을 보는 동시에, 이를 중단하고 극복하기 위한 평화운동의 다양성과 문제점을 통해 진정한 평화운동이 무엇이고 어떠해야 하는지를 확실히 알게 된다. 예를 들면, 인문주의자들의 자유로운 평화사상, 톨스토이, 간디 비기독교적인 평화 혹은 저항운동, 사회복음이라고 일컬어졌던 월터 라우쉔부쉬, 기독교 현실주의로 불린 라인홀드 니버 등의 평화주의, 마르틴 루터 킹의 인권 운동, 퀘이커의 평화실천 등을 무저항 평화를 실천하는 메노나이트의 삶과 비교할 수 있으며 어느 것이 진정한 평화를 위한 것인지를 독자들이 이 책을 통해서 알게 될 것이다.

이 책 뒤에 실린 부록은 이 책을 값지게 하는 빼놓을 수 없는 보석들이다. 이 부록을 통해서 독자들은 우리가 어떻게 믿고 생각하고 실천해야 하는지 구체적인 사례를 발견하게 된다. 평화를 위해 수고하는 사람들이라면 반드시 짚고 넘어가야 할 내용들이 무엇인지 알게 될 것이다. 더군다나, 그리스도인들과 교회는 자신들을 비판하고 회개하며 앞으로 어떻게 살고 생각하고 행동해야 하는 것인지를 이 부록 속에서 발견해 낼 수 있을 것이다.

50여 년 전에 출판되어 판을 거듭하면서 이미 이 분야에 고전이 된 이 책의 시제가 번역자와 마찬가지로 독자들에게도 어느 정도의 당혹감을 줄 수 있다고 예상되나, 그러한 문제는 저자의 평화 염원이 담긴 내용으로 충분히 극복할 수 있다고 본다. 그런 시대적인 차이를 잘 극복하여할 책임이 번역자에게 있음에도, 여러 가지로 부족했던 점을 인정하며 독자들의 양해를 구한다. 특별히 메노나이트만이 사용하는 특별한 용어를 번역하는 것이 어려웠다. 사실, 이런 책을 번역 출간하는 데는 출판사의 부담과 용기가 제일 큰 것이다. 대장간 출판사 배용하 대표의 희생을 무릅쓰고 지칠 줄 모르는 용기와 열정에 박수를 보내며, 감사한다. 이 책이 읽혀지는 사람들의 마음속에 그리고 그런 사람들이 함께 모여 사는 땅에 폭넓고 깊은 평화가 이루어지를 소망한다.

최 봉 기 전 침례신학대학교 윤리학 교수 | 전 미국 버지니아 평화교회 담임목사

제5판 서문

　가이 허쉬버그의 자서전 출판에 즈음하여 고전에 해당하는 이 책 제5판이 나오게 된 것은 의미 있는 일이다. 이 책의 제1판 서문을 쓴 해롤드 벤더의 말대로 허쉬버그는 메노나이트 교회 내에서 평화신학이 발전하는 데 큰 공헌을 했다. 이 책의 가장 커다란 장점은 1900년대 중엽 이후 메노나이트가 이해하고 있는 수세기 동안의 무저항 교리를 분명하게 설명하고 있다는 점이다. 비록 무저항이 16세기 아나뱁티스트 당시 이후 하나의 교리로서 채택되었지만, 허쉬버그는 그 개념이 어떻게 확장 되었는지에 대한 이해에 도움을 준다. 이 사상의 많은 부분은 벤더의 아나뱁티스트 비전 개념 위에 제자도 개념을 중심으로 확립되었다. 허쉬버그에 의한 새로운 생각들은 무저항에 관한 사회적 암시를 발전시켰다. 메노나이트가 사회에 동화될 때에 그들의 이웃은 사회적 책임에 관한 질문으로 메노나이트를 압박했었다. 이 책이 처음 출판되었을 때에 가장 커다란 사회적 압박은 산업노동조합에 교회 회원으로서 참여해야 하는가 하는 문제였다. 메노나이트 교회 지도자들은 교회 회원들이 대기업이나 그러한 회사들 내에 조직된 조합 성격을 지닌 논쟁 속에 자본으로든 노동으로든 과도하게 참여하는 것을 피해야 한다고 믿었다.

　허쉬버그가 이 책을 출판할 때에 무저항과 비타협은 서로 밀접하게 연결되어 있었다. 나는 그들을 샴쌍둥이라고 부르고자 한다. 이들은 20세기 중엽에 메노나이트 교회의 두 가지 중요한 특징이었다. 그러나 교회의 사회 참여가 증가되고 주류에 합쳐지면서 그것은 비타협의 다양한 표현으로 남자들에게 평상복, 여자들에게는 민소매의 표시가 되었다. 라디오와 텔

레비전의 영향으로 새로운 세대는 "비타협"이라는 용어 사용을 기피하고 비타협의 다양한 전통적 표현들을 저버리게 되었다.수년 동안 허쉬버그는 메노나이트 총회 산하 평화분과위원회Peace Problem Commitee에서 활발한 역할을 하고 그 실적을 격년으로 열리는 총회에서 보고했었다. 평화분과위원회는 이 시기에 평화신학을 구축하고 교단적인 해답을 제시하는 데 막중한 영향력을 행사했다. 이 책은 그 위원회가 동의하는 많은 내용을 반영하고 있다.1965년 평화분과위원회는 경제 및 사회관계위원회와 통합되었다. 허쉬버그는 1939년과 1951년에 시작된 양 위원회에서 임원과 서기로 수년간 책임 있는 봉사를 했다. 새로운 위원회는 나중에 평화와 사회관련 위원회Committee on Peace and Social Concerns로 바뀌어졌다.이러한 통합은 평화 이념의 중요한 변화를 나타내 보여준다. 그것은 사회관심과 무저항 문제를 같은 입장에서 보는 것이다. 그것은 하나의 상징적 제스처로 가치와 세계관의 변화를 의미하기도 했다. 두 위원회의 통합으로 교회는 점차 전쟁과 폭력을 사회적 해결과 평화와 더불어 사회문제로 접근하게 되었다. 이 책 머리말에서 허쉬버그가 입증하는 것처럼 그 자신의 생각도 폭이 넓어진 메노나이트 교회와 마찬가지로 변화되었다.

평화를 이해하는 좀 더 사회적 방식의 결과로 '무저항' 이라는 단어와 신학적 개념은 특별히 베트남 전쟁 이후 메노나이트 교회의 가장 진보적인 표현으로 선호하게 되었다. 많은 젊은 지도자는 그 개념이 너무 부정적이라고 느끼기도 했다. '비타협' 과 더불어 무저항은 그리스도의 가르침과 그리스도인의 요구에 의한 평화구축 노력의 적극성을 소통하기에는 충분하지 못했다.

　무저항과 비타협이 이면으로 사라지면서 평화와 정의라는 새로운 쌍둥이 단체가 그들이 물러간 자리를 대신했다. 오늘날 평화와 정의라는 괄목할만한 주제는 메노나이트 교회 내에서 가장 두드러진 특징이 되고 있다. 성서적 논리로 독특하게 설정된 무저항과 비타협의 교리와는 달리 평화와 정의는 세속적인 단체에서도 관심을 갖게 되었다. 이러한 맥락에서 성서적 무저항과 자유주의적 평화주의 사이의 차이에 대한 허쉬버그의 명료한 설명은, 현대 독자들에게도 특별한 관심거리가 될 것이다.

　많은 교회의 교파주의적 평화주의자들이 전쟁의 악을 비판하면서도 세속주의자들과 결탁할 당시 허쉬버그는 성서에 기초한 메노나이트 교회의 무저항 신앙과 그리스도인, 비그리스도인을 막론하고 다른 사람들의 전쟁에 대한 일반적인 반대 사이에 분명한 선을 그어 놓았다. 비록 허쉬버그가 이러한 첨예한 구분에 대해 마음의 변화가 있었지만, 진지하게 예수의 명령을 따르는 비타협적인 그리스도인의 눈을 통하여서만 의미 있는 교회에 순수하게 봉사했음을 볼 수 있다.

　'무저항'이 외면당한 뒤 1990년대 초기에 다시 등장하게 된 것은 흥미 있는 일이다. 걸프 전쟁은 평화구현이라는 옛 개념에 관한 토론을 불러일으켰다. 이 단어는 1995년 메노나이트 교회와 메노나이트 교회 총회에서 채택된 메노나이트 전망에 대한 신앙고백에서 '평화'와 '정의'를 함께 사용했다.

　이 책은 현대 독자들에게 기독교 교리의 중요한 부분으로 무저항의 유용성을 일깨우는 데 도움을 준다. 평화에 대한 확신은 독재자들이 철권과 테러로 통치하고 순진한 삶을 말살하려는 세계에서 독특한 위치를 지닌다. 허쉬버그가 이 책을 쓴 시기 이후에도 여러 역사적 평화교회들이 모든 전쟁 참여에 반대한다는 확신을 갖지는 못했었다. 심지어 아주 보수적인 메노나이트 단체 안에서도 몇몇 회원들은 교회의 가르침을 거부하고 전쟁터로 나가기도 했다. 좀 더 나은 길을 제시하는 다른 신실한 지도자들의 목소리에 허쉬버그가 합류한 것에 대해 하나님께 감사한다. 우리도 마찬가지로 예수님께서 제자들에게 주셨던 평화의 은혜에 대한 청지기가 되기를 소원한다.

2009년 10월

어빈 스투즈만 Ervin R. Stutzman

제4판 서문

반세기의 전망

제2차 세계대전 중반에 메노나이트 교회는 시대적인 국가가 승인한 폭력에 직면할 수 있는 신앙과 행동을 위한 기초로서 "가장 확실하게 믿는 것"들에 대한 진술을 이해할 필요가 있었다. 두 메노나이트 학자가 이에 도전했다. 해롤드 S. 벤더가 이제는 고전이 된 『아나뱁티스트의 비전』을 통해 16세기 역사를 재서술했다. 그리고 가이 F. 허쉬버그가 이 책 『전쟁, 평화, 무저항』을 통해 이전에 이루어 놓은 어떤 것보다도 완전하게 메노나이트의 평화에 대한 입장을 말하고 있다.

이 책은 처음 출판 된 이후 지난 50여 년 동안 지속적으로 판을 거듭하면서 허쉬버그의 서술의 중요성을 입증하고 있다. 최소한 한 세대 동안 하나의 이정표가 되었던 이 연구는 모든 북미 메노나이트에게 실질적으로 기초적인 평화신학으로서의 역할을 했다. 이는 메노나이트 사람들에게 자신을 더 잘 이해하고 그들의 증거를 더 넓은 세계에 제시하는 데 도움이 되었다. 1953년과 1969년의 개정판과 더불어 이 책은 10,000권이 넘게 출판되었다.

전쟁 문제에 대한 간단한 설명 뒤에 허쉬버그는 구약과 신약성경에 기초한 평화주의자의 성경해석을 제시하였다. 교회사 속에서의 평화 주제에 대한 그의 연구는 아나뱁티스트 메노나이트의 경험에 집중되었다. 책의 나머지 절반은 삶과 관련된 여러 분야, 즉 구제와 봉사, 산업과 인류 관계에 대한 태도 그리고 교회와 국가의 항구적인 문제에 대한 발전된 현대의 평화적 입장을 함축하고 있다.

허쉬버그는 제목 자체에서 무저항을 그리스도인과 다른 사람들 사이에 설명된 내용에서 전쟁과 평화에 관련된 기존 생각들을 구별하였다. 현대 평화주의나 간디의 비폭력과는 달리 예수께서 가르치신 문자적 무저항은 "십자가의 길"을 지향했다. 이 주제는 이후에 출판된 허쉬버그의 *The Way of the Cross in Human Relations*(Herald Press, 1958)에서 하나의 원리로 체계화 되었는데 나중 책에서 허쉬버그는 문자적인 사회복음, 근본주의 그리고 니버의 신정통주의와는 다른 "제4의 길"을 의미하게 되었다. 허쉬버그가 주장하는 가장 대표적인 특징은, 그가 사회에 끼친 무저항공동체의 긍정적 영향력이라고 하겠다. 오리겐, T. S. 엘리엇, 소로킨 등 광범위한 인용문을 통하여 그는 "세계가 언덕 위에 세워둔 빛처럼 진리와 의로운 길을 비추는 증언으로서 무저항 그리스도인의 사역을 필요로 한다"고 주장하였다. 이처럼 교회는 "하늘의 통치령"으로 단순한 인간의 제도이거나 알 수 없는 초월적 현상도 아닌, 여기 지구상 역사 가운데서 하나님의 나라를 모델로 하여 진정한 사람들이 찾아야할 대안공동체인 것이다.

출판 당시, 폴 토웨가 전쟁 중에서의 메노나이트 평화사상이라고 평가한 관점에서 이 책은 하나의 개념적 승리였다. 허쉬버그가 성서적 무저항을 비정치적으로 분명하게 설명하였기 때문에 그리스도인의 정치적 활동에 경각심을 갖게 했다. 신실한 무저항 공동체는 그 자체가 사회질서에 대한 예언자적 증인이 된다. 이 전망은 메노나이트 교회로 더 활동적인 사회봉사 형태와 좀 더 광범위한 세계, 심지어는 정치적 활동에 대한 증언으로 진전해 나아가는 데 도움을 준다.

물론 메노나이트 평화 사상은 1944년 이후 신중하게 발전해왔다. 그러나 허쉬버그와 견해를 달리하는 사람들마저도 대부분 그에게 빚을 지고 있음을 인정한다. 그리고 허쉬버그 자신은 그의 견해에 도전하는 젊은 학자들의 새로운 연구로부터 배우는 데 개방적이었다. 우리는 그러한 발전에서 몇 가지 중요한 분야를 아래와 같이 간단히 요약할 수 있을 것이다.

처음부터 문자적인 무저항을 복합적인 평화윤리의 기초로 부적합하다고 보는 비판이 있었다. 어떤 사람들은 그것을 수동적이며 정적주의, 그리고 건전하지 못한 자기부정에 이르는 "심리학적 금욕주의"라고 불렀다. 다른 사람들은 "네 원수를 사랑하라"는 예수님의 명령은 수동성을 넘어 마태복음 5장 38~42절 말씀의 '무방비' 자세를 능가한다고 말한다. 무저항은 사랑하는 사람들의 숫자보다 위반하지 않는 사람의 숫자에 더 많은 관심을 갖는 것처럼 질문된다. 분명히 허쉬버그의 개념은 단순한 부정적인 입장 그 이상이다. 평화를 만들고 원수를 사랑하라고 하신 산상수훈은 그리스도인 사랑의 긍정적인 자세를 강조하는 로마서 12장에서의 바울의 가르침과 병행된다. 허쉬버그에게 무저항은 모든 삶에서 함축하는 사랑의 봉사라는 제자도를 포함한다.

역설적이게도 우리는 지금 허쉬버그의 사상이 라인홀드 니버가 말하는 절대주의자로서의 예수님의 모습을 받아들임으로 왜곡되었다고 한다. 니버는 예수께서 폭력과 마찬가지로 억압을 거부하는 타협하지 않는 자기희생적 사랑의 윤리를 가르쳤다고 주장한다. 그러나 니버 자신은 실제 세계를 위한 "불가능의 가능성"으로서의 자세라고 이를 부정한다.

다른 메노나이트 학자J. Lawrence Burkholder, John Howard Yoder, Willard Swartley들은 예수님의 사역에서 능동적인 비폭력 저항 요소를 회복하고자 한다. 신중한 성서 해석에 기초하여 우리는 예수의 사역을 강압적이고 혁명적인 상황과 관련된 용어로 하나님나라를 선포하신 분으로 이해할 수도 있을 것이다. 이러한 관점은 니버와 허쉬버그의 비정치적인 예수의 모습과는 상관없는 것이다.

이러한 주제와 밀접히 관련된 것은 비폭력 지향적 활동에 관한 달라진 평가이다. 1944년 허쉬버그는 비폭력을 인도의 운명을 위한 갈등에서 보여준 간디로부터 나온 것으로, 이를 의혹의 여지가 있는 세속적인 개념으로 보는 메노나이트 관점에서 말했다. 비폭력적인 강압은 특별한 사회적 목적과 메노나이트 정황과는 다른 정치적 운동을 위해 사용된 단순한 인간적 전략이었다. 그러나 오늘날 민권 운동과 마틴 루터 킹 주니어의 지도력의 등장과 더불어 나타난 새로운 형태의 비폭력 활동은, 인종적 정의와 평화적인 사회변혁에 관심이 있는 메노나이트에게 매력적이다. 1957년 초기, 허쉬버그는 흑인교회에 뿌리를 두고 원수를 위한 기도와 사랑을 강조하고, 고통과 부당함을 참는 것을 보고 킹의 운동에 대하여 적극적으로 말하게 되었다.

세 번째 분야의 변화는 교회와 국가 관계에서였다. 1944년 허쉬버그는 신약성서와 아나뱁티스트의 규범으로 교회와 국가의 분리를 엄격하게 주장했다.그는 무저항 그리스도인의 어떠한 정부참여에 대해서도 배타적이었다. 국가에 대한 증언으로 추천되는 것으로는 오직 "언덕 위에 있는" 빛으로서 대안적인 기독교 공동체 모델뿐이었다. 무저항이셨던 예수님의 본보기를 따르라는 공직자에 대한 메노 시몬스의 맹렬한 도전에 대해서는 아무런 언급도 없었다. 허쉬버그는 평화를 분명하게 증언하면서 공동체와 심지어 국가 정치에 좀 더 적극적으로 참여하라고 권고한 네덜란드-러시아(메노나이트 일반 총회) 모델도 인정하지 않았다.C. H. Wedel, H. P. Krehbiel, E. L. Harshbarger

그러나 1960년 허쉬버그 자신은 "모든 정사와 권세" 위에 그리스도의 주권을 긍정하는 새롭게 부상하는 교회-국가 관련 신학이 발전하는 데 적극적이었다. 이는 "두 왕국"이라는 엄격한 교회-국가 이원론에 대한 분명한 부정이었다. 만약 그리스도가 교회와 세상의 주인이시라면 국가에 대한 예언적 증언은 복음 선포와 일치하는 부분이 될 것이다. 교회와 국가의 기본적인 분리를 가정할 때에 이러한 견해는 교회로 하여금 국가를 포함하여 사회가 그리스도를 통하여 알려진 하나님의 뜻에 책임 있게 응답할 것을 요청하도록 한 것이다. 허쉬버그의 저서를 통해 제기된 문제에 더욱 빛을 발하는 대답은, 구약성서 안에서 하나님이 사용하신 전쟁에 대한 특별한 관점과 정의의 요구에 대한 강조, 그리고 억압과 타협에 대한 거부를 강조함에서 찾아질 수 있겠다.

가이 허쉬버그는 평화와 사회적 관심에 관한 다음 세대의 이슈를 적극적으로 수용하였다. 그는 새로운 아이디어와 복음의 변화시키는 능력을 이해하고 선포하기 위한 그의 관심을 공유하고자 하는 젊은 학자들과의 소중한 대화에 개방적이었다. 이 책 『전쟁, 평화, 무저항』을 계속 출판하는 것은 그의 신실성에 대한 입증이라고 하겠다.

1991년

존 R. 버크홀더John Richard Burkholder

제3판 머리말

제2차 세계대전 와중에 처음으로 출판된 전쟁, 평화, 무저항의 제2판 개정판은 1953년에 출간되었다. 제2판에서의 개정은 다음 세 가지에 주로 초점을 두었다. 1) 메노나이트의 전쟁 경험을 다루는 부분에서 이 이야기가 다른 곳에서 말하는 내용과 조화하도록 가능한 한 간결하게 요약하였다. 2) 제2차 세계대전 경험으로 인하여 갑자기 성장하여 세계적으로 넓혀진 메노나이트 평화증언을 참작하였다. 3) 제10장에서 성서적 무저항에 대한 사회적 암시를 제1판에서보다는 넓은 전망으로 함축시켰다.제3판은 최소한의 변화를 제외한다면 그렇게 폭넓은 개정이라고 할 수 없겠다. 제7장에서 3내지 4쪽 정도, 세계로 넓혀진 메노나이트의 평화 증언을 삽입했다. 몇 가지 통계, 특히 교회 회원 숫자를 바로 잡았다. 매 장 끝에 딸린 선택적인 도서목록에 최근에 출판된 몇 가지 새로운 제목들을 더했다(본 번역에서는 장 끝에 딸린 도서목록들이 우리가 참고할 수 있는 자료현실과 거리가 있어서 넣지 않았다. 이 분야에 대한 좀 더 깊은 연구를 원하는 사람은 부득이 원서를 참고하여야할 것 같다. 이점 양해를 바란다–역자). 네 개의 부록을 빼고 새롭게 세 개의 부록을 첨가했는데 이들은 그리스도인의 국가와 무저항의 사회 관련 내용으로 메노나이트 총회의 최근 공식 선언문들이다.

다른 것들은 제1판과 2판 내용을 그대로 두었다.1958년에 출판된 졸저 『인간관계 안에서의 십자가의 길』에서 이 책『전쟁와 평화 그리고 무저항』에서보다 다음 네 가지 내용을 더 깊이 다루고자 했다. 1) 십자가의 길이라고 부르는 기독교 윤리의 성서적·신학적 기초, 2) 세기를 걸쳐 요구되는 윤리에 대한 그리스도인의 책임에 대한 평가, 3) 현대생활에서의 그리스도의 윤리에 대한 사회적 암시와 십자가의 길에 관한 온전한 의미, 그리고 4) 신약성서의 종말론적 전망.『인간관계 안에서의 십자가의 길』에서 나타난 것보다 더 진전된 면에서『전쟁, 평화, 무저항』을 계속 출판함으로 출판인의 마음에 이 책을 하나의 '고전'으로 받아들인 것을 여겨져 기뻤다. 변화하는 세계 속에서 지속적인 원리를 분명히 하고 새로운 것을 받아들여 변화가 요구하는 것을 충족시키고자 새롭게 적용하지 않으면 안 된다. 그러나 중요한 점은 신약성서 윤리는 변할 수 없는 영원한 원리의 본체를 구성한다는 것이다. 나아가 이들 영원한 원리는『전쟁, 평화, 무저항』안에서 진리로 반영되고 있으며, 저자는 이 책이 그런 점에서 항구적인 가치를 지니고 있음을 확신한다.

『전쟁, 평화, 무저항』이 오늘날 처음으로 출판되었다면, 평화주의와 반평화주의, 신약성서의 사회적 암시 등을 다룸에 있어서, 그 당시 마틴 루터 킹이나 베트남 전쟁의 수렁에 빠진 미국 군인들의 꿈에 대해서 들어본 적이 없는 때와는 다른 접근을 했을 것이다.『인간관계 안에서의 십자가의 길』에서도 킹이나 베트남 이름은 발견되지 않는데, 아마도 현대 세계가 너무 빠르게 변하고 있든지 아니면 저자가 변화하는 세상에서 너무 느린 것은 아닌가 생각해본다.

변화가 오고 또 가고, 나라와 민족들이 해를 따를 흥망성쇠 하더라도 위에서 모든 역사를 지배하시는 주님은 확고하며 그분의 영원하고 불변하는 법은 여전하다고 본다. 따라서 비록 완전하지 못할지라도, 『전쟁, 평화, 무저항』이 아주 분명하게 이들 영원한 법을 반영함으로서 다음에 만약에 다시 판을 거듭하게 될 때에라도 그 가치가 지속되기를 바라는 바이다.

모든 성경 인용은 흠정역King James Version을 사용했으며, 다른 경우에는 각각 따로 밝혔다.

1968년 6월 10일 고센, 인디아나 주

가이 허쉬버그Guy F. Hershberger

제2판 머리말

이 책이 출판 된지도 어느덧 8년 이상이 지났음으로 수정이 요구되는 것들을 이 판에 가미했다. 제1장에서 5장까지는 아주 약간의 변화 이외는 제1판 그대로 두었다. 그러나 제3장에서는 "복음의 핵심으로서의 무저항"을 새로운 부분으로 덧붙였다. 제4장 끝에 몇 줄을 더하여서 제1차 세계대전 이후 유럽과 미국 개신교 내에서 성장하는 무저항과 평화주의를 지적하고자 했다.

제5장에서는 통계자료를 새롭게 했다.

미국 메노나이트의 전시 경험을 다룬 초판의 6장, 7장, 9장은 개정판 제5장으로 압축했다. 1951년에 발행된 초판 9장 "제2차 세계대전 기간의 메노나이트 교회" 관련 자료들을 자세히 다루었기 때문에 그대로 두는 것이 좋다고 보았다. 개정판 7장은 원래의 8장 자료들을 어느 정도 포함하면서 최근에 세계로 넓혀진 메노나이트 평화증언에 관한 이야기들을 포함시켜 내용을 새롭게 했다. 네덜란드과 유럽 메노나이트 가운데서 무저항의 부활과 전 세계를 걸쳐 메노나이트의 공격적인 평화증언이 증가함으로 특별히 이 개정판이 필요했다. 메노나이트중앙위원회의 역사를 다룬 존 D. 언루의 책, 『그리스도의 이름으로』(1952)의 출간으로 제8장에 원래 포함되었던 구제에 관한 역사 내용을 뺄 수 있게 되었다. 개정판 제8장은 약간 수정된 초판의 10장에 해당된다. 제9장은 초판 11장에 12장을 압축시켜 포함시켰다. 제1판 12장에는 성서적 무저항과 미국시민공공봉사 실험에서 발견된 현대 평화주의와의 관계에 관한 많은 양의 사례가 포함되어 있었다. 시민공공봉사 프로그램에 대한 상세한 설명은 1949년 출간된 멜빈 킹 그리히의 『평화를 위한 봉사』로 말미암아 불필요한 것으로 여겨졌다. 제11 장은 제1판 14장을 그대로 두었다. 개정판 제10장은 초판 13장의 제목을 바꾸고 새로운 접근을 시도했다. 단순한 산업 갈등 문제에 대한 무저항 시 도를 다룬다기보다는 더 넓은 기반으로 문제를 다루고 무저항에 대한 성 서적 배경의 더욱 광범위한 면을 보여주고자 했다. 제12장은 초판 15장에 몇 가지 내용을 덧붙였다. 초판의 부록 12개중 3개를 뺐으며 새롭게 3개를 다시 첨부하였다. 각 장 끝에 나오는 선택된 도서목록은 새롭게 등장한 중 요한 자료들로 역시 새로워져야만 했다.

1953년 1월 9일 고센, 인디아나주

가이 허쉬버그Guy F. Hershberger

제1판 서문

그리스도인의 신앙과 역사 속에서의 무저항에 관한 종합적이고 권위 있는 작업을 오래 동안 기대해왔는 데 이제 "전쟁, 평화, 무저항"이라는 제목으로 그 빛을 보게 되었다. 이 책의 가치는 전쟁과 평화에 관한 성서적 교훈을 분명하게 제시한 점에 있으며 그것을 적용하여 역사와 현대 삶에서 메노나이트가 주로 이행해 온 것을 상세하게 보고하고 있을 뿐만 아니라 성서적 무저항과 현대 평화주의 사이의 차이를 철저하게 분석하고 미래의 무저항 교훈과 실천에 관한 활성적인 프로그램을 실천적으로 제시했다는 데 있다. 그 범위와 명백성, 철저함, 실천적 의미, 성서에 충실한 점과 열정적인 개인적인 헌신과 호소에서 책의 내용은 깊은 공감을 갖게 한다.

이 책의 출판을 위한 준비는 메노나이트 교회의 평화분과위원회로부터 위임받아 수년간 계속되어 온 것으로 안다. 원래는 젊은이들을 위한 학생 매뉴얼로 의도되었는 데 하나의 체계적이고 해박한 교리와 역사적인 논문처럼 발전되었다. 이처럼 이 책은 커다란 필요를 충족시켜주며 봉사의 업적을 남기게 되었다. 무저항 삶의 방법에 이미 헌신한 그리스도인에 대한 확신과 강화를 분명하게 심화하고 하나님의 길을 진지하게 추구하는 모든 사람에게 확실한 증언이 되는 것이야말로 위원회가 이 책에 대해서 바라는 바였다. 이와 같은 바람은 그리스도인 무저항에 관여한 삶의 길이 그리스도인의 삶 전반에서 거리낌 없는 사랑의 실천과 예수님의 발자취를 따르길 요구한다는 것을 알고 전쟁에 참여하지 않는다기보다 더 광대한 것을 의미한다는 신념에 의해 한층 더 보강되었다. 종교개혁 당시 스위스와 네덜란드에서 처음부터 평화적인 형제애로 구성된 메노나이트의 무저항 관련 기록에는 많은 도전과 영감이 있다. 그러나 지난날의 기록에서뿐만 아니라 최근의 기록 속에서도 교회로 하여금 자만하지 않고 분발하게 하는 공격적이며 헌신적인 행위가 많이 있었다. 이 책은 이러한 목적을 위해서도 가치가 있다.

전체 메노나이트 교회는 분명히 저자의 마지막 결론에 거의 대부분 공감할 것이다. 그러나 중간 중간 어떤 점에서, 특별히 구약성서에서의 전쟁과 평화에 관한 난제에 대하여 동의하지 않는 사람들도 있을 것이다.

이 문제는 하나님께서 새로운 언약으로 금하신 것을 옛 언약 아래서 허락하셨음을 논쟁이 아닌 단순하고 신뢰할만한 서술로 진지하게 잘 다루었다고 본다. 오히려 저자는 영원토록 거룩하시고 불변하시는 하나님께서 왜 그렇게 하셨는가를 진지하게 묻고 대답하려는 입장을 택하고 있다. 교회 내에서 어떤 사람들은 옛 언약 아래서는 전쟁을 수행하는 것이 하나님의 뜻과 일치하는 것이나 새 언약에서는 그리스도와 사도들이 가르치신 무저항과 사랑의 길이 새롭게 주어졌다고 주장하기도 한다. 이에 대해서 저자는 하나님의 근본적인 도덕법은 변하지 않고 있다는 결론으로 이끌어갔다. 이 결론에 동의하지 않는 사람들은 진실하게 성서적이고 합리적인 해결을 찾으려는 저자의 노력의 신실성에 감사하고 그들 나름대로의 대답에 대한 새로운 비판적 검토에 의해 자극을 받아야 할 것이라고 본다. 구약성서의 전쟁에 관한 다양한 질문의 여지는 그리스도인의 전쟁 참여에 대한 신약성서 교훈에 동의한다면 그렇게 중요한 것이라고 보지 않는다.

저자로부터 "전쟁, 평화, 무저항" 원고를 받아 감수한 후, 헤랄드 출판사에 넘기는 나의 기도는 이 책이 되도록이면 많이 보급되기를 바라는 마음이다. 평화분과위원회와 메노나이트 출판국의 출판위원회와 더불어 원고의 최종적인 감수 책임은 위원회 위원장인 해롤드 S. 벤더와 폴 엡에게 있음을 동의한다. 이 책이 출간되어 나올 수 있게 된 것을 진심으로 축하하면서 독자 여러분에게 적극적으로 추천한다.

해롤드 S. 벤더 Harold S. Bender
평화분과위원회 위원장

제1판 머리말

무저항은 종교개혁 시절 메노나이트교회 역사 초기부터 채택된 성서적인 원칙이자 삶의 길이었다. 이 책은 모든 사람, 특별히 메노나이트 사람들이 신앙과 삶을 좀 더 잘 이해할 수 있었으면 하는 희망에서 썼다.

성서적 기초와 역사적 발전, 무저항 신앙의 현재 상태와 미래를 위한 제시를 균형 있게 다루고자 노력하였다. 오늘날에는 많은 형태의 평화주의가 있기 때문에 이와 같은 다양한 형태를 분석하고 명료하게 하여 성서적 무저항과의 관계를 보여주고자 했다.

무저항과 관련된 성서적 기초에 대한 어떤 논쟁에서든 여기에 내려진 결론은 성경에 대한 저자의 관점으로부터 나온 것이다. 성서로부터, 특히 전쟁에 대한 거룩한 승인으로 보이는 구약성서로부터, 그 목록을 집계하는 것은 어려운 과제가 아니었다. 만약 이들을 해석의 규범으로 삼고 성경의 나머지를 그 규범에 의해 해석했다면, 결론은 전쟁을 위한 설득력을 가졌을 것이다. 이것이 바로 근본주의적 군사주의자들의 견해인 것이다. 다른 한편, 현대 평화주의자들은 예수님의 윤리적 가르침과는 맞지 않는 것으로 보이는 타당성이 없는 성서의 단편적인 부분까지도 거부하지 않고 규범적으로 받아들인다. 라인홀드 니버로 대표되는 신정통주의적 이원론은 예수님의 교훈에 무저항적 요소가 있음을 인정하지만, 성서에 대한 자유주의적 견해로 말미암아 이 교훈은 오늘날 그리스도인들에게 적합한 것이 아니라고 한다. 이 견해는 대중적인 평화주의를 거부하지만 신약성서 무저항을 순수하다고 여기면서도 "기독교적 군사주의"를 보완하고 후자는 정치적 질서를 위해서 필요한 해결책이며 전자는 순수한 기독교 윤리를 위한 증언이라고 한다.

메노나이트의 견해는 구약의 언약 하에서는 전쟁이 허용되지만 신약에서는 전쟁이 금지되었음을 인정하는 언약 신학을 강조한다. 하나님께서는 어느 시기에나 유효한 근본적인 도덕법을 제공하셨다는 것이 저자의 견해이다. 이 견해는, 십계명은 도덕법의 핵심을 구체화하였으며 예수님의 삶과 가르치심은 권위 있는 해석이자 완성임을 주장한다. 이 견해는 사랑의 계명, 혹은 "너는 살인하지 말라"는 금지법의 전제는 하나님의 근본적인 법의 단편이며, 그리스도의 삶과 교훈은 권위를 지닌 승인이자 해석, 계명의 완성이라는 점에서 출발한다. 모세의 시민법의 기준은 당시의 저급한 도덕적 상태와 영적 미숙에 대한 하나님 편에서의 일시적인 양보를 의미하며, 그러한 양보는 하나님의 뜻에 의해서가 아니라 인간의 죄에 의해 부득이한 것이었음을 가정한다.

이 작업을 준비하는 데 여러 면에서 도움이 되었던 분들을 여기에 명시하고자 한다. 고센 대학은 1942~43년도 가을학기 동안 안식년을 허용하여 저술할 수 있는 시간을 내주었다. 메노나이트 출판위원회 출판위원들이 원고를 감수해주었으며, 평화분과위원회도 이 작업을 후원했다. 그밖에 원고를 읽고 비판적인 도움을 주신 분들은 John L. Horst, Chester K. Lehman, John R. Mumaw, P. H. Richert, Donovan E. Smucher, Sanford C. Yoder같은 분들이었다. 칼 크라이더Carl Kreider는 제13장에 도움이 되는 제안을 해주었다. 헤롤드 벤더Harold S. Bender와 폴 어브Paul Erb

은 초본 원고와 교정본까지도 읽고 도움을 주신 분들이다. 내 아내 Clara Hooley Hershberger는 원고교정을 도와주었다. 이들 친구들은 저자가 저지를 수 있는 많은 오류를 막아주었다. 그럼에도, 여전히 어떤 오류를 발견한다면, 그 책임은 전적으로 저자인 나 자신에게 있음을 인정한다.

1944년 2월 23일 고센, 인디아나주

가이 허쉬버그Guy F. Hershberger

1

인류역사와 전쟁

전쟁은 어느 한 편이 다른 편으로 하여금 억지로 힘을 사용하여 항복하도록 만드는 사회적 갈등이라고 할 수 있겠다. 이러한 전쟁은 모든 종류의 사회단체에서 생겨난다. 때로 전쟁은 나라들과 종족 사이에서도 발생한다. 종교적 전쟁은 역사적으로 어느 때나 매우 일반적인 것이었다. 인종간의 전쟁이 있는가 하면 정당이나 사회계층 간에 심지어는 가족과 개인 사이에도 다툼이 있다. 전쟁은 일반적으로 무장한 상황에서의 갈등이기 때문에 직접적으로 인간의 생명을 앗아가는 결과를 낳는다. 그러나 신체적인 무장이 억지력의 전부는 아니었다. 사반세기 동안 간디는 그가 말하는 소위 "영혼의 힘"을 사용하여 인도의 독립전쟁을 효과적으로 이끌었다. 간디의 비폭력 제안은 무저항과 혼동되기도 하나 원치 않는 상대방으로부터 항복을 받아내고자 하는 것이 일차적인 목적이기 때문에 그것도 전쟁의 한 형태라고 할 수 있겠다.[1]

전쟁과 물질문명

전쟁은 인류의 역사만큼이나 오래됐다. 비록 시대에 따라 다르지만, 전쟁의 명목상 근본적인 원인은 같다고 본다. 성경은 첫 번째 살인에 대해서 먼저 하나님께 죄를 지음으로 그의 형제를 살해하게 되는 것이라고 말한다.[2]

전쟁의 근본 원인은 죄이다. 먼저 마음속에서 하나님께 대한 불복종이 있는 것이다. 싸움과 살인은 거룩한 뜻에 대한 불복종의 결과였다. 다른 형태의 죄에서도 마찬가지로, 전쟁과 살인은 또 다른 결과가 있기 마련이다. 가인이 끔찍한 행위를 저질렀을 때에 그는 도망하여 방랑하는 자가 되어야만 했다. 그가 떠나가 버린 사회에서 그에 대한 신뢰는 더는 없었다. 그는 추방되고 만 것이다.

그러나 시간이 흐르면서 가인과 그의 후손들은 한 사회를 이루고 그들 자신의 문명을 발전시켰다. 분명히 그것은 어느 정도 필요한 물질문명이기도 했다. 창세기는 장막 안에 거하는 자와 도시 안에 거하는 자에 대해서 간단하게 설명한다. 거기에는 가축 떼들이 있었으며 동과 철로 만든 무기들과 악기들이 있었다. 그러나 그것들은 모두 하나님을 대적하는 세상과 관련된 세속적인 문명이었다. 그 이야기는 살인으로 시작되고 살인자의 노래로 끝난다.3) 가인의 악하고 세속적인 문명일지라도 물질적인 번영은 가능했다. 영적 관심의 배제는 세속적인 것에 집중할 수 있었고, 그 결과로 세상적인 특징은 한 방향으로만 강화되었다. 삶에서 영적 관심을 무시하고 세속적인 것만을 추구하는 그들 모든 에너지는 기독교적 원리에 기초하여 하나님을 섬기는 편에서 힘써 이룰 수 있는 것들보다도 훨씬 더 많이 성취할 수 있었던 것 같다.

어쨌든 고도의 수준에 이른 물질문명이라 할지라도 전쟁을 막아낼 수는 없었다. 물질문명과 전쟁은 함께 하기도 하고 둘 중 어느 하나가 다른 쪽의 원인이 되기도 했다. 분명한 것은 전쟁이 문명 안에 있는 문화적·영적 요소들을 파괴하며, 전쟁이 지속되면 물질적인 요소마저도 파괴된다는 것이다. 그러면서도 전쟁과 물질문명의 확장이 함께 동반함에는 의심의 여지가 없는 것 같다. 역사 속에서 가장 파괴적이었던 전쟁은 산업발달이 최고의 수준에 이른 우리 시대에 있었다. 여기에는 우리 자신들의 문명을 이해하는 데 하나의 분명한 의미가 있다. 미래의 역사가들은 산업면에서 우리의 문명이 최고에 이르렀을 때에, 그리고 경건과 영적 가치에 아무런 관심이 없을 때에 가장 파괴적인 전쟁이 있었다고 기록하지 않을까? 최근에 잔인한 조상으로 드러난 원시적인 사람들에게서 이미 전쟁이 있었다는 진화론적 관점에 대하여 현재 세상의 상황에선 아무런 할 말이 없을 것 같다. 원시적인 사람들에게 전형적이었던 전쟁은 비록 그들이 문명화 되었다고 가정한들 달라질 게 아무 것도 없는 것 같다. 역사의 기록은4) 분명히 잔인한 종족 가운데 더 많은 전쟁이 있었음을 시사한다. 하지만, 이는 진보된 문명을 지닌 이웃이 먼저 그들에게서 금과 은, 다른 형태의 부를 약탈했기 때문이다. 어쨌든 남아프리카 사람들은 노예무역이 있기 전까지는 상대적으로 평화로웠던 것으로 보인다. 마찬가지로 아메리칸 원주민들도 역시 문명화된 백인들이 총과 무기, 자질구레한 장신구들과 럼주를 들고 들어오기 전까지는 대체적으로 평화로웠던 같다.

고대의 전쟁

종족간의 전쟁이 있기는 했으나 더 문명화된 이웃들로 인해 분쟁은 그칠 줄을 몰랐다. 고대와 중세시대에는 이동 가능한 부의 확보를 위한 약탈 전쟁이 일반적이었다. 고대 지중해 연안의 도시와 문명들은 오지에서 온 종족들에 의해 침략을 당했다. 수 세기 동안 중국은 빈번히 몽골과 시베리아에서 온 종족들의 습격을 받아야만 했다. 이와 같은 형태의 전쟁은 주후 5세기에 유럽을 침략한 훈족과 아시아 사람들, 13세기 몽골의 정복자 칭기즈칸에 의해 최고조에 달했다. 그러나 현대 기술적인 전쟁 방법은 한 때 인류 역사에 중요한 의미를 지녔던 이들 종족들의 침략을 훨씬 능가하는 것이 되고 말았다.

고대의 수많은 전쟁은 한 민족이 다른 민족을 이동시키기 위한 싸움이기도 했다. 주전 삼천년 전, 다수의 셈족 사람들은 그곳의 정착민들을 몰아내고 자신들의 정착지를 삼으려고 메소포타미아, 아라비아, 시리아 지역 안으로 이동했다. 주전 이천년 대에 아리안 족은 같은 목적으로 소아시아, 에게 해안지역, 페르시아, 그리고 인도로 이동해 들어갔다. 기독교 시대가 시작됨과 더불어 북유럽의 게르만 민족은 같은 목적으로 주후 8, 9세기에 이르기까지 남쪽과 서쪽으로 이동했다. 11세기부터 17세기까지 터키족은 소아시아와 남동유럽으로 밀려들어 왔다. 전체적인 인구이동을 목적으로 했던 이들 전쟁은 특성상 매우 잔인했다.

고대의 전쟁은 또한 왕국이나 제국을 확장하기 위한 싸움이었다. 강력한 군주는 주변의 영역을 자신의 통제 하에 넣고 침략에 대한 안전을 확보하기 위해 전선을 확보하였다. 그 결과, 같은 야심을 가진 다른 군주와 빈번하게 갈등을 겪어야만 했다. 앗수르는 소아시아에 있는 이집트와 히타이트와의 갈등에 이르기까지 국경을 북쪽과 서쪽으로 확장했다. 그 결과, 이집트와 메소포타미아 세력 간의 국경 전쟁은 수 세기 동안 지속되었다. 주전 6세기에 페르시아 제국은 앗수르를 밀어내고 그 길을 동쪽으로 인더스 강과 서쪽으로 이집트와 소아시아에 이르기까지 넓혔다. 4세기에 알렉산더 대왕은 한때 세계 통치자의 지위에 올랐었다. 주전 3세기에 이르러 그 주도권은 로마로 넘어가고 로마는 기독교시대로 계속되는 새로운 정복시대를 열었으며, 당시 제국의 국경은 영국, 라인강, 다뉴브강, 코카서스, 유프라테스, 에디오피아, 사하라까지 넓혀졌다.

고대의 전쟁은 이동 가능한 부의 확보, 혹은 이전의 정착민을 몰아내거나 아니면 왕국과 제국의 확장, 그 외에 경제적, 재정적 이유 등 여러 형태로 나타났다. 이들 전쟁에 필요한 모든 비용은 대개 정복지에서의 약탈과 정복당한 사람들에게 강요된 것들로 충당되었다. 약탈과 강제징수는 정복자 장군의 임무이기도 했다. 정복자는 자신의 명령 하에 그러한 부를 사용하여 군주를 전복하고 왕좌에 오르기도 했다. 결과적으로 성공한 정복자는 종종 내부 반란과 권력 다툼에 휘말렸다. 로마 공화국에서 이러한 갈등은 일반적이었으며 제국이 확립되기까지 지속되었다. 줄리어스 시이저는 당시 이와 같은 갈등의 주역이었다. 제국의 영역이 안정되자 황제는 이제 영역을 확장하는 일에 싫증을 내고 새로운 경계를 넓히지 않음으로 말미앙아 내부에서 평화와 질서를 붕괴시키는 원인이 된 장군들의 탐욕을 부추겼다.

중세시대의 전쟁

고대역사는 주후 375년에 막을 내렸다.

중세로 알려진 다음 시기는 1300년에 끝난다. 중세시대는 게르만족의 이동으로 시작되어 로마제국을 동서로 분할하고 봉건시대의 성장과 무역의 활성화, 봉건시대의 붕괴와 현대 국가의 등장으로 특징된다. 이 시대의 전쟁은 십자군을 제외한다면 고대의 전쟁과 달리 훨씬 작은 규모였다. 이미 말했던 것처럼 게르만족의 이동은 기존 정착민의 추방에 해당하는 전쟁으로 여겨질 수도 있다. 그러나 고대와는 달리 넓은 지역 내의 사람들을 추방하거나 정복하지는 못했다. 그들은 침입해 들어와서 구 제국의 가장 좋은 영토를 차지하여 기존의 인구와 더불어 살면서 권력과 특권층의 위치를 확보하고 기존의 사람들로 하여금 토지를 경작하고 새로운 주인을 섬기게 하는 정도였다.

게르만족들이 정착한 다음에는, 세우자마자 붕괴 되는 취약한 왕국들과 봉건제도가 그 자리를 대신했다. 이와 같은 정치제도 하에서 전쟁은 지역적인 사건이었으며, 봉건 귀족들은 개인적인 소유를 넓히는 데 노력을 기울이는 한편, 그 안에 사는 인구에는 별로 관심이 없었다. 그러나 11세기 말경에 십자군이 일어나 야망을 지닌 봉건 귀족들에 의한 일련의 전쟁들이 외세 정복을 위한 생각을 부활시켰다. 십자군은 일반 사회의식을 일깨웠으며, 이전 시대에 있었던 사건에서보다 더 커다란 관심을 일반 대중으로 갖게 했다. 그들은 부분적으로 인종적 · 종교적 갈등을 부추겼고 그 가운데 선동적propaganda인 시대가 모하메드를 신봉하는 사악한 터키를 멸망시키는 기독교 왕국에서의 필요한 역할을 상승시켰다. 그러나 고대와 마찬가지로 중세시대의 전쟁, 특별히 십자군은 경제적 요인이 강력한 동기였다. 서구의 용맹스런 기사들은 교회를 위한 충성에 의해 충동되기보다는 동방의 부에 의해 부추겨졌다. 이는 특별히 후기 십자군에서 그러했다. 맨 처음 십자군을 일으킨 교황 어반 2세는 다음과 같은 말로 프랑크족의 전사들을 전장으로 향하도록 충동했다.

> 여러분들이 거주하는 이 땅은 바다와 산등성이로 싸여있어 여러분들의 많은 인구를 위해서 너무 좁습니다. 그뿐 아니라, 이 땅은 풍요하지도 않으며 그 많은 음식을 위해 경작할 만한 옥토도 아닙니다. …서로 편을 가르고 증오하거나 다투는 일을 그만합시다. 싸움을 그치고 모든 쟁점이나 논쟁들을 중단합시다. 이제 신성한 무덤의 문을 열고 들어가 사악한 인종들로부터 그 땅을 빼앗아 여러분들에게 복종시킵시다. 성경이 말한 대로 그 땅은 "젖과 꿀이 흐르는 땅"으로 하나님에 의해서 이스라엘 자녀들에게 소유로 주셨던 것입니다.5)

근대의 전쟁

1300년에 이르러 중세는 마감되고 근대시대가 열렸다.

이후 여러 세기 동안 전쟁의 원인은 변하는 시대의 조건에 따라 목적과 방법이 다양해지기는 했지만 이전에 있었던 사유들과 별반 다를 게 없었다. 십자군 전쟁은 끝났으나 투르크를 상대로 한 전쟁은 17세기가 끝날 때까지 지속되었다. 근대에 이르러 괄목할 만한 전쟁은 이제 막 형성되기 시작한 국가의 통일이 목적이었다. 15세기 말, 스페인의 통합을 위한 페르디

난트와 이사벨라 간의 전쟁은 매우 전형적인 예이다. 프로테스탄트와 가톨릭 간의 종교 전쟁은 16, 17세기에 매우 중요한 것이었다. 그러나 17세기 중반부터 18세기 말에 이르기까지의 전쟁은 유럽대륙 내에서 주도권 다툼(프랑스의 루이 14세와 오스트리아의 합스부르그 통치자 간의 전쟁처럼)이거나 미국과 인도의 식민통치를 위한 영국과 프랑스 간의 7년 전쟁과 같은 식민지 지배를 위해 서로 대립하는 제국 세력 간의 다툼이었다.

19, 20세기의 전쟁

19세기 3/4분기 동안에 전쟁은 국가의 독립과 통일을 위한 것이었다. 미국의 독립전쟁은 18세기 후반부에 있었으며 19세기 중반에 연합을 유지하기 위한 또 다른 전쟁이 있었다. 스페인-미국 식민지의 독립을 위한 전쟁은 19세기 초에 있었다. 이태리와 독일은 같은 세기 중엽에 혈과 철에 의해 연합되었다. 1830년 이후, 세기를 거치고 넘어 발칸 반도에서 종속된 국가들의 독립을 위한 수많은 갈등이 있었다. 1870년 초에 서구세계는 제국주의의 새로운 시대에 접어들었다. 근대 제조업의 발달, 외국 시장에 대한 야욕, 자원의 확보 등이 유럽의 막강한 세력들 간에 쟁점이 되었으며, 마찬가지로 미국과 일본에서도 중국이나 아프리카 같은 후진국 혹은 저개발 국가의 이면에서 식민통치와 상업적인 이권들이 거래되었다. 이는 일련의 영토 분쟁과 야욕을 위한 제국주의적 전쟁을 가져왔는데, 1894-95년의 시노-일본 간의 전쟁, 1898년의 스페인-미국 간의 전쟁, 1899년에 있었던 남아프리카 내에서의 보아 전쟁, 그리고 1904-5년에 있었던 러시아-일본 간의 전쟁이 그러했다. 1914-18년에 있었던 유럽 전쟁은 이와 같은 일련의 역사 속에서 그 절정에 다다랐다. 이는 제국주의적이고 민족주의적인 막강한 세력 간의 대립에서 나왔으며, 주변의 크고 작은 여러 나라들이 포함됨으로 세계대전이라고 불렀다. 대규모의 전쟁이었던 만큼 그 미치는 영향력도 대단했으며, 세기는 이와 같은 전쟁으로 마감하게 되었다.

근대 독재자들의 등장

1918년 이후 10여 년 동안 세계 전망은 더 희망적으로 보였다. 그러나 나중에 보여준 사건들은 그것이 겉으로 잘못 본 것이었으며 베르사유 조약의 체결은 항구적인 것이 아니었음을 알게 되었다. 어떤 나라들은 국경 문제로 괴로워하고 자신들의 불이익을 개선해보고자 했다. 이와 같은 변화가 정당하든 그렇지 못하든 간에 소속된 나라들, 특별히 독일은 현 상황의 유지를 원치 않았다. 전쟁의 결과로 모든 유럽의 나라들은 재정적이거나 다른 내부적인 곤란을 겪었지만, 일종의 사회 정치적 혁명을 가져오기도 했다. 1917년 러시아에서는 공산당이 권력을 잡고 1922년 이태리는 파시스트당이, 그리고 1933년 독일에서는 나치의 통치가 들어섰다. 이들 각 정부는 강력한 독재자에 의해 통제되었으며 조그마한 연합 세력들은 진실이든 가정된 것이든 국제적인 오류를 바로 잡고 그들 자신의 정치적 세력을 확장하는 일에 고심했다.

이러한 환경적 조건은 사람들로 하여금 정치 군사적인 면에서 세계가 고대 문명으로 다시 돌아가는 것은 아닌지 의아해 했다. 고대 군주들과 같이 새로운 전제적 국가들은 절대적인 권위를 지향하는 경향이 있었다. 개인적인 자유는 허용되지 않았다. 교육에서도 절대적인 통일성을 고집했고, 교회도 결국은 국가에 종속되고 말았다. 어떤 경우, 사람들은 실질적으로 국가와 통치자를 숭배하도록 교육받기도 했다. 이와 같은 통치하에서 "하나님에게 속한 것을 하나님께로 돌리라"는 성경 권고를 위한 여지는 없었다. 가이사는 그 자신에게 속한 것과 마찬가지로 하나님께 속한 것마저도 모두 자기 것으로 수용하려 했다. 이러한 국가 내에서 하나님께 복종하는 사람들은 불충한 시민으로, 심지어는 사형에 처할만한 반역이거나 배신자로까지 여겨지기도 했다. 어쨌든 제2차 세계대전 초기에는 여러 가지 면에서 고대 군주들의 전쟁과 유사한 점들이 있었다. 정치력의 확장, 외세 정복, 세계제국과 관련된 전쟁처럼 보였기 때문이다. 연약한 민족이나 국가는 강력한 군주의 통치 아래서 난공불락의 전선에 둘러싸여 있는 하나의 위대한 제국으로 합병되어졌다. 전쟁은 또한 인종적인 증오와 다른 민족을 부분적으로 배제하는 계획도 포함되었다. 경제적인 권력과 주도권을 위한 야욕이 중요한 역할을 했으며, 어느 정도는 근대적인 형태의 부의 약탈과 점유가 있기도 했다. 전쟁이 끝남으로 침략자의 제국주의적 야망은 실현되지 않았으며, 그들의 패배로 말미암아 독재의 종식과 더불어 민주주의와 평화의 승리가 이루어졌다.

현대 전쟁의 특징

최근의 전쟁 역사 속에서 일어난 가장 괄목할만한 변화는 혁명적인 방법이다. 최근까지 전쟁은 상대적으로 소규모였고 사람들의 숫자나 연루된 물질 면에서 비교적 적은 비용이었다. 고대시대에 전쟁은 소수 계층의 전문적인 병사들에게만 해당되었다. 중세시대에 전쟁은 봉건적이고 군사 귀족들에 의해 수행되었으며, 그들의 가신들, 대중은 거의 관심을 갖지 않아도 되었다. 주로 용병들로 구성된 초기 근대시대의 적은 군인들 외에 대부분 중세시대의 일반적인 사람들보다도 전쟁에 덜 관여할 수 있었다. 그러나 18세기 말 무렵에 중대한 변화가 일어났는데, 1799년 나폴레옹의 등장과 더불어 처음으로 소위 "국민 총동원"levee en masse령이 내려졌다. 이는 통치 혹은 군사 계층의 사람들만이 아닌 전체 국민이 전쟁에 직접 참여하는 것을 의미했다. 단기간 내에 다른 유럽 국가들도 같은 원칙을 채택했다. 19세기 프러시아는 곧이어 다른 나라에서도 따라야했던 강제 징집 제도를 발전시켰다. 오늘날 나라들 대부분은 군사를 징병으로 충원하고 있다.

현대 기계기술 시대에서는 전쟁이 대기업화 되어버렸다. 이전 시대 몇 가지 단순한 수작업 도구와는 달리 현대 전쟁에 참여하는 국가들은 수십 년 전에는 꿈도 꾸지 못했던 총과 폭약, 살상무기들로 무장한 수백 수천 대의 탱크, 비행기를 동원한다.

바다에서의 전쟁은 크고 작은 여러 비행기, 잠수함, 전함들이 있어야 한다. 제2차 세계대전 당시 미국은 대략 천만 명의 무장병력을 보유했었다. 이렇게 많은 군사를 먹이고 무장시키며 해외 전장으로 수송하고 물자를 공급하려면 국가적인 산업이 되어야 했다. 그러므로 현대전쟁은 '총체적인' 전쟁이 되고 말았다. 정부는 국가적인 전쟁 산업과 자원을 지휘하는 임무를 수행한다. 공장들은 시민들의 소유에 아주 꼭 필요한 것만을 생산하게 한다. 전쟁에 고용된 사람들을 위한 것 외에 다른 주택건설은 중단된다. 산업은 전쟁물자와 수송, 보급을 위한 시설로 전환된다. 낡은 공장들이 전쟁에 필요한 것들을 충족시키려고 확장되고 새롭게 건설된다. 이처럼 거대한 임무를 수행하고자 정부의 전쟁인력위원회는 어떤 직업이 전시에 필요한지를 결정한다. 군사로 동원 가능한 인력일지라도 꼭 필요한 산업에 참여하고 있으면 제외하고, 그렇지 않으면 병역에 복무시킨다. 이처럼 현대 전쟁에서는 전체 국가 인구가 전쟁에 동원된다. 국가의 모든 과학적 자원과 지적 에너지가 같은 목적을 지향하는 것이다. 심지어, 조용한 대학 캠퍼스마저도 무장훈련을 위한 학교로 전환된다. 결국 어느 한 사람도 예외 없이 국가 전체가 전쟁을 위해 움직이게 되는 것이다.

국가 전체가 전쟁을 위해 조직될 때에 "사기진작" 문제가 매우 중요해진다. 다수의 국민들이 국가의 복지를 위해 필요한 전쟁이라고 믿지 못한다면 전장이나 공장에서 전쟁을 지원하지 않을 것이다. 결과적으로 정부는 전시에 사기를 진작하고자 교묘한 선전 방법을 동원한다. 모든 시민이 자신들의 역할을 수행하도록 각종 사회적 압력을 가한다. 전쟁 선동은 상대국에 대한 증오감을 불러일으키거나 아니면 시민들이 현안을 냉정하게 생각할 수 없도록 항상 사실을 호도하거나 왜곡하는 경향이 있다. 설령 전쟁 선동에 어느 정도의 진실이 있더라도, 전시의 사회적 압력이 매우 커서 전쟁이 잘못되었다는 확신을 특별히 강하게 갖고 있지 않는 한 저항할 수 있는 사람은 거의 없다. 전시에 평화가 좋다는 식의 온건한 주장은 무저항적인 반전 그리스도인이 되게 하기에는 충분하지 않다.

선전과 사회적 압력이 매우 커서 상대적으로 소수만이 그들에게 저항할 수 있기 때문이다. 이러한 모습은 현대 전쟁을 이전 세기의 전쟁에 비해 훨씬 더 악순환 적이게 한다. 금세기 이전의 전쟁은 자원하는 사람들이 전쟁에 참여했다. 그러나 오늘날에는 전쟁이 분명히 하나님의 뜻에 반대된다는 것을 철저하게 확신하는 그리스도인들마저도 옳은 신념을 위해서는 고통을 당하지 않을 수 없다.

세속주의시대

이번 장의 처음에 이미 말한 대로 세상은 이제 세속적이다. 세속적인 세계의 에너지는 물질적인 성취를 크게 하는 데 이바지한다. 그 과정에서 하나님은 잊혀진다. 우리 시대는 슬프게도 영적 가치를 알아보지 못한다. 현재 전쟁의 특징은 이 사실을 입증한다. 이는 현대전쟁을 정당화하려는 빈약한 논쟁의 시도 속에 반영된다. 그리스나 로마 이전의 고대 왕국들은 그들의 전쟁을 정당화하려고 하지 않았다. 그들은 도덕적 혹은 윤리적 제한에 자신들이 얽매인다고 생각하지 않았다. 그들의 전쟁은 삶에 대한 물질적 관점에서 온 것이었다. 그러나 그리스와 로마는 어느 정도 도덕적인 제한을 고려했다. 그들은 공격 대상에 대한 불만이 없을 때 전쟁 선포를 주저했다.

전쟁에 대한 기독교 교회의 태도를 살피고 기독교 왕국의 전쟁이 어떻게 정당화 되었는지를 관찰하는 것은 흥미로운 일이다. 이에 대해서는 이 책 제4장에서 충분히 다룰 것이다. 여기에서 언급하고자 하는 것은 초기 교회의 무저항 태도이다. 전쟁에 대한 교회의 타협은 2세기 말에 시작되었으며, 4세기에 교회와 국가가 연합된 이후 전쟁은 당연한 것이든 부당한 것이든 둘 중에 하나였다. 이들 문제에 대한 그리스도인의 양심이 그래도 살아난 것은 "정당한 전쟁"과 그렇지 못한 전쟁을 구분하려는 아우구스티누스의 끈질긴 노력에서였다.6)

중세기에 교회는 봉건귀족들을 통하여 통제하고자 했는데, 그리스도인 제후들은 실지로 불평거리가 없을 때 전쟁을 일으켜서는 안 되며 전쟁이 있어서는 안 되는 계절들을 설정하기도 했다. 그러나 현대에 이르러서 교회는 전쟁을 억제하는 데 공을 세우지 못했다. 물론, 현대 기독교 왕국에서도 전쟁이 옳지 않다는 점에 대해서는 대체적으로 동의했다. 그러나 소위 평화교회 전통 외에는 전쟁 참여를 금하는 어떤 공식적 신조도 없었다. 국가들은 필요하다고 여기면 전쟁을 일으켰으며 교회들은 당연하다는 듯이 교회 사역의 일부로 전쟁을 보조하는 데 적극적인 역할을 했다.

전쟁을 보조하면서도 한 세대 전 대중은 이제 전쟁은 곧 과거에 해당되는 사건이 될 것이라는 믿음이 있었다. 많은 그리스도인도 역시 같은 믿음을 가졌었다. 현대사회와 과학, 교육의 진보에 대한 혁명적 견해는 더는 전쟁이 불가능할 것이라는 인간 계몽의 성장 관점에서 논의되었다. 그러나 이러한 관점은 인간의 죄와 구속의 필요성을 충분히 고려하지 않았다. 더욱이 지난 세기의 진화론적 이상주의에 의해 영향을 받은 이들 사회학도들은 전쟁 없는 세계에 대한 사회적 신념을 위해 과학적인 연구를 했다는 아무런 증거도 없다. 우리 시대의 탁월한 사회학자 파이티림 A. 소로킨 Pitirim A. Sorokin은 국가 역사 속에서 전쟁 그래프 곡선이 오르내린다는 사실을 보여주지만, 전쟁이 끝나는 지점으로 가는 경향성은 어떤 조짐으로도 나타나지 않는다고 한다. 반대로, 1920년대 초기에는 비록 현재의 상승곡선이 오는 세기에는 다시 하향할 것이라고 믿지만, 20세기는 지금까지 역사상 모든 세기 중 가장 많은 피를 흘릴 것이라고 예측했다. 소로킨의 예측은 현재의 서구사회 세속문명이 붕괴되고 이와 같은 붕괴와 전환 시기는 항상 많은 전쟁을 수반한다는 믿음에 근거했다.7)

현대문명은 극도로 감각적이고 유물주의적이라는 데 대부분 사람들이 동의하며 이와 같은 이유로 그 붕괴과정에 있다고 믿는다. 빌헬름 퍽크 Wilhelm Pauck는, 중세 이후 오늘날에 이르기까지 세속적이며 물질주의적인 정신이 지속적으로 서구문명을 하나님으로부터 멀어지게 하고 붕괴하는 이유는 사물의 거룩한 질서에 부응하지 못하기 때문이라고 말한다.8) 빌헬름 퍽크는 인간이 다시금 살아계신 하나님의 음성에 귀를 기울이기까지 미래에 대한 희망은 없다고 보는 것이다. 평화를 사랑하는 모든 그리스도인은 아마도 그의 말에 동의할 것이다. 그러므로 전쟁과 평화에 대한 성서적 교훈에 할애된 이 책 다음 두 장은 매우 중요하다고 본다.

구약성서 내의 전쟁과 평화

그리스도인의 무저항은 예수 그리스도와 거룩한 성경 속에 계시된 대로 하나님의 뜻에 순종하는 삶의 방법이다. 물론, 그리스도인은 성경에서 그 부분을 다르게 이해하며 특별히 무저항과 관련된 교리와 관련해서 더욱 그러하다. 이는 도덕적인 면에서 구약과 신약성서 사이에 부분적으로 차이가 있기 때문이다. 그러나 두 성서 간의 이러한 차이는 종종 오해라는 것과 바르게 해석된 성경은 구약과 신약 어느 곳에서나 평화의 길이야말로 모든 시대에 그분의 백성을 위한 길이라는 점에 동의하고, 전쟁과 피흘림은 인간 행위에 의도적으로 자리 잡을 수 없다는 것이 저자의 신념이다.

구약과 신약의 언약

성경은 인간 역사의 시작에서부터 그리스도의 시대와 교회 설립에 이르기까지 하나님께서 인류를 다루시는 이야기로 되어 있다. 이와 같은 하나님의 계시는 구약과 신약이라는 두 언약으로 구성되어 진보한다. 우리는 이 점을 강조했던 16세기 아나뱁티스트에게 많은 빚을 지고 있다. 그들은 하나님께서 선지자 예레미야를 통하여 새로운 약속을 주셨으며,9) "그는 더 좋은 약속으로 세우신 더 좋은 언약의 중보자라. 저 첫 언약이 무흠하였더라면 둘째 것을 요구할 일이 없었으려니와"10)라고 히브리서 저자가 새 언약을 선포한 사실을 강조한다. 하나님께서 그분의 백성에게 왜 흠이 있는 언약을 주셨을까 하는 이유 때문에 이 구절을 처음 읽었을 때에는 무언가 충격적일 수도 있다. 완전하고 거룩하신 하나님께서 나중에 불완전한 것으로 여겨져야 하는 도구로, 그분의 백성을 다스려야만 했다는 것 자체가 옳지 않은 것으로 보였다. 그러나 이 때 언약이란 하나님과 그분의 백성 쌍방 간의 파트너십을 함축한다는 것을 생각해야만 한다. 옛 언약이 완전한 것이 아니었다면, 그것은 어느 한 쪽에 불완전함이 있었기 때문인데, 그 불완전함이 하나님 편에 있는 것이 아니라 사람들에게 있었다는 결론을 얻게 된다.

구약성서의 법을 살펴볼 때에 그 법 안에서 세 가지 특징이 있음을 알 수 있는데, (1) 십계명 안에 발견되는 근본적 도덕법, (2) 모세 시대에 사람들의 요청에 따라 설계된 규범을 지닌 시민법, (3) 이스라엘에 의해 하나님께 드려진 의식과 공식적인 예배를 제정하는 의식법 등이 그것이다. 근본적 도덕법에 대한 순종은 그분의 명령의 높은 수준을 충족시키기 위한 하나님의 요구사항이었다. "너희는 거룩 하라. 이는 나 여호와 너의 하나님이 거룩함이니라."11) 이와 동일한 기준은 "그러므로 하늘에 계신 너희 아버지의 온전하심과 같이 너희도 온전 하라"12)는 예수님 말씀 속에서도 주장된다. 인간의 행위는 항상 거룩함과 완전한 율법에 일치되어야 한다는 것이 처음부터 하나님의 뜻이었으며, 죄가 세상에 들어오기 전 이와 같은 뜻은 실현되었던 것이다.

그러나 인간의 타락은 인간의 본성에 중요한 변화를 가져왔고, 그 결과 인간 행동은 낮은 수준으로 떨어지고 말았다. 구약성서의 시민법은 매우 낮은 수준으로, 그 당시 사람들의 얕은 도덕 수준과 영적 미숙에 대한 하나님의 양보를 보여주시는데, 그와 같은 양보는 그리스도 안에서 하나님의 진리와 능력을 온전히 보여주심으로 끝난다. 의식법 또한 그리스도를 통한 구속을 바라보는 예배제도를 제공하지만, 인간들의 죄가 아니었다면 필요하지 않았던 것들이다. 모세의 시민법에서 볼 수 있는 행위의 기준에서 이와 같은 양보는 속죄를 위한 의식적 예배와 함께 구약성서의 불완전한 언약의 내용들을 구성한다. 그러나 그리스도의 오심과 더불어 죄는 단번에 속하여졌으며, 영적 미숙에 대한 양보는 사라지고 인간의 행위는 본래의 자리로 회복되었다. 이렇게 신약의 완전한 언약은 인간의 행위를 타락 이전의 올바른 위치로 회복시킨다.

구약과 신약 안에서의 하나님의 사랑

그러므로 거룩함과 완전함의 길은 언제나 그분의 백성을 향하신 하나님의 뜻이었으며, 이에 미치지 못하는 행위는 인간의 죄악 때문이었다. 옛 언약의 때에도 그분의 백성이 평화와 사랑의 길을 따라야 하는 것이야말로 하나님의 뜻이었으며, 그 뜻에 온전히 순종했다면 구약시대의 전쟁과 피 흘림은 분명히 모면할 수 있었을 것이다.

신약에 대한 검토는 새 언약 아래서 옛 언약의 시민법과 의식법이 파기되고 수정되거나 대치되었음을 보여준다. 그러나 근본적인 도덕법은 바뀌지 않았다. 근본적인 도덕법은 어제나 오늘이나 영원토록 동일하다. 예수님은 십계명을 두 가지 큰 계명으로 요약하셨다. (1) "주 너희 하나님을 사랑하라." (2) "네 이웃을 네 몸과 같이 사랑하라."[13] 그러므로 율법의 중심은 사랑, 즉 하나님 사랑과 이웃에 대한 사랑이다. 이와 같은 사랑의 율법은 무저항 교리의 기초이며, 이는 신약에서와 마찬가지로 구약에서도 발견된다. 십계명 중 여섯 째 계명은 "살인하지 말라"이다.[14] 이 계명은 인간의 생명과 인격은 신성하며 "그 형제를 미워하는 자마다 살인하는 자니 살인하는 자마다 영생이 그 속에 거하지 아니하는 것을 너희가 아는 바라"[15]고 말한 사도 요한의 새로운 언약과도 일치한다. 예수 그리스도 또한 이와 같은 사랑에 대해서 말씀과 실례를 통하여 가르치셨다. 십자가 위에서 죽으시고, 그 속에서 인류의 죄를 속하셨으며, 그분은 사랑의 율법을 다음과 같이 보여주셨다. "그리스도도 너희를 위하여 고난을 받으사 너희에게 본을 끼쳐 그 자취를 따라오게 하려 하셨느니라… 욕을 당하시되 맞대어 욕하지 아니하시고 고난을 당하시되 위협하지 아니하시고…"[16]

신약에서와 마찬가지로 구약에서도 사랑의 길에 대한 많은 예와 권고를 발견할 수 있다. 아브라함과 롯의 목동들 간에 서로 다툼이 있을 때에 아브라함은 사랑의 길을 택하고 평화롭게 그들 사이에 땅을 분배했다.[17] 질투하는 블레셋 사람들이 야곱의 우물을 막았을 때에 이삭은 복수를 취하지 않고 그리스도와 같은 정신으로 다른 땅으로 자리를 옮겼다.[18] 요셉이 질투하는 형들에 의해 애굽으로 팔려가 그 땅에서 두 번째로 높은 자리에 올랐을 때에 그는 형들을 복수심으로 다루지 않고 사랑의 정신으로 악을 대신하여 선으로 돌려주었다.[19] 구약성서에서 하나님의 백성은, 심지어 그들의 적에게까지도 이와 같은 사랑의 길을 행하도록 명령받았다. "네가 만일 네 원수의 길 잃은 소나 나귀를 보거든 반드시 그 사람에게로 돌릴지며."[20] 잠언은 "네 원수가 배고파하거든 음식을 먹이고 목말라 하거든 물을 마시게 하라"[21]고 한다. 선지자 엘리사는 하나님의 기적을 통해서 시리아인들을 포로로 잡았지만, 사랑의 정신으로 그들을 먹여 집으로 돌려보냈다.[22] 이처럼 사랑과 무저항의 교리는 신약에서와 마찬가지로 구약에서도 발견된다.

구약과 신약 안에서의 하나님의 진노

그럼에도, 우리는 하나님의 사랑만이 아니라 그분의 진노가 포함되어 있음도 기억해야 한다. 하나님의 진노에 관한 교리 역시 구약과 신약에서 모두 발견된다. 구약성서 시편 기자는 여호와께 다음과 같이 호소한다.

> 왕의 손이 왕의 모든 원수들을 찾아냄이여 왕의 오른 손이 왕을 미워하는 자들을 찾아내리로다. 왕이 노하실 때에 그들을 풀무 불같게 할 것이라. 여호와께서 진노하사 그들을 삼키시리니 불

이 그들을 소멸하리로다.23)

신약성서에서 사도 바울은 "진리를 불의로 주장하는 모든 불경건하며 불의한 사람들을 대하여 하늘로부터 나타나는 하나님의 진노"24)에 대해서 말하는 데 주저하지 않았다. 하나님은 거룩하시며 그분의 거룩하심은 죄에 대하여 관대하지 않으셨다. 하나님의 진노는 모든 죄와 불의에 대하여 내려졌다.

하나님의 진노는 어떻게 역사하는가?

무저항 원칙에 대한 오해는 종종 다음 두 가지 질문에서 비롯된다. (1) 하나님의 진노는 어떻게 역사하는가? (2) 그리스도인은 하나님의 진노하심에 어떤 역할을 하는가? 이 두 가지 질문에 대해서 차례로 답하고자 한다. 하나님의 진노는 마태복음 25장의 심판 장면에서 하나의 도표같이 그려지는데, 하나님은 이웃에게 사랑을 베푼 사람들에게는 상을 주시고 사랑하지 않는 사람은 처벌하신다. 이와 같은 설명에서 앞으로 다가오는 삶에 보상과 심판이 있다는 것과 이를 이행하시는 분은 하나님이시라는 사실이 분명해진다. 그러나 모든 보상과 심판은 미래에만 있는 것이 아님을 기억해야 한다. 보상과 심판은 지금 여기에서의 삶 속에도 있다. 대부분 이러한 보상과 심판은 그들 자신의 행동의 자연스러운 결과로 나타난다. "스스로 속이지 말라. 하나님은 업신여김을 받지 아니하시나니 사람이 무엇으로 심든지 그대로 거두리라."25) 이는 인간 본성에서 인과응보의 작용으로 일종의 신성한 법이라고 생각할 수 있다. 한 예로, 이웃에게 친절을 베푼다면 자신에게 자연스럽게 친절의 열매로 돌아온다. 만약에 그가 증오와 악한 의도를 나타내면 역시 동일한 열매로 돌아올 것이다.

인간행위 대부분은 인과응보의 법칙에 의해서 자신의 현재를 보상받거나 처벌받는다. 비록 하나님께서는 죄인을 사랑하시며 성령을 통해서 하나님께로 인도하시지만, 의도적으로 계속 죄를 선택하는 사람에 대해서는 특별한 예외가 아닌 한, 죄로 인한 고통으로부터 그를 지키기 위해 인과응보의 법칙을 방해하지 않으신다. 다른 한편, 하나님의 진노는 주어져야할 시점에 필요에 따라 받아야 할 개인에게 특별하고 즉각적인 고통을 지니게 한다. 물론, 이것은 특별한 예이기는 하지만, 하나님은 하나의 규칙으로, 회개하지 않은 죄인으로 하여금 사건 과정 속에서 자신의 잘못된 결과를 고통스러워할 때까지 그 자신의 길을 가게 하신다. 이렇게 하나님은 단순히 지금까지의 삶을 그대로 지속하는 가운데 그 결과를 고통스럽게 함으로 심판하신다. 필요하다면, 하나님께서는 탈출하는 이스라엘 백성을 추격하는 바로의 군대를 홍해에서 방해하셨듯이 특별한 방법으로 개입하시기도 하신다.26) 그러나 일반적으로 하나님은 바울이 로마서에서 말한 것처럼 행하신다. 바울은 마지막에 뿌린 씨앗을 거둬들일 때까지 "그들을 상실한 마음대로 내어버려 두사 합당치 못한 일을 하게 하셨으니"27)라고 말했다.

죄악 된 사회 내에서의 인간의 복수

인과응보 법칙 하에서 죄의 결과와 처벌은 종종 죄 그 자체에 기인한다.

창세기는 가인과 아벨의 이야기를 들려준다. 가인이 그의 동생을 죽였을 때에 하나님은 "너는 땅에서 피하며 유리하는 자가 되리라"28)고 말씀하셨다. 이 성경 구절에서 하나님은 가인을 처벌하기 위하여 직접 그가 살던 곳에서 추방하시는 것 같지만, 이 말씀에 대한 해석은 이럴 수도 있다. 즉, 하나님께서 죄인 된 동료들을 사용하여 가인을 몰아내게 만드는 것처럼 설명할 수도 있는 것이다. 만약 그렇게 한다면 하나님께서는 가인에게 그에 대한 처벌이 어떠할 것인지에 대한 것뿐 아니라 거룩한 진노가 어떻게 죄가 있는 사회에서 그에게 작용하는지를 설명하실 것이다. 가인은 살인을 저질렀고, 하나님은 이제 그에게 그의 행위의 자연스런 결과로 그의 죄를 아는 동료들이 더는 그에게 관용을 베풀지 않을 것임을 말씀하셨을 것이다. 만약 그들이 진정한 하나님의 자녀들이었다면, 근본적인 도덕법칙에 의해 다스림을 받고 악에서 선으로 돌아섰을 것이며 인과응보법칙 그 이상으로 행동했을 것이다. 그들은 "성령을 따라 행하는" 사람들의 태도로 일종의 무저항 정신을 표방했을 것이다.

그러나 가인의 복수심이 강한 동료들은 죄인이었기 때문에 가인을 "육을 따라서"[29] 행하는 사람들이 적을 다루는 방법으로 가인을 다루어 추방했을 것이다. 만약에 그들의 손에 맡겨졌다면, 그들은 가인을 죽여 버리고 말았을 것이다. 그러므로 그가 만약 생명을 부지했다면, 그는 틀림없이 광야로 도망가 방랑자로 살았을 것이다. 의심할 여지없이 가인에게 가장 직접적인 신적 간섭은, 처벌이 아니라 오히려 그 자신의 행위의 결과에서 그를 구하여 내는 것이었음이 분명하다. "가인에게 표를 주사 그를 만나는 모든 사람에게서 죽임을 면하게 하시니라."[30] 이처럼 하나님은 가인을 죽이지 못하도록 하셨으나 죄가 있는 사회에서 가인의 행위의 자연스런 결과는 사람들로 하여금 그를 추방하고 그에게 손을 댈 때 죽게끔 하는 것이었다. 하나님은 인과응보 법칙의 주관자이셨으며 이것이야말로 죄악이 있는 인간 사회에서 작용하는 방법이었다. 그러나 우리는 이러한 법이 작용할 때에, 그 결과로서 살인자의 행위를 처벌할 때에, 그들 또한 죄를 짓게 된다는 것을 기억해야 한다. 그들은 단지 죄악이 있는 사회의 구성원으로 정상적인 기능을 수행하고 있을 뿐이다.

창세기 9장5, 6절에 또 다른 예가 있다. 하나님은 "사람이나 사람의 형제면 그에게서 그의 생명을 찾으리라. 사람의 피를 흘리면 그 사람의 피도 흘릴 것이니 이는 하나님이 자기 형상대로 사람을 지으셨음이라"고 말씀하신다. 이로써 하나님은 사람들에게 이웃의 생명과 인격을 존중히 여길 것을 요청하신다. 어떤 사람이 이 요구를 거역하면, 그 결과로 고통을 받아야만 한다. 살인자가 회개하지 않는다면 사후에 처벌받게 될 것이다. 그러나 어떤 경우든 인과응보 법칙에 의하여 어떤 사람이 살인을 저지르면, 당연한 결과로 무자비한 사회 자체의 응징으로 죽임을 받게 될 것이다. 이것이 바로 죄악이 있는 사회에서 하나님이 악을 처리하는 방법이기도 하다. 그러나 다른 사람의 생명을 취하는 사회 구성원들 또한 하나님의 근본적인 도덕법을 위반한다는 사실을 기억해야 한다.

그러나 어떤 저자들은 성경에서 거룩한 통치의 확립과 사형제도의 당위성을 찾아내기도 한다. 이와 같은 해석으로 억지력을 지닌 정부가 신적인 인과응보 법칙에서 논리적으로 질서 있게 작용하고 있다고 생각한다. 죄악을 아는 사람들의 사회에서마저도 질서와 조직적인 태도로 범칙자를 다루는 것이 필요하다고 여기는 것이다.

그러나 우리는 십계명과 그리스도의 가르침으로 자연인의 열정에 의해서 다스려지지 않은 그리스도인을 위하여 하나님께서 근본적인 도덕법을 주셨다는 것을 기억해야 한다. 이와 같은 근본적인 도덕법은 인간의 본성에서 작용하는 인과응보 법칙 상위에서 "사람을 죽이지 말라"고 말한다. 그러므로 인간의 생명을 취하는 자는, 국가의 공무원으로 합법적인 행동을 했다고 하더라도, 그분의 백성을 위해서는 하나님의 뜻을 위반하게 되는 것이다. 보복은 죄의 결과로 고통당하는 인간에게 요구되는 거룩한 진노를 위하여 부분적인 역할을 했지만, 인간의 복수 행위 그 자체는 하나님의 근본적인 도덕법을 위반하는 것이다.[31]

복수가 금지된 그리스도인 ▨▨▨▨▨▨

　　그리스도인은 새로운 언약에 종속하는 자신과 결부되어 특별하게 만들어진 근본적인 도덕법을 따라야 한다. 이와 같은 이유로 그리스도인은 하나님의 진노를 위한 대행자 역할을 하지 않는다. 이와 같은 특권은 오직 하나님께만 있다. 바울은 이 진리에 대하여 "내 사랑하는 자들아 너희가 친히 원수를 갚지 말고 하나님의 진노하심에 맡기라 기록되었으되 원수 갚는 것이 내게 있으니 내가 갚으리라고 주께서 말씀하시니라"[32]고 분명하게 말한다. 신약성서의 모든 교훈은 이 기준을 확고하게 주장함으로 구약성서의 근본적 도덕법을 지지한다. 복수와 보복에 대한 낮은 수준을 허용하는 것은 옛 언약 가운데 시민법뿐이며, 예수님의 말씀에서는 이와 같은 허용이 "마음이 굳은"[33] 이스라엘의 죄와 영적 미성숙에 대하여 양보함으로서만 주어질 뿐이다. 예수님은 자신이 확립한 새 언약 아래서 그리스도인은 높은 수준을 충족시켜야 한다고 분명히 말씀하신다. 불완전한 이전 형태의 언약은 더는 존속하지 않는다.

　　예를 들어, 마태복음 5장에서 예수님은 인간의 생명을 취하는 것과 간음, 이혼, 맹세, 복수 그리고 적에 대한 개인적인 태도 등 여섯 개의 특별한 도덕적 질문을 다루신다. 예수님은 이와 같은 문제들과 관련해서 옛 언약 아래에 있는 시민법의 필요를 언급하신 다음 "너희가 옛 사람들에 의해서 이렇게 말하는 것을 들었으나… 그러나 나는 너희에게 말한다"는 식으로 말씀하신다. 그분은 옛 요구사항을 파기하시고 그 자리에 근본적 도덕 수준에 맞는 새로운 명령을 두신다.[34] 그렇게 하심으로 예수님은 도덕법을 완성하시고자 하시는 그분의 목적을 선언하신다. "내가 율법이나 선지자를 폐하러 온 줄로 생각하지 말라 폐하러 온 것이 아니요 완전하게 하려 함이라."[35] 이처럼 권위 있는 말씀으로 예수님은 인간 행위의 기준을 본래의 높은 수준으로 회복하셨다.

새 계명을 강조하는 아나뱁티스트

초기 스위스 아나뱁티스트들은 새로운 언약은 옛 것보다 우월하다는 생각을 지속적으로 강조했다. 신학자 필그람 마펙Pilgram Marpeck은, 옛 언약은 그리스도와 더불어 온 참 언약의 그림자에 불과하다고 말했다. 옛 언약 속에는 영적 축복에 관한 약속이 있었다. 새 언약 아래서 이 약속은 완성되었다. 그리고 이들 축복과 더불어 그리스도인은 옛 것을 능가하는 새 언약의 윤리적 교훈에 따라 살 것을 요청받았다.

모세의 법에서 볼 수 있듯이, 옛 언약 아래서 이스라엘은 불복종하는 자들을 칼과 죽음으로 응징하였으나, 새로운 언약 아래 있는 교회는 오직 하나님의 말씀과 성령의 검으로만 다루어질 뿐이다.

> 오늘날 어제와 마찬가지로 육적인 법, 세속적이고 지상적 인 법 절차에 따르는 것이 아닌, 하나님께서 "어제" 약속하시고 "오늘" 처음으로 마음에 기 록한 성령의 법, 사랑과 인내의 법이 있다…. 마태복음 5장, 누가복음 6장, 로마서 12장에서 나타나 있는 그 법을 따르면 있는 대로 모든 사람을 사랑하되 단순히 친구나 존경하는 사람뿐만 아니라 적까지도 사랑하며 악에 저항해서는 안 된다. 또한 다 른 사람이나 적에 대항하여 육체적인 무기를 사용해서는 안 된다.이사야 2장, 미가 4장, 마태복음 5장 모든 신체적이거나 세속적이며 육체적, 지상에서의 싸움이나 다 툼, 전쟁은 폐지되며 이와 같은 법에 의해서 무효화 된다.36)

다른 아나뱁티스트 저자들도 같은 견해를 표방한다. 1531년 한스 피스터마이어Hans Pfistermeyer는 국가교회 지도자들에 대 하여 "신약성경은 구약성경보다 더 완전하다…. 그리스도는 더 높고 완전한 교리를 가르치시고 그분의 백성과 더불어 새 언약을 맺으셨다”는 생각으로 도전했다. 1571 년 팔라티내이트 , 프랑켄달에서의 신학적 논쟁에서 스위스 형제회는 다음과 같이 말했다. “우리는 신약성서 가 구약성서를 능가함을 믿는다. 구약성서 가운데 많은 부분이 그리스도의 가르침과 조화되 지 않는다. 하지만, 구원과 경건한 삶을 위해 필요한 것이라면 그리스도와 사도들에 의해 가 르쳐지지 않은 것이라도 구약성서 속에 포함되어 있으면 우리는 그것을 알기 원한다.”37) 메노 시몬스도 다음과 같이 말했다. “모든 성경은 성령과 그리스도 그리고 사도들의 가르침과 행함, 본보기를 통해 해석되어야 한다.”38)

왜 하나님께서는 옛 언약 속에서 전쟁을 허락하셨는가?

이 질문은 이렇게도 가능하다. “왜 하나님께서는 옛 언약 아래서 복수나 전쟁과 관련된 수준 낮은 행위의 기준을 허락하셨는가?” 예수 그리스도께서 나중에 전쟁을 부인하셨는데도, 하나님께서는 왜 이스라엘에게 전쟁에 나가 싸우도록 명령하셨는지, 우리는 어떻게 설명하겠는가? 예수님과 하나님 사이에 모순이 있달 말인가? 그렇지 않다면 왜 하나님께서는 “죽이지 말라”는 근본적인 도덕법을 말씀하셨는 데도, 사울에게 명령하여 아각 왕을 멸하라고 하셨는가? 하나님 자신이 스스로 모순되신 것인가? 두 언약 사이에서 행위의 기준 차이가 너무 커서 그리스도인 중에는 지식의 한계로 말미암아 하나님께서 시간이 지나면서 사람들의 행위의 법을 바꾸셨다고 설명하는 사람들도 있다. 이후 두 행위 기준 사이의 차이에 관한 질문이 더는 제기되지 않아야 한다는 논쟁이 있기도 했다.

그러나 성경은 하나님의 변하지 않는 성품과 언제나 동일하신 분이시라고 말하고 있음을 기억해야 한다. 기본적으로 한때 도덕적으로 잘못되었던 것이 다른 때에 바르게 될 수도 있다는 성경해석은 합리적이지 않다. 도덕적 교훈으로 일관된 야고보서는 하나님에 대해서 "그는 변함도 없으시고 회전하는 그림자도 없으시니라"[39]고 말한다. 말라기에서는 "나 여호와는 변하지 아니하나니"라고 기록되어 있다.[40] 히브리서 기자는 "예수 그리스도는 어제나 오늘이나 영원토록 동일하시니라"[41]고 했다. 하나님과 인간 사이의 관계에 어떤 변화를 발견할 수 있다면, 이는 인간의 성품과 의지가 변하기 때문이지 근본적인 하나님의 성품이나 의지가 변하는 것이 아니다. 태초에 하나님께서 인간을 창조하시고 "매우 좋다"[42]고 하셨으나 얼마 뒤에 성경은 "땅위에 사람 지으셨음을 한탄하셨다"[43]고 했다. 이는 하나님께서 잘못하셨거나 그분의 성품이 바뀌셨기 때문에 혹은 그분의 근본적인 뜻, 창조에 대한 결정을 바꾸고 그분 자신의 행하신 일을 후회하셨음을 의미하지 않는다. 그것은 단지 하나님께로부터 받은 선택권을 잘못 사용함으로 바뀌진 인간을, 하나님께서 처음 의도하신 것과는 다르게 다루셨음을 의미할 뿐이다. 인간은 자유로운 도덕적 행위자이다. 만약에 그가 성자가 되기를 선택하였다면, 하나님께서도 그를 성자로 다루셨을 것이다. 반면에 그가 죄인이 되기를 선택하였다면, 하나님께서도 그를 죄인으로 다루실 수밖에 없다.

저자의 생각에 이 사실은 새 언약과 옛 언약 사이에 하나님께서 요구하시는 것이 다르다는 것을 이해할 수 있는 열쇠라고 본다. 하나님의 기본적인 뜻은 절대 바뀌지 않음에도, 구태의연한 신학적 용어를 사용한다면, 그분의 "허용적 뜻"이 바뀌지는 것이다. 하나님의 뜻을 배반하여 인간이 죄인 되기를 선택할 때에는 하나님께서 그들을 내버려 두시며 그들의 선택에 따라서 다른 방법으로 다루신다.

이것이 바로 바울이 말한, "그런즉 율법은… 범법하므로 더하여진 것이라"[44]를 의미한다.

두 수준의 인간성: 그리스도인과 비그리스도인

주어진 질문에 대한 가장 합리적인 대답은 십계명에서 볼 수 있는 도덕법을 모든 인간을 위한 하나님의 기본적인 뜻의 표현으로 보는 것이다. 예수님 자신의 말씀을 인용한다면 "태초에서부터" 지금까지, 구약시대이든 신약시대이든 이것이 바로 그분의 뜻이다. 그러나 하나님께서 인간에게 자유의지를 주셨으며, 인간이 자신의 선택으로 도덕법을 부인할 때는 하나님의 진노 하에 있게 되며, 인과응보 법칙을 따르게 된다. 그러므로 이러한 관점에서 인간에게는 오늘날 우리가 그리스도인과 비그리스도인이라 부르는 두 수준이 있다. 하나님의 뜻은 모든 사람이 사랑의 고상한 법을 따라 그리스도인의 수준에서 사는 것이지만, 하나님의 뜻을 거부하고 비그리스도인의 수준에서 살고자 하는 사람들은 자연스럽게 사랑의 법을 거부하는 다른 삶의 과정을 따라 갈 수밖에 없는 것이다. 그런 이들의 삶은 전반적으로 하나님의 뜻과 충돌한다. 그러나 하나님은 그들을 저버리시지는 않는다. 그들이 하나님의 고상한 도덕법을 거부하는 한, 하나님께서 그들로 자신들의 악의 결과를 따라 살게 하실 뿐이다. 예를 들어, 인간이 하위 수준에 따라 혹은 비그리스도인 수준에서 도둑질을 한다면, 비록 전혀 다른 범주이긴 하지만, 그는 체포되어 감옥에 갈 수밖에 없다. 하지만, 어떤 수준에서든 이 모두 하나님의 기본적인 뜻에 일치하지 않는다. 먼저 행위가 발생하면 자연스럽게 그 다음의 결과가 따라오기 마련이다. 그러나 부차적이든 혹은 간접적인 의미에서든 하나님께 죄를 지은 인간이 연속적인 상황에서 고심 끝에 직면하는 최후를 마치 "명령한" 것처럼 보일 수도 있을 것이다. 모양새를 바꾼다면 이것은 비그리스도인 수준에서 살기를 선택한 사람들의 자유의지를 위한, 하나님의 기본적인 뜻, 혹은 그분의 기본적인 명령을 위한 허용적인 뜻, 혹은 허용적인 명령으로 생각될 수도 있을 것이다.

이스라엘의 죄로 말미암은 옛 언약의 하등기준 ▰▰▰▰▰

예수께서 이혼에 관하여 말씀하신 내용을 읽음으로 이 문제를 조명할 수 있을 수 있을 것 같다. 예수께서 바리새인들에게 말씀하셨다. "사람을 지으신 이가 본래 그들을 남자와 여자로 지으시고… 이로 인하여 남자가… 한 몸이 될찌니라… 하나님이 짝지어주신 것을 사람이 나누지 못할지니라." 바리새인이 다시 물었다. "그러면 어찌하여 모세는 이혼 증서를 주어서 버리라 명하셨나이까?" 예수님께서 대답하셨다. "모세가 너희 마음의 완악함 때문에 아내 버림을 허락하였거니와 **본래는 그렇지 아니하니라.**"45) 강조는 저자가 한 것임

예수님은 하나님의 기본적이고 절대적인 도덕법 하에서 이혼을 허용하셨다는 것과 본래 즉 사람이 타락하기 전에는 그렇지 않았다고 말씀하셨다. 하나님께서 모세를 통하여 이혼을 허락하신 것은 사람들의 완악함 때문이었다. 여기에서 참 하나님의 뜻에 복종함으로 고상한 법을 따라 살기를 거부하여 죄를 지은 비그리스도인 수준에 있는 사람들에게 하나님의 허용적인 명령이 주어진 예를 볼 수 있는 것이다. 신명기에서 특별히 허용된 것처럼 "이혼 증서를 써서 그녀에게 주어 그의 집을 떠나게 하라"46)는 이혼 법에 대하여 예수님께서 "모세는… 아내 버림을 허락하였거니와"라고 말씀하심으로 이는 '죄 때문에' 주어진 율법임이 분명하다는 결론을 내리셨다.

구약성서는 같은 원리에 대해 또 다른 예를 제시한다. 사무엘 선지자의 나이가 늙었을 때에 사람들은 왕을 요구했다. 이는 하나님의 뜻에 반하는 것이며 사무엘도 그렇게 말했다. 그러나 하나님께서 사람들이 "너를 거부하는 것이 아니라 나를 거부하는 것"이라고 설명하시면서 마침내 사울에게 기름을 부어 왕을 삼으라고 사무엘에게 말씀하실 때까지 사람들의 주장은 계속됐다.47) 하나님은 심지어 사무엘에게 왕을 선택하는 과정에

대해서도 가르쳐주셨다. 그리고 사울이 선택되었을 때, 사무엘은 모든 백성에게 "너희는 여호와께서 택하신 자를 보느냐"라고 말하기도 했다.[48) 본문의 배경이 나오는 세 장의 공간에서 우리는 고상한 수준에서 낮은 수준으로 내려가는 과정을 보게 된다. 처음에 하나님은 이스라엘이 왕을 갖는 것은 하나님의 뜻에 따르는 것이 아니라고 말씀하신다. 다음에 하나님은 사무엘에게 기름을 부어 왕을 세우라고 하신다. 그리고 마지막으로 하나님 스스로 왕이 될 사람을 선택하신다. 이스라엘이 고상한 수준을 거부했을 때, 하나님은 그들이 선택한 낮은 수준으로 경고하시면서 결과적으로는 그렇게 행함으로 고통 받게 될 것이라는 허용적인 명령을 주신다.

가데스 바네아에서 가나안으로 열 두 첩자를 보내는 것 또한 같은 원리에 대한 다른 예가 될 것이다. 하나님은 이스라엘을 애굽으로부터 기적적인 방법으로 홍해 바다를 건너 인도해내셨다. 율법이 시내 산에서 주어졌고 이스라엘은 약속받은 땅의 문전에 도착했다. 그 때에 모세는 "하나님 여호와께서 이 땅을 너희 앞에 두셨은즉… 올라가서 차지하라"[49) 고 말했다. 그러나 앞으로 나아가는 대신 백성은 땅을 정탐하기 위하여 첩자를 먼저 보내자고 했다. 민수기는 하나님께서 모세에게 첩자를 보내라고 기록하고 있지만,[50) 신명기에 의하면 하나님께서 먼저 백성에게 들어가서 땅을 차지하라고 말씀하신 뒤에 백성이 첩자를 보낼 것을 요청했다고 분명하게 말하고 있다.[51) 이는 사람들이 하나님의 본래 계획을 범법하여 따르기를 거절함으로 덧붙여진 법에 대한 또 다른 예가 되는 것이다.

이는 그 다음에 따라오는 내용에 의해 분명해진다. 첩자들이 정탐하고 돌아온 뒤에 그들 중 열 명은 거인들과 요새들로 인하여 그 땅에 들어가기를 주저하게끔 보고한다. 오직 갈렙과 여호수아만이 백성으로 하여금 하나님의 명령에 복종할 것을 주장하지만, 백성은 이들을 반대한다. 그들은 모세의 직분을 위협하며 애굽으로 이끌고 돌아갈 새로운 지도자를 선출하고자 했다. 갈렙과 여호수아가 이와 같은 분별없는 생각을 반대하자 사람들은 그들을 돌로 치려하였으며, 하나님께서는 이에 간섭하지 않는 것처럼 하신다. 이들의 불복종의 행위가 심각해지자 하나님께서는 가나안 땅의 점령이 세대가 바뀌는 40년 뒤로 미루어지리라고 말씀하시면서 그들을 처벌하신다. 사람들은 하루 전만 해도 투덜대면서 올라갈 것을 제안한 지도자들을 죽이고자 했지만, 이제는 즉시 올라가야 한다고 말한다. 모세는 "하나님께서 너희 중에 계시지 않으니 올라가지 말라"고 경고한다.[52]

그러나 이스라엘은 한 번 더 주님의 명령을 거슬러 임의로 산지로 올라감으로 적들에 의해 공격을 받아 세일로부터 호르마에 이르기까지 추격당하며 많은 사람이 죽는다.[53]

이스라엘의 죄로 말미암은 구약성서의 전쟁들

구약성서에 나오는 주요 전쟁들은 가나안을 소유하기 위해 이스라엘이 벌린 싸움이었으며 가데스 바네아 광야 이야기는 그러한 전쟁을 이해하는 열쇠가 된다. 의심할 여지없이 이스라엘의 싸움은 그들 자신의 죄 때문이었으며 이는 하나님의 본래의 의도와는 다른 것이었다. 출애굽기 20장에서 우리에게 십계명을 주셨는데, "너희는 죽이지 말라"는 말씀은 근본적인 도덕법에서 매우 중요한 자리를 차지한다. 바로 뒤 이어 출애굽기 23장은 가나안으로 진군해 들어가기 위한 지침을 제공한다. 그 내용은 몇 가지 중요한 약속을 포함하는데 앞부분에서 적을 다루는 방법은 마치 산상수훈의 내용을 방불케 한다. "네가 만일 네 원수의 길 잃은 나귀를 보거든 반드시 그 사람에게로 돌릴지며 네가 만일 너를 미워하는 자의 나귀가 짐을 싣고 엎드러짐을 보거든 그것을 버려두지 말고 그것을 도와 그 짐을 부릴지니라."[54] 가나안 땅에 들어가 할 일에 대해서는 다음과 같이 말씀하셨다.

내가 사자를 네 앞서 보내어 길에서 너를 보호하여 너를 내가 예비한 곳에 이르게 하리니… 네가 그의 목소리를 잘 청종하고 내 모든 말대로 행하면 내가 네 원수에게 원수가 되고 네 대적에게 대적이 될지라… 내가 왕벌을 네 앞에 보내리니 그 벌이 히위 족속과 가나안 족속과 헷 족속을 네 앞에서 쫓아내리라. 그러나 그 땅이 황폐하게 됨으로 들짐승이 번성하여 너희를 해할까 하여 일 년 안에는 그들을 네 앞에서 쫓아내지 아니하고 네가 번성하여 그 땅을 기업으로 얻을 때까지 내가 그들을 네 앞에서 조금씩 쫓아내리라. 내가 네 경계를 홍해에서부터 강까지 정하고 그 땅의 주민을 네 손에 넘기리니 네가 그들을 네 앞에서 쫓아낼지라. 너는 그들과 그들의 신들과 언약하지 말라. 그들이 네 땅에 머무르지 못할 것은 그들이 너를 내게 범죄 하게 할까 두려움이라 네가 그 신들을 섬기면 그것이 너희에게 올무가 되리라.55)

에드워드 요더가 말한 것처럼 이는 마치 "하나님의 직접적인 인도와 지도하에 가나안 땅으로 평화롭게 스며들어가는 것처럼 보인다."56) 이 계획에는 다음의 세 가지 요점이 들어 있다. 첫째, 하나님이 초자연적인 방법으로 가나안 족속을 몰아낼 것이다. 둘째, 추방은 이스라엘 백성의 인구 증가와 더불어 그 땅을 차지할 수 있을 때까지 점진적으로 이루어질 것이다. 셋째, 이와 같은 계획의 성공은 전적으로 도덕, 사회, 종교적으로 악하고 타락한 가나안 족속과는 달리 자신을 지키는 데 달려있다. 하나님께 엄격하게 순종하는 것과 가나안에 평화적으로 스며들어가는 것은 동시에 일어난다. 31절, "그 땅의 주민을 네 손에 넘기리니 네가 그들을 네 앞에서 쫓아낼지라"라는 한 구절만을 읽으면 이스라엘에게 전쟁을 허락하는 것같이 보일 것이다. 이는 이스라엘이 그 땅으로 이동해 들어갈 때에 이전 원주민들이 떠날 것을 기대하는 것이며, 이런 의미에서 이스라엘은 그들을 "몰아내는" 것이 된다. 여기에 무장 세력에 대한 언급은 없다. 전반적으로 이 구절의 억양은 폭력 없이 몰아내는 것을 암시한다. 하나님께서는 그 자신의 방법으로 가나안 민족들에게 새로운 정착지를 향하여 떠나갈 동기를 제공하실 것이다.

하나님이 홍해에서 초자연적인 방법으로 이스라엘을 구원하셨음을 기억한다면, 이는 절대 불가사의한 것이 아니다. 처음부터 이스라엘은 "이는 힘으로 되지 아니하며 능력으로 되지 아니하고 오직 나의 영으로 되느니라."57)라는 원칙을 따랐어야 했다. 만약에 하나님께서 모세와 그의 백성을 강력한 바로로부터 구원하셨다면, 왜 그분이 같은 일을 보잘 것 없는 가나안 족속에게서 하지 못하셨을까? 이와 같은 약속과 조건에 대해서 하나님은 항상 불순종이 재앙을 가져온다는 경고를 덧붙이신다. "너희가 나를 거슬러 내게 청종하지 아니할진대… 내가 진노로 너희에게 대항하되 내가 칼을 너희에게로 가져다가."58) 여호수아, 사사기, 사무엘서, 열왕기서, 역대기에 기록된 것처럼 이스라엘의 칼의 경험이 단순히 하나님께 합당하지 않은 대로 행한 결과였다는 결론을 내리지 않을 수 있을까? 기록을 살펴보면, 이스라엘의 죄가 그와 같은 결론에 이르게 했다는 것이 분명해진다. 십계명을 받은 후 머지않아 이스라엘은 금송아지를 예배함으로 죄를 범했다.59) 거짓 예배는 이상한 불을 드리는 데서부터 들어왔다.60) 어떤 사람은 신성모독죄를 범하기도 했다.61) 이스라엘은 음식과 그 외의 다른 이유로 불평하며 비판했다.62) 모세 자신의 누이는 모세를 대항했다.63) 이 모든 죄는 가데스 바네아에서의 불복종과 실패 이전에 이미 언급된 것들이다. 그러한 사건 이후에 고라 일당의 반항에 대해서 읽을 수 있으며, 이로 인한 역병으로 14,000명 이상이 죽임을 당했다.64) 이 일이 있은 후 얼마 지나지 않아 이스라엘 사람들의 일부가 모압 사람들과 결혼했으며, 가나안으로 들어가기도 전에 다른 신에 대한 예배가 이미 있었음을 알 수 있다.65) 이스라엘이 부분적으로 땅을 차지한 후에 하나님의 명령을 직접적으로 거스르는 행위는 계속되었다. 이라 프라이스Ira M. Price 교수는 이와 같은 상황을 다음과 같이 언급하였다.

> 이웃들의 타락한 관행과 예배에 조용히 다가가는 것은 상당한 위험이었다. 이는 곧 상업적인 행음, 타 인종 간의 결혼, 관행과 습관의 자유로운 유착을 가져왔다. 새로운 이웃들의 유혹적인 종교 의식과 축제는 이스라엘의 육감에 호소하며 머지않아 그들의 포로가 되고, 가나안 족속들의 삶의 방식을 따르게 된다. 정착된 공동체 내에서 허약하게 보이는 새로운 삶의 영향력이 사막의 억척스러운 유목민의 가정적인 덕목들을 파괴시킨다. 허약하게 보이는 그들의 도덕적 종교적 기질들이 이스라엘 족속의 영역을 넘보고 이스라엘은 적들의 침략을 대기해야만 했었다.

> 사사기 당시에는 믿을 수 없을 만큼 부패한 사건들이 있었다. 삿 19장에서 21장까지 제사장들에 의해서 우상을 섬기는 음행들이 만연했으며, 말할 수 없는 범죄들과 불꽃 튀는 내적 갈등들이 난무하고, 그 속에서 베냐민 지파는 거의 사라져버리고 말았다. 이러한 사태로 블레셋 족속들의 침략을 불러들였으나 눈이 어두워져 개선될 기미가 전혀 보이지 않았다.66)

시편 기자는 이스라엘의 영적 상태에 대해서 다음과 같이 생생하게 묘사한다.

우리가 범죄 하여 사악을 행하며 악을 지었나이다. 우리의 조상들이 애굽에 있을 때에 주의 기이한 일들을 깨닫지 못하며… 그들이 호렙에서 송아지를 만들고 부어 만든 우상을 경배하여… 그들이 기쁨의 땅을 멸시하며 그 말씀을 믿지 아니하고 그들의 장막에서 원망하며 여호와의 음성을 듣지 아니하였도다.… 그들은 그분의 일들을 곧 잊어버렸으며 그분의 제안을 기대하지 않았고 광야에서 과도하게 탐욕을 부려 마음으로 하나님을 시험하였도다. 그러나 하나님은 그들의 요구를 들어주시며 그들의 영혼에 호의를 보이셨다.67)

이런 모습을 볼 때에 과연 평화롭게 가나안을 소유하게 하시려는 하나님의 계획이 실현되지 않은 것에 대해 의심의 여지가 있을까? 만약에 이스라엘이 저급한 도덕적 · 영적 수준으로 살았다면, 그리고 그들 가운데서 한 지파가 거의 멸절될 때까지 같은 종족들이 서로 싸웠다면, 이스라엘이 어떻게 가나안 종족과의 싸움에서 구출 받을 수 있었을까? 분명히 이런 민족은 무저항 삶의 방식으로부터 멀어져 있었을 것이다. 이스라엘의 불순종 행위와 무저항 삶의 방식은 함께 할 수 없었다. 근본적인 도덕법에 의해 요구되는 하나님의 평화의 방법은 이스라엘이 그 죄로부터 회개하고 전적으로 주님을 따를 준비가 되어있을 때까지 이행될 수 없었다. 그럴 때에는 심은 대로 거둔다는 인과응보 법칙만이 여전히 작용할 뿐이다. 이스라엘 백성은 죄를 짓고 그들 자신의 죄의 결과로 고통을 받아야 했다. 그들로 자신들의 길을 걸어가도록 허락하시는 동안 하나님은 그들의 탐욕을 포기하게 하셨으며 그들의 영혼에게 호의를 베푸셨고 그 호의는 도덕법 기준으로는 측량할 수 없는 것이었다.

죽이라는 명령, 이를테면 아말렉 족속을 치라, 혹은 아각을 조각내라,

골리앗 거인을 죽이라고 요구한 구약 성서 내 다양한 하나님의 명령들은 저급한, 비기독교적 수준을 따라 살기를 선택하여 죄를 지은, 굽어진 영혼을 지닌 사람에게 주어진 허용적인 명령이었다. 이스라엘이 가나안 땅을 소유하고 그것들을 취하는 데 무저항 삶의 방법대로 살기를 거부함으로 전쟁을 하게 되는 것은 하나님의 뜻이었다. 이 길을 취하도록 하나님은 허용적인 명령을 내리셨다. 그러나 그 허용은 오직 이스라엘이 비기독교적인 수준으로 살기를 선택했기 때문에 주어졌다. 인간이 죄를 짓는 것은 절대 하나님의 계획이 아니다. 하지만, 그들이 죄 짓기를 선택하더라도 하나님께서는 자신의 영원한 목적을 위해 여전히 그들을 사용하신다. 나중에 선지자 이사야는 유다가 지은 죄를 벌하기 위해 진노의 도구로 앗수르인을 보내신다고 선포한다. "오 앗수르여 그는 내 진노의 막대기요 그 손의 몽둥이는 내 분노라."68) 하지만, 앗수르인은 비록 하나님의 목적을 위하여 사용되더라도 유다보다 더 큰 죄인이었으며 때가 되었을 때에 앗수르인은 그들의 행위로 징계를 받아야만 했다.69) 바울은 하나님께서는 "악을 행하는 자 위에 진노를 행하기 위해"70) 힘 있는 자를 사역자로 사용하신다는 사실을 말하나 이와 같은 통치자와 그들의 행위를 거룩하고 의롭게 여기지는 않았다. 그들은 어디까지나 죄인이었다.

이는 오늘날 우리 시대에도 마찬가지다. 하나님께서 히틀러를 멸하기 위하여 처칠이나 루즈벨트, 스탈린 등을 일으켜 세웠다고 말한다. 그러나 누군가는 하나님께서 다른 나라의 죄를 벌하려고 히틀러를 사용하셨다고 말하지 않겠는가? 어떤 나라의 죄가 다른 나라의 죄보다 좀 더 크게 보일지라도 모든 나라가 죄를 범한 것은 마찬가지이다. 그러므로 하나님께서는 그분의 섭리 가운데 모든 나라를 각각 처벌하는 데에 사용하실지도 모른다. 그러나 그렇게 사용될지라도 모든 나라는 죄를 짓는 것이다. 같은 방법으로 하나님은 그분의 목적을 위해 죄로 말미암아 호전적인 이스라엘을 사용하시며 때때로 그들의 폭력을 허용하신다. 그러나 그 결과는 이스라엘 전체 삶이 하나님의 근본적인 도덕법을 범함으로 비기독교적인 수준으로 떨어진다. 하나님의 허용적인 명령은 이스라엘의 죄의 결과였다.

역사를 통하여 하나님께서 인간과 나라들을 다루시는 방법을 이해하지 못한다면, 위에서 요약한 내용들이 세계의 사건들을 통제하시고 인도하시는 데 죄를 짓게 하지 않으시면서 인간의 전 역사적 과정을 책임지시는 하나님에 대해서 이해하기가 어려울 것이다. 물론, 어떤 신자들 가운데는 하나님의 방법을 다 이해할 필요가 없고 단지 옛 언약 아래서의 전쟁의 문제만 다루면 된다는 입장을 취할지도 모른다. 구약성서의 하나님은 신약성서의 하나님과는 다르며 구약성서는 하나님의 말씀이 아닌 것처럼 무시해도 된다고 논하는 사람들의 입장만 아니면 된다고 할 수도 있을 것이다.

새로운 기준을 벗어나지 않는 모든 옛 언약의 규정은 이혼법과 같은 방법으로 해석되어야 함을 의심하지 않는다. 이혼, 일부다처, 법적 맹세, 보복, 피의 복수, 사형, 전쟁, 그 외에 예수님께서 그분의 권위 있는 말씀에 의해 파기된 모세의 시민법 안에 있는 구약의 실천적 요소들은 하나님의 백성이 죄로 타락하고 그분의 길을 거부함으로 허용된 것이며 그렇게 함으로 그들은 사랑의 기치 아래서 살아갈 수 없었다. 그러므로 예수님께서 행하신 것은 하나님의 계획과 모순된 것이라기보다는, 사람들 가운데서 도덕적 질서를 하나님께서 본래 두셨던 자리로 회복하신 것이다. 새로운 언약 하에서 근본적인 도덕법과 일치하지 않는 것으로 옛 규범의 실행은 파기되었으며 이는 거룩한 권위를 가지신 예수님에 의해서도 마찬가지였다.

구약성서 내 신정통치의 중요성

신약의 산상수훈과 충돌하는 구약성서 내에서의 전쟁, 정의를 실현하기 위해 관리들에 의해 사용되는 무력과도 같은 모세의 규범 안에 있는 규례들은 신정통치 용어로 설명되어야 한다. 신정 통치는 국가가 법과 질서를 유지하고 그러한 질서를 유지하기 위해 무력을 사용하는 것이 사회에 필요하다고 주장한다. 하나님께서 교회와 국가의 연합 속에 이스라엘의 시민적인 것과 종교적인 것이 하나로 합쳐지는 것을 인정하셨기 때문에 그의 백성이 요구되는 시민적 기능을 행사하는 것은 하나님의 뜻이라고 한다. 이로 말미암아 비록 교회와 국가의 분리를 주장하는 새 언약 하에서는 그렇지 않을지라도 옛 언약 하에서는 무력 사용이 기본적으로 정당하게 여겨졌다고 주장한다.

이에 대한 기독교적 무저항 관점에서의 답변은, 군사적이든 시민 관료에 의해서든 하나님의 백성을 위한 그분의 계획안에서 무력 사용은 과거에도 지금도 안 된다는 것이다. 타락된 인간 사회에서 경찰의 기능이 필요하다는 것은 인정된다. 그리고 인간의 활동과정에서 인과응보 법칙의 작용으로 질서 유지를 위해 힘이 사용될 수도 있다. 위에서 설명한 것처럼, 그러한 관료와 법을 집행하는 공직은 "하나님의 사역자"로서의 의미를 지니기도 한다. 그러나 나중에 설명할 테지만, 만약 이러한 공직자가 하나님의 근본적인 도덕법에 전적으로 순종한다면, 다른 기능으로도 섬길 수 있을 것이다. 무저항에 관한 새로운 교리는 무력을 사용하는 국가의 일에는 참여하지 않을 것을 반드시 요구한다. 옛 언약이 불완전한 언약이기 때문에 이스라엘의 죄악과 영적 미숙함에 동조한다면, 이는 힘의 사용에 기초한 교회와 국가를 통합하는 구약 성서의 예를 따르는 것이 되고 말 것이다. 다른 한편, 만약 이스라엘 전부가 주님께 전적으로 복종했다면, 오늘날 주님을 전적으로 따르는 무저항 기독교 사회에서처럼 군대나 무장 시민경찰 없이도 필요한 기능을 수행하는 구약성서의 신정통치가 가능했음을 인정해야 한다. 그러나 만약에 그러한 기독교 사회가 '국가'라고 불린다면, 오늘날 우리가 아는 것과는 다른 국가였을 것임이 틀림없다. 이는 옛 언약의 당시 이스라엘과도 전혀 달랐을 것이다.

이스라엘에게 회개와 평화를 요청한 예언자들

이스라엘의 후기 역사를 살펴보면, 전쟁은 하나님의 기본적인 뜻과 반대 된다는 사실이 점점 더 분명해진다. 다윗 왕이 하나님을 예배하기 위해 집을 짓고자 했을 때에 매우 중요한 응답을 하나님으로부터 들었다. 하나님께서는 그에게 "너는 피를 심히 많이 흘렸고 크게 전쟁하였느니라. 네가 내 앞에서 내 이름을 위하여 성전을 건축하지 못하리라."[71] 여기에서 전쟁과 인간의 피를 흘림은 그분의 백성을 위한 하나님의 뜻이 아님을 분명하게 지적한다. 다윗 왕은 생애를 걸쳐 하나님의 큰 종이었지만, 그럼에도 그의 군사 경력 때문에 평화와 사랑의 하나님을 예배하기 위해 사람들이 모이는 성전을 짓는 고귀하고 거룩한 과제를 수행할 자격이 주어지지 않았다.

그러나 구약성서 예언자들의 글들에는 하나님 도덕법의 진정한 성격이 분명하게 설정되어있다. 이들 거룩한 사람들은 비록 옛 언약 하에 살고 있었지만, 결정적으로 새로운 문을 두드리고 있었다. 그리스도가 오시기 거의 600년 전, 예언자 에스겔은 경직된 이스라엘의 마음은 제거될 것이라고 말한다. "내가 그들에게 한 마음을 주고 그 속에 새 영을 주며 그 몸에서 돌 같은 마음을 제거하고 살처럼 부드러운 마음을 주어 내 규례를 지켜 행하게 하리니 그들은 내 백성이 되고 나는 그들의 하나님이 되리라."[72]

이사야 선지자의 메시지도 같은 맥락이다. 이사야는 이스라엘의 죄에 대한 긴 목록을 제시한다. 그들은 반역적이었다.[73] "범죄한 나라요 허물

진 백성이요 행악의 종자요 행위가 부패한 자식이다.”74) 그들은 입술이 부
정한 사람들이었다. 머리는 병들고 마음은 혼미한 상태였다.75) 손은 피로
가득했다. 그들의 발은 “무지한 자의 피를 흘리는데 빨랐다.” “그들은 평
화 의 길을 알지 못했다.”76) 우상을 섬기고 싸움꾼이었기 때문에 하나님께
서는 그들을 저버리셨다.77) 조금 남은 자를 남겨두시지 않았다면, 그들은
소돔과 고모라와 같았을 것이다.78)

그러한 백성 가운데서 어떻게 평화롭고 무저항 삶의 방식이 가능할까?
이러한 국가는 존재할 수가 없었던 것이다. 그러나 삶에 대한 새로운 태도
를 위한 때가 다가오고 있었다. 메시아가 곧 오실 것이기 때문이다. 구속
의 날은 임박했다. 이스라엘이 마치 길을 잃은 양 같을지라도 메시아는 그
들 모두의 죄악을 담당하시고 그들의 매 맞은 상처를 고쳐주실 것이다.79)

이스라엘은 깨끗해지고 정화되어야만 했다. “너희는 스스로 씻으며 스
스로 깨끗하게 하여 내 목전에서 너희 악한 행실을 버리며 행악을 그치
고… 오라 우리가 서로 변론하자 너희의 죄가 주홍 같을지라도 눈과 같이
희어질 것이요 진홍 같이 붉을지라도 양털같이 희게 되리라.”80) 새로운 주
님의 날에는 어린양의 피로 씻김을 받은 사람들 가운데서 전쟁이 사라질
것이다. “그들의 칼을 쳐서 보습을 만들고 그들의 창을 쳐서 낫을 만들 것
이며 이 나라와 저 나라가 다시는 칼을 들고 서로 치지 아니하며 다시는
전쟁을 연습하지 아니하리라.”81) 또는 “어지러이 싸우는 군인들의 신과
피 묻은 겉옷이 불에 섶 같이 살라지리니 이는 한 아기가 우리에게 났고
한 아들을 우리에게 주신 바 되었는데 그의 어깨에는 정사를 메었고 그의
이름은 기묘자라, 모사라, 전능하신 하나님이라, 영존하시는 아버지라, 평
강의 왕이라 할 것임이라.”82) 이것이 바로 죄악으로 인하여 탈선한 이스라
엘의 길에서부터 구속받은 그분의 백성을 위한 하나님의 계획이다. 이것
이 메시아의 오심으로 시작되는 새 언약의 질서이다.83)

물론, 하나님의 계획안에 있는 미래의 사건들이 분명하게 보이는 것은 아니다. 어떤 그리스도인들은 그리스도의 재림이 지상에 문자 그대로 왕국을 세울 것이라고 믿으며, 오직 구속받은 자만이 그 안에 참여하고 이사야서에 기록된 평화로운 나라가 세워질 것이라고 믿는다. 다른 이들은 성서가 그와 같은 미래의 하나님 나라를 가르친다고 믿지 않는다. 이들 중 어느 관점이 맞든 간에 이사야와 그리스도에 의해서 가르쳐진 평화스런 무저항의 방법은 지금 여기에 있는 하나님의 백성의 매일 매일을 위한 삶이라는 것에 의문의 여지가 없다. 주님의 구속받은 자들은 그들의 칼을 보습으로 바꿀 것이라고 하는데, 그 때는 그들이 하나님의 영으로 다시 태어나기 때문에 그렇게 할 수 있을 것이다. 물론, 이와 같은 삶의 태도를 그리스도인이 아닌 다른 사람들에게서 찾아볼 수는 없을 것이다. 죄가 최종적으로 사라지기까지 전쟁은 계속될 것이다. 그러나 나라들이 전쟁에 참여할지라도 그리스도의 제자들은 "그분의 발자취를 따르기를"84) 명령받는다.

심지어 이사야 선지자는 당시 한쪽에 앗수르와 다른 한 쪽에 애굽이라는 적군 사이에서, 특별히 동방으로부터 지속적인 침략의 위험에 놓여있으면서도 이스라엘이 검과 마주치는 것은 하나님의 계획이 아니라는 점을 분명히 했다.

"그러므로 주 만군의 여호와께서 이르시되… 앗수르가 애굽이 한 것처럼 막대기로 너를 때리며 몽둥이를 들어 너를 칠지라도 두려워하지 말라. 내가 오래지 아니하여… 만군의 여호와께서 채찍을 들어 그를 치시되… 그 날에 그의 무거운 짐이 네 어깨에서 떠나고 그의 멍에가 네 목에서 벗어지되 기름진 까닭에 멍에가 부러지리라…"85)

이사야는 거듭하여 하나님께서 응징하실 강압적인 나라들에 대해 언급하지만 이스라엘 자체가 적을 대항하여 칼을 들 것을 명령하셨다고 말하지 않는다.[86] 이사야 선지자는 이스라엘로 하여금 애굽과 군사적인 동맹을 맺지 말라고 경고하며 말과 병거를 신뢰하지 말고 오지 주님만을 신뢰하라고 말한다. 앗수르의 압제는 소멸될 것이지만 하나님의 백성의 칼에 의해서는 아니다. 하나님 나름의 방법대로 이행하실 것이다.[87] 선지자의 말대로 앗수르의 산헤립 왕이 이끄는 군대가 이스라엘을 침입하면 여호와 하나님께서 그분의 방법으로 히스기야 왕에게 한 사람도 다치지 않고 물러가게 할 것이다.[88] 이와 같은 구원은 홍해 바다에서 가장 확실하게 나타났으며 이스라엘은 다시 한 번 모세의 때에 따르기를 거부했던 백성을 향해 처음부터 계획한 삶의 과정과 태도를 따르게 될 것이다.

세기가 지난 뒤 선지자 예레미야는 이사야보다 한 발짝 더 나아가 바벨론의 통치를 따르라고 유다와 더불어 논쟁한다. "왕과 백성은 바벨론 왕의 멍에를 목에 메고 그와 그의 백성을 섬기소서. 그리하면 사시리라."[89] 예레미야는 침략자에 대한 무저항 태도가 하나님의 뜻을 따르는 것임을 분명히 했다. "만군의 하나님이신 이스라엘의 하나님 여호와가 이와 같이 말씀하시되 네가 만일 바벨론의 왕의 고관들에게 항복하면 네 생명이 살겠고 이 성이 불사름을 당하지 하니 하겠고 너와 네 가족이 살려니와 네가 만일 나가서 바벨론의 왕의 고관들에게 항복하지 아니하면 이 성이 갈대아인의 손에 넘어가리니 그들이 이 성을 불사를 것이며 너는 그들의 손을 벗어나지 못하리라 하셨나이다."[90] 무저항이야말로 바벨론에 대한 예레미야의 태도이기 때문에 그의 동료 이스라엘 사람들은 그를 반역자로 취급하여 옥에 가두었다.[91] 그러나 무저항을 주장하는 선지자 예레미야는 오해를 받고 있었다. 예레미야는 반역자도 유대에 대한 불충성도 아니었다. 그는 바벨론 포로가 유대의 죄에 대한 하나님의 심판이라는 것을 알았을 뿐이다. 이와 같은 이유로 시드기아 왕의 저항은 무익했다. 유대에게 필요한 것은 저항이 아니라 죄로부터의 회개였다.

그러나 예레미야는 복종에 대한 그의 충고를 그치지 않았다. 유대에 대한 처벌이 이루어지면 포로로부터 다시 자유롭게 될 날이 올 것이다. "보라 내가 야곱 장막의 포로들을 돌아오게 할 것이고 그 거처들에 사랑을 베풀 것이라 성읍은 그 폐허가 된 언덕 위에 건축될 것이요 그 보루는 규정에 따라 사람이 살게 되리라."[92] 그러나 포로 됨을 면하고 돌아오는 것은 유대 편에서 전쟁에 의존하는 것이 아니었다. 악한 나라들의 전쟁은 포로에서 풀려나는 하나의 과정에 해당된다. 여호와께서 메대 왕들의 마음을 부추기사 바벨론을 멸하기로 뜻하시나니 이는 여호와께서 보복하시는 것 곧 그의 성전을 위하여 보복하시는 것이라."[93] 그러나 하나님의 백성은 싸우지 않아도 된다. 이사야는 그들이 도망가거나 서두를 필요가 없다고 말한다. "여호와께서 너희 앞에서 행하시며 이스라엘의 하나님이 너희 뒤에서 호위하시리니 너희가 황급히 나오지 아니하며 도망하듯 다니지 아니하리라."[94]

예언자의 메시지는 하나님의 백성을 위한 전쟁의 날에 이미 전쟁은 끝났다는 것이다. 엄격한 모세의 법전에 따른 도덕적 배교는 용서되고 심판날의 피로 물드는 전쟁은 지나가고 말았다. 그들이 무지한 때에 이스라엘 백성의 연약한 도덕적 행위에 눈을 감고 자비로부터 멀어져 가는 때에 어쩌면 하나님께서는 그것을 허용하셨을지도 모른다. 그러나 구속의 날이 임함으로 곧 임할 그리스도의 새로운 언약 하에서는 하나님의 백성에게 더는 전쟁이나 다툼이 지속되지 않는 새로운 삶을 살게 될 것이다.

3

신약성서의 무저항

구약성서 선지자들은 한결같이 전쟁과 피 흘림은 하나님의 뜻이 아니라고 선포하였다. 복음서들은 침례 요한에 대해서 "선지자보다 더 큰"이라고 말한다.[95] 선지자란 하나님의 말씀을 선포하는 사람이다. 그러나 요한이 선지자보다 더 큰 이유는 그가 인간으로 오신 하나님의 말씀, 곧 그리스도를 소개하기 때문이었다. 만물을 지으신 하나님의 성육신, 그를 영접하면 하나님의 자녀가 되는, 하늘로부터 신성과 절대적인 권위를 가지고 예수 그리스도께서 이 세상에 오셨다.[96] 그는 새 언약의 법을 선포하시고 그 안에서 도덕법이 성취되고 모든 인간관계가 올바른 자리로 회복하게 하셨다.

새 언약과 하나님나라

그리스도의 위대한 사명은 인간에게 하나님의 나라를 가져오고 그들에게 영원한 생명을 주시는 것이다. 사람들이 영원한 생명의 길에 대해서 물을 때에 그분은 즉각 근본적인 도덕법인 십계명에 대해서 언급하셨다.[97] 그 이상의 것에 대해서 질문 받았을 때에 그분은 이 법이 두 부분, "네 마음을 다해 주 너희 하나님을 사랑하고," "네 이웃을 네 이웃과 같이 사랑하라"로 구성되었음을 설명하셨다.[98] 그리고 이보다 더 많은 것을 원할 때에 그분은 사람들로 하나님나라에 들어가게 하는 이 사랑은 거듭나는 영적 경험 즉 하나님의 능력을 통해서만 받을 수 있음을 분명히 하셨다.[99] 만약에 우리가 하나님을 사랑하고 이웃을 사랑한다면, 이는 그분이 먼저 우리를 사랑하시고 "그의 아들을 우리의 죄를 용서하시기 위해 보내셨기" 때문이다.[100] 그러므로 그리스도는 십계명과 사랑의 율법을 모든 시대에 유용한 근본적인 도덕법으로 재가하시고 그분의 은혜와 능력으로 사람들이 그 법을 지킬 수 있게 하셨다.

그러나 신약성서는 하나님의 진노에 대해서도 매우 분명하게 가르친다. 굶주린 자와 춥고 헐벗은 형제들에게 연민을 보여주지 못한 사람을 영원한 형벌로 저주하는 심판의 장면을 생각해보라.101) 예수님의 비유 가운데서 사탄이 뿌리고 간 가라지는 그들을 한데 모아 불태우는 추수 때까지 밀과 함께 자라도록 내버려 두라는 말씀이 있다.102) 그리스도를 믿는 자녀들을 실족하게 하거나 타락시킨 사람에게는 재앙이 선언되었다.103) 이웃을 용서하지 못하는 마음을 지닌 사람들에게는 심판이 기다린다.104) 아나니아와 삽비라가 거룩한 성령을 속였을 때에 그들은 즉시 하나님의 손에 의해 심판을 받았다.105) 사도 바울은 하나님의 진노가 불경한 자와 불의한 자에게 하늘로부터 나타남을 선포하면서 "하나님의 인자하심과 준엄하심"106)에 대해서 말했다.107) 그러나 신약성경 어디에서도 하나님나라의 일원에게 하나님의 진노의 표현 일부라도 주어진 적이 없다는 점을 주목할 필요가 있다. 바울은 "너희가 친히 원수를 갚지 말고 하나님의 진노하심에 맡기라 기록되었으되 원수 갚는 것이 내게 있으니 내가 갚으리라고 주께서 말씀하시니라."108) 하나님의 거룩하심은 죄의 처벌을 요구하시나 처벌은 하나님 자신에게만 속한 특권이었다.

앞으로 11장에서 살펴볼 테지만 구약성경에서 이스라엘은 때때로 복수를 이행하였고, 모세의 시민법은 근본적인 도덕법과 어울리지 않는 몇 가지 요소들을 포함한다. 이스라엘의 발은 피를 흘리는 데 빨랐으며, 그들은 평화의 길을 만드는 방법을 알지 못했다.109)

그러나 이는 이스라엘의 죄를 용인하는 옛 언약 하에서 일어났음을 기억해야 한다. 옛 언약은 사람들의 완악한 마음에 양보한 것이며,110) 따라서 불완전하다.111) 구약성서 당시에 인간이 복수를 이행해야 했음은 하나님의 본래의 의도가 아니었으며, 만약에 이스라엘이 주님께 온전히 복종했다면 그토록 많은 전쟁은 없었을 것이 분명하다. 그러한 복종은 옛 언약의 때에 불가피했다고 가정할 필요가 없다. 그리스도의 오심 이후 사람들에게는 그 이전의 때보다 더 많은 빛을 허락하셨다. 더군다나 십자가 위에서 그리스도의 구속 업적과 새 시대에 성령의 오심은 옛 언약의 사람들에게 가능했던 것보다 훨씬 더 거룩한 삶을 위한 큰 능력의 자원이 된다. 그러나 이는 구약성서 당시 하나님의 능력이 인간 편에서 거룩한 삶을 사는 데 불충분했다는 의미가 아니다. 옛 언약 하에서도 사람들이 믿음으로 하나님께 나아왔다면 순수한 영적 경험을 가질 수 있었지만, 오늘날 그리스도인만큼 그렇게 완전하고 풍요롭지는 못했음을 의미한다. 시편은 이 경험에 대해서 다음과 기록했다.

> 내가 여호와의 이름으로 기도하기를 여호와여 주께 구하오니 내 영혼을 건지소서 하였도다. 여호와는 은혜로우시며 의로우시며 우리 하나님은 긍휼이 많으시도다. 여호와께서는 순진한 자를 지키시나니 내가 어려울 때에 나를 구원하셨도다. 내 영혼아 네 평안함으로 돌아갈지어다. 여호와께서 너를 후대하심이로다. 주께서 내 영혼을 사망에서, 내 눈을 눈물에서, 내 말을 넘어짐에서 건지셨나이다.112)

분명히 이와 같은 경험은 거룩한 삶을 위한 능력이 충분했음을 입증한다. 어려움은 하나의 나라로서의 이스라엘이 즉시 사용할 수 있는 능력이 되지 못했다는 것이며 이는 바로 옛 언약의 수준이 낮았기 때문이었다. 두 언약 가운데 강조하고자 하는 것은 근본적인 도덕법이 인간의 행위를 위한 어제와 오늘, 그리고 영원토록 하나님의 계획이었다는 점이다.113) 두 언약 사이에 다른 것은 옛 언약 하에서 하나님께서 인간의 마음의 완악함에 양보한 반면, 새 언약 하에서 그분은 그의 자녀들에게 새 마음을 주심으로 돌같 이 굳은 마음으로 말미암아 옛 언약 하에서 이룰 수 없었던 것을 이룰 수 있게 하신다 는 점이다. 인간의 양심을 "죽은 자의 행실에서 깨끗하게 하고 살아 계신 하나님을 섬기게 하지 못하겠느냐"114) 하심대로 새 언 약은 옛 언약보다 나은 것이 된다. 하나님의 율법은 단지 돌판 위에만 기록하시거나 잉 크로 쓰지 않고 살아계신 하나님의 영으로 인간의 마음에 쓰신다.115) 새롭고 완전한 언약은 낡고 불완전한 옛 언약에서는 유효하지 못했으나 근본적인 도덕법 수준에서 모든 행위를 회복시킨다. 의식 법에서 찾아볼 수 있는 법령들은 사라지고,116) 모세의 시민법은 끝남으로 도덕법은 사실상 전부 완성될 것이다.117)

　　새 언약의 사람은 은혜로 구원받으며 그의 발걸음을 인도하고자 하시는 내주하시는 하나님의 성령으로 도덕법을 지킬 수 있게 되었다. 그리스도 안에서 인간은 새로운 피조물이며 옛 것은 지나고 모든 것이 새로워졌다.118) 그는 그리스도와 더불어 일어나 새로운 생명으로 앞을 행해 걸어나아간다.119) 죄에 대하여 죽고 하나님에 대하여 살며 의의 종으로서 마음으로부터 순종한다.120) 그리스도와 더불어 일어나 위의 것을 추구한다. 긍휼과 온순함, 오래 참음과 용서 그리고 하나님의 평안이 그의 마음을 다스리신다.골3:1, 12-15 빛 가운데 행하며 하나님과 동료 그리스도인과 교제한다.121) 그의 삶은 하나님의 능력으로 변하여 모든 사람과 더불어 평화롭게 산다. 스스로 복수하지 않으며 아무도 악으로 악을 갚지 않는다. 만약에 그의 적이 굶주리면 먹이고 악을 선으로 베푼다.122) 그의 삶은 성령의 열매 곧 사랑, 기쁨, 평안, 오래 참음, 친절, 선, 신실, 온유, 자제함을 가져온다.123) 그는 "예언자들이 부지런히 찾아 추구했던" 구원이 이제 이루어졌음을 안다. 이와 같은 생각에 감동되어 그는 "거룩한 삶의 태도"를 따라 자신을 갖추고자 마음의 허리띠를 동여맨다. 그리스도 또한 고난을 받으셨기에 그분의 발자취를 따르려고 그리스도로 인한 고통을 기쁨으로 받는다.124) 이것이 신약성서 모든 면에서 발견되는 새 언약의 사람들의 모습이다.

무저항 창조자와 모범으로서의 그리스도

예수 그리스도는 새 언약의 창조자이시며 그분을 통해서 거듭난 이들은 그분이 말씀하신 하나님 나라의 일원들이다. 그리스도 자신은 왕이시며 어느 곳에서든 그분의 통치를 따르도록 사람들을 초대한다. 그분은 지상 왕국의 왕이 아니시며 그 안에서 나타나는 하나님의 진노도 아니시다. 그분의 왕국은 온유의 정신으로 특징되는 사랑의 왕국이다. "온유한 자는 복이 있나니, 땅을 기업으로 받을 것임이요."125) 그리스도 자신은 온전한 사랑의 모범이셨다. 날마다 그분은 육을 따르지 않고 영을 따라 행하셨다. 사랑의 법은 돌 판에 쓰이지 않고 그분의 모든 말씀과 행위로 선포되었다. 예수님은 들판의 새까지도 보호하시기에 믿음의 자녀들에게는 이보다 훨씬 더 잘하시는 하늘에 계신 사랑의 아버지로서 하나님에 대하여 자주 말씀하셨다.126) 하나님은 우리 안에 있는 아흔 아홉 마리의 양떼를 떠나, 잃어버린 한 마리의 양을 찾기 위해 들판으로 나가시는 목자에 비유되었다.127) 잃어버린 아들이 다시 집으로 돌아왔을 때에 살진 송아지를 잡아 큰 잔치를 베푼 아버지에 비유되기도 했다.128) 예수님은 양을 위하여 목숨을 기꺼이 내어놓는 선한 목자라고 자신에 대하여 말씀하셨다.129)

예수님의 사랑은 모든 사람에게 자유스럽게 펼쳐졌다. 거기에는 인종, 민족, 신분의 제약이 없었다. 그분은 수로보니아게 여인의 딸과130) 로마 백부장의 부하를 고치셨다.131) 이스라엘의 귀족 니고데모에게도,132) 죄를 지은 사마리아 여인에게도 자신을 있는 그대로 노출하셨다.133) 부자 청년과134) 겸허한 나사로를 사랑하셨다.135) 버림받은 세리들과 함께 잡수심으

로 그들을 하나님 나라로 초대하셨다.136) 교훈과 모범으로 그의 제자들이
병자를 치료하고, 죽은 자를 일으키며, 문둥병자들을 깨끗하게 하고, 마귀
들을 쫓아낼 수 있도록 가르치셨다.137) 암탉이 병아리들을 그 날개 아래에
모음 같이 예루살렘 자녀들을 그분의 왕국으로 모으기를 원하셨으며,138)
그들이 그렇게 되지 못했을 때에 슬픔으로 우셨다.139)

　　예수님은 도덕법을 완전하게 지키셨다. 그분은 죄에 양보한 적이 없으
시며, 그분의 삶은 완전한 사랑을 지속적으로 보여주셨다. 그러나 그분의
최고 사랑의 표현은 십자가 위에서의 죽음이었다. 죄를 심판하시는 자리
에 앉는 권세를 지니신 하나님이셨음에도, 죄를 속죄하기 위한 고통스러
운 죽음을 선택하심으로 인간을 구속하셨다. 십자가 위에서의 희생적인
죽음은 그분이 사셨던 희생적인 삶과 완전한 조화를 이루셨다. 그분의 삶
과 죽음은 모두 죄인을 위한 깊고 불타는 사랑에 의한 동기로 이루어졌다.
그리스도가 십자가로 다가가시는 태도는 무저항의 완전한 본보기셨다. 당
국이 그분을 잡으러 왔을 때에 아무런 저항도 하지 않으셨으며, 제자들이
저항하는 것도 허락하지 않으셨다.140) 부당하게 고발당했을 때에 "총독이
크게 놀라워할" 정도로 그분은 아무 대답도 하지 않으셨다.141) 십자가의
현장에서는 모욕을 받고 침 뱉음을 당하셨다. 그들은 그분의 머리를 가시
로 찌르고 두 도둑 사이에 그분을 십자가에 못 박았다. 그들은 그분을 향
하여 욕설하고 자신들의 머리를 흔들었다. 그분의 신성을 도전하면서 "네
가 만일 하나님의 아들이어든 십자가에서 내려오라"고 말했다.142) 그러나
그리스도의 유일한 반응은 사랑과 자 비의 기도뿐이었다. "아버지여 저들
을 용서하여 주옵소서. 저들은 저들이 하는 짓을 아 지 못하나이다."143) 이
사야의 예언은 다음 과 같았다. "그가 곤욕을 당하여 괴로울 때에도 그의
입을 열지 아니하였음이여 마치 도수장으로 끌려가는 어린 양과 털 깎는
자 앞에서 잠잠한 양 같이 그의 입을 열지 아니하였도다."144) 그리스도의

삶과 죽음은 사랑과 무저항의 완전한 모범이었다.

하나님나라에 들어가기 위해 그분을 따르라고 명령하신 분은 바로 이분 예수 그리스도이셨다. 그렇게 할 때에 우리는 "그리스도와 함께 십자가에 못 박히는" 것이며, 이제 우리가 사는 것이 아니라 "우리 안에 그리스도가 사심으로" 우리로 하여금 새 언약 안에서 말하는 삶을 살도록 하셨다. 145) 베드로는 잘못 고 통을 당하는 그리스도인들에게 인내로써 그것을 견디라고 권고했다. 이렇게 함으로 그리스 도인으로서의 부르심을 전했다.

이를 위하여 너희가 부르심을 받았으니 그리스도도 너희를 위하여 고난을 받으사 너희에게 본을 끼쳐 그 자취를 따라오게 하려 하셨느니라. 그 는 죄를 범하지 아니하시고 그 입에 거짓도 없으며 욕을 당하시되 맞대어 욕하지 아 니하시고 고난을 당하시되 위협하지 아니하시고 오직 공의로 심판하시는 이에게 부탁하시며 친히 나무에 달려 그 몸으로 우리 죄를 담당하셨으니 이는 우리로 죄에 대하여 죽고 의에 대하여 살게 하려 하심이라.146)

그리스도께서는 언젠가 우리가 하늘에서 살게 하시려고 죽으신 것이 아니다. 우리로 하여금 지금 여기에서 의롭게 살도록 죽으셨다. 사람들로 죄의식과 죄의 권세로부터 구속하기 위하여 이 땅에 오셨다. 구속은 영광스러운 세계를 위한 여권일 뿐만 아니라 죄로 가득한 이 세상에서 의롭게 살고 그리스도의 증인이 되게 하는 능력이다. 의는 구속의 열매이며 그리스도와 함께 십자가에 못 박힌 사람은 그분의 발자취를 따라야만 한다.

신약성서의 무저항에 대한 교훈 ▰▰▰▰▰

신약성서의 많은 부분이 그리스도를 따르는 특별한 교훈에 할애되었다. 이제 이 무저항의 원리를 다루는 부분들에 집중하고자 한다. 산상수훈의 교훈 속에서 예수님은 그분의 왕국에 들어갈 사람들에 대해서 언급하셨다. 그들은 영으로 가난하며, 마음이 깨끗하고 자비로우며, 온유한 사람들이어야 했다. 의에 주리고 목말라 하며, 평화를 만드는 사람, 의로 인해 박해를 받는 사람들이어야 했다.147) 그들의 기도는 하나님의 뜻이 하늘에서처럼 땅에서도 이루어지는 것이었다.148) 이는 옛 언약의 시대에 이스라엘에 의해 종종 나타났던 것과 비교할 때에 질적으로 얼마나 다른 것인가! 그리고 이와 같은 그리스도인의 질은 이스라엘의 그것과 분명히 다르며 그 행위 역시 차이가 크다.

마태복음 5장에서는 하나님나라의 기준과 근본적인 도덕법과는 비교할 수 없는 모세의 시민법을 수정하실 수밖에 없었다. 예를 들어, 살인과 간음은 도덕법을 위반하는 것이었고, 모세의 법전은 이 죄악들을 금지함으로 사실을 인정했었다. 도덕법에 대한 이스라엘의 이해는 충분하지 못한 것이었는데, 그 이유는 모세의 법전에서는 단순히 공공연한 살인과 간음을 저지르지 않았다면 이 법을 지킨 것이라고 생각해왔기 때문이다. 그러나 예수님은 미움이나 음욕도 마찬가지로 명백한 행위처럼 도덕법을 위반한 것이라고 말씀하셨다. 그러므로 새롭고 완전한 언약 아래서 인간은 이들로부터 자유롭지 않으면 안 되었다.149) 옛 언약 하에서 이혼과 법적인 맹세가 허용되었지만, 이와 같은 허용으로 말미암아 예수께서 폐하신 도덕법을 위반하게 된다. 그러므로 이혼과 맹세는 새롭고 완전한 언약 안에서는 있을 자리가 없다.150) 그 때에 무저항에 대한 예수님의 명백한 말씀이 주어진다.

또 눈은 눈으로, 이는 이로 갚으라 하였다는 것을 너희가 들었으
나 나는 너희에게 이르노니 악한 자를 대적하지 말라 누구든지
네 오른 편 뺨을 치거든 왼편도 돌려 대며 또 너를 고발하여 속
옷을 가지고자 하는 자에게 겉옷까지도 가지게 하며… 또 네 이
웃을 사랑하고 네 원수를 미워하라 하였다는 것을 너희가 들었
으나 나는 너희에게 이르노니 너희 원수를 사랑하며 너희를 박
해하는 자를 위하여 기도하라.151)

이 구절은 사랑과 용서를 강조한다. 그리스도인의 용서에는 한계가 없
다. 한 제자가 예수님께 "어떤 사람이 반복하여 죄를 질 경우 몇 번이나 용
서해야 합니까"라는 질문에 일곱 번을 암시한 적이 있었다. 그러나 예수님
의 대답은 일곱이 아니라 "일곱 번씩 일흔 번이라도" 라고 말씀하셨다.
152)어떤 사람들은 형제와의 관계에서 당장에 용서를 이행할 수도 있었을
것이다. 그러나 그들은 예수님의 무저항 교훈이 이러한 영역을 넘어서라
는 의미인지 물어볼 필요가 있었다. 위에서 인용된 산상수훈에 관한 구절
들을 조심스럽게 살펴보면, 예수님께서는 이보다도 훨씬 더 많은 의미를
포함하고 있음을 알 수 있다. 그분은 특별히 그리스도인들에게 악한 사람
에 대하여 저항하지 말라고 당부하신다. '악한 사람'은 아주 잘못된 형제
라고 생각할 수도 있겠으나 한편으로는 평범한 세상 사람들 중에 하나일
수도 있는 것이다. 예수님은 그리스도인에게 그를 저항하지 말라, 같은 종
류의 행위로 돌려주지 말라, 그를 사랑의 정신으로 대함으로 하나님의 근
본적인 도덕법을 완성하라고 말씀하신다. "그러므로 무엇이든지 남에게
대접을 받고자 하는 대로 너희도 남을 대접하라 이것이 율법이요 선지자
니라." 153)

다시금, 예수님께서 "눈은 눈으로, 이는 이로"라는 시민법을 폐기하실

때에 개인적인 보복이 아니라 잘못을 앙갚음하려는 일상적인 법적 대응에 대해서 말씀하신다. 모세의 법전은 치아를 잃게 된 사람이 해를 입힌 사람의 치아를 직접 빼도록 허용한 것은 아니라고 본다. 모세는 시민 당국자가 저지를 수 있는, 치안판사가 가해자의 치아를 제거할지도 모르는 형사법적인 처벌에 대해서 기록한 것임이 분명하다. 또한 일 마일을 더 가라는 교훈도 개인적인 관계에 관한 그 이상의 것을 언급하셨다고 본다. 여기서 분명한 것은, 강압적인 봉사, 이를 테면 길을 건설한다든가 억압적인 길 안내를 예수님께서 언급하셨다고 본다. 예수님께서는 이를 요청하는 로마 당국을 저항하지 말고 복종하라고 하시면서 저항하는 대신 일 마일을 요청할 때 오히려 일 마일을 더 가라고 말씀하셨다.

그리스도인에게 적을 사랑하라는 예수님의 요구는 바울의 말과 일치한다. "내 사랑하는 자들아 너희가 친히 원수를 갚지 말고 하나님의 진노하심에 맡기라 기록되었으되 원수 갚는 것이 내게 있으니 내가 갚으리라고 주께서 말씀하시니라 네 원수가 주리거든 먹이고 목마르거든 마시게 하라…악에게 지지 말고 선으로 악을 이기라."154) 전체적으로 신약성서는 사랑과 용서 그리고 그리스도를 위해 기꺼이 고통 받는 것을 지속적으로 강조한다. "보라 내가 너희를 이리 가운데로 내보내는 양처럼 보내노라."155) "몸을 죽이는 사람을 두려워하지 말라… 영혼과 몸을 함께 멸하여 지옥에 보내는 이를 두려워하라.156) 베드로는 "그러나 의를 위하여 고난을 받으면 복이 있는 자니 그들이 두려워하는 것을 두려워하지 말며 근심하지 말고"157)라고 말한다. 복음 전도자 스테반은 순교자의 죽음을 맞이했다. 그는 돌을 맞는 동안에도 하나님께서 자신을 죽이는 저들에게 죄를 돌리지 말아달라고 기도했다.158) 바울은 여러 번 감옥에 있었으며 믿는 일로 말미암아 고통을 받았으나 그리스도의 사랑은 그로 하여금 달려갈 길을 지속적으로 가게하고 끝내 순교를 당할 것임을 시사했다.

고린도 전서 13장에서 바울은 사랑은 "자기 자신을 추구하지 않는다."159)라고 말했다. 사람들이 무저항 원리를 실패했을 때는 그들이 자기 자신을 추구했기 때문이었다. 그러므로 신약성서에서 싸움과 갈등의 주요 원인에 대한 가르침이 발견되는 것에 대해서 놀랄 이유가 없다. 바울은 "돈을 사랑하는 것이 모든 악의 뿌리"라고 말했다.160) 같은 장에서 그는 종들에게 그들의 주인을 위하여 할 일을 마땅히 하라고 권면하며, 다른 곳에서는 주인들로 하여금 그들의 종들을 사랑으로 대하라고 독려하였다.161) 노예였던 오네시모가 사도의 말씀 속에서 돌이켰을 때에 바울은 그를 그의 주인에게 돌려보내면서 "더는 종으로서가 아니라 사랑받는 형제"처럼 대하라고 하였다.162) 일찍이 예루살렘에 있는 그리스도인 가운데서는, "자기 자신을 추구하지 않는" 이 사랑이 매우 강해서 모든 형제가 "한 마음 한 영혼"이 되었으며, 심지어는 자신들의 소유를 팔아 그리스도인의 사랑의 정신으로 "모든 소유가 공동의 것이 되더라."라고 했다.163)

바울은 고린도에 있는 그리스도인들이 사랑의 수고에 실패한 것을 책망한 적이 있었다. 고린도인들 가운데 갈등이 생겨나고 확대되어 갈 때, 그들은 국가의 시민법에 어려움을 호소하기도 했다. 그러나 바울은 "너희 중에 누가 다른 이와 더불어 다툼이 있는데 구태여 불의한 자들 앞에서 고발하고 성도 앞에서 하지 아니하느냐… 너희가 피차 고발함으로 너희 가운데 이미 뚜렷한 허물이 있나니 차라리 불의를 당하는 것이 낫지 아니하며 차라리 속는 것이 낫지 아니하냐."164)라고 말한다. 여기에서 바울은 그리스도인은 사랑의 정신으로 서로를 대하여야 한다고 말한다 . 만약에 그렇게 하면 죄악으로 가득한 세계에서 불의한 정부로 하여금 억지 수단으로 그들의 문제를 다루게 할 필요가 없을 것이라고 한다. 그렇지 못하다면 이는 부끄러움 이 된다. 고린도 사람들의 어려움은 각자의 관계 속에서 의를 추구하는 것이었다. 그 러나 신약성서의 목표는 자체적인 의가 아니라 사랑이었다. 각자의 의를 추구할 때, 그 결과는 권력, 자리, 부를 위한 이기적인 갈등을 가져올 수밖에 없다. 그러나 사랑을 목표로 할 때, 그 결과는 그 사랑과 더불어 정의를 가져온다. 설령, 이러한 결과가 따라오지 않더라도 그리스도인은 계속해서 사랑하지 않으면 안 된다. 그리스도의 교훈을 따라서 제자들은 사랑의 방법을 저버리기보다는 불의한 고통을 기꺼이 감수해야 한다.

그리스도인과 국가

국가는 악한 사회에서 정의를 위하여 힘을 사용하도록 위임받은 대리 기관이다. 따라서 국가는 그리스도인의 사랑에 의해 동기된 것이 아니다. 그러므로 신약성서를 전체적으로 보면 비정치적임을 알 수 있다. 신약성서는 국가의 일이 교회 내에서 이행되어야 한다고 말하는 것을 볼 수 없다. 또한, 그리스도인이 국가 내에서 어떤 역할을 해야 한다고 말하지도 않으며, 그리스도인이 국가의 일부가 아니라고도 말하지 않는다. 신약성서에서는 단순히 국가의 위치와 그에 대한 그리스도인의 의무를 깨달을 뿐이다. 산상수훈은 죄악이 있는 사회 안에서 세속적인 국가를 위한 입법의 일부가 아니다. 그것은 하나님 나라의 백성을 다스리기 위한 원칙일 뿐이다. 하나님의 나라는 "이 세상의 것"이 아니라고 예수님께서 말씀하셨다.[165] 유대인 대부분은 메시아와 그분의 나라에 대해서 잘못된 생각을 갖고 있었다. 그들은 로마 정복자를 뒤엎고 위엄과 힘을 지닌 정치적 국가를 확립하는 군사적 지도자를 찾고 있었다. 커다란 유혹 속에서 예수님은 실제로 이 과정을 따르도록 유혹 받았던 것으로 보인다.[166] 만약에 그분이 하나님의 계획을 포기하고 사탄에게 순종했다면, 그렇게 할 수 있는 힘은 그분의 손에 있었다. 그러나 예수님은 유혹을 거절하고 사랑과 고통의 방법을 따랐으며 바로 이 목적을 위하여 그분은 이 세상에 오셨다. 군중이 예수를 억지로 왕으로 삼고자 했던 적이 있었지만 그분은 이것도 거부하셨다.167)

국가의 기능에 대해서는 신약성서에 분명하게 서술되어 있다. 그것은 악한 사회 안에서 질서를 유지하기 위한 것이다. 바울은 "통치자는 선한 일이 아닌 악한 일에만 두려움이 될 뿐이다. 이러한 역량 안에서 통치자는 선을 위한 하나님의 대리인이 된다."168) 베드로 또한 통치자는 하나님께서 "행악 자를 처벌하고 잘하는 사람들을 칭찬하기 위해 보내셨다"고 말한다.169) 그러면 어떤 의미에서 통치자가 하나님의 사역자가 될 수 있는가? 오직 죄가 있는 사회에서, 인과응보라는 하나님의 법의 작용 안에서, 인간으로 하여금 그 자신의 악의 결과로 고통을 초래한다는 의미에서 사회는 국가를 조직하고 억지력을 지닌 통치자를 내세울 필요를 발견한다. 바울이 그의 서신들을 쓸 당시는 네로 황제가 왕위로 있을 때였다. 네로는 세상에서 가장 악한 통치자 중에 하나였으며, 바울은 이러한 악한 왕을 하나님의 대행자라고 할 의도가 전혀 없었다. 그렇지 않았다면 17세기 왕들에 의해 주장되었던 것처럼 일종의 신성한 권리에 의해 다스렸던 왕으로 의미부여가 되었을지도 모른다.

국가의 통치자들은 악을 행하는 사람들이 인간 사회 속에서 작용하는 인과응보라는 하나님 법에 의해 요구되는 악의 결과를 받아들이도록 한다는 의미에서 하나님의 사역자가 된다. 국가는 사회 그 자체의 악을 점검하는 일종의 도구이며 종종 다른 악을 점검하는 악이기도 하다. 이러한 이유로 통치자는 "헛되게 칼을 지니지 않는다." 가나안 전쟁에서와 같이 통치자의 악한 행위는 궁극적으로 거룩한 목적에 이바지할 수도 있다. 옛 국가인 앗수르처럼 오늘날 전쟁에서 비록 그리스도인임을 고백하는 사람 가운데서도 악한 행위를 처벌하기 위하여 하나님에 의해서 쓰임 받을 수도 있다. 그러나 이러한 전쟁 행위들은 이스라엘의 가나안 전쟁에서처럼 하나님의 도덕법을 위반한다. 분명히 이는 바울이 기록한 네로 황제의 참상이기도 하다. 로마서 13장이 가르치는 것은, 국가의 통치자들이 비록 죄를 짓는 수단을 통해서이지만 악을 점검하는 데 거룩한 목적으로 봉사한다는 것이다. 그러나 이로 말미암아 하나님께서 통치자들의 행위를 인정하는 것은 아니다. 여러 경우로 보아 하나님께서는 분명히 그렇게 하시지 않는다. 또한, 모든 통치자들이 하나님 보시기에 옳다거나 거룩하다는 것도 아니다.

그렇다면, 국가와 그 통치자에 대한 그리스도인의 태도는 어떠해야 하는가? 바울은 일반적으로 복종하는 태도여야 한다고 분명하게 말한다. 국가의 목적을 방해해서는 안 된다고 한다. 행위 그 자체는 의로워야지 악을 행해서는 안 된다. 질서를 유지하기 위해 만들어진 법에 복종해야만 한다. 세금을 내야하고 권위를 존중히 여기고 존경해야 한다. 다른 곳에서 바울은 그리스도인들에게 왕들과 권위의 자리에 있는 사람들을 위하여 기도하라고 권면한다.170) 베드로도 마찬가지로, "인간에 세운 모든 제도를 주를 위하여 순복하되 혹은 위에 있는 왕이나 혹은 악행 하는 자를 징벌하고 선행하는 자를 포장하기 위하여 그의 보낸 방백에게 하라"171)고 말한다. 하지만, 통치자에 대한 복종은 제한적이다. 그것은 오직 이 세상에 있는 사회의 질서 유지와 관련된 것에만 적용된다. 국가는 교회의 영역에 대해서 침해할 수 없다. 신앙과 종교, 도덕에 있어서 그리스도인은 완전한 복종을 그리스도에게만 드린다. 만약 어떤 방법으로든 국가의 요구가 하나님의 명령과 상충할 때에 그리스도인은 요한과 베드로가 "우리는 인간에 대해서보다는 하나님께 복종해야 한다."172)라고 말한 것처럼 해야 한다. 국가가 하나님의 명령과 무저항 원칙을 위반하도록 요구할 때에 그리스도인의 대답은 반드시 베드로의 태도를 따라야 한다.

바울이 가르친 것처럼, "더 높은 권세에 대한 복종"은 병역의무 같은 것을 포함할 수도 있다. 그러나 이러한 해석은 바울서신을 읽는 당시 사람들이 로마 군대에 봉사할 것을 요청받지 않았기 때문에 아무런 의미가 없다. 그들에게 정말로 요구되었을 군사적인 봉사라면 로마 제국에 대한 일종의 저항이었을 것이다. 그러므로 더 높은 권세에 대한 복종은 우선적으로 그리스도인을 다스리는 정부에 대항하는 반역이나 혁명과는 무관했음을 의미한다. 로마서 13장에서 바울은 병역의무에 대해서가 아니라 무저항을 가르친다. 현대에 이르러 이와 유사했던 것이라면, 히틀러 당시 노르웨이, 덴마크, 체고슬로바키아 같은 나라들에서의 그리스도인들의 위치라고 할 수 있을 것이다. 이들은 아마도 예수님이라면 무저항 원칙을 위반하기보다 외국 독재자에게 반역하지 말고 복종함으로 고통을 받으라고 말씀하셨을 것을 상상하게 한다. 하지만, 이는 실로 무저항 그리스도인들에게도 어려운 상황이었을 것이다. 반역은 그리스도의 가르침을 위반하는 것이지만, 독재자의 통치에 복종하기 위해서는 군에 입대해야 함으로 이 또한 그분의 가르침을 위반하는 것이 된다. 여기에서 다시 그리스도인은 인간보다는 하나님께 복종하기를 요청받으며 그 결과는 고통이나 죽음이 될 것이다. 이를 견디기는 참으로 힘들었을 테지만, 16세기 아나뱁티스트들과 마찬가지로 많은 초기 그리스도인은 진실하고 참된 그리스도인의 순교자가 되었던 것이다. 그리스도의 제자들은 언제든지 요구된다면 그분을 위해 죽을 준비가 되어있어야 한다.

한 번은 예수님께서 "가이사에게 세금을 내는 것이 합당한가?"라는 질문을 받으셨다. 예수님은 "가이사의 것은 가이사에게 하나님의 것은 하나님에게"라고 대답하셨다.173) 이 진술은 종종 군 입대가 "가이사에게 속한 것"으로 간주되었기 때문에 그리스도인들의 군 입대를 인정한 것처럼 해석되기도 했다. 그러나 그 상황은 로마서 13장의 내용과 동일하다고 본다.

예수님께 질문한 사람들은 로마제국 내에서의 군 입대에 관심을 가졌던 것으로 보이지 않는다. 로마 당국에 대한 반역이 오히려 그들의 관심이었을 것이다. 그러므로 예수님은 가이사의 것은 가이사에 주라고 말씀하셨다. 가이사에게 반역하지 말며, 세금 내기를 거부하는 것으로 확대해석하지 말라고 하신 것이다. 여기에서 예수님은 다시 무저항을 가르치셨을 뿐이었다.

그러나 예수님께서 이 질문에 대하여 하신 대답은 그분의 마음속에 가이사에게 세금을 바치는 것보다 더 중요한 무엇인가가 있었음을 보여준다. 사실상 그분은 그 질문에 대답하신 것이 아니었다. 그분은 단지 가이사에게 속한 것은 그가 가져야 할 것이라고 말씀하셨다. 그분은 비록 그렇게 보였을지 몰라도 실상은 세금이 가이사의 것이라고 말씀하려는 것이 아니었다. 그분의 대답에서 중요한 부분은 마지막 "하나님의 것은 하나님께 돌리라"는 부분이었다. 그 의미는 이런 것과도 같았다. 즉, 만약 동전이 가이사의 것이면, 그에게 속한 것을 그가 갖도록 해야 한다는 것이다. 그러나 하나님께 속한 것이 있음을 기억해야 하며 바로 이 하나님께 속한 것을 가이사에게 주어서는 안 된다는 것을 분명히 하셨다. 예수님은 하나님이 요구하시는 것과 가이사가 요구하는 것 사이에 충돌이 있을 것임을 분명하게 하신 것이다. 많은 사람이 바로 이 점을 포착하지 못한다. 사람들은 대개 하나님의 것과 가이사의 것 사이에 아무런 충돌이 없는 것처럼 생각하고 말한다. 그들은 국가의 요구사항에 언제나 복종해야 될 것이라고 가정하고 아예 의심의 여지를 갖지 않는다. 어떤 방법으로든 정부의 요청에 동의해야 한다는 것이 성경의 뜻이라고 잘못 해석한다. 내 친구 중 하나는 이와 같은 잘못에 대해서 다음과 같은 방법으로 말하였다.

나의 조국과 나의 하나님을 동등한 기초에 두는 자에게, 그리고 같은 충성을 하는 자들에게⋯ 화가 있을지어다. 권력을 하나님께서 인정하시고 권력자들은 하나님의 사역자라는 점에 대해서 알고 있다. 그러나 거기에는 히틀러도 포함된다. 히틀러보다도 더 했던 네로도 있다. 이들 역시 하나님과 동등한 권위자로 인정하고 순종해야 하는가? 만약에 그렇다면 우리는 왜 그들과 싸워야 하나? 만약에 우리나라의 통치자들이 그리스도인의 상위에 있는 당국자 의미로서 하나님의 사역자가 된다면 히틀러도 그럴 것이고, 그렇다면 우리의 하나님과 맞서 싸우는 하나님이 우리의 하나님이 되기도 할 것이다. 로마서 13장에 대한 유일한 해석은 하나님께 대한 복종과 상충하는 권세들에게 복종 하지 말고 오로지 하나님께만 복종하여야 된다는 것이다.174)

우리 시대의 무저항 ▨▨▨▨▨

산상수훈과 천년왕국에 대한 예수님의 평화적 교훈 사이의 갈등을 최소화하고자 하는 사람들이 있다. 앞장에서 이미 언급했던 것처럼 미래의 사건들은 아직 불투명하다. 그리스도인들 가운데 그리스도의 두 번째 강림이 문자적 왕국으로 지상에 임할 것이라고 주장하는 사람들이 있다. 그리스도께서 세상을 심판하시려고 오신다고 주장하는 사람들이 있는가 하면, 문자적인 천년왕국 통치는 아예 없을 것이라고 성경을 해석하기도 한다. 하지만, 어떤 견해가 옳든 간에 산상수훈의 교훈이 미래를 위한 것이라고 미루는 생각은 성경이나 천년왕국에 대한 합당한 해석이라고 할 수 없다. 만약 문자적인 천년왕국이 있다면, 그곳에 모든 살인자와 증오, 다투고 싸우는 자들은 분명히 없을 것이다. 사랑해야 할 적들도 다른 편 뺨을 돌려 댈 사람도 없을 것이다. 악도 박해도 마찬가지다. 그러므로 천년

왕국은 이들 특별한 교훈들을 적응시킬 기회마저 없을 것이며 산상수훈의 많은 부분도 의미가 없을 것이다.

신약성서 아무 곳에서도 그리스도인들에게 복종을 나중으로 미루라는 말씀이 없다. "우리가 그의 계명을 지키면 이로써 우리가 저를 아는 줄로 알 것이요 저를 아노라 하고 그의 계명을 지키지 아니하는 자는 거짓말하는 자요 진리가 그 속에 있지 아니하되 누구든지 그의 말씀을 지키는 자는 하나님의 사랑이 참으로 그 속에서 온전케 되었나니 이로써 우리가 저 안에 있는 줄을 아노라"라고 요한은 말하였다.175) 이 말씀은 분명히 지금 여기에 적용되는 말씀이지 미래 어느 시대를 두고 말한 것이 아니다. 산상수훈 그 자체에서 예수님은 "너희는 세상의 소금이요." "너희는 세상의 빛이라"고 하셨다.176) 예수님께서는 분명히 당장 이 세상을 두고 말씀하신 것이지 미래 어느 때를 두고 말씀하신 것이 아니다. 초기 그리스도인들은 예수님의 말씀을 자신들의 시대에 문자적으로 지켜야할 교훈으로 여겼음이 분명하다. 로마서 12장에서의 무저항에 대한 바울의 가르침은 예수님의 교훈만큼이나 강력했다. 소송에 대한 그의 교훈은, 눈은 눈으로, 이는 이로라는 율법에 관한 예수님의 가르침만큼이나 분명했다. 베드로가 첫 번째 서신에서 가르치는 무저항도 마찬가지로 강력했다.

복음서에 일관된 무저항

몇 가지 이유로 그리스도인들은 복음과 무저항 혹은 복음과 신약성서의 윤리적 교훈을 구분하는 경향이 있다. 그들은 구원의 교리와 십자가 위에서 그리스도의 구속에 대한 설교를 강조하면서 이것이 바로 복음이라고 말한다. 그러나 신약성서의 무저항과 다른 윤리적 교훈들은 마치 이들이 동떨어져 있으며 복음에 덧붙여진, 아무런 장점이 없거나 관심을 기울이지 않아도 되는, 최소한의 중요성만을 지닌 것으로 여기는 것 같다. 신약성서는 이렇게 구분하지 않았기 때문에 그리스도인들은 그러한 견해를 잘 이해하지 못한다. 신약성서 전체에서 구원의 교리와 윤리적 교훈은 매우 밀접하게 일관성을 지닌다. 바울서신들은 일반적으로 양적인 면에서 양분되어 있는데, 첫째부분은 구원의 교리를 강조하고 나머지 부분은 실천적이고 윤리적인 교훈으로 되어 있다. 바울에 의하면, 이들 두 부분은 하나로 통합되며 그들 중 어느 하나만으로는 복음을 완성하지 못한다.

무저항과 구원의 교리가 통합을 이루는 가장 괄목할만한 예는 베드로전서 2장에서 볼 수 있다. 여기에서 베드로는 그리스도는 "친히 나무에 달려 그 몸으로 우리 죄를 담당하셨으니 이는 우리로 죄에 대하여 죽고 의에 대하여 살게 하려 하심이라"라고 말한다."177) 십자가 위에서의 구속의 목적은 단지 우리를 어느 날 하늘로 올리려 함이 아니었다. 그것은 우리로 지금 여기에서 영적으로 살고 현재 세상에서 의롭게 살라는 말씀이었다. 물론, 우리가 만일 이러한 영적 생명을 가졌다면 하늘에도 적합한 사람일 것이다. 다음으로 베드로는 이것이 의미하는 내용을 좀 더 설명한다. 그리스도께서 고난 받으심은 사랑과 무저항 방법으로 그분의 발자취를 따르는 본보기를 보여주신 것이라면서 "욕을 받으시되 대신 욕하지 아니하시고 고난을 받으시되 위협하지 아니하시고"라고 말한다.178) 그리스도께서 우리의 죄를 구속하시려고 십자가에서 죽으신 그 사랑과 무저항 정신이야말로 그리스도인으로서 우리가 나타내야 하는 것이다.

빌립보서 2장에서 이 진리의 예를 다시 볼 수 있다. 여기에서 바울은 "하나님의 형상임에도, 자신을 낮춰 십자가의 죽음에 이르기까지 인간의 모양으로 오신" 그리스도의 겸손과 성육신, 죽음에 관하여 아마도 신약성서 전체 가운데 가장 심오한 서술을 우리에게 제공한다.179) 같은 그리스도께서 영광을 받으심으로, 모든 사람이 하나님의 영광에 이르신 그리스도를 주님으로 고백하게 한다. 분명히 성경 어떤 곳에서도 그리스도의 신성과 성육신, 죽으심과 그분의 현재의 영광에 관하여 이보다 더 분명하게 서술하는 것을 찾아볼 수 없을 것이다. 이처럼 심오한 말씀과 관련된 괄목할 만한 사실은 그리스도의 구속에 의해 구원받은 그리스도인들에 의해서 나타내져야할 영적인 예로 바울은 이점을 우선 소개한다.

바울은 "너희 안에 이 마음을 품으라. 곧 그리스도 예수의 마음이니"180)라고 말한다. 그리스도 안에 있는 어떤 종류의 마음인가? 하나님이심에도, 인간으로 오셔서 인류의 구원을 위하여 십자가에서 죽으신 겸손한 사랑의 마음이다. 그리스도인들이 그리스도의 마음을 지녔을 때에 그들은 무엇을 하게 될까? "원망과 시비 없이 모든 일을 할 것"이라고 그는 말한다. 그들은 "흠이 없고 순전하여 어그러지고 거스르는 세대 가운데서 하나님의 흠 없는 자녀로 세상에서 그들 가운데 빛들로" 나타내는 사람들이 될 것이다.181) 복음은 무엇인가? 그것은 사람들로 하여금 겸손하고 사랑스러우며 흠 없고 해하지 않으며 평화롭고 무저항적인 그리스도를 닮은 마음을 지닌 하나님의 자녀가 되게 하는 그리스도의 구속에 관한 이야기이다. 그중 어느 부분이 아니라 이 모두가 다 복음이다. 설교에서 사랑과 무저항을 제외한 교리를 전하는 설교자는 신약성서의 복음을 설교하는 것이 아니다. 무저항이란 복음에 덧붙여진 것이 아니다. 그것은 복음의 일관성이며 그것이 빠지면 남아있는 것만으로 복음에 미치지 못한다.

진지하게 다루지 못한 진리

복음과 그리스도인의 삶의 방법에 관한 이처럼 명백한 그림에 덧붙여 신약성서는 죄에 대한 하나님의 심판에 대해서도 가르치고 있음을 기억해야 한다. 이와 같은 심판은 새로운 언약 아래 있는 진리에 관한 지식에 이르나 고민 끝에 그것을 저버리는 사람들에게 무겁게 임한다.

우리가 진리를 아는 지식을 받은 후 짐짓 죄를 범한즉 다시 속죄하는 제사가 없고 오직 무서운 마음으로 심판을 기다리는 것과 대적하는 자를 소멸할 맹렬한 불만 있으리라 모세의 법을 폐한 자도 두 세 증인을 말미암아 불쌍히 여김을 받지 못하고 죽었거든 하물며 하나님 아들을 밟고 자기를 거룩하게 한 언약의 피를 부정한 것으로 여기고 은혜의 성령을 욕되게 하는 자의 당연히 받을 형벌이 얼마나 더 중하겠느냐 너희는 생각하라 원수 갚는 것이 내게 있으니 내가 갚으리라 하시고 또 다시 주께서 그의 백성을 심판하리라 말씀하신 것을 우리가 아노니 살아 계신 하나님 의 손에 빠져 들어가는 것이 무서울진저.182)

이 말씀의 심각성은 제1차 세계대전 당시 양심적 병역거부 자였으며 무기소지를 거부함으로 법정에서 시달려야만 했던 덩커교회독일 침례교도들에게 붙여진 이름으로 이들 역시 침수 침례, 애찬, 단순한 삶, 맹세와 소송, 군복무의 거부 등으로 특징되는 신앙을 유지했는데 이들은 한편 deeper라고도 불렸다-역주 소속, 모리스 헤스Maurice Hess에 의해 가장 강력하게 진술되었다. 그의 증언 가운데서 헤스는 다음과 같이 말하였다.

나는 순교를 추구하는 자가 아니다. 단지 한 젊은이로 써 생명과 그 희망, 자유, 봉사를 위한 기회가 내게 달콤할 뿐이다. 나는 세상으로 나 아가 오랜 동안 수고를 통해 얻은 나의 작은 재능을 사용하고 싶었다.

그러나 나는 영원한 저주의 값으로 이런 것들을 구입할 수 없다는 것을 알게 되었다. 나는 나의 주이신 그리스도의 가르침을 알고 있다. 그분은 우리에게 악을 저항하지 말고 적을 사랑하며 저주하는 사람을 축복하고 미워하는 사람에게 선을 행하라고 가르치셨다. 그분은 이를 가르치셨을 뿐만 아니라 몸소 겟세마네에서, 빌라도 앞에서, 그리고 갈보리 위에서 실천하셨다. 우리가 만일 죄악으로 가득한 세상에서 전쟁이나 병역의무에 참여하는 대신, 비웃음과 조롱, 투옥, 고문, 죽음을 기꺼이 맞이하지 않는다면, 우리의 고백에 대하여 위선자요 배신 자일 것이다. 우리는 그리스도에 대한 순종이 영원한 생명의 상급을 얻게 한다는 사실을 안다. 우리는 양보할 수 없고 타협할 수 없으며 따라서 고난을 받지 않으면 안 된다.[183]

이번 장과 이전의 장에서는 평화와 무저항의 가르침이 신구약성서 전체에서 발견된다는 것과 무저항의 원리는 그분의 백성을 위한 하나님의 계획이라는 것, 그것이 바로 그리스도인의 경험의 열매이며, 하나님의 심판은 이와 같은 교훈을 소홀히 여길 때에 다른 하나님의 명령을 소홀히 여기는 사람에게 주어지는 것처럼 임한다는 것이 저자의 견해였다. 여기에서 시도하고자 한 것은 무저항 삶의 방식이 복음의 전체 맥락과 일치하며, 여기저기 흩어져 있는 몇 개의 성경구절에 의존한 것이 아니라 정당하고 균형 있게 성서를 대하는 방법임을 보여주고자 했다. 이와 같은 간단한 방법으로, 관련된 주제에 관한 모든 구절에 대하여 주석을 시도한다는 것은 불가능하다. "이제는 전대 있는 자는 가질 것이요 주머니도 그리하고 검 없는 자는 겉옷을 팔아 살지어다."[184] 라고 예수님께서 말씀하신 것처럼, 현재로서는 해석하기 어려운 성서구절들이 아직도 많이 있다. 이들 다양한 구절에 대한 완전한 해석을 시도하려 한다면, 너무 많은 분량을 요구할 뿐만 아니라 불가능할지도 모른다. 또는 말씀을 피상적으로 이해하는 데서 오는 어려움 때문에 그것들을 다루기 위해서 본 장의 목적과 관련되지 않은 다른 토론으로 빗나가야 했을지도 모른다.

4

교회사 내의 평화, 전쟁, 국가

이 장은 신약성서 시대 이후 교회의 무저항에 대한 증언에 관심을 갖는다. 이 당시 기독교 교회는 권위 있는 교회의 가르침을 따라야 했다. 유대인들은 이 멍에로부터 자유로워지기를 원했으나 신약성서의 교훈은 그리스도인이 그러한 자유를 확보하려고 정치적 행동이나 혁명에 가담하는 것을 허락하지 않았다. 오히려 그들은 가이사의 통치에 복종할 것을 권고 받았다. 초기 그리스도인 대부분은 노예나 유대인, 여인들이었으며 로마 정부 산하의 정치적 공무원이나 군인들 등 몇몇 예외자가 있었음을 기억할 때, 로마 국가적인 일에 참여하느냐의 여부는 실질적으로 초기 교회에 그렇게 중요한 문제가 아니었다.

그러나 만약 기독교가 어느 정도 성장했다고 가정한다면, 이방인, 자유인, 로마시민들 중 다수의 그리스도인들이 생겨났을까? 군인이나 국가 공무원들이 스스로 기독교를 받아들였을까? 이런 내용들은 4세기경 기독교에 관련된 정치·군사적 행동에 관한 매우 중요한 질문들이다. 로마 정부 사람들과 군인들이 그리스도인이 된다면, 이로 말미암아, 그들의 고백으로 인해 공직을 포기했을까? 법적으로 공직을 가질 수 있거나 군인이 될 수 있는 그리스도인들이 과연 그렇게 했을까? 만약 그렇지 못하다면, 그들은 자신들의 주인 되신 주님의 가르침에 진실할 수 있었을까? 그들이 국가를 기독교화하거나 국가의 일로 교회의 삶에 해를 끼칠 수 있었을까? 하나님의 나라와 이 세상 나라를 갈라놓는 선을 어느 부분에 그어놓을 수 있을까? 기독교 역사를 평화, 전쟁, 국가와의 관계 속에서 간단히 살펴봄으로 이들 문제들에 답하고자 한다.

초대교회 이후 174년까지 ▰▰▰▰▰▰

주후 174년 이전에는 분명히 그리스도인 군인이 있었다고 말할 수 없을 것 같다. 이 부분에 최고 권위자인 카둑스C. J. Cardoux는 "마르쿠스 아우렐리우스 통치 당시까지A. D. 161에서 180년 개종한 그리스도인들 가운데 군인으로 등록된 사람은 없었던 것 같다"라고 말했다.185) 고넬료와186) 빌립보 간수187)는 둘 다 군인이었지만 회심한 사람들이었다. 이러한 경우는 초기에 매우 드물었으며, 이 사람들이 회심 혹은 침례를 받은 후에 계속 군인으로 남아있었는지에 대한 기록은 없다. 아마도 그들은 더는 군인으로 남아있지 않았을 것이라고 생각해 볼 수 있을 것이다.

신약성서 기록 당시와 주후 174년 사이에 분명히 문제가 제기되지 않았던 만큼 그리스도인의 군 입대에 대한 특별한 언급은 필요하지 않았던 것 같다. 이 시기의 그리스도인에 대한 기록들은 강력하게 무저항 경향이었으며, 따라서 어떤 사람이 군인이면서 동시에 그리스도인이었던 경우는 없었을 것이라는 점이 분명하다. 로마가 주후 70년 예루살렘을 포위했을 때, 그리스도인들은 도시를 떠나 베레아에 있는 요단강 너머에 정착했다는 사실이 매우 중요한 단서가 된다. 그들은 무력으로 저항하는 동료 시민을 돕는 것을 옳지 않다고 믿었기 때문에 무력으로 저항했다는 적극적인 기록은 없으며 이것이 아마도 자연스러운 해석일 것이다. 어쨌든 "유대인들의 애국심의 불꽃은 이들 예루살렘에 사는 그리스도인들 마음속에서 꺼져 있었다."188)

초기 사도시대 이후의 기록 가운데 하나로 12사도 교훈집이 있다. 2세기 초기, 아마도 110년에서 115년 사이에, 기록된 이 문서는 "너희는 너의 이웃의 악한 도모를 취하지 말라. 너희는 어떤 사람도 미워해서는 안 된다"189)라고 말한다. A. D. 110년경에 에베소에 보낸 편지에서 이그나시우스는 "너를 해친 사람들에 대하여 네 자신이 복수하려고 하지 말라… 그리고 욕설을 들었을 때 욕하지 않으시고, 십자가에 달리시면서 아무 대답도 하시지 않으신, 고통을 당하실 때 누구도 위협하지 않으신, 오히려 적들을 위해 기도하신 주님을 닮자"190)라고 말한다. 같은 시기에 폴리캅은 빌립보 사람들에게 그리스도의 명령에 복종할 것을 촉구하면서 "악을 악으로 대하거나 악담하는 사람에게 악담을, 허풍떠는 사람에게 허풍을, 저주하는 사람에게 저주하지 말라"고 말한다.191) 순교자 저스틴은 A. D. 153년 기록에서 "전쟁과 상 호간의 살육, 온갖 악으로 가득한 이 시대에 우리는 전쟁 무기를 바꾸어 검을 쟁기로, 창을 농기구로 만들자"라고 말하였다.192) 180년에 아데나고라스Athenagoras는 "우리는 허풍을 허풍으로 대하지 말라고 배웠을 뿐만 아니라 우리를 약탈하고 도둑질한 사람들을 법정에 세우지 말며, 한쪽 뺨을 때린 사람에게 다른 편을 돌려대며, 겉옷을 취한 사람에게 속옷도 주라고 배웠다"193)라고 했다. 한편, 같은 시기에 철학자 셀서스는 시민정부 편을 택하지 않거나 군에 입대하지 않는 그리스도인들을 반대한다고 썼다. 그는 "모든 힘을 동원하여 왕을 도우라… 그를 위해 싸우며… 그와 더불어 군에 앞장서라"고 촉구했다. 셀서스는 "만약에 모든 사람이 무저항 그리스도인이라면 제국은 망하고 말 것이다"라고 논쟁했다.194)

174년 이후 313년까지

주후 174년경부터 그리스도인들도 로마 군인으로 가담하기 시작했다. 이에 대한 첫 번째 적극적 증거는 선도적인 교회 교부였던 터툴리안의 기록에서 발견되는데, 그는 이와 같은 현실을 극렬히 반대하였다. 베드로에게 검을 거두라는 예수님의 말씀을 인용하면서 그는 다음과 같이 말한다. "주께서 검을 사용하는 자는 검으로 망한다고 말씀하셨다면 검을 잡는 것이 과연 합법적일 수 있을까? 그분이 법에 의탁하지 말라고 하셨다면 전쟁 가운데서 평화의 아들이 과연 나올 수 있을까? 자신에게 행한 잘못에 대해서도 복수하지 않는 사람이 쇠사슬을 사용하고 옥에 가두며 학대하고 처벌할 수 있을까?" 그는 먼저 군인이었다가 그리스도인이 된 사람들에게는 그 문제점을 인정하지만, "많은 사람이 그렇게 했듯이," 군인이었다가 그리스도인이 되면, "군 임무를 즉각 사임하거나 개인적으로 순교의 고통을 받든지 둘 중에 하나여야 한다"고 했다.195) 이 인용문은 이전에 많은 군인이 그리스도인이 된 다음에 임무를 그만두었음을 암시하며, 터툴리안은 그렇게 하지 않는 새로운 경향에 대해서 나무랐던 것으로 보인다.

초대교회의 유명한 교부 중 하나인 오리겐은 약 250년경에 다음과 같이 썼다. "호전적이기를 그치고 오만한 검을 쟁기로 바꾸라는 예수님의 권고를 따라서, 싸울 때에 사용하던 창을 낫으로 바꾸었다. 우리는 더는 나라들에 대항하여 검을 들지 않고 전쟁을 배우지도 않았고 우리의 지도자이신 예수님을 위하여 평화의 아들들이 되었다."196) 다른 곳에서도 그리스도인들이 황제를 위해 군인이 나 공직자로 일하지 말아야 할 것에 대해서 특별히 언급하고 있다.197) 만약 모든 사람이 그리스도인처럼 군에서 물러난다면, 제국은 망할 것이라고 말한 이방인 셀수스에 의해 제기된 실질적인 문제에 대해 직접 답하면서 오리겐은 홍해에서 애굽의 손으로부터 이스라엘을 기적적으로 구출해낸 성경말씀을 예로 들었다. 그리스도인들은 군인이나 공직으로 황제를 섬기는 이들보다 평화로운 삶의 방법으로 훨씬 더 크게 도울 수 있다고도 주장했다.

하나님의 사람들은 세상의 소금으로서 세상의 질서를 보존 하며, 사회는 소금이 부패하지 않는 한 함께 보존된다.198) … 우리의 기도는 전쟁을 일으키고 맹세를 깨뜨리며 평화를 방해하는 모든 마귀를 소멸한다. 비록 우리가 전장으로 나아가 싸울 수도 있겠으나 이를 대신하여 특별한 군대 즉 하나님께 기도하는 경

건한 군대를 형성함으로 왕을 더 많이 도울 수 있다…. 그리스도
인은 다른 사람들보다도 더 많이 국가를 후원한다. 왜냐하면, 그
들은 시민을 훈련하며 최고의 존재를 향하여 경건하도록 일깨우
고 사람들로 거룩한 하늘의 시민으로서 선한 가치를 지니고 살
게 하기 때문이다. 그리스도인들이 공직을 고사하는 것은 공직
을 회피하기 위한 목적이 아니라 사람들의 구원을 위해 하나님
의 교회 안에서의 거룩한 섬김을 위한 것이다. 199)

258년에 순교자로 죽은 카르타고의 주교 싸이프리안은 "전 지구는 적
들의 피로 흠뻑 젖었다. 만약 살인자들이 개인적으로 이렇게 했다면, 그는
범죄자이지만, 국가의 권위에 의해서 일어난 일이면 용기에 해당한다." 그
리스도인은 "살인하도록 허락받지 않았으며 대신 자신을 죽음에 내어줄
수 있다." "죄 없는 사람이 죄인을 죽음에 처하게 하는 것도 허락되지 않는
다."200) 비두니아의 락탄티우수는, 4세기 초 제6계명에 대한 주석에서 다
음과 같이 말했다. "하나님께서 우리에게 살인을 금하셨을 때에 그분은 공
개적인 폭력을 금하셨을 뿐만 아니라 사람들에게 합법적인 것처럼 보이는
부분에 대한 범법도 금하셨다. 전쟁에의 참여는 사람에게 정당한 것이 아
니다… 그러므로 이와 관련된 하나님의 교훈에도 예외가 있을 수 없다. 사
람을 죽게 하는 것은 언제든지 합법적이지 않다. 그래서 하나님은 동물을
희생 제물로 삼으셨다."201) 310년경 아노비우스는, 무저항은 그리스도인
의 실천으로서 처음부터 받아들일만한 것이었다고 하면서 "예외가 아니라
면 그리스도의 인사와 평화의 통치에 귀를 기울여… 철을 사용하지 않았
다면, 더 평화로운 곳에서 세상은 만족할만한 고요함을 누릴 수 있는 곳이
되고 복된 조화로 연합되고 신성한 조약을 위반하지 않게 되었을 것이다."
라고 말하였다.202)

이와 같은 교회 지도자들의 진술에 덧붙여서 3, 4세기 이후 공직과 군인 종사를 반대하는 규례들을 정의한 교회문서나 법규로 알려진 여러 문서도 있었다. 이와 같은 법규들이 보편적으로 적용되지 않았던 것은 분명하지만 교회와 다른 공동체 내에서 군 복무가 공식적으로 금지되었음을 보여준다. 이러한 지침 중 하나는 "신자나 가르침을 받은 사람들 가운데 군인, … 검을 지닌 공직자 혹은 경찰, … 이들은 공직을 떠나야 하며 그렇지 않으면 퇴출시켜야 한다. 예비신자 혹은 기존의 신자가 군인이 되기를 원한다면 이미 하나님과 멀어진 것이기에 퇴출시켜야 한다." 또 다른 문서 가운데서는 "예비신자나 신자 가운데 군인이 되고자 하는 사람이 있다면 그것을 단념하게 하든지 그렇지 않으면 퇴출되어야 한다. 그는 생각으로 하나님을 소홀히 여기고 영적인 일에서 떠났으며 육을 따라서 신앙을 경멸한 것이다."203)

교회사가 유세비우스는, 4세기 초 로마 고위 공직자가 그리스도인이 되고 나서 공적으로 신앙을 고백하고 군복무로부터 퇴역한 뒤 따라오는 고통스러운 오명을 고상하게 참아낸 이야기에 대해 말하고 있다.204) 이렇게 행한 사람 그리고 무저항 신앙을 자신의 생명과 맞바꾼 사람들이 많이 있었다. 그중에 가장 잘 알려진 사람은 295년, 군 입대식을 위하여 아프리카 지방총독 앞에 불려나왔던 젊은 누미디아인 막시밀리안일 것이다. 막시밀리안은 입대식과 군 제복을 거부하면서, "나는 군복무를 할 수 없다. 나는 악을 자행할 수 없다. 나는 그리스도인이다"라고 말했다.205)그가 이렇게 분명하게 거부의사를 밝힌다는 것은 곧 죽음을 의미하는데도, 그는 침착하게 대답했다. "나는 망하지 않을 것이다. 내가 이 세상을 떠나게 된다면 나의 영혼은 나의 주 그리스도와 함께 살게 될 것이다." 그리고 그는 21살에 죽임을 당했고 그의 아버지는 "선물을 주게 드릴 수 있게 되었음을 하나님께 감사합니다."하면서 집으로 돌아갔다.206) 교회적으로 막시밀리안이 택한 결정에 많은 사람이 동조했으며, 시간이 경과하면서 그는 교회의 영웅으로 인정되었다. 카둑스는 4세기 초 막시밀리안과 같은 사람들이 많이 있었으며, 이로 말미암아 303년 대 박해가 도래했을지도 모른다고 말했다.207)

313년 이후의 교회 ▧▧▧▧▧▧

그러나 막시밀리안과 같은 예가 있었음에도, 4세기가 시작되면서 로마의 군대 안에는 많은 그리스도인이 있었다. 카둑스가 말한 것처럼, 174년경 교회에서 군인 회심자를 받아들임으로 서서히 그러나 분명히 군인회원을 위해 교회를 개방하는 중대한 결과를 초래하는 실마리가 되었음을 입증한다고 말했다. 그 다음 주후 313년에는 하나의 놀랄만한 사건이 발생한다. 로마 황제 콘스탄틴이 스스로 그리스도인임을 선언하고 기독교를 합법적인 종교로 인정한 것이다. 이 시점에서부터 기독교 교회 내에 커다란 변화가 일어났다. 황제 자신이 그리스도인이면서 군인이었기에 곧 많은 그리스도인이 군에 있게 된 것은 자연스러운 현상이었다. 시간이 경과하면서 교회는 무저항 입장을 포기했으며 기독교는 제국의 종교가 되었다. 이에 대해 카둑스는 다음과 같이 말했다. "예수의 십자가 표시는 제국 군대에 행운과 승리를 가져다주는 상징이 되었다. 황제의 어머니가 발견하고 그에게 보내졌다고 하는 십자가의 못들은 군사원정에 쓰이는 말발굽과 투구로 변신되었다."208)

다른 변화도 빠른 속도로 일어났다. 314년에 아르레스 회의는 "평화의 시기에 자신들의 무기를 던져버리는 사람은 추방될 것"이라는 결정을 발표했다.209) 교회 교부들의 성명은 313년 이전에 흔히 들을 수 있는 것과는 다른 목소리를 내기 시작했다. 350년경 아타나시우스는 "살인은 허용되지 않았지만 전쟁에서 적을 죽이는 것은 합법적이며 칭찬할만한 가치가 있다"고 말했다. 얼마 뒤 밀란의 주교 암브로스는 "전쟁에서 이교도들을 대항하여 조국을 지키거나 집에서 약자를 보호하는 것, 혹은 도적으로부터 동료를 구하는 것은 아주 의로운 일이다."라고 더욱 심도 있게 말했다.210) 416년에 황제는 비그리스도인들이 군인이 되는 것을 아예 금지하기까지 했다.211) 고난 받는 그리스도에 의해 확립된 무저항 그리스도인의 형제애는 3세기 중반 후에 군사적인 황제 국가교회로 전락되어 버리고 만 것이다.

교회에 닥친 "놀랍고 충격적인" 이러한 변화를 설명하려는 시도에는 몇 가지 이유가 있다. 그 중에 하나는 그리스도인들이 일반적으로 로마 공직자들과 군인들에 의해 제공된 법과 질서를 고맙게 여기고 점차 그들 자신이 이들 직업들을 선택했다는 것이다. 다른 하나는 그리스도인의 삶을 묘사하는데 군사적인 표현을 일반적으로 사용한 것이 전쟁에 대한 그들의 태도를 이완시켰다는 것이다. 3세기 기독교 문헌에서 이러한 표현의 사용은 더욱 증가했으며 이는 비록 구약성서에 대한 적절한 이해는 아니더라도 그 속에 있는 전쟁이야기가 상당한 역할을 했을 것이라는 점을 보여준다.

그러나 변화를 가져온 가장 중요한 요인은 이 시기에 도덕적 해이가 컸었다는 점이며 시간이 지나면서 타락의 정도가 더욱 증가했다는 것이다. 제임스 톰슨James Westfall Thompson은 4세기에 무슨 일이 있었는가를 다음과 같은 생생한 묘사로 전달해 준다.

4세기 교회의 승리는 인간 역사 속에서 가장 소중한 승리 중의 하나였다. 하지만 콘스탄틴과 더불어 통치계급, 부자, 세상적인 것들이 그들의 도덕적 질, 사회적 지위, 일상적인 행위양식과 뒤

섞였다. 그 결과 교회와 세상의 경계선이 모호해지고 종교가 정
치나 정책에 종속되며 저변에 있던 남녀들이 교회 안으로 들어
와 이상을 낮추고 졸부의 타락한 영향력, 영적인 경직성을 가져
왔다…. 교회는 부유하고 영향력 있는 이교도 귀족들의 지지와
보호를 받기 위하여 세상에 많은 것을 양보했다. 교회 권위의 증
가는 영적 활기를 상실한 대가였다. 이와 같은 타락의 속도는 타
락의 정도만큼이나 놀라웠다. 그 속도가 너무 빨랐기 때문에 한
세기가 지나기 전 3세기에 고통스러웠던 적대감이나 박해보다도
번영을 개탄해야할 이유가 교회에 많아졌다는 사실을 한탄하는
영적인 사람들이 적지 않았다. 4세기 교회의 도덕적 종교적 생
리에 대한 연구주제는 건강상태가 아닌 도덕적 손상, 부패, 남용
이라는 질병 상태에 관한 것이었다. 212)

역사상 매 시기마다 분명히 예외가 있기는 하지만 톰슨에 의해 진술된
이러한 병적 상태는 콘스탄틴 시대로부터 오늘에 이르기까지 크든 작든
지속적으로 고려해야할 교회의 특징이 되고 말았다. 콘스탄틴 이후 교회
는 모든 종류의 사람들로 구성되고 신약성서가 가르치는 고상한 행위의
기준을 충족하지 못하는 대중으로 이루어진 보편적 제도가 되어버렸다.
"이방인 집단이 기독교 교회에 몰려들어왔고 곧바로 그들의 새로운 신앙
은 열광적이었으며 "거룩한 전쟁"이 빠른 속도로 선포되었다.213) 이방세
계의 기준은 교회의 기준을 절반만 충족시켰으며 하나님 나라는 이 세상
의 왕국과 심각하게 혼용되고 말았다.

그러나 신약성서 요구사항을 전적으로 무시할 수는 없었을 것이다. 그
러므로 많은 교회 지도자들이 무저항에 관한 그리스도의 가르침을 재해석
하기 시작했다. 그럼에도, 타협적인 방법으로 말미암아 성서 의미는 교회

가 채택해왔던 저급한 도덕 수준으로 떨어졌다. 예를 들면, 430년에 죽은, 교회 교부들 가운데 가장 영향력이 있었던 어거스틴은 "애끓는 고통을 느끼지 않은 채 전쟁을 염두에 둘 수 있는 사람은 인간성에 대한 모든 감정을 상실한 사람임에 틀림없다."고 말했다.214) 하지만 어거스틴은 하나님의 재가여부에 대해 고심했어야 할 "정당전쟁"이라는 그럴듯한 이론을 만들어 냈다. 그는 제국에 의해 유지된 법과 질서에 강한 인상을 받았는가 하면 야만인 종족들을 억제하고자 하는 제국의 노력이 기독교와 갈등을 일으킨다고 보지 않았던 것 같다. 그는 전쟁으로부터 부수적인 이익을 추구하는 행악자들을 대항하는 것이 바로 경찰의 역할이라고 생각했다. 교회와 국가 모두는 평화를 지향한다는 점에서 서로 동조했다. 그들은 두 영역을 설정하지만 중요한 영역에서는 함께했으며 그리스도인들도 이들과 함께 했다. 그러므로 국가가 목적을 수행하기 위해 전쟁을 요구하면 기독교도 그 역할을 분담해야 했다.

이를 근거로 어거스틴은 하나님의 명령을 수행하는 "정당 전쟁론"을 정교하게 다듬었다. 그에 의하면 정당하지 못한 전쟁은 시기, 복수, 잔인성, 권력의 탐욕에서 온다. 그러나 정당한 전쟁은 하나님께서 인간에게 이들 악을 처벌하도록 전쟁을 수행하게 하는 데 있다. 어거스틴에 의하면, 모세가 전쟁을 수행했을 때 그는 만행을 저지른 것이 아니라 하나님께 복종한 것이었다. 하나님께서 전쟁을 명령하셨을 때 그는 잔인하게 행동하지 않고 정당한 심판을 한 것이다.215) 어거스틴 당시에 교회의 관심을 끌었던 도나티스트라는 이단으로 여겨진 단체가 있었다. 어거스틴은 초기에 이 사람들에게 친절과 사랑으로 대했지만 후기에는 강제로 교회 안으로 흡수하려고 이들에게 검을 휘두르는 박해를 승인했다. 그는 만약에 설득이나 친절한 말에 의해 잃은 양을 우리로 들어오게 할 수 없다면, 선한 목자는 채찍으로 그들을 응징할 수밖에 없다고 논했다. 그리고 그는 대연회의 비유에서 "넓은 길과 들판으로 나아가 그들을 억지로 데리고 와서 채우라"고 하신 예수님의 말씀을 인용했다.216) 이 말씀에서 박해와 선한 이유를 위한 전쟁에 대한 신적 재가를 찾아냈으며 따라서 도나티스트들은 힘에 의해서 하나님의 나라로 떠밀려 들어오지 않을 수 없었다. 그리고 신약성서에서 그리스도가 전쟁을 승인하는 것처럼 보이는 일련의 구절들을 인용했다.217) 그 예로서 침례요한은 군인들에게 그들의 직업을 그만두라고 말하는 대신, 그들의 급료에 만족하라고 말했다.218) 예수께서는 가이사의 것은 가이사에게 주라고 말씀하셨으며,219) 백부장의 믿음을 칭찬하셨다 220) 등을 임의로 해석했다.

어거스틴의 생각은 13세기 위대한 가톨릭 신학자였던 토마스 아퀴나스에 의해 더욱 발전되었다. 아퀴나스의 사고방식에서 교회와 국가는 단일체로 연합되고, 전쟁은 교회의 재가라는 이유로 하나님에 의해서 승인된 것처럼 통치자에 의해 정당하게 수행되었다. 아퀴나스는 십자군에 의해 신성한 땅의 회복을 위한 일련의 종교전쟁이 일어난 유럽에 살고 있었으며, 이는 종교전쟁이 하나님에 의해서 승인된 것처럼 합리화하는 데 작용했다.

하지만, 이처럼 교회와 국가의 밀접한 관계에도, 중세기 사람들은 신약성서의 기준에서 전적으로 배제되지 않았다. 무저항, 그리고 이 세상과는 다른 하나님에 나라에 대한 예수님의 가르침은 깊은 인상으로 계속 남아 있었다. 세상으로부터 양심에 의해 물러난 그리스도인들은 시간 대부분을 기도와 종교적 수행 그리고 일반 그리스도인들이 쉽게 접근할 수 없는 격리된 수도원에서 수도사로 살았다. 토마스 아퀴나스는 결정적으로 이를 빙자하여 이중 기준을 승인한다. 일반 그리스도인들은 정당한 전쟁에 참여해야 했으나 수도사들과 성직자들은 고상하고 더 나은 종류의 삶을 위해 분리되었기 때문에 싸움에 참여하지 않아도 된다는 것이었다. 그리고 베드로에게 검을 다시 집어넣으라는 그리스도의 명령을 통해 이 사상을 지지한다.221) 가톨릭의 가르침에 의하면, 베드로는 초대 교황이며 따라서 베드로를 향한 이 명령은 이후 교황들과 성직자들을 위한 것이고 이들은 싸움을 싸워서는 안 되었다. 그러나 이러한 엄격한 요구는 일반 그리스도인들에게는 적용되지 않았다. 이와 같은 방법으로 중세시대의 교회는 계층적인 도덕적 체계를 만들고 가톨릭교회는 지금까지도 여전히 이 체계를 고수한다. 이와 같은 조직에 의해, 교회는 저급한 목적에서 세상적인 기독교의 도덕적 수행을 받아들이지만, 수도사들과 수녀들, 상층부에 있는 성직자들은 세상에서 분리되어 높은 도덕적 기준에 도달하지 못하는 일반 그리스도인들을 대신하여 의롭게 살고 그들의 부족한 부분을 보충한다.

그러나 중세기에는 가톨릭교회와 상관없이 세상과의 타협을 받아들이지 않고 거부하는 소규모의 그리스도인 단체들이 남아 있었다. 그들은 초대 교회의 관습을 따라 종교적 평등과 형제애를 강조하고, 가톨릭교회처럼 이중적인 도덕 기준을 허용하지 않고 전체적으로 더욱 높은 도덕적 수준을 유지하고자 했다. 이들 단체 가운데는 몬타니안, 도나티스트, 바울 추종자, 왈덴 학파 등이 있었다.

루터주의222) ▰▰▰▰▰▰▰▰

가톨릭교회로부터 분리된 개신교는 1517년 마틴 루터와 더불어 새롭게 시작되었다. 모든 개신교 단체는 전쟁에 대한 질문과 성서의 교훈에 관한 몇 가지 새로운 결론을 내려야할 필요성을 발견했다. 루터는 신약성서에서 발견된 무저항 교리에 많은 인상을 받고서 그리스도인들은 이런 종류의 삶을 살아야 한다고 말하였다. 하지만, 그가 세운 교회는 하나의 보편적인 국가 교회에 불과했다. 루터주의 제후들의 영역 안에 사는 모든 사람은 개인적인 신념과는 상관없이 루터교회의 회원이 될 것을 법으로 요구했다. 결과로 신약성서 기준에 맞춰 산다는 것이 얼마나 어려운 것인가를 많은 연약한 교인이 받아들여만 했다. 더욱이 루터의 혁명은 국가의 도움을 통해 이루어졌기 때문에 루터주의에서 교회와 국가의 관계는 가톨릭교회와 거의 동일했다. 그리스도인들에게 전쟁의 문제를 해결하고자 루터교회는 가톨릭교회와 조금 다른 형태이긴 하지만 일종의 타협안을 만들었다. 루터교회는 어떠한 수도회나 계층적인 도덕 체계를 갖지 않았다. 목회자를 포함하여 루터교회의 모든 회원은 동일한 도덕 수준으 로 간주되었다. 그리스도인은 개별적으로 산상수훈에 순종해야 했으나 국가의 한 시민으로서는 국 가의 요구가 비록 성서의 무저항 교훈과 일치하지 않더라도 그것을 따라야만 했다. 토마스 아퀴나스는 가톨릭교회를 두 부분으로 나누어 세상적인 평신도들에게는 칼을 주고, 거룩한 성직자들에 게서는 반대로 칼을 멀리하게 하였다. 루터는 그리스도인 단체를 둘로 나누었다. 한 부분은 검을 가지고 국가를 섬기게 하였으며, 다른 한 부분은 그리스도 신앙을 포기하더라도 국가가 요구하는 것이면 무엇이든지 이행하게끔 했다.

칼뱅주의

비록 루터의 교회가 국가교회이기는 했지만 루터주의는 국가적 사건에 깊이 관여하지 않았다. 루터주의는 교회의 간섭 없이 국가 자체의 문제를 스스로 관리하게 허용했으며, 국가는 교회에 간섭하지 못하고, 개인은 교회와 국가를 모두 섬기게 하였다. 그러나 요한 칼뱅은 좀 다른 것을 강조하여 16세기 개신교 국가교회 개혁을 단행했다. 그는 교회의 이상이 국가를 통치해야 한다고 믿었다. 그의 구상을 실현하려 했던 스위스 제네바에서 국가는 목회자들과 매우 밀접하게 권위를 행사했으며 목회자가 요구하는 것이면 무엇이든지 법령화했다. 이와 같은 방법으로 칼뱅은 심지어 악한 사람일지라도 올바르게 살게끔 만들 수 있다고 믿었다. 교회를 머리로 하여 힘을 행사하고 정치나 군대도 같은 방향으로 나아가게 하면, 땅 위에서도 의로운 사회가 유지될 수 있을 것으로 보았다. 그렇다고 칼뱅이 무저항 신앙인은 아니었다. 칼뱅은 대부분 그의 도덕적 윤리적 원칙을 신약보다는 구약성서에서 이끌어냈다. 따라서 산상수훈과 이와 관련된 교훈들은 그의 사상 가운데 그렇게 중요한 자리를 차지하지 않았다.

메노나이트, 퀘이커, 브레드렌

아나뱁티스트들 혹은 메노나이트들은 스위스와 네덜란드에서 기원한 16세기 또 다른 하나의 중요한 개신교 단체였다. 17세기 죠지 폭스George Fox에 의해 영국에서 발생한 퀘이커교도들도 이들과 유사한 단체 중 하나였다. 브레드렌과 덩커들은 18세기 초 서부 독일에서 기원되었다. 이들 세 단체들은 "역사적 평화교회"라고 불리어 왔다. 이들은 산상수훈을 진지하게 대하고, 그들의 역사 초기부터 모든 전쟁은 잘못된 것이라고 가르쳤다. 비록 다른 교단만큼 회원 수가 많지는 않지만, 그들은 수 세기를 거쳐 숫자 이상의 영향력을 행사해왔다. 이 책이 메노나이트교회가 주장해온 무저항 교리를 다루는 만큼, 초기 메노나이트 지도자들의 가르침과 평화와 전쟁과 관련된 교회의 역사가 다음 장에서 제시될 것이다. 제8장과 9장에서는 퀘이커와 형제회의 관점, 실천적 내용들이 메노나이트와 비교하여 다루어질 것이다.

최근의 교회

최근 기독교 대형 교단과 그 외의 다수 작은 교단들이 16세기 가톨릭, 루터교회 혹은 칼뱅주의적 전통을 지니고 활동하고 있다. 4세기 동안 그들의 가르침과 실천에는 분명히 여러 차례의 수정이 가해졌다. 지난 125년 동안, 많은 교회가 다양하게 무저항 혹은 평화주의자들의 가르침에 의해 영향을 받아왔다.223) 하지만, 지난 4세기 동안 수많은 전쟁을 겪어오면서 교회의 가르침들은 예상했던 대로 다른 역할을 해 왔다. 1917년 세계전쟁 당시 싸우스 캐롤라이나 주교, 럿셀William T. Russell은 어거스틴과 토마스 아퀴나스가 중세기에 그랬던 것처럼 매우 흡사한 방법으로 "정당전쟁"이라는 가톨릭 사상을 표면화했다.

> 하나님은 모든 정당한 정부의 권위자이시며 이들을 승인하신다. 모든 권세는 그분에게서 나오며… 대통령과 의회는 이와 같은 신성한 권위로 다스린다.…시민은 법에 복종해야하며 필요하다면 정당하지 못한 공격에 대하여 목숨을 바쳐 방어함으로 국가의 권위를 세워야 한다.224)

대략 같은 시기에 전쟁에 대한 루터교회의 관점이 독일 루터교회 나우만Frederick Naumann에 의해서 드러났다.

> 복음이 우리의 삶의 기준이긴 하지만 그렇다고 유일한 기준은 아니다. 우리의 도덕성이 복음에 뿌리를 내린 것은 전체가 아니고 다만 일부일 뿐이다. 복음 이외에도 인간 사회에는 없어서는 안 되는 권력과 권리에 대한 요청이 있다. … 국가는 예수에 의해서 개발된 전적으로 다른 충동과 본능에 의존한다. … 역사적

으로 고려할 때에 이웃에 대한 형제애에서 국가를 설명하고자
시도한 모든 노력들은 거의 공론에 불과했다. … 모든 의무 이행
이 다 기독교적인 것은 아니다…. 따라서 우리는 국가와 정치 경
제의 지배적 구조적인 문제를 다룰 때에 더는 예수의 의견을 묻
지 않는다.225)

미국 잡지 *Lutheran*의 편집자는 비슷한 관점을 다음과 같이 표현했다.

교회는 전쟁의 부당성을 자유 시민들과 더불어 항변할 권리가
있다. … 그러나 전쟁이 선포되면 침묵해야 하고 기존의 권력에
복종하지 않으면 안 된다. 교회는 모든 시민들이 그러하듯 시한
부로 국가에 복종해야 한다. "나는 기존하는 권세에 복종한다."
고 말해야 한다. 교회는 자신의 신념 때문에 고통스러워할 테지
만 그렇게 하는 것을 배반이라고 하지는 않을 것이다.226)

장로교와 다른 개신교 목회자들은 교회윤리와 국가윤리 사이에서 아무
런 갈등을 겪지 않았던 것 같다. 이론적으로 그들은 정교분리의 신앙을 의
심하지 않았으며 세기가 지나는 동안 이를 미국의 이상으로 받아들여 왔
다. 그러나 실천적으로는 칼뱅이 16세기에 그랬던 것처럼 전쟁에 임하여
교회와 국가는 연합되어야 한다고 생각했다. 장로교 목회자 펜테코스트
George F. Pentecot는 다음과 같이 말한다.

우리는 단지 우리나라만을 위해서 싸우는 것이 아니라 세계의
민주주의를 위해… 그리고 하나님의 나라를 위해 싸운다. … 만

약에 이것이 하나님의 전쟁이라면, 우리는 싸울 수 있는 기독교 군대가 필요하다. … 우리는 기독교와 애국심 사이에 분명한 선을 그을 수 없다. … 둘은 서로 동반자이다. … 그리스도의 교회는 전쟁에 참여하지 않을 수 없다. … 모든 장로교회는 징집에 협조해야 한다. 227)

이대로라면 불원간에 산상수훈도 전쟁을 수용한다고 논쟁하는 데 어려움이 없을 것 같다. 하트포드 신학교, 맥켄지W. Douglas Mackenzie 교수는 다음과 같이 선언했다.

…그리스도 정신의 구현인 산상수훈이 전쟁에서보다도 더욱 가시적이고 놀라운 힘으로 실현되는 곳은 없다.

…올바른 문제로 동맹군과 미국에 의해서 수행될 때에 전쟁은 산상수훈의 신적 능력을 입증하는 또 다른 예가 될 것이다. 228)

오벌린 대학의 학장이며 의회 원목이었던 보즈워스E. I. Bosworth는 군인이 그의 적을 죽이는 것을 사랑과 우정에 해당한다고 말한다.

군인 신자는 우정으로 적에게 상처를 입힌다. 우정으로 그는 적을 죽인다. 우정으로 그는 적이 가하는 상처를 받아들인다. 적이 자신을 죽이는 동안 그는 우정을 간직한다. 그의 심정은 적이 지옥에 가기를 염원하지 않는다. 그는 증오하지 않는다. 적에게 상처를 준 다음에는 가능한 모든 우정을 다하여… 가능한 빠른 순간에 그에게 다가가 어느 때든 저버릴 수 없는 희망으로… 하나

님의 위대한 계획 하에 그와 그의 적이 함께 서는 자리를 발견하
고자 할 것이다.229)

　　이와 같은 진술들을 신약성서의 단순한 교훈과 교회 교부들의 증언, 그
리고 초대교회의 실천과 비교할 때, 히어링이 전쟁에 대한 기독교의 태도
변화를 다룬 자신의 저서에 붙인 제목이 적합하다는 점을 동의하지 않을
수 없을 것이다.230) 기독교의 태도변화는 곧 "기독교의 타락"이었다.

　　그러나 모든 세기에 걸쳐 전쟁의 신에 무릎을 꿇고 절하기를 거부한
그리스도인들이 항상 있었다는 점을 잊어서는 안 된다. 오늘날에도 교파
를 막론하고 군복무를 거절하는 많은 그리스도인이 있다. 예를 들어, 제1
차 세계대전 이후 미국 교회들은 일반적으로 그리스도 정신과는 맞지 않
는 전투적 정신을 너무 많이 수행해왔음을 인정한다. 결과적으로 많은 비
중의 미국 목회자들과 그들 교회의 회원들이 제1차 세계대전 때와는 달리
제2차 세계대전 와중에 평화주의자가 되었다. 제5장과 7장에서 메노나이
트의 평화증언에 관한 이야기를 말하고자 한다. 제9장에서는 특별히 최근
의 평화주의에 대해서 말할 것이다.

5

유럽 메노나이트

16세기
네덜란드
스위스
독일
프랑스
러시아

메노나이트 교회는 스위스 형제회로 알려진 소그룹의 진지한 성경학도들에 의해 1525년 스위스 취리히에서 출발했다. 그들을 일반적으로 아나뱁티스트들이라고 불렀는데 유아세례를 반대하고 성인 침례식을 행하기 때문이다. 이들은 성경을 공부하면서 가톨릭뿐만 아니라 개신교도 마찬가지로 신약성서의 기준에 못 미친다는 사실을 확신하게 되었다. 당시 교회에서는 어린이들이 유아 때에 세례를 받았으며 이로써 당연히 교회의 회원이 되었다. 결과적으로 많은 사람이 중생의 체험 없이 교회 회원이 되었던 것이다. 이미 제4장에서 지적한 것처럼, 이와 같은 정책의 결과로 모든 교회가 신약성서의 윤리적 가르침을 상당부분 타협하지 않을 수 없었다. 이는 특별히 무저항의 교리에 대해서 그러했다.

그러나 초기 메노나이트 개척자들은 하나님나라에 들어가기 위해서는 중생체험이 반드시 필요하다고 믿었다. 이로써 교회 회원은 교회에 자발적으로 들어와 성경의 명령에 복종하고자 하는 중생한 신자에게만 제한됨을 의미했다. 그러므로 초기 메노나이트 교회는 하나님의 말씀을 신앙과 실천을 위한 유일한 규범으로 받아들이는 중생한 신자들의 형제들이었다. 이들은 제자도와 그리스도의 명령에 대한 문자적 순종, 그분의 발자취를 신실하게 따르는 것을 매우 강조했다. 그들은 부지런히 성경을 공부하고 그 안에서 발견한 삶의 방법대로 형제애를 살았으며 모일 때마다 혹은 선교지에서 이를 증언하고 가르쳤다.

그들의 교리는 양심의 자유, 정교분리, 무저항 등이 중심이 되었다. 그들은, 국가란 이 세상에서 중생하지 못한 사회의 질서 유지를 위해 필요하고 하나님이 이를 재가하셨음을 믿는다. 그러나 성경에 의해 그리스도인은 군복무든, 시민 정부의 공직자이든 폭력을 사용해서는 안 된다는 것도 믿었다. 복수하려고 검을 사용하고 생명을 취하는 것은 그리스도의 제자에게 엄격히 금지되었다.

1524년 스위스 형제회의 첫 번째 지도자인 그레벨Conrad Grbel은 옛 언약과 새 언약 간의 차이를 다음과 같이 강조했다.

> 진정으로 믿는 그리스도인들은 늑대 가운데 있는 양과 같다. …
> 그들은… 검으로 육체적인 적을 무찔러서가 아니라 영적인 적을
> 이김으로 선조들의 영원한 휴식의 땅에 도달하지 않으면 안 된
> 다. 그들은 옛 언약 아래에 더는 있지 않기 때문에 인간의 생명
> 을 취하는 일은 전적으로 중지되고, 세상적인 검을 사용하거나
> 전쟁에 가담해서는 안 된다.231)

그레벨과 가까운 동료였던 펠리스 만쯔Felix Manz는 1525년에 "그리스도인은 검으로 찌르거나 악을 대항해서는 안 된다"고 말했다.232) 1527년 슐라이트하임에서 스위스 형제회에서 채택된 신앙고백에 그리스도인들은 친구를 방어하기 위해서든, 개인적인 적들을 대항해서든, 검이나 기타 그들이 사용하는 폭력적인 무기를 내려놓아야 한다고 말한다. 233) 1532년 스위스 형제회의 대변인은 베른의 캔톤에서 그리스도는 신자의 모든 무력 사용을 금하셨다면서 마태복음 5장을 증거로 인용하였다. 그는 법에 호소하기보다는 사람들이 자신들에게 기만하도록 허락하며 다른 사람들과 다투지 않고 그들의 겉옷을 빼앗는 자에게 외투도 내어 주어야 한다고 말한다.234) 1545년 후터리안 신앙고백은 "그리스도인은 전쟁에 참여하거나 복수를 위해 검을 휘둘러서는 안 된다"고 말한다.235) 메노 시몬스는 무저항의 교리를 장엄하게 증언하였다.

> 중생한 사람은 전쟁이나 다툼에 참여하지 않는다. 그들은 자신

들의 검을 쟁기로 만들고 창을 낫으로 만들며 전쟁을 모르는 평화의 자녀들이다. … 우리는 그리스도의 형상을 닮아야 하는데 어떻게 검을 들고 적들과 싸울 수가 있는가? … 철로 만든 창과 검은 인간의 피와 돼지의 피를 동일한 가치로 여기는 사람들에게 있을 뿐이다… 나는 자신들을 그리스도인으로 자처하는 독재자들이 모세와 여호수아 등을 거론하면서 처참한 전쟁과 피 흘리는 것을 정당화하려고 한다는 것을 잘 알고 있다. 그러나 그들은 모세와 그들의 후계자들이 강철 검을 들고서 일했으나 그리스도는 새로운 명령을 주시고 다른 검으로 우리의 허리를 동여매시도록 한 것을 반영하지 않았다.236)

그러나 초기 메노나이트는 이와 같은 무저항 삶의 방법이 그리스도인을 위해서만 가능하다는 것을 인정했다. 1532년 베른에 있는 스위스 형제회는 "시민 정부는 행악자를 처벌하고 선을 보호하기 위해 하나님께서 인정하신 것이다. … 어떤 면에서든 우리는 정부에 빚을 지고 있다. 우리는 이자와 세금, 관세 등을 기꺼이, 순종하는 마음으로 받쳐야 한다. 우리는 하나님의 뜻에 대립되는 것이 아니라면 우리에게 요구되는 것이 어떤 것이든 정부에 복종해야 한다"237)라고 말했다. 한편, 이 견해에 따르면 그리스도인은 그리스도의 명령을 거스르는 정부의 요구에 불복종해야 했다. 그러나 불복종은 단지 정의구현의 수단으로는 정당화될 수 없다. 이와 같은 입장은 스위스 형제회 사역자인 한스 마쿼트Hans Marquardt에 의해 강력하게 진술되었다.

우리는 시민 정부가 필요하고 그것이 하나님께로부터 임명된 것을 시인한다. … 그리고 우리는 바울과 더불어 로마서 13장에서 모든 사람은 온건하고 평화적일 뿐만 아니라 독재적인 높은 권세에도 복종하고 순종한다.…. 그러므로 모든 신자는 어떤 정부 하에 살든지 주어지는 부담을 불평하지 않고, 저항하지 않으며, 어떤 짐을 지도록 요청받든지 불평하거나 문제를 일으키지도, 소란을 피우지도 않는다. 그러나 신앙에 관해서라면 신자는 인간에게 순종하지 않고 오직 하나님께만 책임을 다한다. 그러므로 우리 모든 형제는 우리 주 예수 그리스도를 통해서 하나님을 신뢰하는 것을 가장 높고 위대하며 가치 있는 것으로 여기며, 생명이 위태할지라도 그것을 잃을까봐 고통스러워하지 않을 것이다. 그러나 믿음이나 양심에 관여되지 않고 하나님께 대한 우리들의 의무와 충돌하지 않는 문제에 대해서 무엇이 요구되든지 우리는 시민 정부에 순종할 준비가 되어 있다. 그리고 만약 정부가 정의나 의와 충돌하며 우리들의 재산을 몰수하고 빈곤으로 내 몰아도, 우리는 그것을 감내하고 고난을 받는데, 이는 법법이나 저항하지 않고서는 그러한 억압을 피하는 것이 불가능하기 때문이다.238)

초기 메노나이트가 세상을 위한 시민정부의 필요성을 인정하지만, 그리스도인은 무저항의 삶을 살기를 요청하기 때문에 그들에게 교회와 국가의 분리를 믿는다는 것은 논리상 당연한 것이었다. 1538년 베른의 스위스 형제회는 "무저항 원리를 가르치신 그리스도는 시민정부의 폐지를 원하신 것이 아니다. 그분은 시민정부의 정당성을 인정하셨지만, 기독교 교회의 외부 영역에 있어야 한다고 가르치셨다"라고 말한다.239) 이보다 몇 년 앞서 그들은 "시민 정부는 그리스도의 교회로부터 분리되어야 하며 그 안에 자리를 잡아서는 안 된다"라고 말했다.240)

한스 마쿼트는 그리스도인은 "그리스도인이 정부의 행정직 또는 관리가 되는 것을 인정하지 않는다"라고 말했다.241) 1589년 쥬리히 캔톤에 있는 스위스 형제회는 검을 사용하는 관리가 되면서 동시에 그리스도인이 되는 것을 동의하지 않는다고 말했다.242) 이보다 앞서 그들은 "우리는 바울의 가르침에 따라롬13장, 관리가 하나님에 의해 임명되고 검으로 복수를 행하는 공직자로서 일하는 것을 시인하지만 그러한 교훈을 위해서 우리는 영적 증거를 요청한다. 모든 신자는 그리스도의 본보기가 되어야 한다. 사도들은 전쟁에 참여하지 않았으며 처벌을 위해 검을 사용하지도 않고 친구에게 하는 것처럼 적에게도 사랑을 표현했다."243)

이런 것들이 신앙고백이나 문헌들에 나타난 16세기 아나뱁티스트 혹은 메노나이트의 견해들이었다. 그 당시 성서연구는 그야말로 진정한 제자도의 길이요, 심지어 반대나 박해에도 기꺼이 따라야할 것임을 확신하게 했다. 국가교회가 어느 곳이든 지배하고 있었던 그 당시에 박해는 매우 심각했다. 초기 아나뱁티스트 지도자 대부분은 순교자로 죽음을 맞이했다. 처음 10년 동안 오천 명 이상의 스위스 형제들이 스위스와 주변 지역에서 죽음에 처해졌다. 스위스에서 마지막 순교자가 1614년에 처형되었지만, 스위스 메노나이트들은 1815년까지 완전히 관용되지 못했다. 트랜실바니아와 헝가리에서 후터리안 형제들은 18세기 말까지 사형에 처해졌다. 네덜란드 정부는 다른 국가보다 일찍이 관용을 베풀었지만 1574년까지 처형이 계속되었었다. 이와 같은 박해 이야기는 아우스분트Ausbund와 반 브라T. J. van Braght의 『순교자의 거울Martyrs' Mirror』에 나와 있거니와 스위스와 네덜란드의 찬송가 속에도 보전되어 있다.244)전쟁, 평화, 무저항

그러나 박해에도 불구하고 초기 메노나이트는 그들의 적에게까지 강한 이상으로 진실한 신앙을 지켰다. 크리토퍼 안드레 피셔Christoph Andreas Fisher라는 가톨릭 저자는 1603년에 아나뱁티스트에 대해서 다음과 같이

기록했다.

> 가톨릭교회에 파괴적이었던 루터에서 기원한 모든 이단과 분파 가운데 외적인 모습과 거룩함 면에서 아나뱁티스트보다 나은 것은 없다. 다른 분파들은 대부분 폭도와도 같고 피에 굶주렸으며 육적인 욕망으로 가득했지만, 아나뱁티스들은 그렇지 않았다. 그들은 서로 형제와 자매라 불렀으며 불경하거나 불친절한 언어를 사용하지 않았다. 그들은 자신들의 방어를 위해 무기를 사용하지 않았다. 그들은 먹고 마시는 일에 절제를 했으며, 옷으로 치장하지도 않았다… 그들은 법정 송사를 하지 않았으며, 모든 것을 성령 안에서 인내로 참았다. 누가 이들을 양의 털을 쓴 탐욕스런 이리가 숨어있다고 할 수 있겠는가?245)

1582년 가톨릭 저자, 프란츠 아그리콜라도 다음과 같이 말했다.

> 기존의 이단적인 분파 가운데 아나뱁티스트보다 겸손하고 경건한 사람들은 없었다. 그들에게서 나타나는 삶은 나무랄 데가 없었다. 아무도 거짓말, 속임수, 맹세, 욕설을 하지 않으며, 먹고 마시는 일에 절제하며, 그들은 일반적인 삶 속에서도 겸손, 인내, 청렴, 온유, 정직, 절제, 순수했으며, 이는 하나님의 거룩한 영이 그들 속에 있음을 보여주는 것이었다. 246)

네덜란드247) ▰▰▰▰▰▱▱

이들 내용들은 초기 아나뱁티스트들의 질이 어떠했음을 보여주고 그러한 특징들 중 대부분이 역사적으로 400여 년이 지난 오늘날까지도 이어지고 있음을 보여준다. 그러나 시간이 지나면서 유럽 메노나이트 가운데 얼마는 그들 본래의 신앙으로부터 떠나가기 시작했다. 17세기 말에 네덜란드 교회 가운데 나타나기 시작한 이러한 경향은 19세기 말 네덜란드 메노나이트교회가 16세기의 스위스 형제회의 무저항 아나뱁티스트의 성경 읽기와 신앙과는 뭔가 많이 다른 모습으로 나타났다.

이러한 변화에 대한 책임은 여러 가지 원인이 결합된 것 같다. 첫 번째 원인은 소시니안주의로 알려진 자유로운 종교적 운동의 영향이었다. 이 운동의 창시자, 소시누스Faustus Socinus, 1539-1604가 전쟁을 반대하기는 했지만, 그의 사상 체계는 그리스도의 선재와 신성, 속죄 등에서 정통적인 견해와 같은 메노나이트 신학의 기본요소를 결여하고 있었다. 메노나이트 중에서 소시니안 사상의 직접적인 영향을 받은 사람도 있었지만, 간접적으로는 최근에 레몬스트란트Remonstrant 학교에 참여함으로 콜리지안Collegiant이라고 알려진 종교단체협의회를 통해서 영향 받은 사람들이 있다. 네덜란드 메노나이트는 그들 자신의 학교가 없었으며, 사역자들은 처음 메노나이트의 출발지점에 지녔던 것들을 잃어버린 이들 학교에서 교육을 받았다. 그 외에 그들의 무저항 원칙은 일종의 휴머니스트 평화주의가 되어버렸으며 이마저도 시간이 지나면서 없어지고 말았다.

두 번째로 네덜란드의 메토나이트는 부유해졌으며, 그들의 부는 종교적인 삶을 경감하는 영향력으로 나타났다. 그들의 부가 증가하자 그리스도인 형제애에 대한 관심이 감소되었다. 부유한 메노나이트 가족의 아들들은 메노나이트 가족이 아닌 딸들과 결혼했으며, 이렇게 해서 메노나이트 공동체의 결속보다 도시의 귀족적인 사회생활에 더 많은 흥미를 가지게 되었다. 셋째로 네덜란드에서의 종교적 관용의 증가는 메노나이트가 아닌 사고와 실천에 대해서도 더욱 관용적이었다. 18세기에 그들은 무저항 원칙마저도 타협하기 시작했다. 나폴레옹 전쟁 시기에 많은 수의 메노나이트가 군에서 복무했다. 이와 같은 현상은 1830년 벨지움과의 분쟁에서도 나타났다. 그러나 1850년 후반에 지도자 대부분은 자발적인 군복무를 반대했다. 그 당시에는 여전히 대체 복무자를 고용함으로 군복무로부터 예외자가 될 수 있었다. 그러나 1898년 네덜란드 의회에 의해 메노나이트들을 위하여 어떤 예외나 특권을 인정하지 않는 새로운 군복무 법이 통과되자 지도자들마저도 어떤 반대를 할 수 없게 되었다.

이와 같은 변화와 타협의 결과로 제1차 세계대전이 시작할 무렵, 네덜란드의 메노나이트 교회는 16세기 무저항 메노나이트 형제애와는 많이 달라졌다. 신학에서는 상당히 자유로운 유니테리안적으로 되어버렸다. 사회적으로는 도시화되고 자본주의적이며 귀족적이었고 윤리적으로는 많은 회원이 신약성서의 높은 기준에 대하여 타협적이었다. 한 메노나이트는 네덜란드 동인도의 총독을 지냈으며 대법원의 일원으로 일하는 메노나이트도 있었다. 의회입법부에는 메노나이트들이 많이 소속되어 있었다. 헤이그에 있는 메노나이트교회 한 집사는 한때 해군 군목이었으며, 제1차 세계대전 당시 암스테르담의 시장은 메노나이트 교도였다. 이들 정치적인 메노나이트들은 역사적 메노나이트의 무저항 원칙에 별 흥미가 없었다. 많은 메노나이트 가운데 교회예배 출석을 자주 빠지는 사람들도 있었다. 교회 회원 수가 많이 떨어지기도 했다. 18세기 초 교인 수는 200,000여명에 이르렀으나 이후 점차 줄어들어 1820년에는 30,000여명의 메노나이트 교인이 네덜란드에 있었을 뿐이다. 약간의 증가수를 예외로 하고 제1차 세계대전 당시까지 네덜란드 메노나이트의 현황은 위에서 기술한 바와 같다. 그러나 1915년 초 하나의 중요한 새로운 경향이 나타났는데, 한 세대 안에 네덜란드 메노나이트의 삶에 중요한 변화를 가져온 운동이 발전했던 것이다. 이러한 새로운 발전에 대해서는 7장에서 논의하기로 한다.

스위스 ▰▰▰▰▰

만약 네덜란드 메노나이트가 너무 많은 관용에 곤혹스러워했다면 스위스의 메노나이트는 오랜 동안의 박해로 말미암아 고통을 당해야 했다. 1815년 스위스 정부가 완전한 종교적 관용을 허락했을 때에는 아주 적은 수의 메노나이트가 남아있었을 뿐이었다. 그들은 신앙을 위해 너무 많은 대가를 지불했다. 죽음에 처해지지 않은 사람들 대부분은 추방당했고, 결국에는 알사스, 팔라티내이트, 아메리카에서 안식처를 발견하였다. 남아있는 사람들은 산으로, 핍절한 땅으로 내쫓김을 받았다. 박해기간 동안에 그들 내부에서는 자신들을 경시하는 정신들이 나타났고, 이는 나중까지도 다시 회복되기 어려웠다. 1968년 스위스 내 메노나이트교인 가운데 침례를 받은 사람은 불과 2,500명 정도였다. 스위스 메노나이트는 가난했다. 그들은 최근에 이르기까지 모임을 위한 장소를 갖지 못했으며, 지금까지도 몇몇 모임은 자신들의 집을 활용하고 있다. 그들의 교회 기관의 살림살이는 매우 취약하다. 여러 해를 걸쳐 스위스 메노나이트는 네덜란드에 있는 그들의 형제보다 무저항에 근접된 신앙을 지켜왔다. 그러나 스위스는 19세기부터 징병제도를 채택해왔고, 이주하지 않은 메노나이트 교도들은 수년 동안 비전투 요원으로 선발되는 특권을 갖기는 했지만 군복무를 받아들여야만 했다.

독일 ▰▰▰▰▰

스위스와 네덜란드에서 기원한 아나뱁티스트 혹은 메노나이트는 유럽의 다른 지역으로도 확산되었다. 16세기 중엽 메노나이트는 네덜란드으로부터 독일 북부와 비스툴라 삼각지로 이주해 들어왔다. 이들 이민자들은 박해로 말미암아 그들 집을 그냥 두고 떠났는데, 새로운 정착지에서 그들은 농부로서의 가치로 말미암아 당국으로부터 환영을 받았다. 그들이 특히 비스툴라 삼각지에서 환영받은 이유는 습지의 물을 빼고 농사를 지을 수 있게끔 했기 때문이었다.

16세기와 17세기 당시 군복무는 군인을 임대해서 직업적으로 수행했기 때문에 메노나이트들은 실제적인 군복무 수행을 문제 삼지 않았다. 메노나이트 교도들이 고통스러워했던 박해는 그들의 무저항과 교회와 국가의 분리에 대한 견해를 포함한 전반적인 종교·사회적 관점 때문이지 당시에 없었던 징병 때문이 아니었다. 그러나 18세기 말, 징병제도는 작은 규모로 시작되었고, 1799년 나폴레옹이 권력을 잡은 이후 유럽대륙 전역에 걸쳐 보편적으로 시행되었다. 18세기 말, 군사적인 압력이 더욱 커지자 무저항을 진지하게 추구하는 메노나이트 대부분은 그들의 신앙과 삶을 존중히 여기는 새로운 안식처로 찾아 이동하였다. 1780년대에 동부 페르시아 메노나이트들은 군사전문학교에 대한 재정적 지원을 요청받기도 했다. 그들은 토지소유의 제한 등 다른 형태의 압제로 고통을 받기도 했다. 이와 같은 상황으로 말미암아 동부 프러시아로부터 온 많은 수의 메노나이트가 1788-1820년 사이에 러시아로 옮겨갔고, 그곳에서 그들은 군복무 면제를 받았다.

러시아로 이주해 간 메노나이트들은 무저항을 가장 진지하게 고려했던 사람들이었다. 그 럼에도, 동부 프러시아와 비스툴라 삼각지대에 남아있던 사람들이 아무런 갈등 없이 그들 의 신앙을 포기한 것은 아니었다. 예를 들어, 나폴레옹 전쟁 당시 엘빙 회중 가운데 한 사람이 군복무를 자원하고 워털루 전쟁에서 싸웠을 때 그는 공동체로부터 파문당하고 말았다. 그러나 1814년 프러시아의 일반적인 군사 훈련법 제정에 따라 면제를 인정받 은 메노나이트가 법대로 항의하자 그들은 군복무 대신 막중한 세금을 납부하는 조건에 서만 면제가 허용되었다. 이는 군사 훈련학교를 지원하는 것 외에 부가되는 특별한 세금 이었다. 1848년의 혁명 기간에 프랑크푸르트 의회가 제안한 새로운 독일 연방을 위한 헌법이 입안되었을 때에 단지히로부터 파송된 비메노나이트는 메노나이트를 군복무에서 면제하는 조항을 제안했다. 그러나 놀라운 것은 독일 북서부 크레펠트로부터 파송받은 메노나이트 대의원이 그 제안을 반대함으로 결국 그 안건은 성립되지 못했다. 상정된 안건이 독일 연방에 의해서 입법되지 못했기에 새로운 법률은 발효되지 않았다. 그러나 의회에서 그런 일이 있은 후 빠른 속도로 무저항 신앙을 잃은 라인강 하류의 메노나이트들로 말미암아 북동부 독일의 형제들이 신앙을 유지하는 데 많은 어려움을 겪어야만 했다.

17세기에 박해를 받은 많은 메노나이트들은 스위스로부터 팔라티내이트와 남부 독일 쪽으로도 이주해갔다. 그러나 세기말 박해와 전쟁으로 말미암아 그들도 고통을 겪으며 많은 곤경에 처해졌다. 그 결과, 많은 수의 남부 독일 메노나이트가 18세기 초반에 아메리카로 옮겨갔다. 군사정부의 압력은 증가되었고, 이주의 기회가 열린 가운데 독일 전역에서 메노나이트들이 18세기 말 그리고 19세기에 계속해서 미국과 러시아로 건너갔다.

프러시아와 모든 북동부의 메노나이트들은 1867년 북독일 연방이 세워지면서 무저항은 끝나버리고 말았다. 같은 해에 메노나이트에게 예외를 허용하지 않는 새로운 군복무 법이 발효되었던 것이다. 법이 통과된 후, 메노나이트들은 베를린에 상고했지만 그들에게 유일하게 용인된 것은 1868년 3월3일, 정규복무로 말미암아 양심의 가책을 받는 사람들에게 비전투요원으로서의 군복무를 허용하는 내각 명령뿐이었다. 내각 명령이 발행된 뒤에 순수하게 무저항을 주장하는 많은 수의 메노나이트가 러시아와 미국으로 이주하였다. 독일 모든 지역에서 떠나온 메노나이트들은 일반적으로 무저항 신앙에 충실했던 사람들이었다. 독일에 남아있는 사람들은 처음에 비전투요원으로 군복무를 받아들였다. 이는 특별히 1868년 내각 명령 이후 북부 독일 메노나이트에게 그러했다. 그러나 비전투요원과 정규군 복무 사이에는 원칙적으로 아무런 차이가 없다는 것이 바로 밝혀졌다. 결과적으로 독일의 메노나이트들은 점차 모든 전쟁에 대한 반대를 포기하고 세계대전 때에는 군에 있는 모든 메노나이트가 정규군으로 복무하게 되었다. 다만, 매우 적은 수만이 법에 의해 제공된 비전투요원을 선택할 수 있었다. 독일 메노나이트의 무저항 신앙이 이처럼 완전히 타협하는 과정이 진행되는 데는 한 세기 남짓 걸렸다. 제2차 세계대전이 시작되기 전, 사실상 독일 북부와 팔라티내이트 교회를 포함한 공식적인 협의회인 독일 라이히에 있는 메노나이트 공동체 조합은 더는 무저항 입장을 취하지 않았다. 이와 같은 경험에서 한때 무저항주의자들이 비전투 요원으로서의 군복무를 받아들이기까지 타협하고 마침내 그들의 신앙을 전부 잃어버리기까지는 단지 시간문제였다는 것이 분명해졌다. 1968년 독일 메노나이트 인구는 어린이를 포함해서 대략 12,000명에 불과했다.

프랑스

프랑스의 메노나이트 인구는 많지 않았다. 16세기 알사스에서 적은 수의 아나뱁티스트들이 박해를 받았다는 기록이 있다. 그러나 30년 전쟁 동안1618-48 스위스로부터 얼마간의 메노나이트들이 이 지역으로 이주해 들어왔다. 18세기 초엽에 몽빌라 통치지역으로 다른 메노나이트들이 들어와서 오늘날에 이르기까지 그의 후손들이 얼마간 살고 있다.

그러나 19세기 프랑스에 일반적 군사훈련이 도입되자, 많은 수의 메노나이트가 다른 곳으로 이주했다. 프랑스 군복무 법은 1870년 이후 1963년에 이르기까지 양심적거부자들을 위해 아무런 규정도 없었다. 1968년 알사스 지역을 포함해서 프랑스에 있는 메노나이트들은 대략 2,700명 이다.

러시아의 메노나이트 이야기는 1770년 박해받은 한 단체의 후터리안들이 월라시아로부터 이주해서 서부 러시아, 체리노고프주 데스나 강변에 새집을 마련함으로 시작된다. 그들은, 1788년 남부 우크라이나에 있는 흑해 주변 전원지역에 농장을 일으키고자 검소한 농부들이 필요했던 캐더린 대제의 특별한 초청으로 남부 러시아에 들어와 자리 잡은 프러시아에서 온 메노나이트들을 따라 들어왔다. 특별한 동기로 캐더린은 이들 정착민들에게 종교적 관용과 군복무 제외를 약속했다. 이는 그들의 무저항이 심각하게 시련을 겪는 당시 프러시아 메노나이트에게 환영받을만한 도움이 었으며, 따라서 그들은 때맞추어 이주를 시작하게 되었다. 이즈음에 비스툴라 삼각지대로부터 남부 러시아로 이주해온 메노나이트들은 대략 8,000여 명에 이르렀다. 1874년 러시아 메노나이트들의 자연증가는 45,000명에 이를 정도였다.

이들이 러시아에 왔을 때에 철저하게 군복무 면제를 약속받았다. 이와 같은 면제 정책은 1870년까지 약속에 따라 계속되었다. 그러나 그 해에 러시아 정부는 군복무를 면제받은 메노나이트를 포함해서 남부 러시아에 있는 모든 비러시아 정착민들에게 주어진 모든 특권들을 폐기하는 칙령을 발표했다. 메노나이트들은 새로운 명령이 적용되기까지 10년이 주어졌고, 1880년 후에 그들은 러시아의 일반적인 군복무 제도에 포함되고 말았다.

제국의 포고령은 메노나이트들에게 커다란 관심사가 되었고, 처음부터 그들은 이주의 정당성을 심각하게 고려하는 상황에 이르렀다. 몇 명의 공식적인 대표들이 군복무 관련 명령을 철회해 달라는 요청을 위해 1871년에서 1873년까지 성 페테스부르그로 파송되었다. 이와 같은 노력은 아무런 성과 없이 좌절되었고, 1873년 적은 수의 인원이 미국으로 이주해나가고 다음 해에는 대량의 이주자들이 그 뒤를 따랐다. 1873년 러시아 내에 있는 메노나이트 인구는 45,000명 정도였는데, 그중 3분의 1정도가 미국과 캐나다 목장지역으로 떠나버렸다.

러시아는 메노나이트의 무저항을 심각하게 받아들이지 않은 것을 뒤늦게 깨닫고 경각심을 가졌다. 그들의 이주를 만류하기 위해 짜르는 1874년 4월에 토틀레벤 대장을 그들 지역으로 보냈다. 메노나이트의 신앙과 신념을 알게 된 그는 그들에게 군복무를 대체하는 대안으로 전적으로 비군사요원으로서의 시민봉사를 제시하였다. 그가 제안한 봉사는 산림요원, 소방관, 조선 건조 같은 것이었다. 메노나이트들은 조선하는 배가 전함인가를 물었다. 그는 조선하는 배들이 소규모의 목선으로 시민적인 목적으로 쓰일 것이라고 답변했다. 메노나이트들은 토틀레벤 대장에게 만약 이 제도가 시행된다면 대다수의 메노나이트들이 러시아에 남아 있을 것이라고 알려주었다.

1875년 드디어 토틀레벤에 의해 약속된 대로 메노나이트를 위한 시민봉사 제도가 공식적인 칙령으로 발표되었다. 봉사기간은 군복무와 같았으며 이들은 봉사기간 중에 그들의 신앙을 따라 모여 예배할 수 있도록 했다. 봉사기간이 끝나면 메노나이트들은 삶의 자리로 돌아왔지만, 전쟁이 일어날 경우에는 다시 봉사하도록 했다. 1880년 이 제도가 실제로 이행되어졌을 때에 시민봉사는 산림요원으로만 제한되었다. 같은 해 6월 국무장관은 선택된 메노나이트들을 남부 러시아 주에 있는 산림요원으로 대체하고 교회가 이들을 위한 집과 의복, 음식을 떠맡는다고 포고했다. 만약 교회가 이 제도를 떠맡는다면 장정들은 여섯 개의 그룹으로 나누어지고 이들을 3년 동안 수용할 여섯 개의 캠프가 지어져야만 했다. 만약에 교회가 이 제도를 수용하지 않을 경우에는 좀 더 작은 단체로 나누어져 먼 지역으로 흩어지게 될 것이라고 했다. 메노나이트들은 이 도전을 받아들이고 이들 제도를 수행하기 위한 산림요원봉사 위원회를 조직하기도 했다.

위에서 요약된 제도는 제2차 세계대전 당시 미국에서도 시민공공봉사와 같은 유사한 제도가 있었음을 볼 수 있다. 러시아 산림요원봉사에서 정부는 도구를 제공하고 매일 20 코펙스약 100원-편집자주를 지불했다. 교회는 이들을 위해서 집과 의복, 음식을 제공했다. 이 제도를 이행하기 위해 메노나이트가 공식적으로 조직한 산림봉사위원회의 주요 업무는 남부 러시아 대초원지대에 나무를 심고 경작하는 숲을 개발하는 봉사요원들을 돕는 것이었다. 각 개인들의 봉사 기간은 4년이었다. 산림개발 자체는 국가의 기술자의 지도하에 있었으며, 일을 떠나서는 전적으로 메노나이트 산림봉사위원회의 지도하에서 생활했다.

기술적 봉사와 도구, 하루의 노임으로 20 코펙스를 지불받는 일 외에 모든 비용은 교회에 의해 충당되었다. 버려진 시민봉사 캠프가 더는 사용할 수 없을 1940년 무렵 미국에서는 봉사 위원회가 자신들의 캠프를 짓고 산림요원들을 먹이고 입혔으며 건물의 난방과 기타 관리비용을 전부 맡았다. 위원회는 각 캠프의 감독자와 사역자를 지명하였는데 감독자는 전체적인 일을 맡았고 사역자는 수용자의 영적, 교육적 필요를 담당했다. 비용은 비록 형평성 있게 배당되기는 했지만 교회의 자발적 지원에 의해 충당되었다.

1880년 이후 몇 년 동안 캠프에 들어온 인원은 대략 400명이었고, 연간 유지비용은 건물에 들어가는 원래의 비용을 제외하고 35,000달러70,000루블이었다. 후에 세계대전이 일어나기 직전인 1913년까지 가입인원은 대략 1,000명 정도였고, 연간 비용은 175,000달러로 늘어났다. 전쟁이 시작되자 봉사를 위한 요청이 늘어났으며 전쟁 동안에 약 12,000명의 메노나이트가 정부 봉사에 가담하여, 6,000명 정도는 산림에서, 6,000명 정도는 병원과 위생국에서 일했다. 후자는 전장에서 군인들을 모으고 이들을 병원으로 후송시켜 그 자체의 완전한 병원 체계를 형성하고 그 훈련은 메노나이트가 맡았다. 이와 같은 봉사에 해당하는 모든 비용은 메노나이트에 의해 충당되었다. 1917년 한 해 동안에만 메노나이트가 이들 두 봉사자들에게 지원된 비용은 무려 1,500,000 달러에 이르렀다.

공산주의 혁명이후 많은 메노나이트들이 러시아로부터 추방되거나 '숙청' 되었다. 이후 러시아 내에서 양심적 병역거부 이야기는 공산주의 통치와 더불어 끝났다. 그러나 소비에트 연방정부는 1935년까지 양심적 병역거부를 원칙적으로는 인정하고 1925년까지 개인적으로 신청한 자들에게 대체복무를 허용했다. 이후 점차 어렵게 되고 1943년에서 1945년까지 독일로 이주해온 메노나이트에 의하면 1935년까지는 몇몇 그러한 사례가 있었다고 보고하였다. 그러나 각 사례마다 달랐다. 어떤 경우 양심적 병역거부는 총살당했다고 보고되고 다른 경우 대체복무는 수용소에서의 강제노동과 다름없었다고 했다. 제2차 세계대전 당시 소비에트 연방정부의 정책은 독일 이주민을 징집하지 않았다. 이는 그들의 정치적 불신임 때문이었는데, 이로서 많은 메노나이트들이 군복무를 모면할 수가 있었지만 이는 전혀 다른 상황이라고 할 수 있겠다. 1918년 독일군 장교의 도움으로 자위대를 조직한 우크레이나의 몇몇 메노나이트 행동은 무장한 메노나이트와 러시아 강도들 사이에 실제로 싸움이 있었고 이로서 메노나이트의 양심적 병역거부는 점차 더 어려워지게 되었다.

이상과 같은 내용에 의하면, 18세기 중엽까지 유럽의 메노나이트들은 전반적으로 역사적 반전 증언을 유지했던 것으로 보인다. 그러나 그 당시에도 몇몇 사례, 특별히 네덜란드에서, 그들 본래의 신앙으로부터 멀어졌던 것 같다.

이후 일반적으로 강압적인 군복무 제도가 확립되면서 유럽의 메노나이트들은 점차 역사적 위치에서 후퇴하고 19세기 말에 이르러 그들은 러시아를 제외하고 모든 유럽 국가에서 몇 가지 예외를 제외하고는 군복무를 받아들이게 되었다. 이와 같은 유럽 메노나이트 경험은 오늘날에도 무저항 신앙을 유지하는 데 필요한 것이 무엇인지를 경고해준다. 민족주의와 군국주의의 세력은 매우 강력하게 자라나서 무저항 증언은 서유럽의 메노나이트 가운데서 상실되고 말았다. 20세기가 시작되면서 러시아 미국 캐나다에서는 메노나이트들에게 모든 군복무를 제외시켜주었으며 스위스와 독일에서는 소위 비전투요원이라는 특권을 부여해주었다.

6

아메리카 메노나이트

5장에서 언급한대로 많은 수의 유럽 메노나이트 가운데 무저항 신앙을 유지하고자 한 사람들은 아메리카로 이주했다. 이는 19세기 초 나폴레옹에 의해 일반적인 군복무제가 도입된 이후 더욱 그러했다. 제1차 세계대전 이전에 가장 큰 규모의 이주는 1870년대에 메노나이트 사람들의 무저항 삶이 위협받은 러시아에서 발생했다.249) 나폴레옹 시대 이전 무저항의 보전은 그 이후 메노나이트 이주에서처럼 중요하지는 않지만 언제나 같은 사례로 등장하곤 한다.

프랑스-인디안 전쟁과 미국혁명

첫 번째 항구적인 메노나이트 정착은 1683년 독일 크레펠드에서 온 네덜란드 선조들의 적은 가족들에 의해 펜실베이니아 저먼타운에서 이루어졌다. 1702년 저먼타운으로부터 몇 가족이 지금 몽고메리 카운티에 있는 스킵팩에 정착했다. 1709년에는 적은 수의 메노나이트들이 팔라티네이트로부터 같은 지역으로 이주해왔다. 1710년에는 한 그룹의 스위스 이주자들이 현재 랭캐스터 카운티인 페퀴아크릭에 정착했다. 이들 정착민들은 1776년까지 팔라티네이트와 스위스로부터 꾸준히 계속되었고 5,000명에서 7,500명 정도의 메노나이트들이 당시 펜실베이니아 동부에서 살고 있었다. 이때에 메릴랜드와 버지니아에도 메노나이트들이 이주해 들어왔다.

펜실베이니아 메노나이트들은 무저항 신앙을 진지하게 다루었다. 프랑스와 인디안 전쟁이 임박한 것을 보았을 때, 그들은 젊은이들이 다가오는 시험을 성공적으로 치룰 수 있도록 준비하는 문서를 제공하고자 했다. 1742년, 그들은 무저항 믿음을 위해 고통 받은 아나뱁티스트 조상들의 이야기를 담은 많은 찬송이 수록된 옛 메노나이트 찬송가를 새롭게 출판했다. 1748년, 그들은 네덜란드어로 된 『순교자의 거울』의 독일어 번역판을 출판했는데, 그 안에는 무저항 신앙으로 고통 받은 유럽 메노나이트에 관한 많은 이야기가 담겨 있었다. 네덜란드에 있는 형제들에게 보낸 편지에서 왜 그들이 이 책을 출판하고자 했는지를 설명했다. "전쟁의 불길이 높은 산 위에 치솟을 때에 아무도 십자가와 무방비 상태의 그리스도인들에 대한 박해가 곧 오지 않을 것이라고 말할 수 없다. 따라서 이와 같은 상황에 대비해서 인내와 포기로 준비하고, 견고하고 강한 신앙으로 격려할 수 있는 모든 수단을 강구하는 것이 중요하다. 우리 전체 공동체는 틸레만 얀츠 반 브라Thieleman Jans van Braght의 피범벅 극장 독일어판을 한 마음으로 원했는데, 이는 특별히 이 공동체 안에 새로 온 사람들이 많았고 그로 말미암아 진리와 헌신적인 삶으로 걸어온 신뢰할 가치가 있는 증언들과 친숙해져야할 필요성을 크게 고려했기 때문이다."250) 1,400쪽이 넘는『순교자의 거울』은 혁명 이전 영국 식민지에서 발행된 책 중 가장 방대한 것이었다.

1754년, 전쟁이 실제로 펜실베이니아에 닥쳤으며 그 전쟁은 1763년까지 지속되었다. 메노나이트 가운데 인디언에 대항해서 무력을 사용한 기록은 없지만 전쟁이 시작된 이후 많은 메노나이트들이 인디언의 손에 의해 고통을 받았다. 1757년 펜실베이니아, 버크스 가운티에 있는 야곱 호흐세틀러 가족의 일원이 살해되거나 투옥되었다. 버지니아에 있는 메노나이트들도 같은 방법으로 고통을 받았으며 한 가족 전체가 살해되었다.251) 그러나 이 모든 시련 속에서도 메노나이트들은 그들의 신앙에 충실했던 것으로 보이며 자신들을 보호하려고 아무런 폭력을 사용하지 않았다.

미국 정부는 비록 캐나다에서처럼 자유롭지는 않았더라도 늘 양심적 거부자들을 존중히 여기는 합리적인 자유정책을 유지해왔다. 미국혁명 기간 동안에 메노나이트가 사는 세 식민지 주에서 현대에 근접한 징병제도가 있었다. 시민들은 군 입대에 참여하고 영국과 싸우기 위하여 조직된 조합으로 알려진 군 산업에 함께 할 것을 요청받았다.

그러나 세 개의 식민지에서는 모두 종교적 반대 이유로 혹은 벌금이나 대체 인원을 제공하는 등의 이유를 통해 비참여자로 남아있을 수 있었다. 1777년 버지니아에서는 메노나이트가 요청하면 군을 면제해주지만 대체 인원을 위한 지불 의무를 전체 교인들에게 할당하는 법안을 통과시켰다. 다른 시민들은 때때로 양심적 병역거부자들에 대하여 정부보다는 덜 관용적이었다. 종종 엄청난 공적 압력이 조합원에게 부가됨으로 무저항주의자들이 입회를 거절할 때에는 있을 법한 반대 감정들로 들끓곤 했다. 펜실베이니아에서는 실제로 폭동이 있었으며 시 당국이 시민들에게 이들의 양심을 존중해줄 것을 경고하기도 했다.

펜실베이니아 총회와 대륙 의회 모두는 무저항주의자들의 종교적 신앙을 존중히 여길 준비가 되어 있다고 선언하였지만, 동시에 전체적인 재앙의 때에는 몇몇 식민지 내 어려움을 겪는 사람들의 구제를 위해 그리고 억압받는 다른 나라의 보조를 위해 종교적 원칙에 따라서 할 수 있는 대로 "자유롭게 기부"해 줄 것을 촉구했다.252) 이와 같은 요청에 대해서 펜실베이니아 메노나이트들은 덩커들과 함께 1775년 11월7일 펜실베이니아 총회에서 읽힌 청원서를 제출했다. 청원서는 총회의 좋은 충고와 양심의 자유를 인정해준 관용에 대해서 감사했다. 메노나이트와 덩커는 "배고픈 자를 먹이고 목마른 자를 마시게 하는 것은 우리의 원칙이다. 우리는 인간의 생명 보존을 위해서 도움이 될 만한 것이라면 무엇이든 봉사하는 데 헌신해왔지만, 인간의 삶이 파괴되고 상하게 하는 곳에서는 주고 행하고 도우는 일에 자유가 없다는 것을 알았다"라고 말하면서 필요와 좌절 가운데 있는 사람들을 어느 때든 도울 준비가 되어있다고 했다.253)

이들의 진술에서 말한 것처럼, 메노나이트들은 항상 그들의 물건을 고통 받는 사람들을 구제하는 데 제공할 준비가 되어 있었으며, 미국 혁명기간 동안에 이러한 이유로 많은 일을 할 수 있었다. 한 예로, 메노나이트 설교자 존 배어와 그의 아내가 펜실베이니아 에브라타에서 부상당한 사람을 간호해준 사실을 알고 있다. 그 결과로 그 부부는 질병에 감염되어 1778년 일찍이 죽고 말았다. 모든 개인과 회중은 그들이 할 수 있는 것이면 무엇이든지 개인적으로든 공동체적으로든 다양하게 행동하였다. 어떤 저자의 말을 인용해보자. "그들의 성격과 관습에 대해서 알고 있는 우리는 전쟁이 진행되는 가까운 곳에서 부상당한 병사와 빈곤한 피난민 등 피곤한 낙오자들이 펜실베이니아 평화주의자들의 부유한 마음과 그들의 농장으로부터 많은 도움과 위로를 받았을 것이라고 확신한다."254)

펜실베이니아 메노나이트들은 군복무에 맞서 단결하였고 고통 받은 사람들에게 도움을 주는 일에 적극적이었다. 그러나 펜실베이니아 주정부에 전쟁 세금을 지불하는 것에 대해서 그들은 전적으로 동의하지 않았다. 어떤 사람들은 세금을 내기도 하였으나 이를 거부한 사람들이 더 많았다. 세금 내기를 거부하는 사람들의 재산을 정부가 압류하자 이들은 아무런 저항도 하지 않았다. 펜실베이니아 메노나이트들은 또한 혁명정부에 어떤 충성도 맹세하지 않았는데, 법적인 맹세 역시 그들의 신앙원칙에 위배하기 때문이었다. 그러나 맹세의 내용 중 그들의 하는 일이 허용되는 것에 대해서 메노나이트들은 주저하지 않았다. 그들은, 만약 왕에 충성할 것을 다짐하고서 이 약속을 거부하는 것은 그들에게 정직하지 않은 것처럼 보였으며, 나아가서 만약 그들이 왕에 대한 충성을 포기한다면 혁명에 부분적으로 가담하고 전쟁에 참여해야 하는 것이라고 믿었다. 하지만 이는 그들의 무저항 원칙에 어긋나는 것이었다. 다행스럽게도 펜실베이니아 공직자들은 메노나이트와 다른 무저항주의자들의 원칙을 이해하고 그들이 맹세를 거부하는 데 두려워하지 않는 것을 충분히 이해하게 되었다. 결과적으로 무저항주의자들에게 관대했으며 그들에게 법을 엄격히 적용하지 않았다. 좀 더 큰 메노나이트 공동체는 잘 알려졌기 때문에 괴롭힘을 당하지 않았다. 그러나 고립된 공동체에서는 그들의 원칙이 충분히 이해되지 못함으로 자주 지역 사회와 심지어는 폭도들에 의해 횡포를 당하기도 했다.

전쟁은 항상 무저항주의자들에게 또 다른 경험을 갖게 했다. 이렇게 시련을 당하는 시기에 신앙을 타협하게 하는 유혹들이 자연스럽게 생겨났다. 결국 미국 혁명기간 동안에 자신들의 신앙을 일관되게 유지할 수 없었던 사람들이 생겨났다. 그러나 그들 대부분은 그럴 수밖에 없었던 그럴만한 이유가 있었다. 어쨌든 이 당시 메노나이트들과 덩커들은 필라델피아의 유명한 의사 벤쟈민 러쉬Benjamin Rush에게 깊은 인상을 심어주었다. 1789년 러쉬 박사는 펜실베이니아에 있는 무저항 단체에 대해서, "인간의 피를 흘리는 목적을 위해서 무기소지를 거부하는 우리 가운데 있는 기독교 독일분파들은, 원의 중심축처럼 거룩한 섭리에 의해 우리 가운데 보전됨으로 지구상의 모든 나라를 점차 우정과 평화를 위한 항구적인 조약으로 끌어들이게 하고 있다"라고 말했다.[255]

시민전쟁 당시 메노나이트

미국 시민들에게 실질적인 징병제도는 시민전쟁 당시에 이루어졌다. 흥미롭게도 시민전쟁 이후 당시에는 두 나라, 그리고 두 개의 국가적 징병제도가 존재했다. 그러나 북과 남 모두에서 징병은 천천히 진행되었고 완벽한 징병이 이루어진 때는 없었는데 이는 최소한 이론적으로 가능했지만 대체징병으로 예외가 인정되었기 때문이다. 시민전쟁과 비교하면 제2차 세계대전 때 미국의 징병제도는 실로 순탄하게 이루어졌다.

북부에서 1862년에 시작된 첫 번째 제한된 징병이 국가에 의해서 시행되었다. 1863년 의회는 징병행정을 연방정부의 손에 넘겨주었다. 법률은 징집대상을 언급하지 않았지만, 징병에서 제외되는 두 가지 길이 제시되었다. 그중 하나는 대체징집제도였다. 다른 하나는 300달러를 지불함으로 대체인원을 마련하는 것이다.256) 그러나 양심적 병역거부자 중에 이 법안을 신중하게 고려하는 사람들이 있었는데, 예외자가 되는 유일한 길이 직접적이든 간접적이든 대체복무자를 고용하는 것이었기 때문이었다. 양심적으로 거부한 징집을 다른 사람을 고용해서 대신하게 하는 것 역시 양심적이지 못하다고 여겼기 때문이다.

이와 같은 반대로 말미암아, 1864년 초기에 양심적 병역거부자를 특별하게 다루는 새로운 징병 법안이 채택되었다. 새로운 법안에서는 양심적 병역거부자들에게 군복무를 대신하는 세 가지 특별한 방법으로 1)아프거나 부상당한 군인들을 돌보는 병원 임무를 부여하는 것, 2)시민들을 돌보는 의무를 부과하는 것, 3)병들거나 부상당한 군인들에게 보상비로 300달러를 대신 지불하는 것 등이었다. 실제적인 집행에서는 위 세 가지 중 마지막 것만 이행되었다.

시민전쟁 기간 동안, 전쟁과 군복무에 관한 미국 내 메노나이트의 공식 입장은 역사적 전통 그대로를 유지는 것이었다. 다른 한편, 이 당시 교회는 18세기와 달리 교육프로그램 면에서 덜 효과적이었다. 시민전쟁 이전에 메노나이트 교회에 이미 영적 후퇴가 있었기 때문이었다. 오랜 동안 평화에 관한 문헌들이 나오지 않았으며, 여러 면에서 젊은이들은 전쟁과 징병의 시련을 이겨낼 만한 준비가 되어 있지 않았다. 결과적으로 많은 사람들이 군복무를 받아들였다.257)

그러나 이와 같은 실패는 교회의 본분을 다시 이행하게 만들었으며, 그래서 전쟁 이후에는 교육을 강화하는 계기가 되었고, 메노나이트 교회에 대각성기를 가져왔다. 1863년 6월 무저항에 대한 두 권의 소책자, 『교회 성장에 흘러들어온 몇 쪽으로 이루어진 문헌』과 그 다음 해에 "전쟁의

전령"을 설립한 젊은 목회자 존 펑크에 의해 작성된『전쟁과 죄악』이 출판
되었다.

　　『기독교와 전쟁』이라는 제목의 소책자는 존 M. 브렌만에 의해 작성된
것이었다. 1864년 1월에 새롭게 출판이 시작된『진리의 전령』Herald of
Truth는 처음부터 무저항 정신에 의해 추진되었다.

　　1865년 1월에 발간된 "전령"Herald의 사설에서 펑크는 군복무에 대한
여러 가지 대안을 논했고 일관성 있게 평가했다. 그는 대체 복무자를 고용
하는 것에 반대하는 신뢰할 만한 사례를 제시했다. "그것은 이제 일반적으
로 잘못된 것으로 인정되었다"라고 말한 뒤 그는 계속해서 "예수 그리스도
의 복음에 위배되는 것이라고 생각하는 자신을 대신하여 다른 사람을 내
보내고서 무저항의 교리를 지켰다고 고백할 사람은 아마도 더는 없을 것
이다"라고 말했다.258) 이 사설은 정부에 의해 분할된 지역 내에 징집으로
부터 전체적인 단위로 면제될 수 있는 대체복무자를 위해 모금하게 되는
흥미로운 사실을 보여주었다. 펑크는 독자들에게 이를 함께 이행한 무저
항주의자들의 일관성이 없는 것에 대해서 경고했다. 1864년 "진리의 전
령" 8월호는 같은 해 초기 개혁된 메노나이트 교회의 다니엘 무써에 의해
발행된 소책자로부터 한 기사를 발췌하였다.259) 이 기사 역시 1865년 3월
호에 인디아나로부터 기고된 기사처럼 대체복무자를 반대하는 효과적인
논쟁을 제시하고 있다. 260) 이와 같은 사실에 비추어볼 때, 시민전쟁 당시
교회 지도자들은 징집으로부터 면제를 확보하기 위한 방법으로서의 대체
복무자를 반대했다는 것이 분명해졌다.

　　그러나 펑크와 무써 모두 세금을 낸다는 입장에서 보상비를 지불하는
것을 인정했다는 것은 흥미로운 사실이다. 무써는 정부에 속한 돈을 정부
가 요구할 권리를 지닌다는 이론을 펼쳤다. 게다가, 성경은 세금지불을 권
하고 있다. "보상비를 지불함으로 우리는 그리스도인의 의무이기도 한 세

금지불과 같은 맥락에서 정부 요청을 들어주는 것"이라고 펑크는 말한다.261) 비록 펑크가 세금지불이라는 방법을 사용하지만, 실제로는 세금을 내는 편보다 정부에게 책임이 있음을 주장하면서, 만약 1864년에 그러했던 것처럼, 돈이 환자나 부상병의 도움을 위해 제공된다면, 선한 목적으로 사용된 것임을 강조했다.

징병 법안에 의해 제공된 다른 대안은 병자와 부상당한 군인을 개인적으로 돌보는 것이었다. 펑크는 그의 두 사설에서 이러한 봉사를 인정했지만,262) 그러나 그의 입증자료로는 이와 같은 인정이 무엇을 의미하는지가 분명하지 않았다. 징병 법안 어디에, 무슨 방법으로 양심적 병역거부자가 이러한 봉사를 해야 하는지 언급하지 않았던 것이다. 그리고 분명히 전쟁담당국오늘날 국방부-역주은 그 어느 것도 이행하지 않았다. 1865년 1월, 펑크는 지금까지 전쟁담당국은 모든 경우에 대체비용을 지불하도록 해왔다고 했다. 아무도 병원에서 봉사하도록 요구받은 적이 없었던 것이다. 이는 전쟁이 종료되기 수개월 전에만 그러했을 뿐이며 따라서 개인적인 봉사의 문제는 아마도 실현되지 않았던 것 같다. 사실, 시민전쟁으로 말미암은 병자와 부상당한 군인은 군보건당국과 미국 위생국에 의해 돌봄을 받았다. 미국 위생국은 전쟁담당국에 의해 인정된 기관이며 오늘날 전시에 적십자사가 하는 방식으로 관여했다. 따라서 처음에 펑크는 군 의료단체에서 봉사하는 것과 같은 것으로 인정했던 것으로 보인다.

한편, 그 문제가 한 번도 이행되지 않았기 때문에 펑크는 이와 같은 봉사에 있어서 개인적으로 군 조직에 관여될 가능성이 없는 상태에서 단순히 병자와 부상자에게 구제를 제공하는 일반적 원칙에 대해서 말했을 가능성이 있다. 어쨌든 최근의 양차 세계대전을 거치면서 일관되게 무저항 그리스도인의 구제 사업이 군과는 상관없는 조직을 통해서 이행되었다는 것이 메노나이트 교회의 공식적인 입장이었다. 군 조직의 일부로서 이러한 일이 이행되기 위해서는 전쟁을 수행해야만 하는 조직의 일부가 되어야만 했다. 이는 무저항 그리스도인으로 할 수 없는 것이었다. 펑크가 그 당시에 문제를 이해하는 데 앞서기는 했지만 이 점에 대한 그의 사고는 뭔가 좀 덜 성숙한 것이었다. 이는 어떤 면에서 교회가 실제로 병원 봉사 문제에 직면하지 않았다는 사실 때문이었을 것이다. 그것은 또한 당시에 교회가 영적으로 성숙하지 못했음을 반영하는 것이기도 했다.

많은 퀘이커 교도가 1864년 징병 법안에 불만을 품고 대체 고용과 같은 보상비를 지불하는 것을 심각하게 반대한 사실을 지적하는 것은 흥미로운 점이다. 그들의 반대 이유는 메노나이트와 달랐다. 그들은 보상비나 어떤 형태의 대안적인 봉사든 그들의 양심을 따르는 일에 위배될 뿐, 인간보다 하나님께 순종하는 것을 위반한다고 생각하지는 않았다.263) 메노나이트들의 태도는, 어떤 봉사든 그 자체가 전쟁에 대한 대안으로 정부가 요구한 것이라면 정당하다고 했다. 그러나 메노나이트는 시민전쟁 동안에 현안에 대해서 자신들의 원칙에 근거하여 적합하게 직면하지 못했다는 약점을 보였다. 만약 그들이 더 경각심을 가졌다면, 무저항 신앙이 무엇을 요구하는지 분명하게 생각했을 것이다. 그리고 만약 그들이 더 분명한 비전을 가졌었다면, 정부도 그들의 신념에 분명하게 반응했었을 것으로 보인다.

연방 당국자들은 양심적 전쟁 반대자들을 더 신중한 태도로 다루었다. 전쟁의 끝 무렵에 스탠톤 전쟁담당국 장관은 링컨 대통령에게 "우리가 양심적 종교가책을 인정하지 않는다면 우리는 하나님의 복을 기대할 수 없을 것이다"라고 말했다.264) 이와 같은 진술은 징집 당국에서 스탠톤이 양심적 병역거부자들을 고려한 것보다도 한 발짝 앞서 나갔다는 사실을 입증한다. 많은 퀘이커 교도가 보상비 지불을 반대했다는 사실을 알았을 때에, 그는 군 장교들에게 "요청이 있을 때까지" 군으로부터 모든 양심적 병역거부자를 석방하도록 명령했다.265) 퀘이커 간행 잡지인 "Friend"는, 만약 모든 퀘이커 교도가 이 입장에 굳건히 섰다면, 아마 보상비마저도 지불하지 않았을 것이라는 견해를 표명했다.266)

그러므로 만약 메노나이트가 충분히 그들의 생각을 가지고 나아가 무저항 원칙과 완전하게 조화하는 가운데 시민대체봉사 프로그램을 이해하고 진전시켰다면, 정부가 그것들을 인정했을 것이 틀림없었을 것이라는 점이다. 하지만, 이미 우리가 아는 대로 시민전쟁 당시 메노나이트교회의 기록은 바람직스럽게 되지 못했다.

시민전쟁 동안에 크기와는 상관없이 남부에 있었던 유일한 메노나이트 단체는 1864년 10월 셰리단 침투지역이었던 버지니아 셰난도 계곡에 살고 있었다. 이들은 전투지역에 직접 살고 있지는 않았지만, 전쟁이 끝나갈 무렵 남군의 절망적인 곤경으로 말미암아 버지니아의 메노나이트는 북쪽보다 더 많은 어려움을 겪어야 했다. 더군다나 남부 연방의 징병 법안은 처음부터 북쪽보다 훨씬 엄격했다. 1861년, 버지니아가 군을 소집할 때 양심적인 반대자를 위한 어떤 예외 규정도 없었다. 개인적으로든 대체 고용이든 징집에 응하지 않는 사람은 체포되었다. 이러한 시련 속에서 젊은 메노나이트들은 자원해서 입대하기도 했다. 그러나 어떤 이는 산으로 숨어들어가 밤에 종종 가족들을 방문하기 위해 하산하기도 했다. 징집을 항의하는 사람 가운데 입대는 했지만 총을 쏘지 않는 사람들도 있었다.

총을 쏘지 않는다는 이와 같은 맹세는 꽤 많은 수의 메노나이트와 덩커들에 의해 지켜졌고, 이로 말미암아 잭슨 장군은 다음과 같이 말했다. "버지니아 계곡에 사는 사람들을 군대로 데려오기는 어렵지 않았다. 그들은 그들의 상관들에게 복종한다. 그들로 하여금 총을 겨냥하게 하기까지는 쉬웠으나 똑바르게 겨냥하게 하기는 어려웠다. 결국 나는 그들을 집으로 돌려보내 군대를 위한 보급물자를 생산하게 하는 게 낫겠다고 생각했다." 267) 그러는 가운데 이들 중 얼마는 전선에서 나와 "요리사, 말 조련사, 구호요원, 병자와 환자를 돌보는 사람 등으로 일하게 했다."268)

1862년 봄, 두 단체를 이룬 약 90여명의 메노나이트와 덩커 병역의무자들이 전쟁난민으로 버지니아를 떠나 웨스트버지니아와 오하이오로 향하고자 했다. 그러나 그들은 이내 체포되었고, 그들 중 18명은 해리슨버그로 이송되고, 나머지 70여명은 리치몬드 리비 감옥으로 보내졌다. 이곳에서 그들은 연방 전쟁국의 시드니 백스터에 의해 심문당하면서 양심적 병역거부자들이 적을 돕고자 하지는 않았다는 것을 알게 되었다. 백스터는 나중에 그들 중에서 대체복무자를 고용하고자 했다는 것, 그중 한 사람은 이러한 목적으로 돈을 보냈다는 것, 다른 사람들은 자원자들을 도왔다는 것 등을 보고했다. 어떤 사람들은 군인들을 위해 말을 제공하고, 원하기만 하면 재산권을 기꺼이 포기하고자 했다. 백스터는 이 사람들에게 대체비용을 지불하지 않도록 하는 법률이 곧 통과될 것으로 안다고 말했다. 하지만, 모든 사람이 비용을 지불하기를 원했기 때문에 그들을 모두 풀어주라고 추천했다.269) 다음 해 10월, 남부 연방의회는 대체 복무자를 보내든지 500달러의 세금을 내든지 선택하라는 양심적 병역거부자들을 위한 법을 통과시켰다. 이 법안은 감옥에 있는 사람들을 풀어주고 "군에 있든지 혹은 숨어 있는 사람들로 하여금 집으로 돌아가게끔" 했다.270) 버지니아 메노나이트는 감옥에 갇혀있는 사람들, 군에 입대해 있는 사람들을 도와주고자 했으며, 대체 비용을 모금하고 그들의 석방을 위해 당국자들에게 대가를 지불하고자 했었다는 점도 주목할 만한 점이라고 본다.271)

1862년 가을부터 1864년 봄까지, 버지니아의 메노나이트들은 상대적으로 전쟁에 의해 덜 시달렸다 . 그러나 1864년 여름과 가을에 징병제도 법안은 양심적 병역거부자를 위한 조항들을 점점 더 좁게 해석하였고, 법률 당국은 더욱 엄격하여져 1862년도의 법안에 의한 특권들 은 거의 없어지게 되었다. 결과적으로 병역 의무 대상이 되는 많은 수의 버지니아 메노나 이트들은 산맥을 가로질러 북부로 탈출하였다. 군의 추적 압력을 피해 숨어서 남은 사람들은 지속적인 위협을 받아야만 했다.272)

남부 전쟁의 중심 지역에 있는 버지니아 메노나이트들은 다른 지역에 있는 교회보다 더욱 가혹하게 무저항 신앙으로 시련을 받았다는 것을 알게 되었다. 이러한 사실과 그들이 살고 있던 지역교회 역사를 고려할 때, 이 시기의 시련에 대한 기록들은 신뢰할만한 것이었다. 그들 젊은이들 가운데에는 압력에 못 이겨 군 복무를 해야 했던 사람들도 있었다. 그러나 교회는 이를 용서하지 않았다. 그러한 젊은이들 가운데 한 사람이 공적인 고백을 통해서 교제를 회복한 사실을 히트월은 기록하고 있다.273) 가혹한 시련이 있었음에도, 버지니아 메노나이트의 기록은 알레게니 산악 서부에 있는 많은 교회보다 훌륭한 것으로 보였다. 이는 분명히 오랜 그리고 더 안정적인 정착 때문이었다. 그러나 더 중요한 것은 아마도 약한 사람들이 그 중심을 잃고 있을 때에 자신의 목숨을 내놓고 메노나이트 신앙을 위해 용기 있게 나섰던 사무엘 코프만 감독의 열렬한 지도력이었다. 다른 한편, 대체비용의 지불, 대체군복무, 군내에서의 요리사나 조련자 임무를 받아들인 것에 대해서는 북부의 교회가 대체복무에 대한 질문의 여지를 생각했던 것보다 덜 성숙했었다는 증거라고 할 수 있겠다. 하지만, 시민전쟁 당시 교회의 지적이고 영적인 미숙은 보편적인 현상이었다. 어떤 교회도 그 영향력에서 예외자일 수 없었다.

제1차 세계대전 당시 메노나이트 ▓▓▓▓▓▓▒▒

시민전쟁 이후 반세기 동안 아메리카의 메노나이트들은 전쟁이나 징병을 더는 경험하지 않게 되었다. 그러나 이 시기가 끝날 무렵 시작된 제1차 세계대전은, 미국에 그 이전 어느 시기보다 가혹한 여러 방법으로 새로운 문제와 시련을 가져왔다. 이 전쟁에서 징병은 절대적이었고 보편적이었다. 대체복무자나 대체비용 지불을 통한 예외자는 없었다. 징병 대상자는 각각 시련에 직면해야 했고, 19개월 동안의 미국 전쟁 가입을 통하여 2,000명에 가까운 메노나이트 젊은이들이 이 시기에 병영으로 소집되었다.

징병관련 문제들은 1864년보다 1917년에 더욱 컸지만, 교회는 이전보다 시련을 맞는 데 영적으로 지적으로 잘 준비되어 있었던 것도 사실이었다. 존 펑크의 작업으로 시작된 위대한 각성은 막대한 일을 해냈다. 한 가지 면에서, 1917년의 미국 메노나이트는 1860년대의 메노나이트와 달랐다. 19세기에 많은 유럽 특히 러시아로부터 메노나이트들이 아메리카 해안으로 이주해왔다. 러시아로부터 온 이주민과는 달리 서유럽으로부터 온 사람들은 그들의 관습, 실천, 교리적 강조점에서 달랐다. 유럽에서 온 모든 사람은 언어와 여러 면에서 다른 실천적 관습으로 말미암아 기존의 미국 메노나이트 방식에 적응하는 것에 어려움을 겪었다. 심지어는 오랜 동안 미국에 있었던 사람들까지도 단일한 교회조직을 갖고 있지 않았다. 그 결과, 1917년 미국 메노나이트는 그들의 가르침과 실천면에서 조금씩 다른 17개의 단체로 나뉘어져 있었다. 그러나 이들 모두 무저항 교리에 대해서는 일치하였다. 그들의 지도력의 질과 그들의 가르침의 영향력과 그들 단체의 단결력은 다양한 것이 사실이나 무저항 실천에 대한 교회의 기록은 일치했다. 모든 메노나이트 단체는 그들 신앙의 생명적 요인에 관심을 갖고 있었지만, 1917년부터 1918년까지 미국 군에는 대약 2,000명에 가까운 양심적 거부자들이 복무하고 있었다.

1917년 5월 선택적 복무 법안이 양심적 거부자들의 예외를 허용했다. 예외 조항이 생겨나기는 했지만, "대통령이 비전투요원을 선언하기까지 복무로부터 제외될 사람은 없을 것"이라는 단서가 첨부되었다. 1918년 3

월 20일까지 대통령이 비전투요원을 선포하지 않았기 때문에 잠정적으로 10개월 동안 실제적으로 법안이 무엇을 의미하는지 혼란을 주었다. 그러나 처음부터 다양한 단체의 메노나이트 지도자들은 무저항 원칙과 일치되는 법안의 해석을 끌어내고자 노력했다. 이와 같은 노력의 결과로, 전쟁부서 장관 뉴톤 베이커는 1917년 9월 1일 양심적 거부자들이 징집될 때 군 병영에 다음 네 가지 사항을 보고토록 했다. 1) 그들은 분리되어야 한다. 2) 그들은 군복을 입지 않으며 군사훈련을 받지 않는다. 3) 전쟁부서에 의해 비전투요원으로 배치되며, 양심적으로 꺼려지는 임무를 받아들이지 않아도 된다. 4) 정부의 군 입대를 받아들이지 않는 사람은 정부의 결정이 내려질 때까지 별도로 분리된 병영에서 기다려야 한다.

베이커 장관은 분명히 늦어지더라도 비전투요원으로서의 복무가 양심적 병역거부자들에 의해 일반적으로 받아들여질 것을 확신했었다. 그러나 실제로 이 확신은 이루어지지 않았으며, 아무런 현실적인 문제의 해결도 보이지 않자, 그 결과 징집자들과 해당 관료들에게 수개월 동안의 혼란과 좌절이 있었다. 그 뒤에 비전투 복무와 관련된 대통령의 정의는 아무런 도움이 되지 못했는데, 이는 양심적 병역거부자들이 실제로 받아들일 수 없는 군 복무가 포함되었기 때문이었다. 그러나 1918년 3월 의회는 구제방안을 제시하는 법안을 내놓았다. 농장의 노동력이 부족할 것이라는 전망으로 말미암아 이 법안은 "시민직업과 종사를 약속하는" 군 입대자들에게 휴가를 허용했던 것이다. 1918년 6월에 전쟁당국 장관은 이 법안을 양심적 병역거부자들에게 적용해서 그들로 하여금 농장노동을 위해 병역을 면제받는 길을 열어놓았다. 같은 달에 장관은 시민 조사국을 창설하고 군 병영을 방문하여 모든 양심적 병역거부자를 인터뷰했다. 자신들의 입장이 확고한 사람들은 농장을 위해 혹은 프랑스에서 진행되고 있었던 미국 우정봉사위원회와 함께 구제사업에 참여하도록 휴가를 주었다. 이는 문제

해결의 실마리가 되었다. 1918년 11월, 전쟁이 막바지에 이르기까지 조사국은 그 일을 다 끝내지 못했다. 그럼에도, 다양하고도 신실한 신앙인들 가운데 1,300여명의 양심적 병역거부자들을 제자리로 돌렸고, 이들은 조사국의 추천에 의해 농장 일이나 프랑스에서의 재건사업을 받아들였다.

세계대전 당시 징병된 메노나이트들에 대한 분석적 연구가 완성되지는 않았다. 그러나 병영에 있는 숫자가 2,000여명에 달한 것은 분명했다. 다양한 메노나이트 단체가 무저항 원칙에 다양한 방법으로 기여했던 것은 분명하지만, 징병된 메노나이트의 다수는 군에서 어떤 종류의 임무도 거절했다. 그들은 정말로 무저항을 실천했다. 소수의 사람들은 비전투적인 임무를 받아들였고 아주 적은 수의 사람들 가운데 전투임무를 수용한 사람도 있었다. 군에서 어떤 임무든 사절한 다수의 메노나이트에 대한 제한된 기록은, 대략 그중에 10퍼센트가 군법회의에 붙여져 주로 리븐워쓰에 있는 감옥에 보내졌고, 60퍼센트는 농장이나 건설 사업에서의 대체 복무를 받아들였고, 나머지 30퍼센트는 전쟁이 끝날 때까지 병영에 남아 대부분은 조사국에 모습을 드러낼 기회조차도 갖지 못했음을 보여준다.

병영체험

위에서 언급했던 군법회의와 징역형은 병영에서의 체험이 편안한 것이 아니었음을 시사한다. 헨리 스미스는 이 상황을 다음 인용문에서 아주 잘 요약하고 있다.

이들은 양심상 아무런 동정심도 없이 하급 직원들에 의해 종종 매우 거칠게 다루어졌다…. 모든 병영에서 그들은 조소당했으며, 그들을 돌이키기 위해 군 장교나 YMCA 직원들에게 임의로 맡겨졌다. 어떤 병영에서는 고급 장교마저도 전쟁국의 진보정책과는 상관없이 양심적 병역거부자들이 병영에서의 비전투적인 일을 할 때, 그리고 군복을 입기를 거부할 때도 이들에게 불필요한 학대를 했다. 펀스턴 병영에서는 그중 가장 가혹한 학대가 있었는데, 두 명의 장교, 소령, 대위가 양심적 병역거부자들을 가혹하게 다룸으로 말미암아 직무유기를 이유로 해임되기까지 했다. 유치장에서 잔인하게 취급당한 사람들도 있었는데, 이들은 검으로 찔림을 당하고 매를 맞으며 다양한 형태의 물고문을 받기도 하고, 하루 저녁에는 18명이 한밤중에 깨워 발작을 일으킬 때까지 차가운 물을 퍼붓기도 했다. 어떤 사람에게는 실신할 때까지 머리에 물을 뿌리기도 했다. 전쟁국은 위에서 언급한 대로 휴전협정 직전까지 가혹한 일들을 계속했다.

다른 병영에서도 유사한 일들이 많았는데 하급직원들이 양심적 병역거부자들의 사기를 저하하거나 군 명령에 대한 불복종을 처벌하려고 자행된 것 같았다. 차려 자세로 세워놓거나, 어떤 때는 무기를 든 손을 뻗친 상태에서 햇볕이 내리쬐는 밖에서 혹은 혹한 등 가혹한 날씨 속에서 동료들의 조롱과 야유와 더불어 더는 버틸 수 없을 때까지 여러 시간 혹은 하루 종일 세워두거나, 연병장을 지쳐 쓰러질 때까지 전속력으로 달리게 하기도 하고, 간수들이 탄 오토바이를 뛰어서 따라오게 하거나, 동료들에 의해 규칙을 따르지 않을 때 죽음을 벌로 내세우는 모의재판으로 마지막까지 가혹하게 몰아붙이는 고문을 하기도 했다. 그들의 신념을 포기하도록 생각할 수 있는 모든 조롱거리를 고안해 내고, 고문하며, 진급을 제한하거나 다른 유혹들을 제시하기도 했지만,

아주 소수를 제외하고 양심적 병역거부자들은 자신들의 양심을
타협하지 않았다.274)

베이커 장관이 양심적 병역거부자들을 병영에서 분리시켜 놓으라고
명령했을 때에 그는 이들을 정의롭게 다루기를 원했던 것이 분명했다. 그
들에게는 비전투 임무를 부여했지만, 그들이 이러한 임무를 양심적으로
받아들이지 않을 때, 그들을 적소에 배치할 때까지 억류시켜야만 했다. 조
사국의 일정약속은 이 프로그램이 실행되는 데 지연되더라도 상당한 도움
이 되었다. 조사 뒤에 군법에 회부된 몇몇 메노나이트들은 재검토되기도
했다. 그러나 많은 경우 분리된 반대자들은 조사국에 다시 가기까지 수주
혹은 수개월동안 기다리기도 했다. 이 기간 동안, 위에서 언급했던 그런
가혹 행위가 있었던 것이며, 군법에 회부된 메노나이트 대부분도 같은 경
험을 해야 했다. 군 장교들은 종종 양심적 병역거부자들을 전혀 이해하지
못했으며, 이들의 신앙을 존중히 여겼던 전쟁당국의 법안이나 규칙들을
잘 모르고 있었다. 그들은 자신들의 임무를 양심적 병역거부자들로 하여
금 무기를 들게 하는 것이라고 알고 있었으며, 이에 실패했을 때는 그들로
하여금 전범 의식을 갖게 하거나 반역자 취급을 했던 것이다.

양심적 병역거부자들은 양심적 병역거부자라는 이유 자체보다도 특별
한 명령을 따르지 않았다는 이유에서 군법에 회부되었다.

어떤 장교가 한 사람을 감옥에 보내기로 마음먹으면, 그로 하여금 양심
적으로 거부할 수 없다고 여겨지는 특별한 행동을 하게 했다. 만약 그가
거부하면 그 때에는 군 명령을 따르지 않았다는 이유로 고소했다. 이와 같
은 재판은 정의롭지 않은 것이기에 급히 서둘러서 처리해버렸다. 어떤 재
판은 18분 만에 25년의 징역형에 처해지는 판결이 내려지기도 했다.275)
군법에 회부되어 재판을 받은 사람은 503명이었다. 그중 360명은 양심적

병역거부자였으며, 그 가운데 메노나이트는 138명이었다. 징역형은 1년에서 종신까지 다양했다. 종신형은 142명에게 내려졌으며, 17명은 사형에 처해졌다. 대개는 5년에서 30년까지의 징역형을 받았다.276) 하지만, 아무도 이 가혹한 형벌을 다 치른 사람은 없었다. 전쟁이 끝난 후 수개월 안에 수감자 대부분은 대통령의 명령으로 자유를 얻었다.

양심적 병역거부자들이 받은 처벌 가운데 가장 암울한 이야기의 주인공은 죠셉 호프터, 마이클 흐프터, 대비드 호프터, 야콥 위프 등 후터리안 메노나이트였다. 병영 안에 있는 유치장에서 2개월을 보낸 뒤 이들 네 명은 군법에 회부되어 20년 형을 언도받았다. 그들은 캘리포니아에 있는 알카트라츠 연방 감옥에 이송되었으며, 손이 묶인 채 무장한 군인들에 의해 감시당하였다. 감옥에 도착하여 군복 입는 것을 거부했을 때, 그들은 가벼운 속옷을 제외하고는 모든 옷이 벗겨진 채 어둠 속에 있게 하고 똥냄새가 나는 콘크리트 차가운 바닥에서 아무런 담요도 없이 잠을 자게 했다. 4일 반 동안 음식이라고 받은 것은, 24시간 마다 반잔의 물이 전부였다. 다음 날 하루와 반나절 동안 머리 위로 팔을 교차해서 올려놓도록 했는데, 수갑으로 막대기에 묶여져 간신히 발을 땅에 댈 수 있을 정도였다. 그들은 네 명 중 한 사람이 의식을 잃을 때까지 매를 맞아야 했다. 그런 다음에 독방에 4개월 동안 갇혀서 주일날에만 1시간 동안의 운동을 허용했다. 1918년 11월 그들은 다시 포박당한 채 무장 감시 하에 리븐워쓰로 옮겨졌다. 그곳에 도착했을 때 철도역으로부터 감옥까지 총검으로 겨누어진 채 도시 거리를 걷게 했다. 감옥에 도착했을 때에 땀에 젖은 옷을 벗게 하고, 한밤중 추운 밖에 2시간 세워놓았다. 이른 아침 5시에 다시 밖에 세워놓음으로 죠셉과 마이클 호퍼가 병이 들어 병원으로 호송되었지만, 며칠 뒤에 숨지고 말았다. 데이비드 호퍼와 야콥 위프는 물과 빵만으로 연명했으며, 매일 9시간 동안 기둥에 매달려 있어야만 했다. 이와 같은 처우는 몇 주 동안 계

속되었고, 결국 이 두 사람은 감옥에서 풀려났다.[277]

지역공동체 내 경험

현대 전쟁이 그 규모와 노력 면에서 전면적이었던 만큼 징병 받은 사람들과 마찬가지로 지역 공동체 내에 남아있는 양심적 병역거부자에게도 그 영향력이 미쳤다. 세계대전 동안에 모든 메노나이트 공동체는 전쟁채권을 구입하거나 적십자나 YMCA 같은 기관들에 의해 전쟁기금을 내야하는 문제에 봉착했었다. 메노나이트 대부분은 이러한 기부금들이 전쟁을 위한 기부금이라는 것을 알고 있었다.

그러나 공적인 의견의 압력이 거세지면서 실제로 대부분의 메노나이트 단체는 전쟁채권 구입을 포함하여 원칙적으로 반대하는 기부행위를 할 수밖에 없었다. 어떤 메노나이트 공동체에서는 비록 돈이 같은 목적으로 사용되는 데 유용될 수 있을지라도 직접 채권을 구입하지 않고 일정기간 동안 지역 은행에 저축함으로 전쟁채권을 구입하는 것을 피하고자 했다. 그러나 전쟁 동안에 실제적으로 모든 메노나이트 공동체는 많은 양의 돈을 전쟁 피해자들을 구제하는 데 기부했다. 이와 같은 기부금은 이중 목적을 지녔다. 하나는 고통당하는 자에게 도움을 주는 역사적 원칙에서이며, 다른 하나는 전쟁 목적을 대신하는 대안적인 기부를 했던 것이다. 종종 이러한 기부는 이웃 사람들이 전쟁 목적으로 내는 돈보다도 훨씬 많았으나 이들의 기부행위는 메노나이트 외의 다른 사람들에 의해 전혀 인정받지를 못했다.

어떤 지역에서는 메노나이트들을 가혹하게 비판하고 학대하기도 했다. 캔사스와 일리노이주 그리고 다른 곳에서는 그들의 집회 장소가 노란 페인트로 칠해지기도 했다. 캔사스주에서는 몇몇 사람들이 타르를 뒤집어

쓰기도 하고, 무저항을 이유로 채권을 구입하지 않는다고 괴롭힘을 당하기도 했다. 오클라호마 주에서는 한 사람이 비록 경찰에 의해 구출되기는 했지만 폭도들에 의해 전주에 묶이기도 했다. 최소한 두 개의 집회소가 불에 타기도 했다. 오하이오 주에서 한 목회자는 밤에 자기 집에서 끌려 나가 삭발당하기도 했다. 사우스다코다 주에서는 폭도들이 지역 채권 위원회의 묵인 하에 4만 달러에 해당하는 가축을 후터리안 공동체로부터 약탈하기도 했다. 다른 학대와 더불어 이러한 사건은 후터리안들로 하여금 그 주를 벗어나 캐나다로 이주하게 만들었다. 그 외에도 얼마든지 폭도들에 의한 폭력과 학대에 대해서 예를 들 수 있지만 지면을 할애하기 위하여 여기서 줄이고자 한다.

비전투요원의 임무

1917년이 되기까지 그 이 전에 전쟁을 경험한 적이 없었던 미국 메노나이트들에게는 대답하기 어려운 많은 질문들이 있었다. 그러나 교회는 이로 말미암아 각성되고 전쟁 그 자체의 경험으로 많은 것을 배울 수가 있었다. 결과적으로 전쟁 초기에는 분명하지 않았던 여러 가지 특별한 문제점들이 시간이 지남에 따라 분명해지기 시작했다. 그중 한 가지는 전쟁이 비전투요원 임무의 성격을 명확하게 드러나도록 했다는 것이다. 1917년 메노나이트 총회가 채택한 성명서가 메노나이트 교회로 하여금 군에서의 비전투요원 임무를 반대하는 결정적인 입장을 취하게 했다고 하더라도, 전쟁 전에는 이에 대한 특별한 교육이 거의 없었으며 따라서 젊은이들이 그 문제로 인해서 동요했음을 보여준다. 그러나 여러 면에서, 병영체험 그 자체는 병영에 가기 전 그들의 마음에 불확실했던 질문들을 분명히 알 수 있게 했다.

내 친구 중 한 명은 1917년인가 1918년에 비전투요원으로서의 임무를 받아들일 의도로 병영에 갔었다. 그러나 그는 그곳에서 전쟁과 살인은 옳지 않다는 것을 배울 수 있었을 뿐이었다. 그의 병영 생활 첫 주의 신체검사, 예방접종, 그 외에 다른 준비 과정에서 그리고 군복을 입고 훈련에 임할 즈음, 이 모든 것을 부모님이 가르쳐주신 것, 그 자신의 내면에서 확신하는 관점에서 비교하며 관찰하게 되었다. 어느 날 병영을 산책하는 동안, 한 무리의 군인들이 총검훈련에 임하고 있었다. 그중 한 사람이 겁에 질린 채 총검을 휘둘러 적군 모양의 허수아비 배를 향하여 찔러 넣는 것을 보았다. 이처럼 마음 약한 병사의 총검 훈련을 보고 있던 장교가 그에게 욕질을 해대며 다가가서 "창자를 끄집어 내"라고 명령하였다. 친구는 이것을 듣고 이것이 바로 전쟁이구나, 이는 주일학교 소풍회가 아니구나 하는 것을 생각하게 되었다. 이때에 본 것을 계속 생각하는 가운데 이 젊은 메노나이트 지원자는 비전투요원의 임무에 대한 의문으로 마음이 복잡했다. 그는 이것이 군인이 되는 것을 의미한다면, 그가 할 수 있는 것은 아무 것도 없다는 확신을 마음속에 지니게 되었다. 한 사람의 무저항 그리스도인이 동료 인간의 창자를 끄집어내는 조직에서는 아무 것도 할 수 있는 일이 없었던 것이었다. 그 순간 이후, 저자의 친구는 리븐워쓰 감옥에서 형기를 마치는 것으로 군 생활을 마감해야했다.

메노나이트의 생각을 더 명료하게 하는 데 도움을 준 또 다른 항목은 대체봉사에 관한 질문이었다. 공식적인 진술과 교범에서 교회는 항상 무저항 원칙과 충돌하지 않는 대체직무로 정부에 보답할 수 있을 것이라고 말해왔었다. 그러나 지난 150년 동안, "인간의 생명을 보전하는 일이라면 어느 것이든 모든 사람을 위해서 봉사할 것"이라는 1775년 펜실베이니아 메노나이트의 성명서에 어떤 모양의 정의도 덧붙여지지 않았다. 1917년의 메노나이트 총회 성명서까지도 "군사 임무에 관련되어 우리의 입장을 잘 이해하는 무저항 임무와 관련된 구절이 수정될 수도 있다는 희망”적 표현 외에 더는 없었다.278) 엄밀히 말해, 그들은 이 구절이 어떻게 수정될 것인 가, 그리고 교회가 기꺼이 이행할 수 있는 임무가 정확히 무엇인지 그 내 용을 말하지는 않았다. 1917년 총회 성명서 입안자들은 임무수행에서 무 엇을 원하는지 알지 못했다는 것이 분명하다. 이는 그들이 지속적으로 이 문제를 생각해오지 않았다는 것이 분명하다. 그러나 만약 그들이 이점에 서 확고하지 않았다면, 최소한 비전투적 임무를 받아들이지 않았어야 했 을 것이며, 이 시점에서 비로소 그들은 점차 그들의 길이 무엇인지를 알게 되었다는 것이다.

양심적 병역거부자들의 문제를 위한 해결책을 찾아내려는 노력에서, 전쟁국은 1918년 여름 양심적 병역거부자들이 만족하게 여기길 바라면서 “비전투직에 관한 특별 수업”을 고안해 냈다. 이는 의료부대 내 건축 부대 산하에 있는 “병원건축”을 위해 일하는 것으로, 군 임무로 더는 돌아갈 수 없는 환자와 부상당한 군인들을 도와주는 것이었다. 전쟁국은 의료부대 산하 건축 부대에서의 봉사가 그곳에 있는 사람들을 다시 전쟁터로 돌려 보내지 않기 때문에 받아들여질 것이라고 기대했다.

그러나 이 봉사 직무는 여전히 군지휘하에 있었으며 군복 입을 것을 요 청했고, 따라서 군 임무에 해당하는 것이었다. 이와 같은 이유로 메노나이 트 교회의 승인을 받아내지 못했다. 1918년 10월2일, 이와 같은 문제에 대 한 입장을 정리하고자 메노나이트 총회 군사위원회로 불리는 대표 지도자 회의에서, 병원건설 임무는 군복을 입지 않고 시민 대표의 지도하에 수행 된다는 조건으로 동의했다. 이는 메노나이트 교회가 군사직으로 의료부대 에서의 어떤 임무도 거부했음을 의미한다. 군사위원회의 의장이었던 아론 룩스는, 전쟁체제의 일부이긴 하지만 의도적으로 직접 참여하는 것은 우 리의 증언이 비타협적이고 그 주제에 관하여 복음이 가르치는 것과 조화를 깨뜨리지 않으려고 "육체적인 전투에 참여하는 것이 그리스도인들에게 허용되지 않는다는 일관된 증언을 유지하려 한다는 관점에서 애매한 것이 아닐 수 없다"279)라고 말한 것으로 보아 위에서 언급한 회합의 정서를 짐작할 수 있을 것이다. 이 결정은 비전투 직무에 대하여 반대 입장을 취하는 병영 안에 있는 사람들에 의해 수락되었음이 분명하다. 최소한 그중 한 사람은 군에서 병원 건축 임무가 승인되었다는 루머를 듣고, 이와 같은 임무를 인정하지 못하겠다는 자신의 단호한 입장을 전하는 편지를 쓰기도 했다. 위원회의 총무는 이로 말미암아 그러한 루머는 사실이 아니라고 그에게 알려주어야만 했었다.280)

대체복무

병원건축 임무를 제안한 전쟁국의 이유 가운데 하나는, 어떤 공동체에서 농장휴가 계획을 만족스럽게 여기지 않음으로 말미암아 그 계획이 취소되었기 때문이었다. 그러나 메노나이트교회의 군사위원회는 사회봉사에 만족하고 다른 지도자들도 상황이 어려워지는 것 말고는 달리 아무 것도 할 수 없음을 알게 되었을 때에 봉사임무를 계속했으면 하고 희망했다. 위에서 언급한대로, 루머를 수정하기 위한 편지에서 위원회 총무는 양심적 병역거부자들에게 애리조나 인디언 보호 구역에서 농업 개간에 참여하든가 아니면 인디언을 가르치는 것을 할당해줄 것을 전쟁당국에 제안하고자 하는 계획을 언급하였다. 전쟁당국은 이 제안을 좋게 생각하고, 전쟁이 계속된다면 그 생각이 더욱 관심을 끌게 될 것이라고 했다. 그러나 전쟁이 계속되지 않았기 때문에 그 계획은 더는 이행되지 않았다.281) 만약 그 계획이 실행되었다면, 그 제안이 이행되지 않을 이유가 없었을 것으로 본다. 그 경우 그러한 계획은 제2차 세계대전 당시 사회봉사 프로그램과 유사했을 것이다. 따라서 사회봉사제도는 제1차 세계대전의 힘든 경험을 통해 부분적으로 잉태되어진 것이 분명해진다. 1917-18년에 위병소와 감옥에서 학대당했던 사람들은 선택적인 훈련 하에 징집되어 고통을 받았고, 1940년의 봉사활동이 인간적인 일과 생활 조건 하에 그리고 동정적인 시민 감시 하에 그들은 조국에 유익한 봉사자로 여겨졌음이 분명하다. 같은 방법으로, 비록 전쟁채권이나 이와 유사한 계획안에 반대하면서도 전쟁 피해자들의 구제를 위한 메노나이트의 관대한 기부가 전쟁의 재정적 지원을 위한 대안을 마련하는 역할을 했을 것이라고 보는데, 이는 제2차 세계대전 때에 결정으로 인정받았다.

제1차 세계대전 당시의 캐나다 메노나이트[282]

양심적 병역거부자들을 존중히 여기는 캐나다 정부의 전통적인 정책은 미국보다 훨씬 더 자유로운 것이었다. 1808년 캐나다의 온타리주와 퀘백주에서 "무기소지를 양심적으로 꺼리는 퀘이커와 메노나이트, 덩커들"을 면제하는 법안이 통과되었다. 그러나 이러한 면제는 평상시에는 연 20쉴링을 그리고 전시에는 4파운드를 징병 대상자가 지불하는 조건으로 통과된 것이다. 이와 같은 정책은 1855년 무조건 무저항주의자들을 면제하는 법령이 실행될 때까지 계속되었다.

1867년 캐나다 자치령이 조직되었다. 다음 해에는 캐나다 주민 중 "군복무에 임하는 다른 종파와는 달리 자신들의 종교적 교리에 의해 무기소지를 꺼리는 사람들, 이를테면 퀘이커, 메노나이트, 덩커들"에게 "주지사나 의회에 의해서 시기를 따라 규정하는 다양한 조건과 법령에 의해" 평상시든 전시든 군 임무를 면제하는 법령이 통과되었다. 1873년에는 자치 정부의 의회에서 러시아로부터 서부 캐나다로 이주해온 메노나이트에게 모든 군사 임무를 완전히 면제해주기로 약속하는 훈령이 발효되었다. 의회 안에서 유사한 훈령이 1898년 당시에 러시아로부터 온 또 다른 무저항 단체인 두호보르18세기 후반 남러시아의 무정부주의적·무교회적 분파의 기독교도—역주에게도 주어졌다.

그러나 1917년 캐나다 징병 법안이 제정된 이후에 양심적 병역거부자들에 대한 약간의 혼란이 있었다. 이 법안은 양심적 병역거부자를 오직 전투 직에서만 제외하고, 대신 서부 캐나다의 러시아 메노나이트와 1873년과 1898년 의회의 훈령으로 온 두호보르에게는 특별대우로 완전히 면제해 주었다. 어떤 경우 러시아 메노나이트에게는 등록조차도 요구하지 않았다. 그 외의 다른 사람들은 등록을 하고나서 면제를 요구해야만 했다. 그러나 이 모든 경우에 러시아 메노나이트와 1873년과 1898년에 들어온 두호보르에게는 문서로 약속을 명시했다. 다른 한편, 온타리오 메노나이트의 지위는 분명하지 않았다. 1917년 징병 법안이 양심적 병역거부자들에게 비전투적 군 임무를 받아줄 것을 요청한 반면에 기술적으로 1873년 의회의 훈령은 메노나이트들이 받아들이지 않는 것을 적용하지는 않았다. 그렇다면 이는 정부가 이 사람들로 군에 입대시키기 위한 것인가? 아니면 그들에게 러시아 메노나이트들에게 제공했던 것 같은 대우를 허락하기 위해서인가? 처음에 정부는 이 두 정책 가운데 첫 번째 안을 따르기로 했었다. 약간의 온타리오 메노나이트들은 임무를 거부한다는 이유로 군 재판소가 있는 병영에 보내졌다. 몇 사람들은 감옥에 보내졌지만 나중에 풀어주었다.

그러나 결과적으로 자치정부는 실제적으로 캐나다 메노나이트 모두를 같은 입장에 두는 정책을 채택했다. 온타리오에 소집된 사람들은 군 관계자들이 무기한 "휴가"로 처리할 수 있는 교회회원 증명서류를 제출하도록 했다. 이 계획은 비록 휴가를 얻기가 어려운 때도 있었지만, 대부분은 만족할만하게 진행되었다. 그러나 캐나다 내에서의 다른 양심적 병역거부자들은 메노나이트와 두호보르처럼 정당한 대우를 받지 못했다. 그리스도의 교회나 덩커 형제들 가운데 얼마는 군사재판에 회부되고 감옥 형을 언도받았으나 결국에는 그들에 대한 언도가 취소되었고 그들에게도 휴가가 주어졌다.

세계대전 당시 캐나다 메노나이트는 전쟁채권 구입에 대해서 완강한 입장을 취했다. 그러나 서부 캐나다의 러시아 메노나이트는 적십자사에 실질적으로 기부했다. 그들은 정부가 돈을 직접적인 전쟁 목적이 아닌 구제활동에만 사용할 것을 약속했을 때에 마지막 전쟁대여금을 보증했다. 이 계획 하에 러시아 메노나이트 교회는 50만 달러 정도를 모금했다. 1917년 덩커와 협동하고 있는 온타리오 메노나이트는, 전쟁 동안에 구제를 위해 7만 달러가 넘는 돈을 모금하는 무저항 구제기관을 조직하기도 했다. 이 조직은 전쟁 피해자를 위한 메노나이트 구제위원회와 밀접하게 일했으며283) 캐나다 정부의 제안을 받아들여 다양한 구제 채널을 통하여 자금을 기부했다.

전쟁 기간 동안 잘못된 결과 가운데 하나는, 서부 캐나다 메노나이트에 대한 반대 제기였다. 이는 그들을 대하는 정부의 자유 정책에 정면으로 반대했으며 얼마동안 메노나이트에게 주어진 특권 폐지를 요구하는 강력한 분위기가 있기도 했다. 후터리안들이 미국으로부터 이주해 들어온 뒤에284) 이와 같은 반대는 매우 강해져서, 1919년 더는 메노나이트의 이민자들이 캐나다로 이주해오는 것을 금하는 의회의 훈령이 통과되기도 했다. 후터리안의 정착을 막고자 하는 소송이 제기도 했지만 이는 성사되지 못했다. 이와 같은 경직된 분위기는 모든 학교에서 영어 사용을 요구하는 법안을 통과시킨 어느 주의 결정에 대한 반응이었으며, 이로 말미암아 매니토바에 있는 보수적인 러시아 메노나이트들은 멕시코로 이주해가는 결과를 낳기도 했다. 그러나 위에서 언급한 적대적인 법안 중에 무엇이든 비정상적인 전쟁기간 동안에는 역할을 하지 못했다는 것을 지적하는 것이 중요할 것 같다. 결과적으로 학교에서 영어 사용에 대한 요구를 제외하고는 모든 제한이 철회되었다. 메노나이트 이민자를 반대하는 제한뿐만 아니라 몇 년 뒤 1923과 1927년 사이에 자치 정부의 권유로 캐나다 태평양 철도는 실제로 2만 명 정도의 새로운 메노나이트 이민자들이 러시아로부터 서부 캐나다로 정착하고 그 후 계속 그 수가 증가할 수 있도록 도움을 주었다. 이 이야기는 다음 장에 더 상세하게 다루어질 것이다.

제2차 세계대전 ▨▨▨▨

제1차 세계대전의 영향력 가운데 하나는 모든 평화전통 교회로 하여금 더욱 적극적인 평화 교육과 실천의 필요성을 깨닫게 한 것이다. 다양한 메노나이트 단체들이 이 프로그램의 실행을 위한 평화 위원회 직원으로 임명되었다. 브레드렌과 퀘이커 단체도 비슷했다. 전쟁 이후에 이들 모든 단체에 의해 발간된 평화관련 문건의 양은 역사상 그 전에 있었던 것보다도 훨씬 많았다. 개인적으로나 협동적으로 평화단체에 의해 지원된 평화모임도 이 시기에는 매우 일반적인 것이었다.

각 단체의 협동으로 지원된 가장 중요한 모임이 1935년 캔사즈주 뉴톤에서 있었는데, 여기서 "역사적 평화교회"Historic Peace Church라는 명칭이 처음 사용되었다. 이 모임에서 비공식적인 상설위원회가 임명되었으며 이들의 임무는 미래 모임을 계획하는 것과 역사적 평화교회들 간의 협동 노력을 지도하는 것이었다. 이와 같은 협동노력 가운데는 다른 기독교 교파들의 공식적 기관들에게 기독교적 평화 방법을 증언하는 것이었다. 1937년 역사적 평화교회 대표자들은 당시 프랭클린 루주벨트 대통령을 방문했다. 각기 세 단체의 대표들메노나이트, 퀘이커, 브레드렌은 전쟁과 평화에 대한 견해를 진술하고, 이 신앙을 따르는 사람들이 왜 양심적으로 무기를 소지하지 못하는가에 대한 이유를 설명하는 문서를 전달했다. 1940년 1월 10일 유사한 대표들이 일반적인 군사훈련과 임무를 대체하는 대체복무에 대한 구체적인 제안을 가지고 대통령을 방문했다.

1939년 유럽의 국제적 상황이 매우 심각한 상태였음으로 평화교회들은 전쟁이 실제적으로 발발할 경우 무엇을 해야 할지를 알아야 했다. 일치되는 동의를 받아내려면 단일안의 행동 계획이 최선임을 알았다. 이 목적으로 다양한 메노나이트 단체들이 메노나이트 중앙평화위원회를 조직하고, 전쟁의 발생을 대비하여 행동계획 초안을 작성하고, 1939년 9월30일 승인을 받았다. 다른 역사적 평화교회 역시 이 행동 계획에 공식적인 지지를 보냈다. 이와 같은 노력으로 1940년의 선택적 훈련과 임무 법안에서 양심적 병역거부자를 위한 조항은 1917년의 초안보다 많이 관대하고 만족할 만한 것이었다. 새로운 법안에서는 "종교적 훈련과 신념"이라는 양심적 이유로 누구든 모든 형태의 군사임무를 반대할 수 있으며, "징집임무는 그들에게 시민감독 하에서 국가의 중요한 일을 할당"할 수 있게 하였다. 그리고 또한 징집으로 인한 사회봉사를 포함하여 모든 형태의 임무를 반대하는 사람들을 완전히 열외로 놓으려고 했다. 이는 영국 징집 법안이 이와 같은 내용을 이미 절대주의자들에게 제공했음을 지적하는 것이다. 그러나 이러한 노력은 1940년 선택적인 훈련과 임무가 절대주의자들을 위해 명문화되지 못하게 됨으로 결과적으로 실패했다.

모병 행정에서 선택적인 임무는 양심적 병역거부자들을 구분하고 그들의 병영 할당을 지역 징병당국자의 손에 넘겨주었다. 자신의 할당을 만족스러워하지 않을 때, 검찰청에 소청하여 그의 주장의 진실성을 조사하고 최종적인 추천을 하게 하였다. 역사적 평화교회와 다른 단체는 양심적 병역거부자 가운데서 선택적 임무를 다루는 일에 종사하는 양심적 병역거부자를 위한 전국 봉사임무이사회National Service Board for Religious Objectors, NSBRO를 만드는 데 관심을 가졌다. 이처럼 선택적 임무는 NSBRO를 통하여 평화교회들을 다루게 하였다. 선택적 임무와 NSBRO 간의 회의를 통하여 하나의 시민봉사제도가 1940년 2월 20일에 대통령에 의해 통과되었다.

시민봉사제도

맨 처음에 세워진 시민봉사병영과 부대는 NSBRO를 통하여 선택적인 임무행정 하에 메노나이트 중앙위원회, 브래드렌 봉사위원회, 미국 퀘이커 봉사위원회에 의해 운영되었다. 기초 병영의 경우, 정부는 집과 이부자리, 그리고 어느 정도의 살림살이를 공급했다. 교회는 병영을 위해서 필요한 물품과 관리인, 연료, 빛 등 정부가 제공하지 않은 물건들을 제공했다. 1941년에서 1947년까지 거의 12,000명의 양심적 병역거부자들이 징병되었고 시민봉사 병영에 배치되었다. 이들 가운데 4,665명이 메노나이트였다. 메노나이트 중앙 위원회가 운영하는 병영은 대부분 메노나이트와 그밖에 약간의 다른 단체를 받아들였다. 시민봉사제도와 인사관리를 위해서는 많은 액수의 돈을 지불해야 했다. 기초 병영에서 한 사람을 유지하는 비용은 매월 35달러 정도였다. 메노나이트의 경우 이를 위한 기금은 할당을 통하여 교회에 의해 모금되었다. 할당액은 기간에 따라서 혹은 병영에 있는 사람 수에 따라서 다양했는데, 수년 동안 메노나이트교회 교인 수에 따라 각각 매월 50센트 정도가 되었다. 다른 경우 이와 같은 유지비용은 자신이나 친구 혹은 교회에 의해 지불되기도 했다.

1941년부터 시작하여 1947년 3월29일 프로그램이 끝나기까지 시민봉사제도를 운영하기 위해 메노나이트 중앙위원회가 받아들인 기부금 총액은 3,032,268달러 75센트였다. 이 기부금 외에도 메노나이트 중앙 위원회는 사회봉사 프로그램이 진행되는 동안 대략 290,000 달러를 병영에 있는 비메노나이트 사람들과 교회로부터 할당액을 받지 못하는 메노나이트 사람들을 지원하기 위해 기부금을 받았다. 이 기부금 속에는 비메노나이트 교회와 비메노나이트 병영 그리고 다른 개인들을 위해서 온 것도 포함되었다. 이 외에도 메노나이트 교회들은 사회봉사 이후 자신들의 교육비용을 제외한 작은 액수의 선물, 개인 용돈, 의료비, 가족 부양 등을 위해서도 많은 액수의 돈을 모아 제공했다. 메노나이트 시민봉사 제도를 위한 이와 같은 기부금의 총액을 전부 계산하기는 어려울 테지만 대략 4백만 달러에 이르렀을 것으로 본다.

기초 병영에 있는 사람들은 정부로부터 어떤 임금도 지불받지 못했으며, 정신병원 등 별도의 분리봉사계획 속에 있었던 사람들은 거의 계산이 유명무실한 명목상의 임금 밖에는 받지 못했다는 것을 기억하고 생각해볼 필요가 있다. 퀘이커와 브래드렌 교회들은 연루된 인원이 적기 때문에 재정적인 지원도 따라서 제한적이지만 비슷한 경험을 해야만 했다.

처음부터 시민봉사사업계획은 국가봉사당국과 행정기관들과의 협동으로 선택적인 임무에 의해 채택한 것이다. 처음에 선택된 봉사는 산림원, 토지 관리원, 공원봉사 계획뿐이었다. 이러한 봉사에만 제한된 이유 중 하나는 건물과 시설이 딸린 여러 사회보전 병영 캠프장이 적은 비용으로 새로운 시민봉사병영을 확충하기 위해 이용할 수 있었기 때문이었다. 다른 이유는 이러한 계획들이 시민들에 의해 이해될 수 있었기 때문이었다. 그러므로 공적 관계의 관점에서 이는 프로그램이 시작될 수 있는 가장 쉬운 출발점이 되었다. 그러나 시간이 지나면서 다른 계획들이 첨가되었다. 그런 계획들 가운데는 개간, 농업축산시험, 정신병원봉사, 공공건강 등이 있었다. 나중에 첨가된 일들에 참여한 사람들 대부분은 자신들의 숙식을 고용기관으로부터 제공받음으로 말미암아 메노나이트 중앙위원회의 유지비용을 덜어줄 수 있었다. 이러한 봉사들은 또한 참여하는 사람들에게 위에서 언급한 것처럼 명목상의 임금을 받기도 했다. 시민봉사노동의 사적 고용자들은 농부들처럼 수행한 일만큼 기준 임금을 지불했지만, 정부는 매월 그 임금을 15달러로 제한했으며 나머지 비용은 "동결"시켰다. 연방재무국의 손에 있는 동결된 시민봉사 기금은 1,247,000달러를 상회했다. 1952년에도 이 기금은 처리되지 않았다.285)

메노나이트 중앙위원회와 평화위원회 ▰▰▰▰▰

위에서 설명한 대로, 1939년과 1940년 전쟁 비상시를 위하여 다양한 메노나이트 단체를 준비시키는 과제는 메노나이트 중앙평화위원회에 의해 수행되었는데, 그 행동 계획은 1939년 9월30일 채택되었다. 그러나 메노나이트 중앙평화위원회가 1940년 가을, 시민봉사 병영을 운영하는 실제문제에 직면했을 때에 그 과제는 지난 20여 년 동안의 해외 원조와 식민 계획에서의 경험으로 잘 다져졌다고 여겨진 메노나이트 중앙위원회에 할당되었다. 이렇게 같은 문제에 대하여 다른 측면에서 두 기관이 일하게 된 것이다. 메노나이트 중앙평화위원회는 전쟁, 평화, 그리고 군 임무에 대한 근본적인 메노나이트의 입장과 관련한 문제에 일반적인 정책을 만드는 기구로 봉사했고, 메노나이트 중앙위원회는 시민봉사를 위한 조직 운영을 위해 일했다. 그러나 실제적으로 어떤 점에서는 일이 서로 겹치는 부분이 있어서 혼란을 일으키기도 했다. 그러므로 두 기구를 통합하는 것이 좋겠다고 생각했으며, 1942년 1월에 그 통합이 현실화되었다. 이로 말미암아 메노나이트 중앙평화위원회는 없어지고 메노나이트 중앙위원회 내에 평화부서로 남게 되었다. 그러나 메노나이트 중앙위원회와 협동하는 다양한 메노나이트는 단체 내에서 평화를 추진하는 교육을 위해 평화위원회의 활동을 계속하기도 했다. 이 위원회는 문헌 출판을 계속하고 자신들의 교회 신문을 통해서 공적인 일을 지속하면서 그들 특수한 단체의 평화사상을 이끌어 나갔다. 그러나 메노나이트 중앙위원회의 평화부서는 1943년 에드워드 요더의 책『그리스도인은 싸워야 하나』출판과 같이 모든 메노나이트 단체에게 해당되는 정책이나 입장 표명을 위한 유사한 일을 수행하였다. 요더의 책자는 모든 메노나이트 단체가 직면하는 특정 종교 단체나 교사들의 무저항을 반대하는 가르침에 대처하기 위해 만들어진 것이다.

메노나이트 중앙위원회와는 다른 평화위원회와의 관계에 관하여 자신들의 단체들에게 등록, 설문지 작성, 호소문 작성 그리고 정보가 필요한 다른 문제와 관련된 진행절차를 알리는 방법 등에서 그 예를 찾아볼 수 있다. 절차 그 자체는 메노나이트 중앙위원회에 의해 수행되거나 혹은 전국봉사이사회를 통하여 선택적인 봉사로부터 메노나이트 중앙위원회가 받아들여서 이행되었다. 메노나이트 중앙위원회는 심지어 이와 같은 관점을 망라하는 다양한 교회신문에 문안과 정보를 발송하기도 했다. 그러나 그 정보가 필요로 하는 이에게 실제로 도움이 될 수 있는 정보인가 하는 것을 아는 것은 개별적인 평화위원회의 과제로 남았다. 만약 지역회중이 어떤 이유로든 특별한 도움이 필요하거나, 분류절차에 관한 정보가 필요할 경우, 지역징병위원회에 어떤 오해가 있을 경우, 징병에 임하는 젊은이가 무저항 그리스도인이 참여하여야 될 임무에 대하서 혼란해할 경우, 혹은 비슷한 성격의 어떤 다른 요청이 있을 경우, 그 필요에 응하는 것이 평화위원회의 과제였다.286)

1940년 징병 법안이 통과된 뒤 메노나이트 중앙평화위원회는 다양한 메노나이트 평화위원회와 협동으로 징병에 임하는 젊은이들을 상담하고 등록 절차와 설문지를 작성하는 일, 시민봉사 프로그램과 그 외의 다양한 문제에 대한 개인적인 태도를 상담하는 일 등을 위해 모든 메노나이트 회중에 속한 회원들에게 배포하기 위한 문서를 작성하였다. 목회자들은 젊은이를 돕는 회중들의 특권과 기회, 책임에 대해서 조언했다. 메노나이트 평화위원회는 여러 가지 다른 방법으로 지역회중과 개인들에게 실질적인 도움이 되었다. 채권을 구입하는 것과 관련된 문제에까지 도움이 확대된 것은 바로 그러한 예 중에 하나이다. 물론, 무저항 그리스도인은 지속적으로 전쟁채권을 구입할 수 없었음이 분명하다. 따라서 메노나이트 중앙위원회는 미국 정부의 재무부와의 끈질긴 협상을 통해 무저항주의자들이 시민채권을 구입하는 것을 가능하게 했으며, 그 돈이 전쟁 목적으로 사용되지 않게끔 했다. 메노나이트 중앙위원회가 시민채권 구입을 위한 협상을 마친 뒤에 교회에 이 사실을 알려 개인 회원들이 전쟁채권 대신에 시민채권을 구입할 수 있게끔 하는 것 역시 그들의 과제가 되었다.

어떤 경우에는 회원들이 시민채권과 전쟁채권 구입이 원리상 어떤 차이가 있는지 이해하는 데 도움이 필요했다. 또, 평화위원회 회원들은 메노나이트 회중들의 지도자로 하여금 전쟁채권 구입의 책임을 맡은 지역 시민위원회에 시민채권 프로그램에 대해서 설명하는 데 도움을 주기도 했다. 이들 지역위원들은 시민채권이 국가 채권 구입을 위한 할당량이라는 것을 알게 되었을 때 일반적으로 만족했다. 이는 무저항 교회와 시민들 간에 채권 문제에 대해서 제1차 세계대전보다 제2차 세계대전 기간에 갈등이 더 적었다는 것을 말해주는 하나의 이유가 된다. 메노나이트 중앙 위원회의 기록에 의하면, 전쟁이 끝날 무렵 미국 시민채권 구입은 6,740,161달러 14센트에 이르렀는데, 그중 4,911,277달러가 메노나이트들에 의해 구입된 것이다.

이처럼 지역 시민들이 메노나이트가 정부의 지원 없이 시민봉사 병영을 유지했다는 것을 알았을 때, 그리고 구제 프로그램 대부분이 교회의 지원금으로 이루어진 것을 알았을 때, 그들은 이러한 기부금이 전쟁 목적을 위한 기부금을 대신하는 만족할만한 대안이라는 점에 동의했다. 이는 제2차 세계대전 당시 평화단체와 지역시민 방위부대 간의 최소한의 갈등을 줄이는 데 도움이 되었다. 전시에 모든 메노나이트 지역회중은 아마도 어떤 경우 서로 도움이 필요한 관계 속에서 전혀 문제가 없지는 않았을 것이다. 공립학교에 소개된 전쟁 프로그램 문제가 그 한 예이다. 학생들이 채권이나 우표 구입, 무저항 신앙과 연결된 다른 학교 활동 참여에 관해서 질문했을 때에 평화위원회는 할 수 있는 한, 어디서든지 도울 준비가 되어 있었다.

이와 같은 모든 방법에서 다양한 메노나이트 평화위원회는 그들이 신뢰하는 무저항 원칙이 보존되게끔 어디서든 회중들과 더불어 직접 만나 일했다. 위에서 설명한대로 메노나이트는 1917년 당시보다는 1940년 전쟁 상황과 징병에 직면하여 실질적인 방법으로 잘 준비했음이 분명하다. 교회와 지역 공동체와의 갈등 원인이 될 만한 사항들도 미리 예측되었으며, 이를 해결하는 방법도 잘 마련되었다. 1917년에는 꿈도 꾸지 못했던 방법으로 전쟁과 관련된 개개인의 문제에 대해서 효과적인 대안봉사 프로그램을 수행하도록 하나의 조직이 이루어진 것이다. 제1차 세계대전과는 달리 제2차 세계대전 당시, 이러한 조직의 효과는 무저항주의자들의 역할을 더 행복하게 만들었다. 양심적 병역거부자는 여전히 작은 수에 불과하지만, 일반 시민들로부터 어느 정도 인정받게 되었음이 분명했다.

제2차 세계대전 당시의 캐나다 메노나이트 ▨▨▨▨▨▨

캐나다 메노나이트 대부분은 총회 관계에서 미국 메노나이트와 연합되어 있었다. 따라서 그들은 미국 내 다양한 총회와 함께 하는 평화위원회와 밀접하게 협동하였다. 1939년 캐나다 대표들은 미국 총회에 참석했고 메노나이트 중앙위원회 조직의 일부에도 참여했다. 게다가, 다양한 캐나다 메노나이트 평화와 구제기관들의 사업이 메노나이트 중앙위원회의 사업과 밀접하게 연결되어 있었다.

특별히 평화 시기의 평화교육 목적을 위해서는 단일한 위원회가 캐나다와 미국 교회에서 모두 일하는 것이 가능했다. 그러나 그들 정부와의 관계에서 캐나다의 평화단체는 캐나다 출신만이 대표자가 되어야 했고, 미국은 미국 출신만이 대표자가 될 수 있었다. 온타리오의 다양한 평화 단체가 연합된 프로그램으로 정부에 접촉할 수 있기 위해서 그들은 1940년 7월22일 역사적 평화교회 총회를 조직했다.[287) 총회는 다른 메노나이트와 아미쉬, 그리스도 안에서의 형제들, 덩커 보수파 그리고 퀘이커를 포함했다. 총회는 전쟁 대부금, 징병, 대체복무 등과 같은 문제를 과제로 하는 군사문제위원회를 지명했다. 1939년 9월 캐나다가 전쟁에 진입했음에도, 징병은 1년이 지날 때까지도 시작되지 않았다. 그리고 징병제도가 소개되었을 때에도 그것은 지역적으로 제한되었고 입대자들은 넉 달 정도의 짧은 기간 동안의 훈련만 이루어졌다. 나중에 복무 기간은 전쟁 기간으로 연장되었지만, 전쟁 끝에 이르러서도 캐나다 정부는 해외 파병에 대해서 많은 압력이 있었음에도, 해외 복무를 위해서 실제적으로 징집하지는 않았다.

제2차 세계대전 당시 캐나다 정부 산하에 양심적 병역거부자의 징집은 미국 정부와는 좀 다르게 운영되었다. 캐나다에서는 어떤 사람이 신체검사를 위해 소집되었을 때 그가 양심적 병역거부자로서 자신의 입장을 밝히면, 그로 하여금 군복무 "연기" 신청서를 작성하게끔 하였다. 그 신청서가 인정받게 될 경우 신청자는 대체복무 행정부의 판결을 받도록 했다. 이와 같은 행정은 민간 농업이나 산업일지라도 필요한 곳에 가서 일을 도울 수 있도록 임무를 할당하여 수행하게 했으며, 혹은 대체복무 병영에서 임무를 수행하도록 하기도 했다. 만약에 그가 개인적인 일에 할당되었다면, 그에게는 숙소와 개인적인 수입으로 적은 돈이 주어졌다. 이보다 많은 양의 수입은 반환되어 캐나다 적십자사로 보내졌다.

전쟁이 끝날 때에 오천 명이 넘는 캐나다인이 양심적 병역거부자로 분류되고 이들에게는 어떤 형태로든 대체 복무가 주어졌다. 1943년 말엽 캐나다에서 양심적 병역거부자들의 대부분이 병영으로 보내지지 않고 농장으로 할당되었다. 12개의 캐나다 대체복무 병영은 밴쿠버 섬에 위치해 있으며 5개는 본토 브리티시컬럼비아 해안에 있었다. 이들 병영에 있었던 사람들은 모두 산림원이나 소방대원으로 복무했다. 이들 17개의 병영 외에서부 해안 앨버타와 새스캐치원에도 병영들이 있었는데 하나는 몬트리얼 강변에 그리고 다른 하나는 온타리오에 있는 쵸크 강변에 있었다.

위의 설명에서 보면, 제2차 세계대전 당시 캐나다에서 양심적 병역거부자를 존중히 여기는 프로그램은 미국과 유사하게 보이지만 중요한 차이가 있었다. 미국에서의 병영들은 정부 산하에 있는 징병당국 지도하에 교회기관의 도움으로 운영되었다. 캐나다의 체제에서 병영 자체는 정부에 의해 운영되었지만, 평화단체 사람들에게는 영적인 일들을 위해 종교 지도자들을 지명할 수 있게 하였다. 미국에서는 정부가 숙소를 제공했지만 음식을 포함한 그 외의 유지비용을 교회단체가 공급하고 일급이나 주급은 없었다. 캐나다에서는 모든 유지비용을 정부가 제공하고 50센트씩의 일당도 지불되었다.

전쟁채권과 우표에 대해서도 캐나다 정부는 미국 정책을 유사하게 따랐다. 1940년 12월 11일 오타와 정부는 캐나다 자치령이 백만 달러를 무이자로 대여하여 정부에 의해 전쟁으로 인한 좌절이나 고통경감 비용으로 썼다고 발표했다. 이는 전쟁을 위해서가 아니라 구제목적을 위한 채권 발행이며 무저항주의자들은 선한 양심으로 그것을 구입할 수 있었다. 정부는 평화교회들이 이들 채권 구입을 전쟁채권구입을 대체하는 적합한 대안으로 만족해할 것이라고 발표했다.

나중에 기금에 대한 이자를 받고자 하는 양심적 병역거부자들은 구제목적을 위해 사용될 것임을 명시하는 스티커를 붙여 무이자 보증서와 마찬가지로 일반적인 전쟁채권을 구입할 수 있게 했다. 1945년 6월 온타리오 메노나이트 총회는 캐나다 전역에서 모든 메노나이트들이 구입한 무이자 보증서에 명시된 총액이 822,660달러 16센트이며 이자보증 채권액은 3,849,750달러였다고 발표했다.

7

범세계적 평화증언

메노나이트 이주와 구제사업 ▰▰▰▰▰▰

고통 받는 사람들의 필요를 위한 사역은 메노나이트 역사 속에서 무저항 원리와 밀접히 연결되어 있는 기독교 사랑의 선언이었다. 메노 시몬스는 교회의 삶과 교회를 구성하는 교인의 특징에 대해서 다음과 같이 말했다.

> 하나님에게서 난 사람들, 주의 영을 받은 사람들, 성경을 따르는 사람들, 예수 그리스도의 사랑과 한 몸으로 부름 받은 사람들은 그 사랑의 본보기를 따라 돈이나 물질뿐만 아니라 주님과 머리되신 예수 그리스도의 복음과 생애, 보혈에 의해 이웃을 사랑하도록 준비되어 있다. 할 수 있는 한 자비와 사랑을 나타내 보여야 한다. 그들 중 아무도 구걸하는 사람이 없어야 한다. 그들은 성도의 필요에 마음을 써야 한다. 좌절 가운데 있는 사람들을 즐겁게 해주어야 한다. 낯선 사람들을 자기 집으로 받아들여야 한다. 고난 받는 사람을 위로하며, 필요로 하는 사람을 돕고, 헐벗은 사람을 입히고, 배고픈 사람을 먹여야 한다. 가난한 사람들로부터 얼굴을 외면하지 말고 그들 자신의 육체를 경멸해서는 안 된다.288)

17세기 네덜란드에서 박해가 멎었을 때에 네덜란드 메노나이트들은 스위스에 있는 박해받는 형제들을 재정적으로 돕고, 호의적인 사람들 가운데 새로운 가정을 찾아 옮겨가도록 돕기도 했다. 18세기 스위스와 팔라티네이트로부터 미국으로의 이주가 시작되었을 때에 암스테르담 메노나이트들은 이주자와 그들 가운데 가난한 사람들의 여행비를 돕기 위해 외국 원조 위원회를 조직했다.289) 미국혁명 기간 동안에 메노나이트들은 펜실베이니아 총회에 "배고픈 자를 먹이며 목마른 자를 마시게 하는" 원칙을 따라야 한다는 것을 알려주고, 전쟁으로 고통당하는 많은 사람에게 음식과 거주 장소를 제공하고, 그 외의 다른 형식으로 원조를 베풀었다.290)

1870년 15,000명의 메노나이트들이 러시아로부터 미국으로 무저항 신앙을 지키기 위하여 이주해왔을 때에 미국과 캐나다 메노나이트들은 여러 가지 방법으로 그들을 도왔다. C. 헨리 스미스는 그러한 도움과 미국 내에서 메노나이트들에 의해 제공된 봉사를 돈으로 환산한다면, 10만 달러 이상이 될 것이라고 했다. 온타리오 메노나이트들은 캐나다로 오는 이주자들을 돕기 위해 캐나다 정부로부터 88,000달러의 대출을 확보하고, 대출 상환에 보증을 섰다. 그 외에 사적인 대출과 캐나다 메노나이트에 의해 원조로 제공된 돈과 봉사 또한 10만 달러를 상회하는 것이었다.291) 캐나다 정부로부터의 대출금은 정한 기간에 전부 갚았다. 19세기 말엽, 미국 메노나이트의 구제관심은 인도에서 기근을 겪는 사람들을 위한 원조를 통해서도 나타났다. 1896년 이 일을 위해서 국내외구제위원회가 인디아나주 엘크하트에서 조직되고 1899년에는 비상긴급구제 위원회가 캔사스주 뉴톤에서 조직되었다.

제1차 세계대전 동안에 전쟁 피해자를 위한 메노나이트 구제위원회는 1917년 캔사스주 뉴톤에서 조직되었다. 이 위원회에서 공식적으로 선언된 목표는 "전쟁 피해자들의 구제를 위한 기금 혹은 물품 수집과 보관, 분배와 공급"이었다.292) 1917년 온타리오의 메노나이트와 브래드렌 그리스도교회는 무저항 구제기관을 조직했다. 이들 두 조직은 그 외의 다른 지역 위원회와도 밀접하게 일했다. 1918년 11월 전쟁이 끝나갈 무렵, 그들이 함께 한 노력은 구제 목적을 위해 40만 달러 이상을 모금하는 결과를 가져왔다.293) 1917년 12월 조직이 시작될 때부터 메노나이트 구제위원회는 프랑스의 평화건설 봉사에 정기적으로 매월 5,000달러를 기증했다. 보낼 때마다 그 액수는 증가되어 어떤 때는 한꺼번에 2만 달러를 보내기도 했다. 1918년 군 병영에 있는 몇 명의 양심적 병역거부자 메노나이트들에게 평화건설 봉사임무를 위해 휴가를 주기도 했다. 전쟁이 끝났을 때에 병영에서 나온 사람들, 리븐워스 훈련 병영에서 풀려난 사람들도 나중에 봉사사업에 합류하여 전부 50명 이상의 메노나이트들이 건설 프로그램에 참여했다. 다른 29명도 중동 봉사사업에 참여했다.

1920년 미국과 캐나다 메노나이트는 남 러시아의 기근 지역에서 구제활동을 수행하려는 목적으로 메노나이트 중앙 위원회를 조직했다. 다양한 메노나이트 단체의 구제위원회 대표들로 구성된 이 조직은 항구적인 조직으로 발전했다. 메노나이트 중앙위원회의 사업은 1920년 9월, 오리 밀러, 아더 슬레겔, 클레이톤 크래츠 등 세 임원을 동반하여 25톤의 옷가지를 선적하는 일로 시작했다. 이들 대표자 파견단의 첫 번째 임무는 러시아로부터 콘스탄티노플로 탈출한 난민들을 돌볼 수 있는가를 입증하는 것이었다. 새롭게 조직된 메노나이트 중앙위원회는 고아원과 여성, 소녀들을 위한 집, 러시아 메노나이트 난민들을 위한 집을 개방하고 옷과 비누, 연료, 약품, 그 외의 필수품을 공급하기 위한 몇 개의 센터를 열었다. 이 일은 2년 동안 지속되었고 그 기간에 20만 달러 정도가 지출되었다.294)

1921년 10월, 러시아와 우크라이나 정부는 메노나이트 중앙위원회 프로그램을 공식 인정하는 조약을 러시아 사업 감독인 앨빈 J. 밀러와 체결했다. 1921년 8월, 미국 구제봉사단은 러시아에서의 구제사업 시작을 위한 승인을 받아냈으며, 우크라이나에서는 1922년 1월까지 승인을 받아내지 못했으나 3개월 뒤 메노나이트 중앙위원회 합의문서에 서명했다. 메노나이트 중앙위원회는 메노나이트들이 사는 러시아 지역에서 운영되었으나 구제는 인종이나 교리를 구분하지 않고 모든 사람에게 베풀어졌다. 1922년 5월, 메노나이트 중앙위원회는 매일 25,000여 명에게 급식하고, 8

월에는 그 숫자가 40,000여 명 정도로 늘어났다. 급식 운영은 1924년 여름 내내 계속되었다. 그 외에 메노나이트 중앙위원회는 미국사람들에 의해 직접 러시아에 있는 그들의 친척이나 친구들에게 음식물 상자들을 보내게 했다. 50대 이상의 트랙터를 메노나이트 마을을 향해 선적했으며, 이것들은 전쟁 기간에 말馬을 잃은 마을에 보내졌다. 미국 메노나이트가 러시아로 보내는 구제사업 비용의 총액은 1,200,000달러 정도에 이르렀으며, 네덜란드 메노나이트들에 의해 기증된 수십만 달러도 추가되었다. 제1차 세계대전 기간과 그 직후에 미국 메노나이트와 유럽, 중동에 있는 전쟁 피해자의 구제를 위한 조직들의 기부금 총액은 대략 2,500,000달러로 추정된다.295)

매 세기마다 메노나이트 역사는 종교적인 이유로 이주되는 특징을 지녀왔다. 그러나 모든 시기에 걸쳐 가장 큰 메노나이트 이주는 1920에서 1950에 이르는 삼십 년간에 이루어졌다. 수천 명의 사람들이 제1차 세계대전의 발발과 그에 따르는 역경으로 말미암아 자신의 정든 고향에서 뿌리 채 뽑혀졌는데, 이는 제2차 세계대전 때에도 마찬가지였다. 이 기간 동안 4만 명이 넘는 메노나이트 난민들이 러시아로부터 캐나다, 브라질, 파라과이, 우루과이로 그리고 미국으로 향하였다. 다음 해 1945년, 비록 나중에 떠나온 사람들 중 일부는 동 프러시아와 서 프러시아로부터 온 수천 명의 사람들과 러시아에서 온 피난민들과 마찬가지로 서독에 남아 있어야 했지만, 그중 얼마는 우루과이로 향하였다. 이들 이주 난민들 대부분은 메노나이트 중앙위원회와 그와 연관된 몇몇 기관들로부터 많은 도움을 받았다. 특히 남아메리카 지역에 있어서 이러한 원조는 이주와 함께 생겨났다. 메노나이트 중앙위원회는 파라과이에서 정착지를 구입하는 것을 도왔으며, 모든 나라에서 특별히 파견된 전문가들의 방문을 통하거나 구제봉사자들의 직접적인 도움 그리고 그 외의 여러 방법을 통해 정착 과정에서 지

속적으로 상당한 도움을 받았다.296)

　제2차 세계대전 이후, 미국 메노나이트들은 메노나이트 난민들에 대한 도움 외에 일반적인 구제 프로그램으로 연장시켰다. 1937년 초기, 메노나이트 구제위원회는 메노나이트 선교와 자선부서 하에 시민전쟁으로 말미암아 많은 고통이 발생한 스페인 내에서의 구제 사업을 전개했다. 이 사업은 별로 크지 않아 1940년을 기해 폐쇄되었지만 미국 메노나이트들은 이를 기회로 대략 57,000달러를 기증할 수 있었다. 네덜란드 메노나이트 평화단체 역시 이 프로그램에 약간의 기여를 했다. 제2차 세계대전 이후 약 3개월이 좀 안 되었을 때에 메노나이트 중앙위원회가 처음으로 구제물품을 전쟁 피해자들에게 갖다 줄 수 있는 기회를 알아보기 위해 대표자들을 유럽으로 파송했다. 짧은 기간 동안의 사업이 폴란드와 프랑스, 영국에서 전개되었다. 한 예로, 프랑스 리옹에서는 많은 양의 음식과 우유가 제공되는 프로그램이 시행되었다. 남부 프랑스에서는 난민 가정들의 환자들과 굶주린 아이들을 돌보았다. 같은 지역 내 다른 사람들에게는 음식제공 프로그램을 협조했다. 많은 사람에게 이러한 도움은 삶과 죽음을 달리하는 의미를 지녔다. 1942년 1월에는 17,000명이 넘는 사람들이 매일 50그램이 넘는 건조된 채소를 받았으며, 같은 달 다른 곳에서는 38,000명이 음식을 제공받았다. 영국에서도 많은 도움이 도시로부터 철거된 난민들과 아이들에게 주어졌다.

　1945년, 사업은 벨기에와 네덜란드, 이태리에서 시작되었다. 1946년에 메노나이트 구제 사업은 독일과 덴마크, 오스트리아와 폴란드에 들어갈 수 있었다. 이들 나라에서는 여러 다양한 형태의 구제 사업으로 비상급식, 의복 프로그램, 건축이나 재건축 등과 같은 일들이 시행되었다. 벨기에에서는 건축 프로그램과 독일 점령군이 섞여 감옥에 있는 사람들의 가족들에게 직접 구제를 위한 봉사를 하기도 했다. 1947년, 독일에서는 43명의 메노나이트 중앙위원회 직원들이 4,538톤의 음식과 의복, 기타 생필품을 제공했다. 6월 한 달 동안에만 그들은 어린이와 노인, 회복기에 있는 환자, 장애인, 난민 그리고 전쟁 포로들을 포함하여 80,000여 명의 사람들에게 음식을 공급했다. 같은 해 5월, 구제 프로그램은 헝가리에서 진행되고 있었다. 독특한 형태의 헝가리 사업은 25명으로 구성된 트랙터 전담반을 포함한 농업 프로그램이었는데, 이들의 목적은 농산물 증산과 현지 농민들에게 현대 농기계 사용법을 알려주는 것이었다. 이태리에서는 음식과 의복을 제공하는 사업과 난민 캠프에서의 일, 그리고 어린이들을 위한 안식처 유지와 레크레이션, 종교교육이 포함되었다. 이곳에서 메노나이트 중앙위원회 직원들은 현지 발덴시안 일군들과 연합하였다.

1944년, 메노나이트 중앙위원회는 이집트에서 이 지역의 그리스 난민들 가운데 일하는 직원을 채 용하기도 했다. 다음 해에 이들 중 몇 명은 에디오피아로 옮겨졌는데, 그곳에서는 의료와 교육 프로그램이 활발히 전개되었다. 1942년 초기에 메노나이트 중앙위원회 구제 사업은 인도에서도 이루어졌는데, 이곳에서의 사업은 기근이 닥친 지역에서 대부분 진행되었다. 1946년, 중국에서도 사업이 진행되었는데 이곳에서는 의료와 건강 프로그램이 농업 진흥프로그램과 함께 이루어졌다. 1947년, 40명의 메노나이트 중앙위원회 직원이 중국에서 일했다. 다른 극동 지역에서의 메노나이트 중앙위원회 구제 사업은 필리핀 본토와 자바, 수마트라에서 그리고 일본에서 있었다. 제2차 세계대전 당시 또 하나 중요한 구제 프로젝트는 푸에르토리코에서 있었다. 이 사업은 1943년 6월 사회봉사단체를 라플라타에 개설함으로 시작되었다. 1944년 말에 이 단체는 42명의 직원과 24명의 사회봉사자로 구성되었다. 2년 뒤에 이 단체는 전쟁의 종료로 인해 임무가 끝났지만 그 후에도 정확히 같은 규모를 유지했는데 정규 사회봉사자는 8명으로 줄어들었지만, 나머지 32명은 사회봉사 임무를 마친 사람들이 그대로 남아 있었다. 푸에르토리코 프로그램은 교육사업과 레크리에이션, 건강, 농업 그리고 집 건축을 포함했다.

1937년 이후, 세계 여러 나라들에서 이루어진 메노나이트 구제 프로그램은 많은 현금 기부와 이에 상응하는 물품, 개인적인 봉사 등을 포함했다. 또한, 지구 한 쪽에서 다른 쪽으로 옮기는 난민들의 재정착을 위해서 더 큰 비용을 들여야 했다. 1920년대 캐나다로 옮겨가는 러시아 메노나이트의 수송은 캐나다 태평양 철도와 증기기선 회사를 보증으로 하여 신용기금을 제공받아야만 했었다. 그 신용보증금 총액이 2,000,000달러까지 올라갔었지만, 이주자들은 제2차 세계대전이 끝날 무렵 그 빚을 다 지불했다. 1930년대 남미로의 메노나이트 이주는 독일 정부로부터의 대출과 유럽 메노나이트 단체를 포함한 다양한 박애주의 기관들로부터의 도움으로 이루어졌다. 파라과이에 난민정착을 위한 메노나이트 중앙위원회의 비용 지출은 거의 20만 달러에 이르렀다. 이 액수는 이후 이 나라에서 메노나이트 중앙위원회가 진행하는 지속적인 도움에 의해서 증액되었다. 1945년 이후의 이주비용 일부는 국제난민기구에 의해서 충당되어야 했다. 1947년과 1948년 통 털어 국제난민기구IRO가 메노나이트 난민 이주를 도운 금액은 401,400달러였다.

그러나 같은 기간 이와 같은 목적을 위해서 다양한 메노나이트 단체로부터 기부된 돈은 1,040,000달러였다. 이에 대출 형식으로 220,000달러가 보충되었다. 재정착 프로그램과는 달리, 1937년부터 1948년까지 메노나이트 중앙위원회와 메노나이트 구제위원회의 구제 프로그램의 전체 구제 내역은 현금으로 3,520,000달러와 6,100,000달러에 상응하는 물품 등이었다. 구호와 재정착을 위한 위의 두 기관의 지출은 1947년에 정점에 달했었다. 이 해에 이들 두 목적을 위한 현금 기증은 1,472,000달러였고 물품비용은 2,086,000달러로 총 3,558,000달러에 이르렀었다. 같은 해에 재정착을 위한 대출금 총액은 85,000달러였다. 필요한 사람들에게 주님의 이름으로 이와 같은 도움을 줄 수 있었던 것은 단기위원회 외에 572명의 남녀 개인적인 사역자들에 의해서 이루어졌다. 구제 사업 직원의 봉사 기간은 장단기로 나누어지지만 일반적으로 2년이었다. 그 수는 1948년 유럽 구제 프로그램의 비상 기간에 절정에 이르렀으며 이후 재정착 형태의 봉사로 점차적인 전이가 이루어졌다. 같은 변화가 세계 각 지역의 메노나이트 프로그램에서 나타난 결과로 그 분야에서 일하는 직원의 숫자도 점차 줄어들었다. 1950년 3월, 연차 총회에 위의 현장에서 일하는 두 기관 직원 수는 156명으로 보고되었으며, 이들은 라틴 아메리카에서 21명, 에디오피아에서 18명, 팔레스타인에서 3명, 극동 지역에t 26명, 그리고 유럽에서 91명이 일하고 있었다.297)

메노나이트 평화증언에서의 구제298)

메노나이트들은 언제나 그들의 평화증언의 핵심에 전쟁 피해자들에 대한 구제를 고려해왔다. 1941년 시민봉사 프로그램 시작부터 병영의 많은 사람은 해외 구제 사업에 자원했고, 다른 평화교회 행정기관들과 마찬가지로 이는 메노나이트 중앙위원회가 바라는 바였으며 이와 같은 봉사 형태는 자원하는 모든 사회봉사자들에게 제공될 수 있었다. 1943년, 루즈벨트 대통령은 70명의 사회봉사대원들이 중국에 파송되는 것을 허락했다. 한 명의 메노나이트를 포함하여 7명의 선발대원은 미국 영토와 그 외의 소유 영토 밖에서 사회봉사 임무를 금지하는 법안이 예기치 않게 통과된 의회소집이 있기 전에 이미 중국으로 파송되었었다.

메노나이트 대학들은 제안된 사회봉사를 도와 해외 구제 프로그램이 발전하는 데 많은 역할을 했다. 1942년, 전쟁 노역과의 관계를 분명하게 하는 자신들 내부 합의에 도달했다. 다른 한편, 그들은 "국내와 국외의 구제와 재건임무 지원자들, 자원 봉사를 지원하는 양심적 병역거부자들에게 제공할 수 있는, 그리고 이러한 훈련에 참가한 사람들에 의한 선택적인 봉사가 봉사 전이나 혹은 이후에도 사회봉사 임무에 할당될 수 있는 훈련 프로그램 확정을 제안했다."

선택적 봉사는 이와 같은 생각을 승인하고, 시민봉사 병영 NO. 101로 알려진 해외 구제와 재정착 프로젝트를 확정하는 명령을 발행했다. 프로젝트는 "해외구제와 재정착에 관련 업무를 위한 준비로서 연구과정의 추구"와 이러한 연구를 위한 자료 준비로 구성되었다. 이러한 프로그램 하에 그 "본부"가 필라델피아에 정해졌으며, 그곳에서 작은 연구단체가 서론적인 윤곽, 도서목록, 인쇄물과 그 외에 구제와 재건 연구에 도움이 되는 것들을 준비했다. 다양한 메노나이트, 퀘이커, 브래드렌 대학에 "지부"가 위치하고 그곳에서 학생 단체가 연구에 참여하게 했다. 계획은 훈련을 끝낸 사람들이 해외구제 사업에 참여하는 것과 이 봉사가 전쟁 종료 후 최소한 1년은 계속되어야 한다는 것이었다. 프로그램은 시민봉사 병영 No 101의 지원 하에 특별히 9주간의 훈련학교가 고센 대학에서 이루어진 1943년 여름에 시작되었는데, 이 훈련에는 66명의 사회봉사요원과 16명의 자원봉사자 여성이 등록했다. 유사한 훈련학교가 퀘이커와 브래드렌 대학에서도 진행되었다.

그러나 불행하게도 해외에 사회 봉사자를 보낼 수 없는 금지 법안으로 말미암아 대학에서 사회봉사 구제훈련 프로그램을 지속할 수 없게 되었다. 그러나 정규 병영교육 프로그램의 일부로 시민봉사병영과 부대 내에서 구제 훈련 프로그램을 제한시킨 가운데서는 계속할 수 있게 하였다. 이와 같은 제한된 프로그램은 1943년 9월에 시작되었으며 이 기간 동안에 수백 명의 사람들이 구제 훈련을 받았다. 사회봉사 임무를 끝낸 사람들 가운데 많은 이들이 유럽의 메노나이트 중앙위원회에서 혹은 위에서 언급한 다른 분야에서 새로운 구제활동을 펼치기도 했다.

자원봉사를 통한 평화증언

사회봉사와 전쟁경험에서 생겨난 평화에 대한 다른 형태의 평화증언은 자원봉사자들에 의한 것이었다. 1944년 여름, 여성을 위한 주 자원봉사 단체가 미시간주 입실란티 주립병원과 하워드, 로드아일랜드주 하워드에서 조직되어 그곳에서 운영되는 메노나이트 중앙위원회 구제단체와 통합되었다. 병원에서의 자원봉사 단체는 1945년과 1946년에도 계속되었었다. 1946년에 한 단체가 미시시피주 걸포트에서 사회봉사 단체와 연결하여 세워졌는데, 그곳에서는 공중건강사업에 참여했다. 전쟁은 이제 끝났고 많은 수의 사회봉사자가 해산하게 되었다. 그러나 이들 가운데 얼마는 해산 뒤에도 2개월에서 12개월에 이르는 자원 봉사를 계속했다. 1947년, 사회봉사가 폐쇄된 뒤에 걸포트 프로젝트는 전적으로 자원봉사 입장에서 계속되었다. 1948년, 자원봉사 프로그램은 오히려 더 많은 비중을 차지하게 되었다. 연간 336명의 다양한 개인들이 프로그램에 참여했고 그들 중 62명은 한 해 전체를, 나머지는 짧은 기간 동안 참여했다. 같은 해의 프로그램에는 유럽에 두 개의 자원봉사 단체도 포함되어 있었다. 이 시점에서 메노나이트 중앙 위원회와 다양한 총회에 의해서 운영된 자원봉사 프로그램은 꾸준히 성장하여 1950년에는 메노나이트 그리스도인 증언의 정착된 한 부서로 인식될 수 있었다.

전시 행동계획299) ◼◼◼◼◼◼◼

이와 같은 인식은 미래 전쟁 혹은 징병이 있을 때, 메노나이트 행동 계획에 결정적인 방법으로 연결된다. 사회봉사, 해외 원조 그리고 자원봉사는 인류의 필요에 응하는 그리스도인 사역을 구현한다. 이와 같은 봉사는 전쟁과 다른 형태의 사회적 갈등을 반대한다. 그리고 다른 대안으로 전쟁에 참여함으로써 정부로 하여금 올바른 관점으로 생각하게 한다. 1950년, 한국 전쟁의 발발은 전 세계에 끊임없는 긴장과 전쟁 상태의 예를 보여주게 되었다. 그와 같은 사례로 기독교의 사랑과 봉사 사역이 지속적으로 전면에서 유지되어야 한다는 것이 중요하게 여겨졌다. 따라서 1950년 10월, 메노나이트 중앙위원회의 평화부서와 다양한 총회 기관들, 특별히 징병의 경우 대체복무를 승인해야 한다는 분야에서 자원봉사 프로그램을 확대하고 강화할 것을 촉구하였다. 그것은 더 많은 인력이 더 긴 기간 봉사에 참여하고 국내와 국외에서 더 많은 사람의 필요를 채워주기 위해서 봉사 분야도 확대한다는 것이었다.

한편, 메노나이트 중앙위원회 평화부서와 다양한 구성 단체들의 평화위원회는 양심적 병역거부자의 징병이 새로워지도록 가능한 행동 계획에 관심을 확대시켰다. 1941-47년 동안, 미국에서 도입했던 사회봉사 프로그램이 양심적 병역거부자들을 다루는 어떤 방법보다 우수했음을 인정함으로, 그때에 만족스럽지 못했던 제도들은 미래의 프로그램 형태로 수정되어야만 했다. 결과적으로 이러한 확신 속에서 다음과 같은 견해들이 1950년과 51년에 이들 기관들의 공적 · 개인적 표현들 속에 나타났다.

1. 양심적 병역거부자들이 징병될 때, 봉사프로그램은 국방부나 선택적 봉사로부터 전적으로 분리된 시민 감독 하에 이루어져야 한다.

2. 양심적 병역거부자들에게 할당될 수도 있는 "국가적 중대성"에 관한 일은 구제와 재건, 위생봉사, 농업발전, 과학실험, 기술협력, 그리고 그 외

에 인류애 등 국제적으로 중요한 봉사를 포함시키도록 해석되어야 한다.

3. 프로그램은 다른 형태의 행정 하에 아래와 같은 프로젝트들이 허용될 수 있도록 충분한 유연성이 있어야 한다. a) 시민 정부 기관이 행정, 집행하고 감독하는 프로젝트는 정부 기관들의 정상적인 운영으로부터 지명되거나 양심적 병역거부자들을 위해 특별히 설정된 프로젝트일 수도 있다. 임금을 포함한 비용은 관련된 기관이 확보해야 한다. 교회들은 이들을 위한 영적 사역을 제공하도록 허용되어야 한다. b) 국가적 건강과 복지에 기여하는 분야 내에서의 개인적인 시민 피고용자들에게 다른 봉사 형태로 징병된 사람보다 더 많은 재정적 이득을 제시하지 않는 조건으로 고용자는 임금을 지불해야 한다. c) 교회 대행기관으로 인정받은 정규 프로그램의 일부로서 인류애적인 프로젝트는 메노나이트 중앙 위원회의 구제와 자원봉사 프로젝트가 징병 법안의 용어상 국가적으로 중요한 일을 수행하는 것으로 인정되어야 한다. 이 프로젝트에 관여되거나 할당된 사람들은 같은 프로젝트에서 일하는 다른 사람과 같은 조건 하에 봉사할 수 있어야 한다. d) 특별히 교회 혹은 봉사기관 행정과 감독 하에 있는 양심적 병역거부자들과 시민봉사 프로젝트는 수정된 사회봉사 병영을 의미한다. 이 제안과 구 사회봉사 사이의 중요한 차이는 교회기관에 할당된 사람들이 사회봉사의 행정과 감독 하에 있게 되는 것을 의미한다. 교회기관은 책임 있는 정부기관에 보고서를 내야한다. 하지만, 사회봉사 산하 진정한 교회기관이라는 의미에서 정부 행정기관의 봉사는 아니다. 이 계획 하에 병영의 행정 비용은 교회기관에 의해 지불되지만 정부는 임금을 지불해야 한다.

4. 종교 훈련이나 신앙으로 징병 등록을 반대는 사람들은 그들의 반대가 조사와 청문회 후에도 지속한다면 그들의 의사를 존중히 여겨야 한다.

이러한 제안들은 캐나다 브리티시에서 최선이었던 생각과 제2차 세계대전 당시 운영된 미국 제도와 결합된 것이었다. 실제로 이행된 것이었던 만큼, 1951년 양심적 병역거부자의 징병이 재개되었을 때, 위에서 제안된 바람직한 조항 중에 몇 개가 빠졌지만 기대했던 것보다 더 바람직한 다른 안건들도 들어 있었다. 전시의 징병은 1947년 끝났다. 그러나 1948년 새로운 징병 법안이 통과되었는데, 1949년에 비활성화 되었다. 이 법안은 1950년 7월까지 1년 연장되고 1950년 8월 재활성화 되었다. 이 법안은 모든 양심적 병역거부자들에게 징병을 유예시켰다. 그리고 1951년 6월 법안은 양심적 병역거부자로 등록된 사람들로 하여금 "지역 위원회의 질서를 따라야 대통령이 명시한 대로 군에 입대한 사람들 규정에 상응하는 기간만큼 국가 보건과 안전, 지역 위원회가 적절하다고 여기는 이익에 기여하는 시민 사업"에 참여하게끔 했다. 이 법안의 결정적 의도는 양심적 병역거부자 제도를 없애는 것이지만, 양심적 병역거부자로 등록된 사람들을 다른 방법으로 봉사하게 한 것이다.

새로운 프로그램은 1952년 여름에 시작되었으며, "국가 보건과 안전, 이익"에 기여되는 일을 위하여 정부와 개인 기관이 승인하도록 징집된 양심적 병역거부자들에게 임무가 부여되었다. 봉사 기간은 군에 입대한 사람들과 마찬가지로 2년으로 고정되고, 양심적 병역거부자들은 고용기관이 정하는 보수로 보상받았다. 대체복무로 한번 정부나 개인 기관에 배당된 사람은 주어진 임무가 완성될 때까지 그 기관에서 책임을 져야 했다. 그 기관은 임무 완수를 선택적 봉사 기관에 보고해야 했으며, 그 후에야 징병 복무의무를 끝낸 사람으로 확인되었다. 1952년 9월, 선택적 봉사기관은 양심적 병역거부자들을 배당할 수 있게끔 미국과 그 외의 영토에 있는 미국 공중보건봉사국을 연방기관으로 승인했다. 같은 날짜에 선택적 봉사기관 명단에 양심적 병역거부자를 고용하도록 승인된 기관은 29개주 155개의 특수 공공기관과 사적인 기관이 전부였다. 이들 기관들은 대부분 병원과 다양한 형태의 복지기관들이었다. 양심적 병역거부자를 고용하도록 국가적으로 승인된 비영리 개인기관 명단에는 메노나이트 중앙위원회, 브래드렌 봉사위원회, 그리고 극동기금이 있었다. 메노나이트 중앙위원회의 국내 17개, 해외 32개의 프로젝트들도 승인된 목록에 들어있었다. 해외 프로젝트는 유럽과 중동, 극동 그리고 라틴 아메리카에서의 구제와 자원봉사 단체로 구성되었으며, 어떤 사례은 나중에 평화봉사 단체로 알려지기도 했다. 국내 프로젝트는 메노나이트 병원, 가정, 자선기관, 인디언 봉사단체, 이주 노동자 그리고 푸에르토리코 안에 있는 두 단체를 포함하여 유사한 봉사가 포함되었다.

이처럼 1952년 여름, 미국의 메노나이트는 징병과 관련해서 새로운 시대에 접어들었다. 새로운 법안은 양심적 병역거부자들을 위해 이전에 있었던 어떤 법보다도 더 자유로워졌다. 심지어는 사회봉사 제도가 완전하게 배제된 만큼 위에서 언급한 메노나이트 제안들보다도 더 자유로워지기도 했다. 다른 한편, 징병 하에 등록과 어떤 형태의 봉사도 반대하는 절대주의자들에게는 어떤 법안도 만들어지지 않은 만큼 이들 조항들이 덜 자유로운 것일 수도 있다. 제2차 세계대전 당시에는 인정되지 않았던 대체복무 요구를 충족하기 위한 것으로 해외 구제와 봉사를 승인 것은 만족할 만한 것이라고 하겠다. 비록 새로운 프로그램이 미리 볼 수 없었던 새롭고 많은 문제를 가져온 것처럼 보이기는 하지만, 사회봉사 병영의 부재와 사람들의 보수를 위한 조항은 교회를 위한 행정적·재정적 문제를 회피하였다. 그러나 새로운 프로그램이 전반적으로 평화를 위한 일관된 증언과 봉사를 위한 큰 기회와 함께 양심적 병역거부자들의 징병을 위해서 이전 프로그램을 개선하는 것은 신뢰할 만한 희망사항이었다. 여기에서 언급한 대체복무 프로그램은 1969년 약간의 수정을 거쳐 지금까지 계속해서 운영되고 있다.

범세계적 평화증언

　　이주와 구제, 자원봉사 그리고 군복무 대체로서의 시민봉사 프로젝트에 관한 이야기들이 범세계적인 메노나이트 평화증언을 이루고 있다. 양심을 위한 메노나이트의 이주 이야기는 전 세계적인 관심을 끌었고, 그들의 구제와 인류애적인 봉사 프로젝트는 오스트랄리아를 제외한 지구상 모든 대륙과 여러 나라에게 그 영향을 미쳤다. 미국과 캐나다 내에서의 양심적 병역거부자들에 관한 기록은 이처럼 매우 잘 알려진 것이었다. 한 세대, 혹은 두 세대 전 "메노나이트"라는 이름을 언급할 때 "그들이 누구였지?"라는 의문을 갖게 했지만, 오늘날 그 이름은 어느 곳에서나 인정받는 호의적인 반응을 일으키고 있다. 평화 증언에 관한, 그리고 지금까지 이행되어왔고, 질문자 개인이나 그의 친구나 지인들에게 사역할 수 있는 그리스도인 봉사를 뒷받침하는 복음적인 신앙에 관한 더 많은 정보를 얻으려고 인근 각지로부터 다양한 메노나이트 본부를 찾는 방문객들이 늘어나고 있다. 이와 동반하는 사역 활동과 봉사가 문서와 세미나 개최 그리고 평화를 위한 여행, 그 밖의 방법으로 평화 봉사자들의 파송을 통하여 실제적인 평화교육 프로그램이 진행되고 있다. 한 세대 전만 해도 메노나이트 지역 자체를 벗어나는 평화 문서들이 거의 없었는데, 1950년 평화주의자들의 공식 견해가 메노나이트의 무저항 견해와 함께 근접되었으며, 저자들은 그들의 견해가 밝혀진 문서들을 인용했다. 미국과 유럽, 아시아 어디서든 상관없이 평화에 관한 토론과 광고, 교회협의회 가운데서 메노나이트의 목소리가 들려지고 있다. 20세기 중반에는 범세계적으로 메노나이트 평화증언에 관해서 들을 수 있게 되었다.

네덜란드 메노나이트 무저항 운동의 부흥

이와 같은 증언의 영향력은 전 세계에 있는 메노나이트, 심지어는 자신들의 무저항 신앙을 포기했던 이전 세대 사람들에 의해서도 감지할 수 있었다. 그러한 대표적인 움직임은 네덜란드에서 있었다. 1820년 경, 네덜란드 메노나이트의 수적 감소는 정지되고 새로운 변화가 일기 시작하여 오히려 그 수가 점점 더 증가되었다. 1968년, 침례를 받은 정회원 수는 모두 합하여 대략 40,000명 정도였다. 1915년 초, 영적 부흥이 소개되고 1950년에는 교회를 복음과 무저항 원리의 기초위에 재정립하였다. 이와 같은 영적 부흥은 잰 글리즈스틴에 의해 시작되었는데, 그는 제1차 세계대전 동안 군복무로 소집되었을 때에 양심적 병역거부자 입장을 고수한 유일한 네덜란드 메노나이트였다. 글리즈스틴은 이로 말미암아 복무기간을 감옥에서 보냈다. 같은 시기에 T. O. 힐키마 라고 불리는 한 젊은 목회자가 성경과 교회역사를 배우는 과정에서 초대교회의 신앙의 회복의 중요성을 깨달았다. 이 과정에서 영국 퀘이커와의 만남은 그에게 중요한 의미를 부여했다. 시간이 지나면서 힐키마는 네덜란드 메노나이트의 뛰어난 지도자가 되었다. 1917년, 그와 그의 협력자들은 제민체대그 운동(네덜란드 메노나이트 협의회의 전신-역자 주)을 형성했는데 그 목적은 교회에 더 철저한 성서적 믿음을 가져오게 하는 것이었다. 그 강조점 가운데 하나가 무저항이었다. 1920년 1930년대에 네덜란드 메노나이트에서도 점차 군복무를 반대하는 다양한 형태의 의견이 개진되었다. 1925년, 이는 군복무를 반대하는 네덜란드 메노나이트위원회로 발전하고, 약 10년 후에는 메노나이트 평화선언문을 준비하였는데, 이 선언문은 회원들에게 "회중이 있는 어느 곳에서든지 평화증언을 강력하게 할 것"을 호소하고, "전 세계에 있는 모든 메노나이트들로 하여금 평화의 복음을 선포했던 메노나이트 선조들의 역사가 부여한 과제를 완성하도록" 촉구했다. 이 선언문은 각국의 메노나이트 대표자들에 의해 서명되었으며, 1936년 여름 국제 메노나이트 평화위원회가 조직되고 세계에 있는 메노나이트 가운데 널리 회보되었다.

제2차 세계대전이 시작되기 직전, 네덜란드 정부는 군 법 안을 진보적으로 하면서 양심적 병역거부자들을 염두에 두었다. 전쟁 뒤에 대체복무 프 로그램은 미국의 것과 유사하게 하여 양심적 병역거부자들을 위한 시민봉사병영과 함께 출범 하였다. 그 프로그램은 정신병원봉사와 그 외의 유사한 과제가 포함되었다. 1952 년, 수백 명의 네덜란드 양심적 병역거부자들이 이 봉사에 참여했고, 그들 중 30여명은 메노나 이트였다. 1952년, 정부에 의해 인정받지 못한 양심적 병역거부자로 두 명의 네덜란드 메노나이트가 감옥 형을 받았다. 전쟁 이후, 네덜란드 메노나이트의 조직된 평화사업은 변화를 겪어야만 했다. 군복무를 반대하는 초기 위원회는 메노나이트 평화단체가 되었다 . 이러한 명칭의 변화는 단체 평화교육과 평화사업이 강조되는 변화를 상징하는 것이었 다. 만약 초창기의 강조가 대부분 반군사주의적이었다면, 그 후의 강조는 점차 성서적 무저항이었으며, 따라서 1950년 네덜란드 메노나이트 평화운동은 성서적 입장이 지배적이었다 . 1950년, 목회자의 절반이 평화단체 회원이었다는 사실은 그들의 초기신앙 회복운동의 대 단한 성과라고 하겠다.

위에서 국제 메노나이트 평화위원회에 대해서 언급한 적이 있다. 이는 1936년 여름, 네덜란드에서 있었던 제3차 메노나이트 세계협의회에서 생겨났다. 새로운 형태의 조직에 참여한 사람들은 군복무를 반대하는 북아메리카로부터 온 소수의 평화위원회 대표들이었다. 미국에서 온 해롤드 S. 벤더가 위원회의 위원장으로 그리고 네덜란드의 야곱 터 뮬렌이 서기로 선출되었다. 그러나 새로운 조직의 업적은 두드러지지 않았다. 더군다나 제2차 세계대전의 발발로 미국과 네덜란드의 연결은 단절되었고, 따라서 국제 메노나이트 평화위원회는 휴면 상태로 들어가 활동을 하지 못했다. 그러나 1949년 여름 네덜란드에 있는 국제 메노나이트 평화위원회는 새로운 부흥의 기회를 맞이했다. 해롤드 S. 벤더가 다시 의장이 되고, 네덜란드의 칼 F. 부르스위츠가 서기로 선출되었다.

유럽과 기타 지역에서의 평화관심

1949년, 총회의 가장 중요한 특징은 네덜란드과 미국은 물론 독일, 프랑스, 스위스 메노나이트들이 참석한 것이었다. 이들 각 나라들에서 온 대표자들 가운데 독일의 그리스도인 슈네벨, 프랑스의 피에르 위머, 스위스의 한스 거버가 새로운 조직의 임원으로 임명되었다. 새로운 조직은 국제 메노나이트 평화위원회를 1950년 여름 독일의 하일브론에서 열었으며, 제3차 회의는 1951년 프랑스에서 열렸다. 1952년 대회는 제5차 세계 메노나이트 총회와 함께 스위스 바젤에서 열렸다.

이 운동에 독일과 프랑스, 스위스 메노나이트의 참여는 이미 지적한 것처럼 이들 가운데 무저항에 대한 관심이 증가하고 있다는 점에서 커다란 의미가 있었다. 1951년, 이와 같은 관심이 네덜란드 평화단체에서처럼 하나의 운동으로 중요하게 성장할 것인지의 여부를 알기에는 시기상조였다. 이들 나라 지도자들은 작은 수에 불과했고 그들을 따르는 사람들은 많지가 않았다. 하지만, 그 운동이 순수한 삶이었다는 징후는 있었다. 독일 메노나이트 평화 회의는 1949년에 열렸다. 1949년과 1950년 무저항에 관한 질문이 독일 메노나이트의 공식 회의에서 논의되었다. 새로운 서독 공화국의 헌법은 아무도 군복무 이행에 양심적 병역거부자들을 억압하지 않았다. 군사 문제가 다시 제기되자 독일 의회는 이 헌법 조항 이행을 위한 입법화 절차를 밟았으며, 독일 교회들에게는 양심적 병역거부자들에 대한 그들의 입장을 진술할 기회가 주어졌다. 1950년, 독일 메노나이트 총회는 공식적으로 양심적 병역거부자를 지지한다고 기록하고 있다. 그리고 1956년 법안은 독일 양심적 병역거부자들에게 대체복무를 제공하는 것을 법률로 정했다. 1961년에 프로그램이 운영되기 시작하고, 1962년 6월 독일 메노나이트는 대체복무에 참여했으며, 그중 5명은 EIRENE 즉 미국 메노나이트 평화 프로그램과 유사한 유럽 양심적 병역거부자들을 위한 봉사 프로그램에서 일했다.

프랑스에서는 양심적 병역거부자를 위한 법적 조항이 없이 메노나이트들은 독일 형제들처럼 거의 전부 군복무에 종사해야 했다. 그러나 1950년 영향력 있는 지도자들이 다시 무저항에 헌신하고 같은 해 여름 프랑스 메노나이트 목회자들이 지금까지의 기억으로는 전에 없었던 예로 일일 총회에서 이전의 무저항 증언에 심혈을 기울였다. 그 후 양심적 병역거부자에 대한 법적 인정에 관한 상소를 파리에 제출했다. 다른 평화주의자들도 유사한 영향력을 행사함으로 양심적 병역거부자들로 하여금 다양한 시민 형태의 대체복무를 허용하는 법안이 1963년에 만들어지고 1966년에는 수정 확대되었다.

1964년 이후, 벨기에에서 메노나이트와 다른 양심적 병역거부자들은 자연재해 사건이나 다른 비상시에 운영하는 시민방어군 같은 맥락에서 내무부 장관 산하 대체복무의 특권을 누렸다. 1968년, 스위스는 군 의료부에서의 비전투적 봉사 말고는 양심적 병역거부자들을 위한 어떤 법률 조항도 없었다. 그러나 메노나이트 중에는 전투 복무를 받아들이기보다 다른 영향력에 힘입어 이웃 프랑스나 독일같이 시민 대체복무를 위한 실질적인 법률 조항을 마련하는 작업을 진행시켰다.

이와 같은 발전 이면에는 미국 메노나이트와 유럽 형제들과의 긴밀한 관계가 있었다. 1949년, 네덜란드에서 있었던 국제 메노나이트 평화총회가 열린 이후 총회를 뒤이어 평화 논의, 자문이 처음에는 메노나이트에서,

나중에는 개신교 지도자들 가운데서와 동서 유럽의 가톨릭교회에서도 종종 열렸다. 1949년 여름에는 해롤드 벤더, 얼랜드 발트너, C. J. 램펠이 회의를 주관하고, 1951년에는 벤더와 발트너에 의해서 다시 주도되었다. 1949년에서 1950년까지 일 년 동안은 가이 F. 허쉬버그필자−역주에게 유럽 평화주의 연구와 함께 유럽 내에서의 평화사역의 기회가 주어졌다.

그 후 10년 동안, 이 일은 존 요더John H. Yoder와 알버트 마이어, 폴 피치, 윌리엄 케니에 의해서 퀘이커, 브래드렌교회 대표자들, 유럽 평화지도자들과 함께 네덜란드 메노나이트 평화단체들이 밀접하게 일하면서 계속 확장되었다. 그들의 수고의 대가 중에 하나는 1954년에 에반스톤에서 열린 세계교회 협의회에 제출되고, 1953년 출판된 「평화는 하나님의 뜻」이라는 성명서였다. 이를 시작으로 1961년 델리 총회에서는 두 사람의 메노나이트, 미국의 존 요더와 독일의 하이놀드 패스트가 참석하고, 1968년 5월, 6월에 열릴 세계 교회협의회의 평화관련 공식 연구를 이 두 사람에게 위임하였다. 이 연구는 그 해 말 웁살라 총회와도 관련된 것이었다. 또 다른 중요한 발전은 역사적 평화교회 대표자들과 개신교 교회 지도자들이 참석한 심도 있는 평화관련 대화를 1955년에 스위스 푸이둑스에서 처음 가진 이후 다음 푸이둑스 총회까지 연장되었다는 점이다.

한편으로 메노나이트 중앙위원회의 평화부서와 다양한 메노나이트 단체의 선교부서는 유럽과 북미를 넘어 메노나이트교회 가운데서 평화증언의 장려를 위해 지속적으로 협동하고 있었다. 1968년에 이르는 10여 년 동안, 이 일을 위한 책임자들이 인도네시아, 인도, 일본과 아프리카 여러 나라, 남미의 아르헨티나, 우르과이, 브라질에서도 일했다. 이들의 일은 다른 지역에 각각 자리 잡은 다양한 선교와 교회의 대표자들이 함께 참여하여 평화증언을 효과적으로 확대하기 위한 방법과 수단을 발견하고자 총회를 수시로 여는 것도 포함되었다.

메노나이트와 베트남전쟁 ▨▨▨▨▨▨▨▨▨▨

그러나 이 시대에 전 세계 메노나이트의 평화 증언에 그늘을 지게 한 베트남전쟁이 일어났다. 1954년, 메노나이트 중앙위원회는 조심스럽게 구제하는 일을 시작했고, 1957년에 동부 메노나이트 선교와 자선국은 남부 베트남에서 선교를 시작했다. 이 나라에서 미국 군인들이 프랑스 군대를 대체할 무렵 1965년에는 군인 수가 23,000에 이르렀고 1968년 중반에는 540,000여 명까지 급속도로 증가되었다. 농촌 지역과 민가가 점차 황폐화되면서 남부 베트남 난민의 수는 1965년 초기 800,000에서 1968년에는 2,500,000 이상으로 증가했다. 당시 이 나라의 총 인구는 15,000,000에 불과했다. 전 세계로부터 미국 외교정책에 대한 반대가 일어나는 상황에서 미국 내에서는 전시상황에서는 보기 어려운 메노나이트의 범세계적 평화증언이 크게 강화되었다.

1967년, 루터교 세계 구제와 세계 봉사회가 메노나이트 중앙위원회에 협조하여 메노나이트 중앙위원회에 의해 운영되는 베트남 기독교봉사로 알려진 협동기관이 생겨났다. 1967년, 베트남 기독교봉사회는 베트남 고지대에서 87명의 서구 사람들이 일했고 그중 45명은 메노나이트 중앙위원회 사람들이었다. 아시아에서 일하는 메노나이트 중앙위원회 소속 직원은 81명이었다. 메노나이트 중앙위원회 직원들은 9개 아프리카 나라에서도 일했는데 콩고지역에만 68명이 있었다. 1967년, 라틴 아메리카, 이스라엘, 요르단, 그리스, 유고슬라비아 등을 포함하여 미국 영토 밖에서 일하는 직원들의 총수는 300명에 육박했다. 소수의 네덜란드 메노나이트들도 아프리카에 있는 메노나이트 중앙위원회와 같이 일했다. 이 외에도 유럽 메노나이트들은 대외 구제와 그들의 감독 하에 다른 프로젝트를 수행하는 국제메노나이트 기관을 당시에 조직했었다.

이 모든 것이 다양한 메노나이트 단체의 연합된 해외선교 인원에 더해졌을 때, 전 세계를 통한 메노나이트 평화증언의 잠재성은 매우 분명했다. 이와 같은 잠재성이 과거에 실현되었다는 것은 곧 메노나이트 교회가 베트남전쟁에 반대하여 말한 것이 무엇인지를 다시금 상기시켜준다. 그 내용을 요약하면 다음과 같은 것이었다.

1. 메노나이트는 특별히 1965년 이후 매년 정기적으로 전쟁을 반대하고 평화를 추구하는 발언을 끈질기게 해왔다. 예를 들면, 1966년 1월 *Mennonite*와 *Gospel Herald* 등 두 개의 중요한 교단 기관지는 베트남과 관련된 전반적인 문제를 다루는 데 충실했다.

2. 1967년 메노나이트 정기 총회는 존슨 대통령에게 "당신과 그리고 남과 북 베트남에서 고통당하는 사람들, 우리 가운데 있는 불우한 사람들을 대신하여 지금 국가가 베트남에 자행하는 비도덕적인 행동에서 물러설 것"을 탄원하는 편지를 보냈다.

3. 같은 해에 베트남에 있는 메노나이트 선교사들은 고통 받는 베트남 사람들이 "파괴 임무에 가담하는 우리 조종사들을 하나님께서 축복하기를 기도하는 우리 대통령의 기도소리를 들을 때에," "우리의 신앙이 지니는 이미지"와 "베트남에서의 우리나라가 저지르는 행동 배후에 있는 기독교 하나님에 대한 이미지"를 의식할 것을 촉구하는 서한을 보냈다. 그 서한은 "그리스도 안에는 동·서양이 없다는 고백을 새롭게 입증하고자 관용의 정신을… 마음을 바꾸고… 정책을 바꾸라…"라는 탄원으로 끝을 맺었다.

이렇게 20세기의 3/4분기 초기는, 평화의 길이야말로 그리스도의 복음의 정수라는 메노나이트 평화증언의 선포와 노력이 강화되고, 전 세계적으로 확장해감으로 말미암아 메노나이트 형제애에 대한 확신 또한 확고해지는 기간이었다.

8

현대인의 삶과 무저항, 그리고 국가

신약성서는 예수 그리스도를 통한 구속과 그리스도인들이 살아야 할 삶의 태도를 말한다. 그 외의 다른 모든 내용은 이에 부속되는 것이다. 따라서 신약성서는 당시 정치적 질문에는 관여하지 않았다. 예수와 바울은 어떤 형태의 국가가 가장 바람직하다고 제안하지 않았으며, 국가가 어떻게 행동해야 하는지에 대해서도 언급하지 않았다. 그리스도인이 국가를 위해 어떤 역할을 하여야 할 것인지 아무런 말도 하지 않았다. 산상수훈은 죄악 된 사회에 있는 세속적인 국가를 위한 법률이 아니었다. 그것은 하나님나라 백성을 위한 삶의 원리를 위한 것이었다. 예수는 하나님 나라 왕국이 이 세계의 것이 아니며 따라서 하나님 나라에 속한 사람들은 싸우지 않는다고 했다.[300]

국가와 그리스도인의 관계

그러나 세속 국가가 존재하는 이 세상 안에서 살아야 한다는 것은 피할 수 없는 현실이다. 그렇다면 신약성서의 가르침인 무저항은 어떻게 실제적으로 이행될 수 있는가? 역사적으로 국가는 본래 죄악 된 사회에서 억지력의 수단을 통해 법과 질서를 유지하기 위한 기관이다. 무저항 그리스도인은 이들 국가 안에서 사는 데 어떤 관계를 유지해야 하는가? 진정한 기독교 사회에서의 국가 위치에 대해서 이론적인 질문을 제기할 수도 있을 것이다. 그리스도 당시, 유대 국가가 전반적으로 예수를 받아들였다고 가정해보자. 그들은 자신의 국가를 구성했을까? 만약 그렇지 않았다면, 로마 국가와의 관계는 어떠해야 했을까? 다시 우리 시대로 들어와서, 기독교와 국가의 정치적 관계는 어떠해야 하는가? 신약성서의 무저항 원리를 통해 하나님 나라 왕국과 이 세계의 죄악 된 사회를 엄격하게 구분하지 않는 방식으로 그리스도인들의 사고가 정치적으로 작용할 수 있을까? 이와 같은 양상의 문제는 제9장에서 더 논의될 것이다. 이 장에서는 다만 설령 기독교 신앙을 전 국가가 고백한다고 하더라도 진정한 의미의 기독교 국가는 이루어질 수 없다는 것을 지적하고자 한다. 개인적인 그리스도인이 사는 죄악 된 사회 내에서는 그 사회를 통치하는 국가를 따로 세워두는 것이 아마 최선일지도 모른다. 이들 시민으로서 그리스도인들은 그들이 사는 사회와 국가에 건전한 영향력을 미칠 수 있다. 그러나 전체 사회가 기독교적이 아니었던 만큼 국가는 지금까지 늘 그래왔던 것처럼, 억지력을 사용할 필요가 있을 것이다. 죄악 된 사회에서 억지력의 수단을 통해 법과 질서를 유지하는 조직은 어쨌든 앞으로도 계속될 것이다. 진정한 기독교 사회는 오늘날 우리가 아는 것과는 아주 많이 다른 것이다. 물론, 이런 사회는 그 자체를 질서 있게 관리하기 위한 조직이 있어야 한다. 하지만, 억지력의 기능이 꼭 필요한 것만은 아닐 수도 있다. 파두아의 마시글리오와 오캄의 윌리암은 14세기에 억지력을 제거하면 더는 국가가 존립하지 못할 것이라고 지적한 바 있다.30) 아마도 그런 상태라면 명칭이 달라져야 할 것이다.

국가에 대한 아나뱁티스트의 태도

무력과 저항을 사용하는 국가에 대한 무저항 그리스도인들의 관계는 어떠해야 하는가? 누구에게든 저항과 무저항은 동시에 성립되지 않는다. 국가의 교수형 집행인이 산상수훈을 따를 수는 없는 것이다. 그렇다면 대답은 쉬워진다. 제4장에서 대충 요약한 교회 역사는 이 관점을 분명하게 입증해준다. 초기 교회와 국가가 분리되어 있을 때에 교회는 무저항이었다. 그러나 4세기 교회와 국가가 연합되었을 때에 교회의 무저항은 끝나고 말았다.

교회와 국가의 연합으로 말미암아 무저항을 상실하게 되었다는 사실은 출발점부터 자발적인 교회를 믿어온 16세기 아나뱁티스트들(나중에 메노나이트로 불린)이 왜 국가로부터 자신들을 분리시켜야 했는지를 설명해주는 이유이기도 하다. 그리스도인이면 신약성서의 무저항 교리를 따르는 것이 당연하다고 그들은 믿었다. 그들은 교회가 국가로부터 분리되어 거룩한 형제애를 이루어야 한다고 믿었다. 회개를 경험한 개인들은 거룩한 사회로 환영받았다. 그러나 아나뱁티스트들은 칼뱅이 그랬던 것처럼 그들의 교회를 통해서 거듭나지 않은 세속 사회를 통제하려고 하지 않았다. 그들은 국가가 교회의 일에 간섭하는 것도 허락하지 않았다. 그들은 거듭나지 않은 세상은 무저항의 삶을 살 수 없다고 믿었다. 어떤 방법으로든 교회와 국가가 연합하는 것은 교회의 무저항 원리를 잃는 것을 의미한다고 믿었다. 따라서 아나뱁티스트들은 타협을 거부하고 교회와 국가의 엄격한 분리를 유지함으로 무저항의 원리를 구해냈다.

국가에 대한 퀘이커의 태도

17세기 영국에서 또 다른 흥미 있는 종교 단체가 생겨났다. 이들은 퀘이커로 불리는 형제들의 사회Society of Friends였다. 메노나이트와 마찬가지로 퀘이커도 전쟁을 반대했다. 메노나이트처럼 그들은 국가가 교회의 일을 통제할 수 있다는 것을 믿지 않았다. 방법 면에서 그들은 메노나이트와 많은 다른 점이 있었다. 그들은 교회 회원이 국가의 직무에 실제로 참여할 수 있으며, 국가 역시 교인을 평화로운 방법으로 채용할 수 있다고 믿었다. 1682년, 퀘이커의 영향력 있는 지도자였던 윌리엄 펜William Penn이 영국으로부터 펜실베이니아로 건너와서 정부와 관련된 소위 "거룩한 실험"을 시도했다. 펜실베이니아는 식민통치 주 가운데 가장 민주적이었지만, 펜은 민주주의 그 이상의 관심을 가졌다. 그는 신약성서의 평화로운 무저항 방법을 있는 그대로 정부 안에서 실행할 수 있을 것이라고 믿었다. 그는 육군이나 해군이 없어도 되며, 결국에는 감옥이나 정치인 없이도 잘해 나아갈 수 있다는 전제하에 정부 계획을 수립했다. 한 번은 주변의 사람들에게 이렇게 충고한 적이 있었다. "다투지 말고 마태복음 5장과 로마서 12장을 읽어라.

그러면 너는 심지어 정부 안에서도 기독교가 가능하다는 것을 보게 될 것이다."302) 이 말 속에서 펜은 지금 우리의 문제의 핵심을 지적하고 있다.

마태복음 5장과 로마서 12장의 교훈이 과연 정부에서도 실현될 수 있을까? 아니면 정부 안에 있는 퀘이커들이 조만 간에 그들의 직무 수행에서 무저항 원리를 포기하게 되지는 않을까? 그렇지 않다면, 종교적 원리를 유지하고자 정부 내에서의 자리를 포기하지 않을까? 1756년, 프랑스와 인디언 간의 전쟁 참여를 두고 강한 압력이 주어졌을 때 종교적인 퀘이커들은 정치적인 마음을 지닌 그리스도인들이 정부 직에 그냥 남아있을 때에 무저항 신앙을 지키고자 자신들의 정부 직을 사직했다. 거룩한 실험의 결과는, 이로써 무저항과 국가의 억지력 기능을 함께 할 수 없다는 것을 보여주었다. 양자 중 하나를 선택해야만 했던 것이다. 아무도 둘을 동시 수행할 수는 없었다.

펜의 실험이 실패한 원인을 상세하게 논의할 만한 여유가 없지만, 분명한 원인 중에 하나는 펜실베이니아가 혼합된 사회였다는 사실이다. 그들 가운데는 무저항을 믿는 퀘이커, 메노나이트, 덩커, 모라비안들이 있었는가 하면, 이를 믿지 않는 스코틀랜드 장로교인들도 있었다. 심지어는 아예 믿음이 없는 사람들도 있었다. 만약에 펜실베이니아에 사는 사람들이 모두 신실한 퀘이커나 메노나이트로서 신약성서 무저항을 굳게 믿는 사람들이었다면, 그리고 만약 펜실베이니아가 영국 식민지 통치하에 있지 않았다면 실험은 성공했을지도 모른다. 그러나 실제로 펜실베이니아는 혼합된 사회였고 국가에 소속되어 있는 억지력 수단을 필요로 하는 죄악 된 사회였다. 그리고 펜실베이니아는 군대 운영에 도움을 요구하는 영국 국가와 통합되어 있었다. 따라서 펜의 실험은 위에서 언급한 대로 무저항 그리스도인들이 최소한 무저항을 잃어버릴까 염려하지 않는 혼합된 사회 내에서 정치적 국가의 행정에 참여할 수 없음을 입증해 보였다. 한 사람이 저항인 동시에 무저항일 수는 없었던 것이다. 한 사람이 국가의 사형집행인이면서 산상수훈을 따를 수는 없었다. 무저항 그리스도인이 국가를 위해서라고 해서 검을 휘두를 수 없었던 것이다.

정부에 대한 일반적 복종태도

현대 국가에는 법과 질서를 유지하는 기능 외에 부차적인 다른 많은 기능이 있다. 최근에는 건강, 교육, 교통, 통신, 그리고 한때는 개인적이었지만 지금은 복지에 해당하는 다른 활동들, 그리고 무저항 사람들도 언제나 참여해왔던 대규모의 복지기관들이 국가적인 업무로 되어 있다. 국가에 의해서 이 일들이 이행되고 있다면 이들 활동에 대한 그리스도인들의 관계는 이제 어떠해야 하는가? 한편에는 무저항 그리스도인들이 참여할 수 있는 국가 기능이 있고 다른 한 편에는 참여할 수 없는 일종의 선 긋기가 가능할까? 그렇다면 선은 어디에 그어야 하며 다양한 정부의 기능을 구별할 수 있을까? 여기에서 이에 대한 최종 분석을 시도하고자 하는 것은 아니다. 그러나 다음 사항들은 저자의 입장에서 합리적이라고 판단되고 현대 국가에 대한 무저항 그리스도인들의 성서적 관점에서 어느 정도 적용 가능한 기준들이라고 생각된다.

우선, 무저항 그리스도인은 국가와 통치자에 복종하고 존경해야 한다.

바울은 "모든 영혼들은 높은 권세에 복종하라… 권세에 저항하는 것은 하나님의 법을 저항하는 것이며 저항하는 그들은 심판을 받게 될 것이다"라고 적극적인 용어를 사용하여 말했다.303) 무저항 그리스도인은 국가의 시민법을 지키는 사람들이 되어야 한다. 법은 악을 억제하고 공적인 복리를 증진시키고자 존재한다. 그리스도인은 악의 편에 설 수 없으며 의로운 편에 서야 한다. 훔치는 것과 살인을 금하는 법이 있으며 고속도로에서 과속 운전을 금하는 법, 식품업 종사자들에게 공중 보건상의 주의를 요하는 법, 각종 면허 취득을 위한 자격 요건, 세금 납부 등을 위한 법규가 당연히 있어야 한다. 이런 법규를 포함하여 각 분야에 여러 가지의 법규들은 공중선을 위한 것이며, 국가의 혜택을 누리는 그리스도인도 마땅히 지켜야만 하는 것들이다. 국가에 대한 복종과 통치자에 대한 존경의 태도는 도르레흐트 신앙고백Dortrecht Confession of Faith 13조에 명시되어 왔다. "우리는 경멸하거나 모욕하거나 저항하도록 허락받지 않았다. 그런 것들을 하나님의 뜻이요, 명령으로, 법에 반대되는 군복무가 아닌 모든 일을 하나님의 일로 인정하고 복종하고 순종해야 한다. 모든 선한 일을 준비하고 신실하게 관세와 세금, 조세를 내야 한다. 예수 그리스도께서 가르치시고 자신과 따르는 사람을 위해서 행하셨던 것처럼 우리도 그렇게 해야 한다."304)

권위자들을 위한 기도

국가에는 무저항 그리스도인들이 참여할 수 없는 많은 종류의 기능들이 있음에도, 결국에는 하나님에 의해서 제정된 국가라는 실질적인 의미가 있음을 기억해야 한다. 이는 이 세상에서의 하나님의 목적을 이루기 위한 거룩한 목적을 섬기는 것이다. 이와 같은 이유로 신약성서는 그리스도인들이 정부와 그 공직자들을 위해 기도할 것을 요청한다. "그러므로 내가 권하노니 모든 사람을 위하여 간구와 기도와 도고와 감사를 하되 임금들과 높은 지위에 있는 모든 사람을 위하여 하라. 이는 우리가 모든 경건과 단정함으로 고요하고 평안한 생활을 하려 함이라"고 바울은 말한다.305) 분명히 무저항 그리스도인일지라도 그의 삶은 국가가 수행하는 일에 많이 관여하고 영향을 받으며, 매일 매일 경건한 삶을 살고자 하는 사람은 하나님의 섭리 하에 책임을 지며 권위를 행사하는 자리에서 그들의 의무를 수행함으로 하나님의 목적이 이루어질 수 있도록 그 자신의 정부와 세상의 모든 정부를 위해 지속적으로 기도하는 일을 소홀히 해서는 안 된다. 신약성서에 명백히 기록되어 있는 국가에 대한 그리스도인의 의무는 다양한 메노나이트 신앙 고백에 분명하게 언급되어 있으며, 교회의 역사 속에서 항상 강조되어 왔다. 20세기에 국가 공직자의 의무와 과제는 더 복잡하게 확대되고 있으며 무저항 그리스도인은 이들 권위자들을 위해 진지하게 기도하는 책임을 엄숙한 의무로 받아들여야 한다.

무저항 그리스도인이 참여하지 않는 정부 직임

법과 질서를 유지하고자 국가는 감옥과 경찰, 정의 관련 부서 를 유지한다. 법을 어긴 자는 경찰에 의해서 체포되며 재판정으로 이송되어 판결을 받 고 벌금 혹은 감옥에 갇히기도 하며 극단적인 경우에는 사형에 처해지기도 한다. 이들을 모두 운영하려면 신약성서의 무저항의 길과 조화되지 않는 방법을 포함하게 된다. 이들 대부분은 죄악 된 사회에서 국가를 성공적으로 운영하기 위해 필요한 것들이다. 그러나 앞에서 관찰했듯이, 그리스도인은 이것보다 높은 수준으로 삶을 살도록 부름을 받았다. 군대 운영 같은 것은 무저항 그리스도인들이 분명히 참여할 수 없는 국가의 기능 중에 하나이다.

종종 무저항 그리스도인들과 관련해서 이들이 대통령이나 국무총리, 의회의 일원 혹은 국가 입법기관, 혹은 시장, 시 위원회 등과 같은 행정부서나 입법기관에서 봉사할 수 있는지의 여부에 대한 질문이 제기된다. 그러나 대통령은 육군, 해군의 통수권자이며 시 경찰은 시장의 감독 하에 있다는 것을 기억하면, 대답이 그렇게 어렵지 않을 것이다. 의회와 국회의원은 대통령의 전쟁 선포를 재가할 책임이 있으며 군사적 목적을 위한 예산을 심의한다. 미국 국가의 입법은 국가의 군대를 위한 예산을 심의한다. 그리고 모든 형태의 입법 기관은 법을 어길 때를 위한 처벌을 규정한다. 따라서 신약성서가 주장하는 무저항을 믿는 신자는 현대 국가의 행정부나 입법부, 사법부에서 자신의 신앙의 일관성을 유지하기가 쉽지 않을 것이다. 일반적으로 국가의 중요한 보직이 있는 메노나이트들은 교회의 평화 증언 활동을 하지 않으며 결국 무저항 신앙을 포기하게 된다.306)

그러나 이에 대한 예외 규정들은 중요 국가 보직에 있으면서 무저항 신앙인으로 남는다는 것이 불가능하다고 말하는 것을 반대하는 사람에 대해 경고하는 것이었다. 무저항 퀘이커 교도들 가운데서는 1756년 주변 조건으로 말미암아 사직하도록 강요당한 사람들이 상황의 변화에 따라 펜실베이니아주 입법부 내 자신들이 있었던 이전 위치로 다시 돌아오는 경우가 있었다. 그렇다면, 어떤 환경에서 특정 국가 보직이 무저항 그리스도인에게 가능한 것이며, 다른 환경에서는 불가능한 경우였는가? 위에서 진술된 내용으로는 입법부가 군대 예산을 심의하기 때문에 메노나이트가 있기에는 곤란할 자리임을 시사했다. 한 세대 전에 총회 메노나이트교회 회원으로 잘 알려진 피터 잰슨이 네브래스카주 입법부에서 몇 회기를 일한 적이 있었는데, 그는 무저항 그리스도인으로서 군의 최고사령관으로 일할 수 없었기 때문에 그에게 주지사 출마를 권유했을 때에 사양하고 말았다. 저자는 여기에서 얀젠이 입법부에 있는 동안 군대를 위하여 예산을 심의할 때에 투표를 했는지 여부에 대해서는 알 수가 없다. 아마도 입법자로서 그러한 예산심의를 할 때에 투표를 거부할 수는 있었을 것이다. 한때, 주 입법부에 근무했던 총회 메노나이트 교회의 또 다른 회원 가운데 H. P. 크레빌이 있었다. 크레빌은 그의 평화증언에 매우 활동적인 목회자였으며, 역사적 평화교회의 총회를 구성하는 데 1935년 캔사스주 뉴톤 모임에서 앞장서 주도적인 역할을 했다. 그러나 이것도 하나의 예외라고 할 수 있겠다.

이론적으로는 무저항 그리스도인이 전쟁 문제에 타협하지 않고 의회나 국가적인 입법부에서 일한다는 것이 가능할 수도 있을 것이다. 군사 예산심의 혹은 어떤 종류이든 군사적 판단에서 투표를 유보할 수 있기 때문이다. 아니면 그들을 반대하는 투표를 할 수도 있다. 역사적으로 무저항 그리스도인은 국가 입법기관에서 여러 해 동안 전쟁 문제에 연루되지 않은 가운데 일한 적이 있었던 것 같다. 특정 시기에 특정 나라에서 시장으로 이렇게 직임을 수행할 수도 있을 것이다. 그러나 20세기 미국과 같은 강력한 나라에서 이런 일이 가능할 것인가는 의문의 여지가 있다. 여기에서 말하는 것은 오직 전쟁 참여 여부에 관한 문제뿐이었다. 그러나 국가의 정치적 기능에 참여하면서 모호해지지 않기란 어려워 보인다. 신약성서의 무저항 관점에서 정치와 군사 사이에는 결국 아무런 차이도 없게 되고 말았다.

무저항 그리스도인이 참여하는 정부 직임

일반적인 복지 확대를 도모하는 현대 국가의 기능 중에는 무저항 그리스도인들에게도 적합한 많은 활동이 있다. 이미 국가가 떠맡기 이전에 그리스도인들이 참여했던 봉사활동들이 여러 가지 있었다. 국가가 수행하는 일에 참여하는 그 자체가 그리스도인들에게 불법적인 활동을 포함하지 않는다면 그리스도인들이 그 일을 못할 이유가 없다. 예를 들어 공립학교에서 가르치는 일이 허용될 수도 있을 것이다. 그러나 교사가 반기독교적 교육을 시킬 것을 요구받는 상황이 되면, 그 교사는 자신의 위치를 계속해서 지킬 수 없을 것이다. 분명히 무저항 교사가 전쟁을 조장하는 학교 프로그램의 일부가 될 수는 없다. 정부 직속의 우체국 고용은 무저항 그리스도인에게 허용될 수 있는 것으로 보이지만 우편물을 보호하기 위해 총기를 사용할 것을 요구한다면 이를 허용할 수 없을 것이다.

무저항 그리스도인에게 합당하다고 여겨지는 것들 중에 또 다른 국가 기능으로는 위생봉사, 도로건설, 산림 및 토양보존, 농업과 과학 실험실습, 소방 등이 있을 것이다. 이러한 많은 기능은 그 자체 별문제 없는 것으로 언급되었다. 그러나 이 모든 것 가운데서도 그리스도인은 무저항 증언과 일치되지 않는 다른 기능들이 수행되지 않도록 경각심을 갖고 자신을 방어해야 한다.

국가가 적합하게 여기지 않는 직임

예수께서 가이사에게 속한 것은 가이사에게 주라고 인정하셨을 때에 그분은 "하나님께 속한 것은 하나님께 드려라"고도 말씀하신 것이다.307) 이 명령의 부정문은 아마도 가이사에게 속하지 않은 것은 가이사에게 주지 말라가 될 것이다. 그리스도인은 가이사에게 속하지 않은 것이 있다는 것을 잊어서는 안 된다. 국가는 일반적인 복지의 확대를 위해 절차를 따라 그 기능을 합법적으로 증가하려 할 것이다. 그러나 이와 같은 기능의 확장에는 결정적인 한계가 있다. 국가가 종교의 영역, 양심, 가정의 영역으로 들어와 이들을 조정하려고 시도한다면, 이것들은 국가에 속하지 않은 것임을 알려줄 필요가 있다. 현대 전체주의적 국가는 삶의 모든 영역을 지배하려 한다. 그들은 종교, 문화, 교육, 가족의 독립성을 인정하지 않는다. 그들은 모든 시민에게 단일한 삶의 철학을 부과하려 한다. 어떤 점에서 교육은 국가의 합법적인 기능이기는 하지만, 전체주의적 국가는 전체주의적인 세계관을 따라 특별한 유형의 인간을 창조하려 할 때 교육을 적법하지 않게 사용한다. 교회와 개개인 그리스도인들이 이러한 국가의 비합법적 침해로부터 자신을 방어해야 한다. 국가가 이 영역에 들어와서 하나님의 뜻과 충돌하는 요구를 한다면, 그리스도인은 "우리는 사람보다 하나님께 순종 한다"고 용기 있게 말해야 한다. 16세기 아나뱁티스트들은, 국가가 하나님께 속한 영역을 다스리려 해서는 안 된다고 강력히 주장했고, 이로 말미암아 많은 지도자가 교회와 국가의 분리를 요구하는 믿음을 따라 순교자로 죽었다.

교회가 강력하게 강조하는 프로그램들

그리스도인은 항상 그들의 우선적인 의무가 하나님에게 있지 국가가 아님을 기억해야 한다. 아마도 전체주의적 국가에게 최선은 사람들 모두 국가 지도자에게 충직한 사회가 되기를 바라는 것이다. 하지만, 더 나은 사회는 국가의 도움이나 간섭 없이 사람들 스스로 자신들의 필요를 충족하는 사회가 되는 것이며 그럴 때에 오히려 위험성도 줄어들 것이다. 국가와 마찬가지로 교회도 교육을 위한 의무를 지닌다. 만약 교회가 이 의무를 진지하게 떠맡는다면, 그리고 그 과제를 잘 분담하여 수행한다면, 국가에 대한 존엄성을 지속적으로 유지할 수 있는 합리적인 희망을 가질 수 있을 것이다. 교회는 의약, 보건, 간호에서도 커다란 기회가 주어진다. 만약 이 과제를 잘 감당한다면, 삶의 모든 영역이 국가의 통제 하에 종속되어야 한다는 주장에 경각심을 줄 수 있을 것이다. 평화교회의 구제와 재건 프로그램은 국가가 무저항 사람들에게 진지해지는데 도움이 되었으며 종교적 자유를 침해하는 일을 막는 수단이 되어왔다. 노인들의 연금, 고용보험, 정부 도움과 농민대출 등 다양한 사회 안전 형태는 국가의 합법적인 기능으로 보인다. 그러나 만약 그리스도인들이 국가에 너무 많이 의존한다면, 국가는 전체주의적 성격을 지닐 위험이 그만큼 더 커지게 되는 것이다. 다른 한편, 만약 여러 그리스도인 단체가 경제적·사회적 안전을 제공할 수 있다면, 교회가 자신들의 삶과 일관성을 유지하는 데 도움이 된다는 것을 알게 될 것이다.

만약 교회가 이 모든 것을 잘 한다면, 박애적인 프로그램으로서 뿐만 아니라 깊이 자리 잡은 종교적 신념에서, 국가의 민주체제를 강화하고 교회 자신의 삶을 구축할 수도 있을 것이다. 개인과 단체가 자기 발로 스스로 설 수 있다면 그 결과가 바로 민주주의인 것이다. 더는 그들이 이렇게 할 수 없을 때에 국가는 그들을 떠맡게 되고, 그 결과 전체주의로 가는 노정이 되는 것이다. 이와 같은 관점에서, 기독교와 민주주의를 위해 교회는 지금보다도 훨씬 더 교육의 역할을 강화하지 않으면 안 된다고 하는 J. H. 올드햄의 말을 여기서 인용하는 것이 좋을 것으로 보인다.

> 그리스도인 신앙과 삶에 대한 세속적인 해석 사이의 주요 갈등은 공교육의 수행에 있는 것 같다. 교회가 설교와 예배에서 자유를 얻기 위해 노력해왔다면, 공적 교육체제의 전반적인 비중은 그리스도인의 삶에 대한 이해와 조화되지 않는 감수성이 예민한 젊은이들이 보는 세상과 인간, 신앙을 좌우하는 그들의 마음에 있다.308)

사회에 대한 무저항의 기여 ▰▰▰▰▰▰▰

위에서 기술한 정치적 삶으로부터 이러한 분리가 그리스도인에게 최선의 정책이었는가 하는 질문들이 종종 제기되곤 한다. 어쨌거나 그리스도인은 깨끗하고 선한 정부에 관심이 있다. 그렇다면 정부를 떠난 아웃사이더가 되기보다는 정부 안에서 그리스도인으로 있어야 하는 것이 아닐까? 이는 사회를 돕는 데 무관심한 것인가 아니면 자신의 종교를 구하기 위한 것인가? 그리스도인도 공동체와 국가에 의무를 져야하는 것이 아닌가? 만약 초연한 상태로 무관심하다면 자신의 의무에 태만한 것이 아닌가? 무저항 그리스도인은 조직된 사회의 비용으로 사는 기생충 같은 존재가 아닌가?

이와 같은 질문들은 얼마든지 가능하고 이에 대한 마땅한 대답이 있어야 한다. 이에 대한 대답은 그리스도인 자신의 동료들에게 당연히 해야 하지만 그보다도 먼저 하나님께 대답하지 않으면 안 될 것이다. 만약 정치적 활동이 하나님의 뜻을 이루는 데 방해가 된다면, 그런 활동은 중단하여야 할 것이다. 결단과 선택은 당시 사회에 가장 유익한 것이 무엇이냐 라는 기준이 아니라 성경에서 말하는 하나님의 뜻을 따라 결정할 때에 지혜로운 것이다. 그렇지 않을 때, 사람들에게 최소한의 이익으로 보일지라도 실제로는 그 반대일 수 있다는 것이 필자가 갖고 있는 신념이다. 궁극적으로 그리스도인은 머지않아 희생되고 결국에는 원칙과 타협적이 되고 마는 정치적 활동에서 정치적으로 초연한 가운데 진정한 무저항의 삶을 살 때에 실제적인 봉사의 삶이 될 것이다.

75년 전, 무저항을 신뢰했던 뉴잉글랜드 설교자 애딘 발로는 이에 대해서 다음과 같이 말했다. "도덕적, 종교적 타입의 인간으로 나는 마을이나 주 혹은 국가에 대하여 조용히 지내는 것이 좋으며 정당정치를 이용하거나 관리하는 데 들어가는 비용보다 적게 드는 무저항이 좀 더 바람직한 것

이 아닐까…?" 발로는 이렇게 말함으로 공직자들을 경멸한 것은 아니었
다. 그들은 존경받아 마땅하며 정부는 어떤 면에서 선하며 옳다고 그는 말
한다. 그러나 기독교 도덕 수준은 대체적으로 정치 수준보다 우월하며, 그
도덕 수준을 따라 사는 사람들은 "가장 진보적이고 거룩한 위임을 따라 사
는 현명한 지도자"에 해당한다고 말한다. 교회의 "높은 소명"은 "도덕적으
로 인간의 진보에 앞장서고 더 진실한 의로 이끌어 가며, 거듭남으로 발효
하고 거룩한 원칙으로 소금을 쳐 더욱 '나은 길'로 나아가게 한다"309) 라
고 했다.

이러한 생각은 최근에 영국 작가 T. S. 엘리엇에 의해 재천명되었다. 비
록 엘리엇은 평화주의자가 아니었지만, 그리스도인은 사회와 국가의 정치
적 영역에서보다 그 외의 영역에서 더 큰 기여를 할 수 있다고 믿은 그리
스도인으로 다음과 같이 말했다.

> 그리스도인과 비신자는 공직 수행에 있어서 전혀 다르게 행동해
> 서는 안 되며 할 수도 없다. 왜냐하면, 그들은 자신의 경건이 아
> 닌 정치가의 행동 결정을 다스려야 하는 일반적인 정서 때문이
> 다…. 이것이 기독교 정치인들의 우선적인 일은 아니지만, 그들
> 은 전통과 규칙을 지킴으로 공명심을 실현하고, 나라의 번영과
> 특권을 진작하는 기독교의 틀에 제한되어 있다…. 통치자가 믿
> 는 것은 그들이 믿는 신념보다 덜 중요할 수도 있다. 기독교의
> 틀 안에서 일하는 회의적이고 무관심한 정치인일지라도 세속적
> 인 틀을 시인해야할 의무를 지닌 경건한 기독교 정치인보다 더
> 효과적일지 모른다. 왜냐하면, 그는 기독교 사회의 정부를 위한
> 정책 설계를 요청받고 있기 때문이다.310)

이 견해에 따르면, 기독교 정치 조직은 사회 자체가 기독교적이 아닐 때, 상대적으로 그 사회에 거의 영향을 주지 못한다는 것이다. 윌리암 펜의 "거룩한 실험"은 그러한 환경 속에서 기독교 정부의 공직자는 그 자신의 기독교가 아니면 최소한 무저항 신앙을 상실할 위험성이 있음을 보여주었다. 그러므로 무저항 그리스도인의 사명은 정치적인 것이 아니다. 그것은 오히려 치유적인 것이어야 한다. 진리에 대한 철저한 증언을 통해 더 심한 부패를 가져오지 않도록 인류 사회에 치유를 가져다주어야 한다. 그리스도의 제자들에게 무저항의 길을 명령한 산상수훈은 동시에 "너희는 세상의 소금이다"라고 말씀하셨다.[311] 그리고 땅이 부패되지 않고 보존되려면, 그 본질 자체를 녹이는 활동을 통해 그 자신의 맛을 잃지 않도록 해야 한다고 말한다.

물론, 현재 세계는 갈등 중에 있고 동반된 악은 우리 시대를 이교도화하고 있다. 양차에 걸친 세계대전으로 고통 받은 세계는 지금 세계조직이 그 기능을 실패했기 때문이 아니라 도덕과 윤리가 그리스도의 심중을 헤아리지 못하고 있기 때문에 3차 대전의 위기를 맞고 있다. 이 세계는 유감스럽게도 언덕 위에 있는 빛으로, 진리와 의의 길을 비추는 증언으로 서 있는 무저항 기독교의 사역을 필요로 하고 있다. 이와 같은 사역을 제공하는 사람들은 비용이 드는 조직된 사회에 기생충과 같은 삶을 사는 사람들이 아니다. "이는 공적인 의무를 회피하기 위해서 그리스도인이 공직을 버리는 것이 아니라 하나님의 교회와 인간의 구원을 위해 자신을 지키기 위한 것이다." 하나님의 사람들은 분명히 세상의 소금이다. 그들은 세상의 질서를 보전한다. 그리고 사회는 소금이 부패되지 않은 한에서 공존할 수 있는 것이다."[312]

그러나 무저항 그리스도인은 소금이야말로 치료받아야할 대상과 접촉하지 않고서는 치료하는 일을 할 수 없다는 것을 기억해야 한다. 무저항 그리스도인은 비록 세상에 속하지 않을지라도 "세상 안에" 있어야 하며, 그가 이해하는 진리에 관해서 모든 사람에게 증언할 책임이 있다. 그의 입장을 타협하게 만드는 국가의 특정 기능을 수행하지 않을지라도 무저항 그리스도인은 국가 공동체의 일원임에 틀림없다. 그는 말과 행동으로 예수 그리스도의 가르침을 사랑의 방법으로 국가의 공직자와 동료 시민들에게 증언할 의무를 지니는 것이다.

만약에 전쟁이 죄라면 그리스도인들은 이 진실을 알 려야할 의무가 있다. 인종차별과 그 밖의 사회적 불의가 팽배한 때에 지위나 색깔, 인 종, 신조와 상관없이 모든 사람에게 정의로운 사랑의 길을 펼쳐야하는 것이야말로 그리스도 인의 특권이자 의무이다. 에드워드 요더가 말한 것처럼, 국가가 이러저러한 일에 잘못 되었을 때에 그리스도인 시민은 올바르게 "진정한 슬픔을 느끼고 진정한 회개를 표현하며 국가 공동체의 죄를 고백해야 한다. 이스라엘의 다니엘이나 느헤미야와 다른 선지자들이 그랬던 것처럼 그리스도인들도 그들이 소속된 국가의 죄를 고백하기 위한 운동을 일으켜야 한다. 자기 의만을 주장함으로 초연한 채 공동체의 죄와 악에 대해서는 아무런 책임도 없다는 주장은 성전에서 기도하며 거만하게 자신을 다른 사람과 같이 악하지 않다고 하면서 하나님께 감사하는 바리새인의 행동과 다를 바가 조금도 없다."313)

9

성서적 무저항과 현대 평화주의

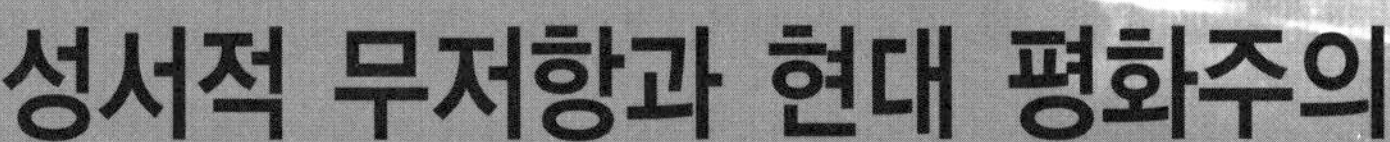

무저항과 평화주의 ▨▨▨▨▨▨▨

일반적으로 제국적인 기독교가 전쟁 문제에 관해서 거의 포기한 상태임에도, 무저항 관련 성서적 교리는 1900년 이상이나 지속되어 왔다. 왈덴 같은 특정 단체들은 중세시대에도 이 교리를 지녔으며, 메노나이트는 종교개혁 이후 이 교리를 유지해왔다. 메노나이트 외에도 이 위대한 사명을 공유한 개인이나 단체들이 있었다. 퀘이커는 그 초창기부터 전쟁에 반대하는 증언을 계속해왔다. 브래드렌 교회는 1708년 창립 이후 성서적 무저항 교리를 고수해오면서 메노나이트와 함께 했다. 1815년, 장로교 평신도인 데이비드 L 다지는 뉴욕평화사회를 창립했다. 그의 평화사상은 전적으로 성서에 기초하였으며, 메노나이트처럼 혹은 신약성서 그 자체에서처럼 철저하게 무저항주의자로 살았다. 애딘 발로우는 19세기 초 비록 그의 사상이 다지처럼 성서중심은 아니었더라도 무저항을 주창한 또 다른 한 사람이었다. 그러나 이들은 모두 무저항 교리를 철저하게 실천할 수 없다는 이유로 정치적 활동을 회피하였다.[314]

다지와 발루는 체계적인 방법으로 문헌 출판을 통해 평화를 도모하는 활동을 했다. 이들 외에 다른 많은 지도자가 유사한 방법으로 평화 증언에 참여했다. 그 숫자가 매우 많고 또한 활발하게 활동했기에 이 운동은 19세기 초 "평화운동"으로 알려지기에 이르렀다. 그 이후 평화운동은 미국인 생활 속에서 지속적으로 대두되어 왔다. 전쟁 기간에는 항상 그 영향력이 감소되었지만, 전쟁이 끝나면 이전보다 더 활동적이 되었다. 그러나 모든 현대 평화운동이 성서적 무저항이었던 것은 아니었다. 용어상 일반적으로 전쟁 참여를 거부하는 견해를 평화주의라고 불렀다. 그러나 평화운동을 하는 많은 지도자 가운데는 단지 더 만족할만한 국제관계 유지를 추구한다는 점에서 평화주의자라 불리기도 했다. 그들은 전쟁이 일어날 때, 전쟁 지지를 거부한다고 볼 수는 없었다.

무저항과 평화주의는 모두 산상수훈으로부터 취한 신학적 용어이다. 무저항은 "악한 자를 대적하지 말라"고 하신 예수님의 말씀에서 택한 것이다.315) 평화주의는 "화평하게 하는 자는 복이 있다"라는 말씀에서 왔다. 라틴어 성경에서 화평하게 한다facifici는 말은 영어 평화주의자pacifist와 같은 의미이다. "평화주의"라는 본래의 의미를 더는 객관화시킬 수는 없을 것 같다. 평화주의는 소극적인 면에서 무저항을 선호하지만, 무저항은 이보다 훨씬 적극적이다. 그러나 용어상 본래의 의미는 현재 사용되는 의미보다 더 중요하지 않았다. "무저항"이라는 용어는 오늘날 일반적으로 쓰이는 것처럼, 성경을 하나님의 뜻으로 받아들이는 사람들의 믿음과 삶, 성경이 금하기 때문에 어떤 부분에서든 전쟁에 참여할 수 없으며 모든 억지력 심지어는 비폭력적인 억지력도 수용하지 않음을 의미한다. 한편, 평화주의는 여러 형태로 전쟁에 반대한다. 하지만 현대 평화주의자들 가운데는 전쟁을 반대하는 사람들이 있는가 하면 그렇지 않은 이들도 있다. 모든 전쟁을 반대하는 사람들은 자신들의 정당성을 하나님의 뜻에서 발견하지만, 그렇지 않은 사람들은 대부분 인간적 이성에 기초한다. 그들 가운데는 다양한 차이가 있다. 그러므로 현대 평화주의자들을 구분하여 그들의 철학을 비교 평가하는 것이 중요하다.

국제 평화계획

지난 6세기 동안 세계평화 유지를 위해 많은 계획이 제시되어 왔다.316) 이들 중 몇 가지 계획의 입안자들은 그들 스스로 전쟁에 참여하지 않은 점에서 평화주의자이지만, 대부분의 사람들은 그렇지 못하다. 그들은 단지 전쟁이 바람직하지 않다는 것을 믿고 전쟁을 저지할 수 있기를 희망하는 계획을 제시할 뿐이다. 이들 계획들이 실패하고 그들의 나라가 전쟁에 가담하게 된다면 그들은 전쟁을 지원할 준비가 된 사람들이다.

14세기에 삐에르 두보라는 프랑스 정치가는 프랑스의 지휘 하에 유럽 연맹을 위한 계획을 제시한 바 있다. 그는 국제 중재재판소를 제안하고 평화를 위반하거나 재판소의 결정을 거부하는 나라에 대하여는 연합된 힘의 일부로 군사적 행동을 보여줄 것을 제안했다. 같은 시기에 파두아의 단테와 마르시글리오는 모든 권력을 장악한 황제의 세계 국가를 제안하기도 했다. 17세기 프랑스의 왕 헨리 4세와 설리 장관은 평화유지군을 명령할 수 있는 무장한 국제 경찰연합 국가를 제안했다. 같은 시기에 네덜란드의 후고 그로티우스는 전쟁과 평화협상 법안에 관한 학문적인 서적을 출판했다. 1840년 미국인 윌리암 래드는 국가의회에 관한 논문을 출판했다. 이는 모든 국가들의 대표로 구성된 의회와 논쟁을 다루는 세계재판소를 위해 노력한 계획이었다. 1899년 헤이그재판소의 설립은 이러한 업적의 실제적인 성과물이 나타난 것이며, 세계대전 후 많은 사람이 국제연맹과 항구적인 세계재판소 설립 등의 노력으로 전쟁을 방지하는 데 효과적이기를 희망했다. 제2차 세계대전 이후, 같은 경향성을 지닌 새로운 노력들이 새로운 국제연합 조직을 통해 이루어졌다. 양차 세계대전 기간 동안에 많은 수의 미국 기관들이 국제연맹이나 세계재판소의 이념을 따라 평화계획을 진전시키기 위해 활동했다. 특별히 이러한 노력들을 강조하는 조직 가운데는 전쟁 방지를 위한 국제회의, 전쟁의 원인과 치유위원회, 국제연맹, 외교정책 협의회 등이 있었다.

이들 기관에서 일하는 지도자들 중에는 어떤 전쟁이든 참여를 거부하는 평화주의자도 있었지만, 그렇지 않은 사람들도 있었다. 좀 더 평화로운 세계를 원하는 사람이면 누구든지 국제적인 무정부 상태인 현재 국가들에게 질서를 가져다 줄 정치적 제도를 환영할 것이다. 이는 비평화주의자나 평화주의자, 성서적 무저항주의자 모두에게도 사실이다. 이러한 국제기구는 정의의 실현을 위해서 어느 때든 힘에 의존할 필요성을 찾게 될 것이다. 그러나 그 업무들이 정직하고 진지하게 집행된다면, 이와 같은 힘의 사용이 지금의 세계전쟁 위협을 보면서 반대할 이유가 없을 것이다. 이는 세계가 힘의 사용 없이는 함께 할 수 없기 때문이라는 사실을 그리고, 무력 보다는 법을, 범죄보다는 질서를 앞세우는 것이 더 좋은 것임을 인정할 뿐이다.

여기서 언급된 국제적인 정부들은 무저항 원리를 운영할 수 없으며, 따라서 무저항 그리스도인은 그 집행에 참여할 수 없다는 것을 분명히 해야만 한다. 그러나 많은 평화주의자는 이 견해에 동의하지 않을 것이다. 그들은 군대라기보다는 하나의 경찰력으로서 국가 간 연맹을 이룬 세력이라고 생각하고 경찰과 군대의 기능은 근본적으로 다르다고 믿는다. 그들은 경찰을 법이 지배하는 사회 내에서 질서를 유지하는 법적 기능을 위한 공직으로 생각한다. 그러나 전장에서의 군인은 무정부적인 국제사회에서 일종의 악당이라고 여긴다. 이와 같은 관점에서 경찰은 법에 국한되며, 법을 유지하는 세력인 반면 군대는 법을 파괴하고 범죄적인 세력이 된다.

국제적인 경찰력이 불법적인 나라를 처벌하려고 국가연합에 의해 파송되는 동기는 무책임한 정복을 목적으로 군사를 파송하는 것과는 동기가 다르더라도, 그 결과로 생기는 폭력과 유혈 사태에는 결국 아무런 차이도 없게 된다. 기껏해야 국내와 국제적인 경찰 모두는 물질적인 힘을 사용하여 질서를 유지하는 도구에 불과하다. 이는 죄악 된 사회에서 필요할지 모르나 한쪽 뺨을 맞았을 때에 다른 쪽도 돌려대라고 사람들에게 가르치신 그리스도를 따르고자 하는 무저항 그리스도인들에게 허용되지 않는다. 국내 혹은 국제적인 경찰이 사용하는 힘은 지성적이거나 비지성적 혹은 정당하거나 비정당화 될 수 있다. 이는 선한 정부나 나쁜 정부 사이의 차이와 마찬가지이다. 그러나 무저항 그리스도인의 입장에서 보면 국내경찰과 국제경찰 혹은 군인은 근본적으로 동일하다. 그들 사이에 근본적인 차이를 구분한다는 것은 아무런 의미도 없다.

퀘이커 평화주의

국제적인 조직과 정치와 연관된 현대평화 운동의 일부로서 퀘이커는 비교적 탁월한 위치를 차지해왔다. 제8장에 나오는 국가의 업무와 관련하여 그들의 활동적인 참여에 대해 이미 언급한 적이 있다. 여기에서는 인간의 본성에 대한 그들의 견해에 대해서 언급하고자 한다. 퀘이커는 메노나이트 만큼 인간 사회의 죄악 된 본성에 대해 관심을 갖지 않는다. 퀘이커 세계적 지도자 중 하나인 루프스 존스Refus Jones는 수년 전에 이렇게 말한 적이 있다. "마치 인간의 본성에 속한 것처럼 죄를 변명하는 것은 인간을 지렁이처럼 필요악으로 여기는 것과 같아서 퀘이커의 사상과는 다른 것이다."317) 이와 같은 관점에서 국가는 이 책에서 정리해온 죄악 된 사회에서 힘을 사용함으로 질서를 유지하기 위한 조직이라고 보지 않는다. 「퀘이커 *Quaker*」라는 잡지의 선임 편집자인 월터 C. 우드워드는, 퀘이커는 "개인과 정치적 단체에 대하여 단일 도덕 기준을 주장하면서 국가는 기독교화 되어야 하고 그렇게 될 수 있다고 믿는다"라고 말했다.318)

헨리 J. 캐드버리는 "이 세상 왕국은 주님이신 그리스도의 왕국도 될 수 있다"는 믿음을 표현했다.319) 이와 같은 낙관주의는 100여 년 전 퀘이커 신학자 요나단 다이몬드Jonathan Dymond의 책 *Essay on the Principles of Morality*에서 다음과 같이 표현된 적이 있다. "도덕과 모순되는 법적 고백에 반드시 우연이란 없다." "정치적 삶에서 우리는 개인적으로 우리가 살고 싶어 하는 하나님의 보호에 대한 신뢰를 우리도 이행하지 않으면 안 된다." "나는 인류에서 원칙과 실천에 있어서 더 순수한 진보가 있어왔다는 사실에 대해 논쟁의 여지가 없다고 생각한다."320)

윌리암 펜의 사상도 대부분 이와 동일하다. 펜은 "막중한 일이긴 하지만 교정 외에 정부의 유용성에 대해서 생각하지 않은 것은 잘못이다. 일상적인 경험은 매일 필요하고 좀 더 가벼운 사건에 대한 배려와 법규가 정부의 대분의 일을 차지한다고 말해준다. 정부는 아담이 타락하지 않았다면 사람들이 만들어가는 세계를 따랐을 것이며 둘째 아담 되시는 복된 주님이 하늘로부터 오심으로 그들이 도달할 수 있는 지상의 목표가 사람들 가운데서 지속되었을 것이다."321)라고 말한 바 있다. 이와 같은 진술은 펜이 펜실베이니아 정부를 위한 계획의 핵심이었다. 이는 "억지나 강제 수단이 필요 없는" 아담의 타락 이전과 같은 정부였다. 1693년 윌리엄 펜은 범법자를 억제하는 국제군 혹은 국제경찰의 창설을 포함하여 헨리 4세의 원대한 계획과 유사한 국제 평화 계획을 제안했다. 만약 이것이 펜이 싫어하는 전쟁과 일치하는 것이 아닌, 아마도 그가 그리스도인 지도하에 이러한 조직이 억지력의 사용을 전혀 필요로 하지 않는, 세계 내에 행복한 국가를 만들 수 있음을 믿는다는 설명이 될 수 있을 것이다.

오늘날 많은 다른 평화주의자도 이러한 신념을 갖고 있다. 그들은 만약 정부가 바르게 정착되면, 국가의 업무는 복잡한 전쟁을 회피할 수 있는 방향으로 지향할 것이라고 믿는다. 문제들이 실제로 닥치게 되면 그들은 자신들의 입장에서 전쟁선포를 막을 수 있을 것이라고도 믿는다. 물론, 정부 안에서의 평화주의자들은 전쟁 문제에 대해서 군국주의자들보다 더 신중한 태도를 취할 것이라는 데 의심할 여지가 없다. 그러나 현재까지 역사는 혼합된 사회로 이루어진 세계 내에서 전쟁을 항구적으로 저지하거나 감옥이나 국내 경찰이 없이 운영된 평화주의자들의 국가를 가져본 예가 없다. 펜의 거룩한 실험은 이와 같은 성공을 추구했었을 것이나, 75년이 지난 지금까지도 군대 운영에 동의하지 않는 순수한 평화주의자 퀘이커도 군사적 목적을 위해 비용을 심의하는 입법부가 필요함을 발견했다는 점에서 실패한 것이다. 펜실베이니아 실험은 다른 관점에서도 실패였음을 입증한다. 다른 정치와 마찬가지로 그 정치도 권력의 갈등을 불러일으켰던 것으로 보인다. 정당들은 그들 가운데 평화 정신을 파괴하는 이러 저러한 일로 맞서서 형성되고 경쟁했다. 이는 1756년 그 실험을 와해시키는 첩경이었다.

그러나 많은 퀘이커는 이러한 실패가 필요불가결 했다고 느끼지 않는다. 이삭 샤플레스는 1756년 퀘이커로 하여금 그 당시 정치에 더 많은 관심을 가질 것을 촉구하고, 펜실베이니아 정부로부터 포기해서는 안 된다고 믿었다.322) 윌리엄 I. 훌은 "1756년 사건은 거룩한 실험이나 그 원칙이 실패한 것이 아니라 그러한 원칙에 충성스럽게 남아있지 못한 사람들의 실패였다…. 그러므로 이론적으로 나는 마태복음 5장과 로마서 12장에 근거한 개인적이든 공적이든 모든 삶이 가능하다고 믿는다"라고 말했다.323) 폴 콤리 프렌치는 "어떤 단체는 그것이 정말 불가능한가를 시험해보기 위하여 펜의 퀘이커 실험을 다시 해볼 것이라고 생각하기도 한다. 나는 개인적으로 그것이 시도될 수 있음을 믿는다"라고 말했다.324)

진보적인 프로테스탄트 평화주의

현대 평화운동은 다양한 프로테스탄트 교파의 평화주의 사역자 지도력에 많은 빚을 지고 있다. 괄목할 만한 한 예는 바로 1815년 매사츄셋 평화 사회를 세운 뉴잉글랜드 사역자 노아 워세스터라고 하겠다. 워세스터는 성서적 무저항주의자는 아니었다. 그는 개인적인 그리스도인들로 하여금 군복무를 거부하라고 촉구하지 않았다. 그보다 그는 전쟁이 사라지기까지 평화를 위한 교육 프로그램을 진두지휘했다. 그는 정치인이 한번 평화가 전쟁보다는 더 낫다는 교육을 받는다면, 전쟁 수행을 끝낼 것이며, 더는 군복무를 개인에게 부여하지 않을 것으로 보았다. 그는 만약에 학교와 교회, 보도기관들이 그들의 임무를 바르게 수행하면, 백년 안에 전쟁의 천벌은 인간 사회에서 완전히 사라질 것이라고 믿었다.325)

현대의 워세스터라고 할 수 있는 유니테리언 사역자 윌리엄 얼리 채닝도 비슷한 견해를 가졌는데, 그의 주된 관심은 사회질서를 바꿈으로 전쟁이 더는 발생하지 않게 하는 것이었다. 이들 행복한 국가의 업무는 시간이 경과하면서 정리될 것을 그는 의심하지 않았다. "문명의 경향은 결정으로 평화를 지향하게 되어 있다." "진보된 지식과 품위, 예술, 국가적인 부의 영향력은 평화주의적이다. 전쟁의 낡은 동기는 그 힘을 잃어가고 있다. 정복은 한때 국가를 미치게 했지만, 지금은 정치인들의 계산속에 들어 있지 않다."326) 채닝은 인간과 그의 진보능력에 대한 커다란 신뢰가 있는 종교적 이상주의학파를 위한 대변인이었다. 그는 자신의 강조점을 신약성서 일부분에서 끄집어내고 있지만, 그보다는 18세기 프랑스와 영국 철학의 진보사상에 더 많이 의존하는 새로운 기독교 형태를 대표하고 있었다.

채닝은 인간의 존엄성과 선을 강조하다 보니 죄의 힘을 과소평가 했고, 인간의 지성이 작용하는 사회 진보의 가능성에 대하여 너무 낙관적이었다. 그는 인간의 이성은 계시보다 우위에 있고, 인간은 자신 안에 신성을 지니고 있으며, 죄는 그의 본성에 속한 것이 아니라고 생각한다. 거룩함과 죄 사이에 첨예한 대립은 없다는 것이다. 이와 같은 견해에 의하면, 그리스도는 인간의 구속자가 아니라 한 본보기에 불과하다. 이러한 견해는 인간의 중생의 필요성을 부인하며, 인간은 그 자신의 노력을 통해서 자신이 고상하게 될 수 있으며, 무한히 진보할 수 있다고 본다. 이와 같은 생각으로 채닝은 신약성서가 가르치는 중생이 아닌 지성적이고 사회적인 계몽을 통한 황금시대의 여명기를 추구하였다. 이렇게 하는 가운데 그는 현대 종교적 진보주의의 길과 20세기 대중적인 이상주의적 평화주의를 제시하였다.

평화주의와 사회복음 ▨▨▨▨▨

20세기 초 종교적 진보주의의 괄목할만한 단계에 월터 라우쉔부쉬 Walter Rauschenbusch가 이끄는 "사회복음"으로 알려진 사상이 있었다. 신약성서에 따르면, 하나님나라는 죄악 된 세상을 포기하고 그리스도 안에서 개인적인 구원을 경험한 형제애였다. 예수께서 산상수훈과 무저항 교리를 말씀하신 것은 바로 이들 구원받은 개인들의 형제애를 위한 것이다. 그러나 사회복음에 의하면, 신약성서적인 관점에서 포기해야할 죄악 된 세상은 없는 것이다. 인간은 유전적으로 선하며 따라서 개인적으로 구원받을 필요가 없다. 죄는 개인적인 것이 아니라 사회적인 악이다. 구원은 오직 사회적 구원일 뿐이다. 세상은 교육과 개혁에 의해서 나아질 수 있다고 한다. 사회복음의 설교자는 그리스도의 구원으로 영혼을 초대하려고 하지 않는다. 그들은 공동체를 다시 세우고, 나아가 도시, 국가 그리고 국제세계를 재건하고자 노력한다. 그리고 이렇게 다시 세워진 세상 안에서 그들은 누구든지 자연적으로 그리스도인이 될 것이라고 믿는다.

사회복음에 의하면, 죄는 인간 안에 있는 악 때문이 아니다. 죄는 인간의 바람직하지 못한 환경 때문이다. 사회복음은 환경을 바꾸는 것이며 그래서 "선하게 되는 것이 어려운 것이라기보다는 오히려 악하게 되기가 쉽지 않다"라고 말한다.327) 사회복음을 채택하면, 교회는 개인의 영혼 구원을 위한 복음적 사명을 포기하게 되고, 사회개혁을 위해 일하는 자가 된다. 강조점은 사회질서와 그 기관에 주어진다. 사회복음 옹호자들은 심지어 구원받은 기관이나 그렇지 못한 기관에 대해서도 말한다. 만약 그 기관이 민주적이면 구원받은 것이고 민주적이 아니면 구원받지 못한 것이다. 독점적인 기업은 구원받지 못한 것이며 협동적으로 전향됨으로 말미암아 구원받게 된다. 라우쉔부쉬는 다음과 같이 말한다. "군주제와 자본주의적 준민주주의 모두 정부와 정치적 과두체제의 경우, 서로 상응하는 단계는 진정한 민주주의라고 할 수 있다. 그렇게 함으로써 악의 왕국으로부터 나와 하나님의 나라로 들어갈 수 있다."[328]

20세기 평화주의

20세기 평화주의는 사회복음 이념에 의해 커다란 영향을 받았다. 세계대전 이후 20여 년 동안 미국 교회 대부분은 전쟁에 반대하는 한두 가지의 책을 내놓았다. 이 책들을 비교하는 것은 흥미로운 일이다. 메노나이트 교회의 예를 들어보자. 1937년 메노나이트 총회는 "나라들 가운데서 전쟁을 막고 평화와 선의를 진작시키며… 평화를 향한 그들의 노력을 성공하게 한 정부의 노력에 감사"를 표현했다. 여기에서 교회가 정부를 위해서 감사하고 기도했다는 것을 아는 것이 중요하다. 또한 정부에 대하여 전쟁에 대한 확신으로 분명한 증언을 하지만 정부를 견제하려 하지 않고 특별한 외교정책을 주어진 대로 따랐다는 것을 알 수 있다. 신약성서는 하나님 나라의 중생한 회원으로서 그리스도인을 지향할 뿐이다.

> 우리는 전쟁이란 그리스도, 그리고 그분의 복음과 정신에 어긋나며 따라서 전쟁은 죄라는 것을 고백한다…. 따라서 우리가 평화의 원리를 고백하면서 전쟁과 다툼에 참여한다면 그리스도인으로서 우리는 죄를 짓게 되며 의로운 심판자이신 그리스도의 저주를 받을 수밖에 없다… 우리는 육체적인 전쟁이나 나라간의 분쟁 그리고 계급이나 단체, 개인 간의 분쟁에 참여할 수 없다… 그리스도의 가르침과 복음의 정신에 따르면, 우리는 모든 사람에게 선을 행해야 한다. 우리는 가난한 자, 좌절하고 고통당하는 사람들을 구제로 기꺼이 도우며… 평화 시기와 마찬가지로

전시에도 이렇게 봉사할 준비가 되어 있다…. 만약에 우리나라
가 전쟁에 가담하면, 우리는 고요하고 평화로운 삶을 지속하고
자 노력할 것이다…. 우리의 가장 우선적인 충성은 하나님께 있
으며, 이러한 충성을 다른 충성으로 말미암아 감소시킬 수 없으
며, 어떠한 대가를 치루더라도 모든 상황에서 그리스도를 따른
다.329)

이상은 평화를 개인적 중생의 열매라고 생각하는 무저항 교회의 진술
이다. 어떤 사람은 이러한 진술을 죄악 된 사회에서의 정부가 기독교 윤리
에 부합되지 않더라도 따라야할 필요성이 있다는 의미로 읽게 될지도 모
른다. 이 때, 비록 국가의 통치자가 그리스도인들의 무저항 요구를 중요하
게 도전한다 하더라도 정부의 정책을 비판해서는 안 된다고 할 수도 있을
것이다.

이제 우리는 현대 사회복음이나 교회가 국가와 일반적인 사회질서를
통제해야 한다는 옛 칼뱅주의적 전통을 반영하는 종교 평화주의에 대해서
주목해보자. 1925년, 전국 회중교회협의회는 교회의 의무를 "전쟁을 위협
하는 국제적 상황을 충족하고자 그리스도인의 방법을 찾는 것"이라고 선
포한다.330) 1929년, 장로교 총회는 "국가정책의 도구로서의 전쟁"을 부인
했다.331) 1925년, 성공회 총회는 "세계 나라들은 평화체제를 선택하고…
전쟁은 원칙상 비기독교적이며 실질적인 자살행위라는 확신을 가져야 한
다"라고 선언했다.332) 하지만, 많은 교회가 관세장벽과 전쟁을 가져오는
다른 경제적 원인들을 규탄하는 해결책을 소홀히 한다. 월터 W. 밴 커크
는 이에 대해 "교회들은 전쟁의 원인과 치유에 대해서 자신들의 마음을 말
하고 있다…. 그들은 국가들 간의 평화를 위한 번영을 강화하는 것처럼 현
대 사회의 사회, 정치, 경제적 구조 내의 변화를 위해서 신속하게 일할 것

을 호소한다"333)라고 말한다. 1933년, 연방 교회협의회는 비행기와 같은 "공격적 무기"의 비무장과 폐기를 위한 지속적인 협상을 촉구한다.334) 밴 커크는 나아가 "세계 교회는 전반적인 전쟁 시스템과 싸우기로 결정해야 한다…. 인류는 군국주의자들의 손에 머무르는 아무런 도움도 되지 않는 신앙에 더는 연연해서는 안 된다…. 종교는 전쟁을 그치게 할 수 없으며 전쟁 또한 종교를 중단시킬 수 없다…. 하나님을 향하여 얼굴을 들어 떠올 리는 모든 생각의 과정에서 지울 수 없는 이러한 주권적인 진리가 완전하 게 내포되기까지는 어떠한 영구적인 진보도 전쟁 없는 세계를 위한 십자 군이 될 것이다.335)

1941년 밴 커크는 전쟁 계획에 대한 비무장 실패와 무법성을 문제의 핵 심에 이르지 못하는 교회의 탓으로 돌렸다. 필요한 것은 "주로 권력과 특 권을 고려함으로 정치적 · 경제적 정책을 결정하는 사람들의 무정부적 국 가들을 전면에서 공격하는 것이다."336) 그리스도인들은 일반적으로 개인 적 관계에 대한 예수님의 가르침을 받아들이지만, 그러나 그것을 상호간 의 국가 관계에 적용해야 한다고는 깨닫지 못하는 것 같다고 그는 말한다. 그는 국제적인 기관이 정의와 평화유지를 위해 힘써줄 것을 항변한다. 이 러한 노력에 대해서 "비도덕성을 유발하는 것이 아니다…. 그것은 본래 세 계 사회가 그런 것이고, 따라서 그에 대하여 책임을 지는 것이다"337)라고 말한다.

분명히 이러한 관점은 국가를 단지 죄악 된 사회에서 질서 유지를 위한 기관이라고만 생각하는 것은 아니다. 이는 국가는 힘을 사용하지 않고서 는 불가능하기 때문에, 필요하다면 힘을 사용하는 사회 질서의 기독교화 를 위한 대행기관으로 생각하는 것이다. 시간이 경과하면, 만약 그 힘이 사회 진보를 위해 필요하다면 그리스도인들에게 허용되지만, 결국에는 사 회 질서가 점차 기독교화 되면 틀림없이 없어질 것이라고 보는 것이다. 라우쉰부쉬는 이러한 견해를 다음과 같이 표현하였다. "예수는… 자신의 주변의 국가와 사회, 종교적 삶의 커다란 변혁을 희망하며 살았다…. 하나님의 나라는… 인간 개체를 구원하는 것이 아니라 사회조직을 구원하는 것이다. 그것은 개인이 하늘나라에 가는 것이 문제가 아니고 이 세상의 삶을 하늘의 조화로 변형하는 것이다."[338]

성서적 무저항을 믿는 사람들은 사회복음과 종교자유주의자의 평화주의의 생각이 좋지 않아서가 아니라 죄와 기독교, 하나님 나라에 대해서 잘못된 개념을 갖고 있기 때문에 부적합다고 본다. 신약성서는 하나님과 세상 사이에 큰 간격, 즉 마지막 심판이 있기까지는 없어지지 않는, 그때까지는 죄가 끝나지 않을 것이라는 전망을 지닌다. 신약성서가 말하는 하나님나라는 하나님 자신의 초능력적인 권능을 통해서만 존재하게 된다. 이는 개인적인 삶에서 하나님의 구원하시는 은혜를 경험하는 사람, 죄악 된 세상으로부터 하나님을 섬기는 삶으로 구원받은 그리스도인들로 구성된다. 이러한 그리스도인은 인류의 복지에 관심을 가지며 사회에 대한 그들의 영향력은 죄악 된 세상 사회 내에 영향을 주고 가치가 있을지라도 그 자체가 하나님 나라를 구성하지는 못한다. 하나님의 나라는 오직 죄악 된 사회로부터 구원받고 불려나오는 사람들로 구성된다.

현대 종교자유주의의 커다란 실수는 이러한 견해를 중요하게 보지 않는다. 그것은 하나님의 나라를 죄악 된 사회 내에서의 단순한 도덕적 개선으로 혼돈하며, 그렇게 함으로써 하나님 나라를 죄악 된 사회 내에서의 질서 그 자체와 동일시한다. 그들은 믿음으로 말미암은 구원을 거부하며 천박하고 낙관적인 사회진보로 대체해버린다. 하늘의 보좌에서 말씀하시는 하나님의 거룩한 뜻을 받아들이는 대신, 종교적 자유주의는 인간 경험과 동일시하는 방법으로 하나님 경험과 하나님 임재의 실천을 말한다. 그러나 인간의 경험과 동일시되는 하나님은 하나님이 아니다. 그분의 실재를 공허하게 함으로 종교적 자유주의는 죄를 저주하는 진리의 말씀을 더는 말하지 않는다. 자유주의 교회는 분명하지도 않으며 적극적이지도 않은 행동을 이끌면서 다양한 행동에 참여하는 단순한 사회적인 대행기관일 뿐이다. 그리스도인이 산상수훈을 하늘로부터 온 권위로 하나님의 아들에 의해서 말씀되어진 것을 믿고 동일하신 하나님의 아들이 악한 세상을 심판하기 위하여 심판대에 앉으심을 믿는다면, 그는 하나님을 위해서 살고 행동할 것이다. 그리고 전체적인 그리스도인 형제애가 이 신앙을 가질 때에 기대할만 하고 생산적인 결과를 가져다줄 평화증언을 가능하게 하는 연합을 필요로 할 것이다. 그러나 예수를 인간의 진보를 가져다주는 단지 하나의 종교적 천재라고 생각한다면, 그리고 인간의 사회가 그 자체 안에 스스로 치료할 수 있는 힘을 가졌다고 생각한다면, 인간은 그 세계에 조화 있게 적응해 들어가려 할 것이다. 하지만, 기독교 교회가 죄악 된 세계에 한번 적응하게 되면 그 자신의 영혼은 더는 존속하지 않는다.339)

몇 년 전에 하나의 제국적인 성격을 지닌 미국 기독교에 이를 접목하는 비슷한 책이 등장했다.340) 저자는 기독교 교회가, 교회를 파괴하려는 세상을 안팎에서 직면하고 있다고 선언했다. 오늘날 중요한 문제는 문명을 구원하기 위해 교회가 무엇을 할 수 있는가가 아니라, 교회가 스스로 구원하기 위해 무엇을 할 수 있는가의 문제이다. 교회는 너무 많이 세상에 적응하고 있다. 교회는 일시적인 것으로부터 영원으로 돌아서지 않으면 안 된다. 근원적인 문제는 하나님 신앙을 인간 신앙으로 대체하는 것이다. "교회를 특징짓는 종교적 신앙에 대한 의존성 없이 기독교가 할 수 있는 고도의 도덕적 이상을 추구하는 세속주의가 등장하고 있다…. 이는 교회가 규정하는 가치의 도덕적 이상으로 개발할 것을 주장하는 무신론적 운동이다." 이러한 인간중심 종교는 "인간 존재 자체가 목적이고 종교 자체의 존재가 전부이다." 인간이 자신을 위해서 사는 한 세계는 "피와 인종,

국가의 의식으로 채워질 것이다. 그리고 교리가 서구 사상을 지배하는 한, 우리는 전쟁, 혁명의 공포를 회상할 수밖에 없는데, 그 이유는 교리의 논리가 일반적인 관련 구조 내에서 인간성을 박탈하고 끝내는 모든 인간을 다른 사람에 대하여 적대적이게 하기 때문이다.[341]

비폭력 저항

오늘날 가장 돌출적인 평화주의 유형 가운데 하나는 비폭력 저항으로 알려진 것이다. 때로 "비폭력 압력"이라거나 "비폭력 직접 행동"이라는 말이 사용되었었다. 이러한 형태의 평화주의는 전쟁을 강력하게 반대했던 미국의 노예제도 폐지론자였던 윌리엄 로이드 개리슨에서 기원한다. 비록 개리슨은 자신의 신앙을 기술하기 위해 "무저항"이라는 용어를 사용하였지만, 이 용어는 메노나이트에서 사용하는 성서적 무저항과 같은 의미가 아니다. 대부분의 현대 평화주의자보다는 그의 용어가 성서적이고, 그의 직접적인 행위가 간디나 오늘날 그를 따르는 사람들과 같지는 않지만, 그럼에도 같은 방향을 지향했다.

아마도 성서적 무저항과 비폭력 압력 사이의 결정적인 차이점은 사회 정의 질문에 대한 태도이다. 구약성서 예언자들은 그 당시 사회의 불의에 대하여 맹렬하게 증언했다. 아모스는 "시온의 안락한 자들"과 "요셉의 고난을 슬퍼하지 않는 사람들"을 저주했다.[342] 미가가 나열한 주님의 요구는 "정의롭게 행하며, 자비를 사랑하고, 하나님 앞에 겸손하게 행하는 것"이었다.[343] 신약성서도 마찬가지로 정의와 자비에 관한 말을 한다. 예수님은 "자비로운 자는 복이 있나니 그가 자비를 얻을 것이요"라고 말하고,[344] 바울은 자기의 종들을 "의롭고 동등하게" 대하라고 주인들에게 명령한다.[345]

그러나 이와 같은 성서의 강조점은 자신을 위한 정의를 요구하기보다는 자신이 정의를 행해야 한다는 것임을 주목해야 한다. 물론, 왜 그리스도인이 동료 앞에서 자신을 위한 정의를 요구해서는 안 되고 기독교 수단을 통해서 같은 것을 추구해서는 안 되 는지에 대한 이유는 없다. 사도 바울이 로마 당국에 의해 체포되었을 때에 그는 자신 에 대해서 말하기를 주저하지 않았으며, 오히려 정의로운 재판을 위해서 가이사에게 호 소한다고 말했다.346) 바울의 정의에 대 한 요청이 자신의 입장 설명을 넘어서 정당성을 위해 호소했는지에 대한 증거는 없다.

그 호소는 과장이나 복수 혹은 위협의 정신이 담겨져 있지 않으며, 그 자신의 가르침에서 정부 당국을 자신에게 정의를 행사하도록 강요하는 어떤 압력적인 의도도 지니고 있지 않음이 분명하다. 바울은 고린도 사람들에게 다른 사람으로 하여금 억지로 정의를 행하도록 재판정을 이용해서는 안 된다고 말했다. 이렇게 하기보다는 오히려 속임을 당하고 불의의 고통을 받는 것이 낫다고 말한다.347) 로마에 보낸 그의 편지는 심지어 정당하지 못한 네로의 정부에게도 무저항 복종을 하라고 요구하며 그의 가르침은 그리스도인들은 복수해서는 안 된다고 했다. 그러므로 바울이 자신을 위하여 어떤 혁명적 운동을 용납한다거나 정부의 손에 무력을 가하게 하는 단식 투쟁이나 유사한 수단에 참여하는 것을 용납한다는 것은 불가능하다. 예수님의 재판에서는 완전한 무저항의 태도를 보이심으로 바울의 재판보다도 더하다는 것을 느낄 수 있다. 그가 고소를 받았을 때에 그는 "한 마디도 하지 않으심으로 총독이 크게 기이히 여겼다고 했다.348)

사회적 불의에 대한 태도에 대해서 그리스도의 가장 좋은 예는 빌레몬에게 보낸 바울의 편지에서 찾아볼 수 있다. 이 편지에서 바울은 도망갔던 노예 오네시모를 집으로 돌려보내며 주인에게 신실할 것을 권고하면서 그리스도의 사랑의 정신으로 섬기라고 한다. 동시에 주인에게는 노예들을 그리스도의 정신으로 다루기를 권고한다. 그러므로 빌레몬과 오네시모의 관계는 더는 주인과 노예의 관계라기보다는 그리스도 안에서의 형제 관계가 된다. 분명히 인간 노예는 사회 정의에 맞지 않지만 바울은 노예제도의 폐지를 주장하지 않았다. 대신에 그는 주인과 노예 간에 형제애를 기억하고 서로 그리스도의 사랑을 근거로 대하는 새로운 기초를 재정립한다. 이와 같은 관계가 실제로 존재한다면, 더는 인간 노예제도가 계속될 수 없을 것이다. 이러한 바울의 접근은 모든 불의한 형태에 대한 그리스도인의 해결방식임을 보여준다. 이것이 신약성서가 단언하는 정의를 위한 요청은 아니다. 그러나 이는 사랑의 정신으로 서로 상대방을 대하라는 호소라고 할 수 있겠다. 이러한 조건이 완성되면 정의는 자연스럽게 따라오기 마련이다. 그러나 사랑 없이 정의가 이루어지면 그 자체 내에서 부패의 씨앗이 자라나기 마련이다.

다른 한편, 잘못된 사람이 정의를 강조하는 자리에 있게 되면 그는 우선적으로 그리스도인 무저항에서 벗어나는 길을 택하게 된다. 개리슨이 강조한 것이 바로 이런 것이었다. 그는 개인적으로 폭력을 반대하고 시민전쟁을 인정하지 않으면서도 흑인들을 위한 정의 요청에 관해서는 오히려 갈등을 부추기는 역할을 했다. 그러면서도 그는 자신의 방법에 대해서 "행동하는 국가, 믿음의 선한 싸움을 싸우는, 자유와 평등, 우애를 위해 비무장하는 것이 그의 과제"라고 생각했다.349) 그는 "다른 사람의 자유를 억압할 권리를 아무도 갖지 않으며…그의 동료를… 지배할 어떤 사람의 권리도 주장할 만한 것이 없다"라고 말했다.350) 미국 정부가 개리슨에게 노예 소유를 요구했다 하더라도, 성서라면 그 명령에 겸허하게 무저항 불복종을 따르라고 했을 것이다. 왜냐하면, 신약성서는 그리스도인들에게 분명히 "인간에게 순종하기보다 하나님께 순복하라"고 말했기 때문이다.351) 그러나 그들이 원하는 대로 정부가 단순히 개리슨의 동료 시민들에게 노예 소유를 허락했다고 하자. 그러한 경우 그 일에 대한 확신을 입증하고자 그가 겸손하게 무저항 정신을 따르는 데만 머무를 것 같지는 않다. 무저항 정신은 정부가 그 정책을 바꾸도록 강요하는 압력적인 캠페인을 허용할 것 같지는 않다. 이것이 바로 개리슨이 여러 방법으로 행동하고자 했던 것이다. 그는 영국으로 하여금 미국의 남부 노예소유자들을 배척하도록 촉구하고, 노동비용이 저렴한 인도에서 면화를 사들이도록 했다. 그는 공공연하게 즉흥적인 노예법의 복사본을 불태우고, 심지어 미국 헌법 자체를 불태우면서 "죽음과 지옥과의 계약"이라고 선언하고, 노예 국가들로부터 분리할 것을 촉구하는 국가회의의 일원이 되었다.352) 이처럼 개리슨은 한편으로 폭력을 반대하면서도 정부로 하여금 정의를 행사하도록 하는 정치적 압력 프로그램에 참여했다. 하지만, 이것이 성서적 무저항은 아니다. 성서의 무저항과는 다른 단지 비폭력 저항일 뿐이다.

톨스토이

러시아 소설가이자 19세기 평화주의자인 톨스토이는 개리슨에게 다방면으로 영향을 주었다. 톨스토이는 하나님을 인격자로 보지 않고 이성 혹은 최고선과 동일시하는 종교적 형태의 합리주의자였다. 그는 예수 그리스도를 하나님의 아들이라 생각하지 않고 그의 가르침이 인간의 이성과 일치하는 위대한 사람으로 보았을 뿐이다. 그는 자신을 그리스도인이라 불렀지만 그의 종교는 인간 중심이었다. 그는 예수께서 악을 저항하지 말하고 말씀하셨기 때문에 그리고 이러한 명령이 인간의 이성과 일치한다고 믿었기 때문에 폭력을 부정했다. 톨스토이는 루소를 선한 사람이며 따라서 산상수훈은 하나님의 은혜로 거듭난 사람들뿐만 아니라 모든 사람을 위한 것이라고 믿었다. 다른 말로 하면, 그는 하나님 나라를 사회복음을 따르는 인간 사회와 동일시했다. 그러나 그는 모든 사람을 위해 절대적으로 폭력을 거부하는 믿음을 가졌기 때문에 톨스토이는 국가를 전적으로 무시하는 무정부주의자가 될 수밖에 없었다. 성서적 무저항은 국가의 억압적인 기능에 참여하는 것을 거부하는 경향이 있지만, 무정부가 되지 않기 위하여 죄악 된 사회의 질서를 유지하기 위한 구속력을 인정하는 편이다. 그러나 톨스토이는 인간 사회를 위해서 국가가 설자리는 아무 곳에서도 찾지 못했다. 그리고 그는 인간의 선을 믿기 때문에 결국 모든 억지력은 국내의 경찰을 포함해서 없어질 것이라고 믿었다. 그러나 톨스토이와 성서적 무저항 사이의 기본적인 차이에도 불구하고 간디의 경우와 같은 비폭력 프로그램에 동의하지 않으면서 무저항의 사회적 표현에 대해서는 인정하는 경향이었다. 톨스토이는 모든 억지력을 완전히 해산하는 대표적인 경향이라고 보아야 할 것이다.353)

간디

비폭력 저항 사상의 완전한 표현은 인도의 국가적 지도자였던 간디의 교훈과 실천에서 찾아볼 수 있겠다. 간디는 어느 정도 톨스토이에 의해서 영향을 받았다. 예수의 가르침 역시 그에게 강한 인상을 주었다. 그러나 그의 철학의 주된 근원은 인도의 고유 종교인 힌두이즘에서 발견되는 희생적인 고통에 근거하고 있다. 희생적인 고통에 관한 힌두 사상은 기독교의 것과는 많이 다르다. 기독교는 그리스도께서 인간의 죄의식을 끝내기 위해 희생의 죽음으로 고통을 당하셨다. 기독교는 그리스도의 사랑으로부터 그분의 뜻에 순종함으로 어떤 대가든지 무릅쓰고, 필요하다면 신앙을 위해서 고통 받을 준비가 되어 있다. 그러나 힌두 사상은 신들을 즐겁게 하기 위한 수단으로 희생적 고통을 표현해야만 하는 것이다. 그들이 섬기는 이기적이며 독재적인 신들은 그들이 충분히 고통을 받았다고 여겨질 때에야 비로소 그들이 원하는 것을 주는 신이었던 것이다. 쉬리드하라니가 말한 것처럼, "가장 변덕스러운 신마저도 고난의 힘을 거절할 수는 없다. 희생에서 나온 고난은 욕망을 잠재우고 악을 파괴하는 인간의 힘이다."354)

간디의 특별한 공로는 승리를 확신하는 힌두의 고난 사상을 정치적 관계에 적용하고 인간 독재자를 만족시키는 수단으로 사용한 것이다. 간디는 인도에서의 영국 통치를 싫어했다. 따라서 그는 스스로 많은 고통을 받음으로서 영국으로 하여금 인도의 독립을 인정하는 쪽으로 움직이게 할 것이라는 신념으로 금식과 다른 여러 형태의 고난을 결합시켰다. 예수께서는 팔레스타인을 지배하는 이방 임금인 가이사에게 세금을 지불하는 것의 적법성에 대한 질문을 받았을 때에, "가이사의 것은 가이사에게"라고 하셨다.355) 바울은"그러므로 복종하지 않을 수 없으니 진노 때문에 할 것이 아니라 양심을 따라 할 것이라. 너희가 조세를 바치는 것도 이로 말미암음이라"라고 말했다.356) 우리는 여기서 바울과 예수는 모두 인도인들에 의해서 비교적 호감을 샀던 영국 통치와는 달리 유대인들 에게 사랑받지 못한 이방인 황제에 대하여 "복종하고 저항하지 말며, 세금을 내라"고 말씀하셨음을 기억해야 할 것이다. 이는 물론 하나님의 요구와 국가의 요구가 충돌할 경 우에도 국가의 요구에 모두 복종해야 한다는 것을 의미하지 않는다. 신약성서가 요구하 는 것은 "사람에게가 아니라 하나님께 복종하라"는 것이었다. 그러나 국가에 대한 불복종 이 강조되어야 할 필요가 있을 때, 그 강조는 정의를 요청하는 사람보다 하나님께 순 종하는 것에 두어야 한다는 것을 의미한다. 이러한 불복종은 정부의 손을 자극하는 방 법으로 압박하지 말고 겸손과 사랑의 정신으로 하지 않으면 안 된다. 이것이 바로 무저항이다. 그러나 간디는 이와 아주 반대되는 관점을 택했다. 그는 세금을 거부했다. 그는 영국 통치자가 곤란하게 되기를 추구했다. 그는 영국의 통치가 끝날 때까지 그렇게 했다. 그는 폭력을 사용하지 않는 한에서 그가 할 수 있는 한 모든 방법으로 정부의 손을 자극하고자 했다. 이것이 바로 그의 비폭력 저항이었다.

무저항 그리스도인은 정부를 힘으로 뒤엎는 정치적 혁명에 참여하지 않는다. 그러나 간디의 우선적인 목표는 정치적 혁명이었다. 간디의 프로그램은 무저항이나 평화의 방법이 아니었다. 그것은 하나의 새로운 전쟁 형태였다. 쉬리다라니의 책, 『폭력 없는 전쟁』에서 이를 가장 생생하게 대변해주고 있다. 간디의 제자이며 비폭력에 과한 전문가인 쉬리다라니는 다음과 같이 말한다. "서구 독자들에게는 놀랄 일이지만 사티아그라아 Satyagraha, 357)는 서구적인 평화주의라기보다는 일반적인 전쟁에 더 가깝다."358) 그는 계속해서 설명하기를, 사티아그라아와 폭력적인 전쟁과의 차이는 매우 중요하다고 한다. 분명히 사티아그라아가 통제하는 한, 피를 흘리는 일은 없다. 그러나 비폭력 저항이 절대로 저항이 아니라는 말은 아니다. 그것은 일종의 억압적이고 강박적이다. 그 목적은 적으로 하여금 포기하게 하는 것이다. 금식과 기도 외에 사티아그라아는 협상, 중재, 선동, 데모, 최후통첩, 파업, 현수막, 연좌 농성, 경제적 불매운동, 세금거부, 이민, 비협조, 추방, 시민 불복종, 그리고 새로운 정부의 추진 등의 방법이 사용된다.

이들 방법들의 대부분은 메노나이트의 귀에는 낯설게 들린다. 메노나이트는 참된 협상이나 중재를 신임한다. 그들은 종종 이민을 떠나기도 한다. 그러나 이민을 떠날 때, 간디의 목적과는 다르다. 메노나이트는 더는 받아들여지지 않을 때, 새로운 집을 찾아서 떠나는 것이다. 그러나 간디는 이민을 떠나면 다스릴 사람이 없을 테고, 그러면 결국 정부도 필요 없어질 것이라는 이유로 정부를 당혹스럽게 하기 위해서이다. 메노나이트도 정부에 불복종할 때가 있지만, 신앙에 근거해서 정부에 복종한다. 즉, 정부가 하나님께 불복종할 때 정부에 불복종한다. 그들은 옳은 것을 행하고 정의를 위해 불복종한다. 그러나 간디는 정의를 획득하기 위해 불복종한다. 간디는 국가를 무력화하고 현 정치 체계를 종식시키려는 수단으로 비협력을 호소한다. 무저항 그리스도인은 하나님의 뜻과 반대된다고 믿어지는 프로젝트 내에서 국가와 협조할 수 없다고 하지만, 이 경우에 그들의 동기는 간디와는 다르다. 그들의 반대는 국가의 권력을 파괴하고자 하는 것이 아니다. 그러한 행동이 어떤 영향을 미치든 간에 하나님께 복종하는 적극적인 프로그램 외에 나머지 것은 부차적인 것으로 보는 것이다.

최근에 간디의 비폭력 프로그램은 미국에 더 강한 영향을 주어왔고, 따라서 오늘날 많은 대중적인 평화주의는 종교적 자유주의, 사회복음, 사티아그라아와 혼합되어 버렸다. 많은 평화주의 지도자들은 간디의 프로그램을 특성상 기독교적인 것이라고 생각하는 경향이 있다. 최근 신문사설에서 그리스도의 가르침을 신뢰함으로 "사형에 관한 법을 받아들일 수 없다"라고 주장하는 개신교 목회자와의 대담이 실린 것을 본 적이 있다. 그는 국가적으로 널리 알려진 자신과 같은 견해를 지닌 사람들의 말을 인용하면서 "이들은 나처럼 비폭력 저항을 믿는다. 그들은 간디가 인도에서 설파한 것을 믿는다"라고 말했다.359) 이 목회자의 마음에는 간디의 프로그램이 그리스도의 가르침을 따른다고 보았던 것이다. 해리 에머슨 포스딕은 최근의 논문에서 전쟁을 후원하기 위해 교회를 이용하기를 원치 않는데 그 이유는 그렇게 하는 것이 그리스도에게 충성스럽지 못함을 의미하며 따라서 간디와 그의 사티아그라아의 프로그램을 승인하기로 했노라고 말했다.360) 1934년, 북미 기독청년회의는 국가 정책의 수단으로서의 전쟁을 포기한다는 해결책을 채택했다. 소그룹 대표자들은 "전쟁 참여를 거부할 뿐만 아니라 총파업, 전쟁물자 파괴, 전쟁반대 선전 등의 수단으로 적극적으로 반대할 것"이라고 스스로 서약했다.[361] 이와 같은 접근은 간디의 방법과 유사하며, 전쟁물자 파괴가 없었던 간디보다 더 한 것이라고 할 수 있겠다. 그러나 성서적 무저항과 비교할 때 그것은 그리스도의 정신으로부터 저만큼 멀어졌다고 할 수 있겠다.

종교적 평화주의자들이 간디의 비폭력 프로그램을 선호하는 한 가지 이유는 아마도 그들이 원하는 사회 · 정치적 변화가 힘을 사용하지 않고서는 이루어질 수 없다는 현실 때문인 것 같다. 따라서 그들은 파업, 불매운동 그리고 물리적인 폭력보다는 덜 반대를 받을 수 있는 다른 형태의 억지력을 택한다. 쉬리다라니는 목적을 달성할 수 있다면 이런 종류의 일을 할 수 있다고 주장한다. 그는 평화주의에 대해서 다음과 같이 말한다.

> 사회변화에 대한 부적합한 이해는… 평화에 대한 그들의 주장은 사회적 과정에서 좌절을 경험하고 종종 딜레마에 빠진다. 사회변화를 위한 요구는 그것을 바라는 사람들에게 폭력적인 방법을 사용하든가 아니면 현 상태를 유지하든가 둘 중 하나의 대안을 제안 한다…. 이 외에는 다른 선택이 없는데, 평화주의자가 질서를 변화시키는 수레바퀴에 윤활유를 주기 위해 요구되는 것은 선한 의지 그 이상인 것을 깨닫지 못하기 때문이다…. 다른 말로 하면, 힘은 사회적 목표를 이루려면 반드시 필요하고, 중요한 사항을 국민투표로 결정하기 위한 국민의 권리를 인정하지 않는 국가와 세계 안에서는 합법적이지 않더라도 사회적 불의를 종식하기 위하여 노력하는 사람들에게 달려있는 "직접 행동"비폭력일 수도 있고 폭력일 수도 있는이 필요하다.

그러나 평화주의자는 이 점에서 군대 병영에 가야하는가 아니면, 부당하기는 하지만 현상유지를 위하여 중요하고 충성스러운 대표성을 지니면서도 비활동적이어야 하는가 하는 딜레마에 빠진다. 바로 이와 같이 결정적인 점에서 간디의 사티아그라아는 그 실용성을 위해 사회 정의에 대한 비폭력 수단을 택한다. 평화주의와 사티아그라아 사이의 구별은, 한편 전쟁과 사티아그라아 사이의 구별이기도 한데, 이는 매우 분명하고 중요하다. 이점에서 평화주의는 중단하고 군국주의는 멀어질 것이다…. 362)

쉬리다라니가 비폭력 억압자는 군국주의를 따라갈 수 없다고 말했을 때, 그가 틀린 것은 아니다. 파업이나 불매운동이 소총과 검, 폭탄으로 피를 흘리는 것보다 덜 악하다는 것은 분명하다. 다른 한편, 쉬리다라니는 간디와 그를 따르는 사람들은 사티아그라아를 따랐을 뿐이며, 황금률 혹은 산상수훈, 또는 사랑의 원리를 적용한다기보다는 적으로 하여금 자신들이 원하는 것에 동의하도록 강요했다는 것을 인정했다. 이는 분명히 그리스도의 길과는 다르다. 그리스도는 만약에 어떤 사람이 1마일을 함께 가라고 강요한다면 그와 더불어 2마일을 가라고 말씀하셨지 그리스도인으로 하여금 절대 다른 사람을 강요할 권리를 주지 않으셨다. 그리스도인들은 적에게 항소할 수도 있고 이유를 물을 수도 있지만 강요하지는 않는다. 하지만, 사티아그라아는 전쟁을 "대신해서" 억압으로 항소하였던 것이다. 이 강요적 요소가 바로 성서적 무저항과 다른 것이다. 비중 있는 책과 여러 소책자의 저자인 리챠드 B. 그레그는363) 이 주제에 대해서 쓰면서, 비폭력을 위한 훈련을 옹호하지만, 사기와 용기를 돋우려고 고안된 포크댄스, 리듬체조, 맨손제초, 묵상과 비록 고통스러운 비폭력적 억압일지라도 필요로 하는 것들을 군사 훈련으로부터 빌려온다고 했다.

비폭력과 신약 성서적 무저항을 예리하게 구분하는 데 라인홀드 니버의 예를 드는 것이 좋을 것 같다. 아주 명백한 범주로 니버는 신약성서의 교리는 상대주의적인 정치와 타협할 수 없는 절대적인 무저항이라고 말한다. 그는 예수께서 채찍으로 성전에서 사람을 몰아낸 것을 논하여 예수께서 무력을 사용하셨다는 것은 억지라고 했다. 그러나 그는 많은 평화주의자가 예수의 무저항일지라도 사람들의 생명을 취하지 않는 한 모든 종류의 강요를 허용하는 비폭력 저항 프로그램으로 보충하는 것 역시 무익한 시도라고 말한다. 니버의 말을 직접 들어보도록 하자.

> 성경에 비폭력 교리를 지지하는 어떠한 도움도 있지 않다…. 이러한 입장의 귀류법(reductio ad absurdum)은 현재 평화주의자들을 위한 교과서, 이를테면, 리차드 그레그의 『비폭력의 힘』과 같은 책에서나 있는 것이다. 이 책에서 비폭력 저항은 특별히 그의 사기를 꺾으려는 최선의 방법으로서 적을 패퇴시키는 최선의 방법으로 명령된다. 그리스도께서 자신의 생명을 십자가에서 끝낸 것은 그가 비폭력의 기술을 완전히 마스터하지 못했기 때문이며, 이와 같은 이유로 간디보다 열등한 사람이 따르는 지침으로 여겨지지만, 그 중요성은 간디에서 절정을 이루는 운동의 출발점이라는 데 있다.364)

평화 프로그램으로서의 사티아그라아에 대한 최종적인 평가에서 간디마저도 그의 지지자들에게 제1차 세계대전 당시 인도를 위한 내부 규칙의 지름길로 주어진 것임을 잊어서는 안 된다. 인도의 총독에게 행위와 관련된 내용이 담긴 편지 속에 다음과 같은 말이 들어 있다. .

나는 이 위험한 시기에 우리가 주기로 결정했으니 가까운 미래

에 우리는 인색하지 않게 그리고 확실하게 해외 자치령으로서
동등한 의미로 동반자가 되기를 갈망하는 제국을 지원하지 않으
면 안 된다는 것을 인정합니다. 그러나 우리의 반응이 우리의 목
표가 더 빨리 이루어질 것이라는 기대 때문임은 당연한 사실입
니다. 나는 이러한 성취를 흥정하지 않지만 당신의 실망스런 희
망은 환상을 의미하는 것을 알아야만 합니다.365)

이는 다시 비폭력의 우선적 목적이 평화라거나 거룩한 뜻에 대한 복종
이 아니라 개인적이거나 계급 혹은 국가적 이익을 위한 사회적 변화를 바
란다는 것을 보여준다. 신약 성서적 무저항은 우선적으로 하나님께 대한
복종과 사랑의 형제애를 만드는 것에 관심을 갖는다. 이점을 확보한다거
나 사회적 변화는 이에 비하면 부차적인 것이며 하나님의 뜻과 충돌하지
않는 한에서만 그 방법을 사용한다. 무저항은 하나님께 복종하기 위하여
다른 길이 없다면 부당하게 고통 받을지라도 정의를 성취하기 위한 수단
으로 고통을 채택하지 않는다. 다른 한편, 사티아그라아는 그 방법이 최선
의 결과를 약속하는 것으로 보이기만 한다면, 정의를 가져오는 수단으로
고통을 신중하게 택하기도 한다. 그러나 최소한 간디의 경우, 그렇게 함으
로 더 좋고 빠른 결과를 예측할 때, 그는 고통의 방법을 거부하고 그것이
다른 사람을 고통스럽게 할지라도 그리스도의 교훈과 충돌하느냐에 대해
서는 언급하지도 않은 채 정의를 성취하기 위하여 전쟁을 수행한다.

쉬리다라니로부터 발췌한 다음 인용문은 간디의 비폭력과 신약성서의
무저항과의 차이를 요약하는 훌륭한 예라고 할 수 있겠다. 여기에서 간디
의 제자들은 만약 현대 평화주의자들이 예수 그리스도의 평화의 길과 더
멀어지더라도 전쟁과 같은 사티아그라아의 방법을 채택하여 과제를 수행

할 때에 성공하게 될 것이라고 말한다.

간디의 사티아그라아는 평화주의라기보다는 일반적인 전쟁의 성
격을 지닌다…. 일반적인 신념과는 달리 인도의 운동은 본질상
세상적인 것이다. 그 장점은 그것이 지금 여기에서 정치적·경
제적·사회적 성공을 추구한다는 사실에 있다.

인도 운동에 어떤 종교적·신비적 요소가 있든, 그들이 미국 여
론에 의해서 과장된다고 하든, 거기에는 간디와 같은 양심적인
사람 그리고 간디의 시바 상하 회원들을 개인적으로 깊이 만족
시키는 것과 같은 선전과 공적인 이유가 있다. 그러나 이와는 대
조적으로 인도의 대중이 동요하는 것은 그 운동이 세속적이고
접촉 가능하며 집합적인 목적을 위한, 그리고 그것이 작용하지
않을 때는 버릴 수 있는 무리들에 의해 남용될 수 있는 무기가
된다는 데 있다.

아메리카의 평화주의는 본래 종교적이고 신비적이다. 서양은 동
양보다 덜 세속적일 수 있으며 미국 내에서의 평화운동 역사는
그 좋은 예이다. 아메리카의 평화주의자들은 영국이나 프랑스에
서처럼 "악에 대하여 무저항"이라는 신약성서 문구에 훨씬 더 가
깝다. 그것이 바로 그들이 실패한 이유이다.366)

비폭력적 억압과 인종관계

사티아그라아와 함께 한 간디의 첫 실험은 인종관계의 문제에 적용한

영연방 남아프리카에 있었다. 19세기 유럽인 경작자들과 광산 소유자들은 수많은 노동자를 인도에서 남아프리카로 수입했다. 시간이 지나면서 이들 인도인들은 자신들의 소유와 관련된 농장과 소기업을 운영하기 시작했다. 그 결과, 미국 서해안에서의 일본인과 아메리카 백인 사이, 혹은 남부에서 백인과 흑인 사이에 있었던 것과 같은 유사한 인종차별이 다수의 백인과 소수의 인도인 사이에 심각하게 발생했다. 인도인들은 다양한 방법으로 차별화되었고, 1906년에는 그들에게 등록하여 지문을 찍도록 하는 법안을 통과시켰다. 모든 인도인은 항상 등록 확인서를 몸에 지니고 다녀야 하며, 경찰관이 요구하면 제시해야 했다. 등록증이 없으면 추방되어야 했다.

이 법안은 인도인들에게 마치 범죄인처럼 느끼게 하는 굴욕적인 것이었다. 이 시점에 남아프리카에서 젊은 변호사로 활동하고 있었던 간디는 사태의 중심으로 들어가 그의 첫 번째 "시민 불복종" 캠페인을 이끌었다. 많은 인도인들이 단결하여 법에 불복종하기로 맹세했고, 그렇게 함으로써 그들은 감옥에 갇혀야 했다. 많은 사람이 운동에 가담했고 감옥은 이내 미등록 인도인들로 가득 차 밖에서도 대기해야만 했다. 그러한 갈등의 와중에 다른 전형적인 비폭력, 이를테면 영국 석탄 탄광 파업 등도 사용되었다. 이 전략은 효과가 있었고 결국 남아메리카 정부는 인도인들의 등록에 관한 법을 수정하게 되었다.

오랫동안 우리는 미국에서 심각한 인종문제를 경험해왔다. 시민전쟁시기까지 남부에서 흑인은 노예였다. 이후 그들은 자유를 얻었지만 굴욕적으로 무능한 상태에 머물러야 했다. 모든 남부 주에서 인종차별은 기정사실이 되었다. 소위 짐 크로 법은 흑인들로 분리된 교회에서 예배해야 했으며, 그들 자녀들은 분리된 학교에 다녀야 했다. 흑인들은 버스의 뒷좌석에만 앉을 수 있고 열차에서도 분리된 칸이 따로 있었다. 그들은 버스나 기차역에서 백인들이 기다리는 대합실을 함께 사용할 수 없었다. 백인들이 음식을 먹는 식당을 사용할 수도 없었다. 심지어 북부에서도 짐 크로 법이 약간 수정된 채 실천됨으로 미국 내 아무데서도 백인과 동등한 직업선택은 주어지지 않았다. 백인은 일반적으로 흑인을 자신들보다 열등하게 여겼고, 그래서 "그들만의 자리"가 따로 있어야 했다. 만약 백인이 먹는 곳에서 흑인이 먹는다든가 혹은 백인이 하는 것을 흑인이 한다면, 그는 그 자리에서 나가거나 이와 유사한 행동을 했다. 말할 것도 없이 이는 비기독교적 태도이다. 신약성서는 그리스도 안에서 "헬라인도 유대인도, 할례인도, 미개인이나 스구디아인, 매인자도 자유자도 없고 다만 그리스도가 모두이고 전부"라고 가르친다.367) 그리스도와 함께 모든 사람은 인종이나 색깔과 무관하게 모두 평등한 것이다. 그러므로 그리스도인은 흑인이나 유대인 혹은 어떤 다른 소수 그룹에게도 차별 프로그램에 참여할 수 없다. 무저항 그리스도인의 태도에 대해서는 12장에서 더욱 자세히 논의될 것이다.

그러나 여기에서 저자의 목적은 평화주의 단체들이 어떻게 기독교가 아닌 간디의 전략을 오늘날 미국에서 인종 문제에 적용하기 시작했는가를 보여주고자 하는 것이다. 제2차 세계대전의 발발은 미국에 인종적 긴장을 증가하는 데 기여했다. 이는 부분적으로 다른 인종의 국가가 미국을 침략했다는 사실 때문이었다. 그러나 더욱 중요한 것은 흑인 쪽에서 전쟁에 대거 참여했다는 사실이다. 흑인들이 히틀러와 일본을 상대로 전쟁을 수행했을 때에만 집에 있는 백인과 상응하는 권리를 누릴 수 있다고 느꼈던 것이다. 흑인들이 요구하는 정의를 인정하는 많은 평화주의자는 이러한 이유로 이를 옹호하는 활동을 시작했던 것이다. 그러나 그렇게 함으로 그들은 비폭력적인 강제성을 호소하고 이는 일종의 전투 형태를 지니게 되었다. 그러므로 그들의 의도는 선하였으나 이들 평화주의자들은 실제로 인종 전쟁에 가담하는 것이며, 그러한 전쟁이 지속되는 한 폭력과 유혈을 모면하지는 못할 것이다.

1942년 후반, 화해의 친교Fellowship of Reconciliation의 후원을 받고 오하이오 주 콜럼버스에서 열린 총회에서 선봉에 선 한 평화주의 기관은 반나절의 회기를 흑인의 권리를 진작시키는 폭력적인 행위의 사용 여부를 두고 논의했다.368) 1943년 2월, 화해의 친교 실행위원회는 흑인 조직인 워싱턴 시위행진이 짐 크로 실천을 파괴하는 목적을 위하여 진행될 것을 제안하는 시민불복종 캠페인을 재가했다.369) 그것은 흑인들이 짐 크로 법이 묶어놓은 자동차, 대합실 사용, 식당에서의 백인 우선권 등을 거부하고자 제안한 것이었다. 화해의 친교는, 이러한 행위야말로 "가장 조심스러운 단련과 영적 훈련을 포함한 가혹한 수련이 요구된다"라고 경고하고 소속된 멤버들과 그 운동에 가입하기를 원하는 사람들을 위해 훈련과 지침을 제공토록 했다. 그 해 후반부에 워싱턴 행진 운동은 지지자들이 비폭력적 기술을 훈련받는 26개 도시 지역 단위로 이루어지는 비폭력 활동 프로그램을 공식적으로 채택했다.370) 1943년, 여름 로스앤젤레스에 있는 화해의 친교 회원 단체는 "흑인 운동선수 금지에 대해 항의하는" 링글리 운동장 피켓 시위에 흑인들과 함께 참여했다.371)

워싱턴 D. C.에서는 스스로 인종관계 기관이라고 부르는 흑인 단체가 비폭력 행동을 사용하여 식당에서의 차별을 반대하고자 조직되었다. 그들의 방법은 단체로 식당 안으로 들어가 자리에 앉은 다음 정상적으로 주문을 하는 것이었다. 주문이 받아들여지지 않을 때는 식당이 문을 닫을 때까지 기다리는 것이다. 기다리면서 다른 손님들을 지켜보면서 가게 주인의 이익을 감소시킨다. 이 방법으로 그들은 가게 주인이 백인과 같은 동등한 대우로 흑인들의 주문을 받게 되기를 바라며 이 일에 참여했다.372) 1943년 여름, 덴버에서 화해의 친교 회원들에 의해 후원된 비폭력 활동의 워크숍이 한 극장으로 하여금 인종차별 실천을 중지하도록 하는 피켓 캠페인에 참여했다. 데모 대원 가운데는 화해의 친교 록키 산악 지회의 총무가 있었다.373) 1943년 9월, 화해의 친교는 조직 내에서 목적 달성하고자 간디의 전략을 사용하도록 격려하고 촉진하는 공식적인 인종관계 부서를 설치하였다.374) 물론, 무저항 그리스도인은 이 조직적인 항의가 불의한 것이라고 동의할 것이다. 그들이 저항을 위하여 사용하는 방법이 실제로 전투적 형식을 지닌다는 것이다. 그것들은 신약성서가 가르치는 사랑의 방법도 무저항도 아니라고 한다.

전쟁에 대한 정치적 반대자

위에서 논의한 여러 형태의 평화주의자 외에 평화주의자라기보다는 정치적 반대자들이 있다. 1918년 제1차 세계대전 당시, 무기 소지를 거부함으로 감옥에 갇혔었던 칼 해슬러가 이 형태에 해당될 것이다. 그에게 형을 선고한 군사법정에 대해 해슬러는 다음과 같이 솔직하게 말했다.

나는 평화주의자가 아니지만… 그러나 공적이고 사회적인 근거로 대부분 충성스럽게 활동한 정치적 반대자임을 자처한다….

나는 미국의 세계대전 참여가 나라나 사람들에게 도움이 되지 않는, 반드시 그렇다고는 아니할지라도 크게는 동맹군이나 미국 상업주의적 제국주의자들을 통해서 이루어졌다고 믿는다…. 나는 긴장의 시기에 사람들로 하여금 자신들을 망각하는 대신 비록 인기는 없지만 확신을 가지고 두려움 없이 행동하도록 도움을 주었다고 믿는다. 1917년, 미국 인종차별주의는 1914년 8월 대부분 독일 사회주의 지도자들의 것과 같은 것이었다.375)

미국 인종차별주의와 독일 사회주의에 대한 참고는 저자의 마음에 1925년 여름 전쟁에는 아무런 반대도 하지 않는다고 말한 해슬러를 기억나게 한다. 그의 반대는 특별히 1917-18년에 제국주의적 세계대전을 향한 것이었다. 그는 자본주의와 제국주의를 촉진하고자 전쟁에 참여할 수 없었지만, 그의 입장과는 아주 다른, 전쟁의 경우 자본주의 체계를 대체할 수 있는 사회적 질서를 성취할 수 있다는 데 더 익숙했다고 솔직히 진술하였다. 모든 정치적 반대자들이 이 입장을 취할 수 있었던 반면, 아마도 그들 대부분은 전쟁 지원을 반대하는 해슬러 편에 설 수도 있었지만 그렇게 되지는 않았다. 정치적 반대자는 그렇게 전쟁에 반대하지 않았다. 여기에서 종교적 확신에 대한 어떤 것도 고려할 필요가 없었다. 그는 단지 그의 마음에 지혜롭지도 정의롭지도, 정당하지도 않은 특별한 전쟁을 반대했을 뿐이다.

쉽지 않은 구분

이 장에서 대략 설명된 구분은 오늘날 미국에서 찾아볼 수 있는 무저항과 평화주의의 다양한 형태에 대한 광범위하고 일반적인 구별일 뿐이다. 모든 전쟁 반대자가 여기에 설정한 어느 한 범주에 딱 들어맞는다고 할 수 없을 것이다. 이는 아마도 대부분은 그럴 테지만, 그렇다고 모두 다 그렇다고는 보지 않는다. 더군다나 여기에 대충 다룬 형태들은 서로 겹치기도 하며 따라서 특별한 평화주의자는 동시에 이들 여러 범주에 해당될 수도 있을 것이다. 성서적 무저항은 확실하여 구분하기가 아주 쉽다.

성서적 무저항 사람들은 전쟁이 성서의 교훈과 반대되기 때문에 반대하며, 강제적인 방법을 동원하는 국가의 활동으로부터도 초연해진다. 제2차 세계대전 동안, 메노나이트는 미국 내 시민공공봉사에서 양심적 병역거부자들의 40퍼센트 정도를 구성하고 종교적 자유주의의 영향을 받은 그들 중 얼마 안 되는 몇몇 사람들을 제외하고는 대부분 성서적 무저항의 사람들로 구분할 수 있을 것이다. 거기에 메노나이트가 아닌 성서적 무저항 사람들이 몇 명 포함되었을 뿐이다.

다른 평화주의자 가운데서의 구분은 더 어려울 것이다. 이 장 앞부분에서 진술한 것처럼, 많은 퀘이커들이 평화 계획의 진전을 위해 활동했다. 그들 중 얼마는 현대 개신교의 사회복음에 협력했고, 다른 사람들은 간디의 비폭력 프로그램을 옹호했다. 다른 퀘이커들은 절대 평화주의에 관심이 없었는데, 아마도 많은 사람이 이 범주에 속할 것이다. 초창기로부터 퀘이커는 무저항보다는 비폭력 억압의 특징을 지녔었다. 비폭력 억압은 퀘이커들에 의해 어떤 점에서는 펜실베이니아 식민 정부에도 사용되었었으며, 19세기 초 요나단 다이몬드에 의해 결정적으로 옹호되었었다.376) 미국 내 비폭력 억압의 대표적 옹호자였던 리챠드 B. 그레그 역시 퀘이커 교도였다. 위에서 지적한 대로 퀘이커를 떠나 많은 현대 평화주의는 종교적 자유주의와 사회복음 그리고 비폭력적 저항을 결합시켰다. 정치적 반대자들 역시 비폭력 억압과 결합되었는데 이러한 정치적 반대자들은 종교적일 수도 아닐 수도 있었다. 현대 평화주의자들 가운데 얼마는 인격적인 하나님을 철저하게 믿는 사람들에서부터 인격적인 하나님에 관한 생각마저도 부인하는 인본주의자까지 다양하다. 퀘이커 교도 가운데서도 정통 기독교부터 극단적인 인본주의까지 훨씬 더 그 범위가 다양할 것이다.

시민공공봉사 내의 무저항과 평화주의 ▨▨▨▨▨

제2차 세 계대전 이전, '평상' 시에 성서적 무저항과 현대 평화주의자들은 서로 협동 없이 때로 는 서로 잘 알려지지 않은 채 그들 자신들만의 길을 갔었다. 그러나 제2차 세계대전 의 시련은 미국 내 여러 형태의 양심적 병역거부자들을 새로운 관계로 이끌었다. 메노나이 트, 브래드렌, 퀘이커 봉사기관들 각자가 시민공공봉사 캠프 운영에 협동했다. 평화주의자인 '화해의 친교' 와 다른 교회 기관들도 평화 단체와 선택적 봉사 사이의 협력 같은 종교적 반대자들을 위한 국가 봉사 이사회를 도와 그들과 함께 했다. 무엇보다도 가장 중요한 것은 선택적 봉사에 의해 시민공공봉사에 할당된 12,000여 명의 양심적 병역거부자들이 군복무와 다른 목적에서 성서적 무저항에서부터 정치적 반대자, 징병을 반대한 절대주의자에 이르기까지 많은 형태의 이질적인 단체로 구성되었다는 것이다.

아마도 시민공공봉사를 지향한 무저항 태도에 관한 최선의 기록 가운데 하나는, 메노나이트 시민공공봉사 캠프의 신문 사설에서 볼 수 있을 것이다. 그 사설 내용은 다음과 같았다.

…급여 없이 봉사한 시민공공봉사 내에 보통 사람들은 결국 삶이 만들어내는 전부가 돈이 아니라는 것과 지금까지 이르면서 가질 수 있었던 많은 지속적 가치를 부정한 이득 그 이상의 수단이 될 수 있다는 사실 가능성을 경험하게 했다. "지상의 보물에 우리 자신들을 투자한," 사라질 수 있는 만족을 추구했던 우리의 짧은 시간 때문에 우리는 다른 사람이 필요하다는 것을 알게 되었고, 이들 필요를 해결하기 위한 몇 가지 종류의 해결책을 찾는데 관심을 갖게 되었다. 우리가 이전에 가졌던 어떤 것보다도 "세계로 가서 모든 피조물에게 복음을 전해야 할" 더 큰 필요를 위해 우리의 눈이 열리게 되었다. 이 위대한 교회의 프로그램에서 우리가 담당할 수 있는 부분은, 새로운 의미를 취하고 매일 더욱 분명히 커다란 가능성을 보는 것이다. 이로 말미암아 오늘

날 우리 가운데 시민공공봉사에 감사하는 사람들이 늘어나고 있다.[377]

이 기록은 희생과 부당하다고 여겨질 수도 있는 용어로 기꺼이 나라와 동료 인간들을 구하려는 태도의 표현임을 알 수 있다. 이는 자신에게 합당한 몫이 돌아오느냐 않느냐는 아무런 상관없이, 옳고 정당한 것을 행할 준비가 되었다는 표현이다. 그러나 이는 우리가 인용할 수 있는 최선의 메노나이트 진술 중 하나라는 것에 주목할 필요가 있다. 메노나이트 모든 사람들이 이와 같은 높은 수준의 태도와 정신에 이르렀던 것은 아니다. 무엇보다도 징용된 메노나이트 중 40퍼센트가 군복무를 받아들임으로 그들의 교회에서 무저항 위치를 지키는 데 실패했다는 사실을 시인하지 않으면 안 된다. 더욱이 시민공공봉사에서 나머지 60퍼센트 전부가 그들이 마땅히 지켰어야할 무저항의 의미를 온전한 의미로 받아들이는 데 성공했다고 볼 수 없다. 결과적으로 시민공공봉사 캠프에서의 삶의 정신은 위의 사설에서 반영되는 높은 수준을 항상 유지했다고 볼 수 없다. 이는 특별히 시민공공봉사 마지막 해에 더욱 그러했는데, 그 때에 많은 사람이 급여 없이 4년째 있었으며 불안하게 캠프에서 풀려나기를 기다리고 있었다. 그들이 살고 일하던 당시의 긴장은 시민공공봉사의 삶과 일을 특징지었어야 할 희생적인 봉사정신과는 거리가 먼 것이었다. 그 이후에 결과적으로 메노나이트 시민공공봉사는 본연의 정신과 항상 같은 것이 아니었다.

그들의 철학이 종교적이든 세속적이든 상관없이, 징병 상태에서 어떤 종류의 봉사에 반대하는 더 극단적 형태의 양심적 반대 자들은 메노나이트 시민공공봉사 사설과는 아주 다른 정신을 나타내는 태도를 보였다. 퀘이커 캠프에 할당된 한 사람은 병영 신문에 다음과 같이 기고했다.

지금 나 자신은 시민공공봉사 캠프에서 소나무에 영양을 공급
해주고 있다. 이는 "국가적 중요성을 지닌 일"이라고 하는데 산
림요원에게는 그럴 수 있을지도 모른다. 그러나 나는 산림요원
도 아니고 조금도 그렇게 되기를 바라지도 않는다…. 우리는 징
집자의 노동 할당을 받아들이고 있으나 사회주의적 마음을 지닌
미국 시민처럼 우리에게 주어진 비정상적인 일을 과연 받아들여
야 하는 것인가? 우리는 캠프에 갇힌 사람들인가? 아니면 요원
한 목표를 추구하는 사람들인가?378)

같은 병영에서 선택적 봉사가 주 40시간에서 48시간으로 길어지자
1942년 3월 그중 5사람이 파업을 했다. 다른 시민공공봉사 캠프에 있는
사람들에게 이를 설명하는 편지에서 파업자들은 다음과 같이 썼다.379)

우리의 기본적인 시민권과 특권을 완전히 앗아가는 경향성이 나
타나는 것을 우리는 지금 보고 있다… 우리는 경감되지 않으면
안 되는 인간적 필요에서부터 부르짖는, 우리나라가 고통 받는
이 시점에, 지금 격리된 캠프에 수용되어 있는 2천명 가량의 미
국인들을 공식적으로 합리화하는 것에 반대하지 않으면 안 된
다.

다른 신문의 주요 기사는 사람들이 참여하는 '물질적' 건축 일을 반대
하였다. 기고가는 선택적 봉사와 양심적 병역거부자들을 위한 국가 봉사
이사회NSBRO가 즉시 '영적' 성격의 일을 제공하지 않는다면, "우리는 데
모할 필요가 있다고 주장한다…. 평화주의자 활동을 위해 이와 같은 전략
적 시기에 수용소를 반대하는 양심적 병역거부자들은 조심스럽게 계획을

짜고 시민 불복종 데모를 공공연하게 해야 한다."[380]

몇 군데 퀘이커 캠프에서도 이와 같은 견해를 가진 사람들이 실제적으로 천천히 움직이고, 금식 파업, 그리고 다른 간디의 다양한 비폭력 기술에 가담하여 그들의 관점을 관철시키고자 했다. 한 사람은 캠프를 걸어 밖으로 나왔으며, 이로 말미암아 나중에 체포되고 감옥에 갇혔다. 이들 가운데 몇 사람은 교회가 운영하는 캠프에서의 봉사를 반대했다. 이러 저러한 이유로 선택적 봉사는 1943년 정부가 운영하는 시민공공봉사 캠프를 열고 나중에 다시 두 개를 더 열었다. 이들 선택적 봉사 캠프는 정부 캠프에서 봉사하기를 좋아하는 사람들과 교회 캠프에서 문제를 일으키는 사람들에게 할당되었다. 시민공공봉사 인원 중 40퍼센트가 메노나이트였기 때문에 메노나이트 중앙위원회 캠프에 있는 사람들 대부분은 메노나이트였다. 그러므로 메노나이트 중앙위원회는 비록 그들에게 할당된 몇 명의 절대주의 형태의 비메노나이트가 있었지만, 다른 캠프에 비해 위에서 언급한 형태의 문제들이 거의 없었다. 이들 중 대부분은 나중에 정부 캠프로 옮겨졌지만, 1943년 메노나이트 중앙위원회 역시 정책과 프로그램에 기꺼이 동조하는 사람들에 한하여 그들 자신의 캠프에 수용하는 정책을 채택했다.

메노나이트 형태의 양심적 병역거부자들은 위에서 언급한 형태와 달랐지만, 이 가운데 선택적 봉사 형태도 존중히 여겨 취급되었음을 인정해야 할 것이다. 영국 정부는 징병에 대한 양심적 반대들을 완전히 면제시켜 주었다. 미국이라고 이렇게 하지 못할 합당한 이유가 없었다. 그러나 이러한 면제가 주어지지 않았을 때에 더욱 더 극단적인 형태의 반대자들을 위한 대안은 감옥뿐이었다. 미국에서 이것이 진정 문제가 되는 것은 시민공공봉사 캠프에 있는 12,000여 명 뒤에 감옥에서 형기를 산 또 다른 형태의 수천 명의 양심적 병역거부자들이 있다고 보기 때문이다. 이런 불필요한 수감자를 위해 정부 편에서 더 분명한 정책이 만들어져야 할 것이다.

10

성서적 무저항과 사회관계

메노나이트 역사 초기에서부터 메노나이트 사람들은 무저항에 대한 성서적 교리를 개인적인 삶, 일상적인 소송, 그리스도인의 국가에 대한 관계, 그리고 국제적인 전쟁에 적용시켜 왔다. 그러나 최근 미국 메노나이트는 특별히 무저항에 대한 사회적 관련성이 이보다 더욱 광범위하게 증가하고 있음을 알게 되었다. 무저항 원리는 모든 삶의 영역에 적용되지 않으면 안 된다는 사실을 항상 인정하고 있음이 확실하다. 일찍이 1545년 피터 리드만은 다음과 같이 말했다. "그리스도인은 복수를 해서는 안 되기 때문에 이러한 복수나 파괴가 실행되지 않도록 무기가 만들어져서는 안 된다…. 그러므로 우리는 검이나 창, 총 등 다른 유사한 무기를 만들어서는 안 된다. 그러나 흥미로든 아니면 실제로 사용하기 위해서 만들든… 우리는 지속적으로 만들고 또 만들게 된다."381) 여기에서 리드만은 경제적인 삶, 그리스도인들이 살아가는 태도와 방법은 전쟁 참여를 반대하는 것과 일치하지 않으면 안 된다고 주장한다. 16세기 교부들의 다른 진술에서도 다른 삶에서와 마찬가지로 그리스도인의 윤리를 적용하는 데 관심을 두었음을 지적한다.

그러나 20세기의 사회, 경제는 매우 복잡하기 때문에 그리고 특별한 문제나 사건들이 많고 다양하기 때문에, 16세기 교부들에게는 당시 형태로 그 모두를 기대하기란 불가능했을 것이다. 이와 같은 이유로 오늘날 여러 사회적 암시들을 명확하게 하는 필요한 과정에서 그들의 생각과 마음을 이행하는 데 실패할 때, 선조들의 원칙들을 영광스럽게 하지 못할 것이다. 더군다나 이러한 문제 혹은 사건들과의 긴밀한 접촉에서 일반 시민적인 형제애가 있어야 했기 때문에 그리스도인 개개인의 구체적인 사회 경제 상황에 적응하는 무저항 원칙을 이해하는 것은 개인적인 책임으로 남겨두는 것이 필요했을 것이다. 목회 지도자들은 원리를 가르치고 문제를 분명하게 하는 책임이 있으나 일반인들이 문제를 이해하지 못하거나 실천하지 못할 때, 원리를 가르치는 것만으로는 별로 도움이 되지 못했을 것이다.

무저항과 산업 갈등

또 다른 문제 중 하나는 현대 산업과의 관계이다. 두 세기 전에는 우리가 지금 아는 산업적인 갈등이 미국에 실제로 없었으며, 오직 이 세대에 들어와서야 비로소 그러한 갈등들이 미국 메노나이트에 직접적으로 중요한 영향을 미치게 되었다. 2세기가 넘도록 미국인의 삶은 전원적이었고 농업이 대부분이었다. 땅은 풍부했다. 새로 들어온 이민자들은 당분간 고용인으로 일하지만 오래되지 않아 서부의 정착촌으로 이주하고 자신의 땅을 소유할 수 있었다. 이런 방법으로, 심지어는 가장 가난한 노역 계약자마저도 땅을 소유할 수 있었고 자신의 이전 경력에서 자유로울 수가 있었다. 18세기의 관찰자 허풍쟁이 크레베쿠어의 성 요한, 토마스 제퍼슨은 미국 시민의 건강과 번영은 이와 같은 단순한 농업적인 삶에 달려있다고 믿었다. 제퍼슨은 다음과 같이 말한다. "땅에서 일하는 노동자들은 하나님의 선민들이다…. 우리가 일할 땅이 있는 한, 작업대를 점령하고 거기 매여 있는 시민을 보게 되기를 원치 않을 것이다…. 일반적인 제조업을 위해 우리의 공장은 유럽에 남아 있게 하자…. 종기가 때로는 인간의 몸을 강건하게 하듯 큰 도시의 폭도들은 순수한 정부 지원자 역할을 더할 뿐이다."382)

말할 필요 없이, 이는 크레베쿠어와 제퍼슨이 말하는 단순한 농업사회가 오늘날 산업화된 경제 질서 사회인 뉴욕이나 디트로이트에 걸맞지 않음은 사실이다. 제퍼슨이 1801년 미국 대통령이 되었을 때에 그는 농장에 사는 5백만 명이나 되는 다수의 정치적 복지에 책임이 있었다. 그 당시 뉴욕의 인구는 대략 7만이 못되었으며, 1950년에 이르러 뉴욕시의 인구는 1801년 전국적인 인구보다도 훨씬 많아졌다. 1950년 전국 총 인구는 1억5

천만 정도였다. 이같이 나라 인구의 증가와 더불어 국가의 산업화도 꾸준히 지속되었다. 1950년에는 미국 인구의 15.8퍼센트만이 농업에 가담했다. 사실 1890년부터 미국은 세계 산업국가 가운데 1위를 차지하고 있었다. 이와 같은 과정에서 다수의 작은 산업들이 지금의 "대기업"으로 알려진 커다란 산업협동으로 집중되고 병합되는 과정이 있었다. 한 예로 스탠다드 오일회사는 1890년까지 다수의 작은 회사들을 합병시켜 국가 석유산업의 90퍼센트를 장악하기에 이르렀다. 앤드류 카네기와 찰스 M. 슈압은 작은 철공장들을 합병시켜 하나의 연합철강회사를 세우고, 국가의 철 생산량 절반을 담당하며 1901년에는 그 고용인만도 168,000명에 이르렀다.

한편에서 이와 같은 큰 규모의 산업조직이 이익을 독차지하는 동안, 다른 한 편에서는 분명히 불이익을 당하기도 했다. 슈압과 같은 철강 산업의 독점 실업가에게 이익이 집중되는 만큼 일반 노동자와 소비자들에게 돌아오는 이익은 절감되어야만 했다. 이는 또한 수백, 수천 명의 노동자들과 그 가족의 운명을 좌우할 힘이 독점 실업가에게 주어졌음을 의미한다. 이와 같은 노동자의 대량 통제는 악한 결과를 가져올 수밖에 없었다. 산업의 규모가 작을 당시, 노동자는 그의 고용주를 인격적으로 알고, 때로는 한 자리에서 함께 일을 하기도 했다. 임금이나 노동 조건에 불만이 있을 때는 동등한 처지에서 고용주와 상대적으로 자유롭게 이야기를 나눌 수 있었고, 흥정을 할 수 없을 때는 다른 일자리를 찾아보거나 땅을 사서 농사를 지을 수도 있었다. 그러나 1890년 커다란 변동이 생겼다. 산업 노동자들은 더는 자유인이 아니었다. 미국 개척자의 시대는 끝났다. 좋은 땅은 점령되고 그의 부모들이 할 수 있었듯이 농장으로 자유롭게 돌아갈 수 없게 되었다. 고용주를 찾아갔을 때에 그는 동등한 입장에서 더는 흥정할 수 없게 되었다. 그의 고용주는 노동 시간만을 정하는 영혼 없는 기업가 되었고, 노동자는 기업가의 결정을 받아들이든지 아니면 굶든지 둘 중에 하나를 선택해야만 했다.

물론, 미국 내의 조건은 당시 영국처럼 그렇게 심각하지는 않았다. 하지만, 1942년에는 10살 이하의 소년 노동자와 석탄을 실은 차를 끌기 위해 여인들이 무릎으로 기어야 할 만큼 법적 제재의 필요성을 느껴야만 했다. 1833년의 법은 9살에서 13살에 이르는 소년들에게 노동시간을 9시간으로 제한 시켰다. 그러나 1830년대 동부 도시에서 20,000명의 여인들이 주급 1.25달러 혹은 그 이하로 공장에서 일해야 했던 만큼 미국 내에서의 조건도 만만치 않았던 것을 안다. 구두 공장의 임금은 하루에 10센트에서 15센트 정도였다. 1870년에는 공장주들이 10살에서 15살에 이르는 115,000명의 어린이들을 어른들 대신 공장에서 고용했는데, 그 이유는 어른들에게는 더 많은 임금을 주어야 했기 때문이었다. 심지어는 1932년 말까지도 대중적인 미국 잡지가 2주 동안에 2달러에 못 미치는 품삯을 받고 일하는 예일 옷 공장, 코네티커트의 노동 한경이 취약한 바늘교역 공장 이야기가 실려졌었다.

이와 같은 환경에서 노동자는 무엇을 할 수 있었겠는가? 유럽과 미국 등 모든 산업 국가 내에서의 대답은 동일했다. 즉, 협상력의 균형을 회복할 수 있는 조직이 바로 그것이었다. 미국 내에서의 조직은 노동조합의 형태로, 1881년 많은 동맹들이 생겨났고, 나중에는 미국노동연맹American Federation of Labor이 탄생되었다. 1930년에는 모든 산업 노동자들을 계급의식과 더불어 산업주주들과 승산 있는 싸움을 싸울 수 있는 하나의 대 노동자 동맹으로 통합하고자 시도한 산업조직체의회Congress of Industrial Organizations 형식을 지니게 되었다. 이러한 운동은 모든 노동계급이 목적 달성을 위해서 확고하게 조직될 수 있을 때까지 싸움을 계속하는 결정적 요인이었던 것으로 보인다. 많은 메노나이트가 이제는 도시에 있었기 때문에 이러한 시대적 전향으로 말미암아 처음으로 심각하게 산업 갈등의 도전에 직면하게 되었다. 산업노동자들은 불원간 동맹과 계급투쟁에 연루되게 되었다. 그렇다면 그들과 교회는 무엇을 할 수 있을까? 노동자 동맹의 원칙이나 방법은 성경의 무저항 교훈과 조화를 이룰 수 있을까? 아니면 어떤 협동도 불가능할까?

조직된 노동의 궁극적 목적은 노동자들을 위한 경제·사회적 정의이다. 노동자 또한 비인격적으로 수천 명의 대량 고용과 영혼 없는 기업이라는 현대 산업체계 아래서 주주들을 압력 하는 강력한 조직적 힘이 없이, 그들의 복지를 위해 꼭 필요한 양보를 얻어내기가 실제적으로 불가능하다는 것을 믿게 되었다. 그리스도인들도 고용주의 손에 달려있는 사회 정의를 바라서는 안 된다는 이유가 분명히 없어졌다. 그러나 전에 진술한대로 성경이 정의를 요구하기보다는 정의를 행할 것을 강조한다는 점을 기억해야 할 것이다. 개인이 자신을 위해 우선적인 목표로 받아들이고 그것을 가차 없이 추구한다면, 그것은 사랑과 비폭력이라는 성경적 원리를 위반하는 위험에 빠진다. 사실, 인간적인 방해로 맞서는 최고선으로서 가혹한 정의의 추구는 사랑과 무저항의 방법을 위반하지 않을 것이다. 그러나 그리스도인의 방법은, 필요하다면 정의의 성취를 위하여 고난을 받을지라도, 사랑과 무저항을 우선적인 목표로 받아들여야 한다. 여기에서 무저항 원리와 노동조직방법은 서로 갈등하게 되는 것이다.

여러 가지 경우에 노동조직의 방법은 충분히 평화로울 수도 있을 것이다. 분명히 노동 운동은 세대 전보다는 한층 성숙했으며 그 절차도 크게 세련되어졌다. 어떤 동맹은 폭력이나 파업을 사용하지 않고도 여러 해 동안 그들의 프로그램을 지속하는 데 성공적인 경우도 있었다. 그러나 저자는 다른 방법이 실패했을 때에 최후 수단으로 폭력이나 파업을 사용할 권리를 포기한 어떤 동맹도 없었다는 것을 안다. 정의를 행하는 것과 성경이 가르친 대로 무저항을 실천하는 것 사이에는 갈등이 있을 수 없는데, 이는 둘 다 사랑의 원리에 기초하기 때문이다. 그러나 정의만의 추구는 사랑의 원리에 기초할 수도 그렇지 않을 수도 있다. 그리고 그렇지 않을 때, 무저항 원리와 갈등할 수밖에 없게 된다. 정의의 추구가 사랑의 원리를 위반하지 않고 목표를 달성할 수 없게 되면, 무저항 그리스도인은 그 목표에 이르지 못하더라도 중단해야 하며, 필요하다면 부당한 고통마저도 받아들여야 한다. 그러나 만약에 정의의 성취가 우선적인 목표로 설정되었다면, 그리고 이 목표가 사랑에 기초하지 않았다면, 사랑의 원칙을 위반하지 않고서는 그 목표에 도달할 수 없다는 것을 볼 때에 후자는 우선적인 목표를 희생시켜야만 한다.

실질적으로 많은 문제를 직면하는 가운데 노동동맹이 강한 산업체 내에도 무저항 사람들이 많이 고용되어 있었다. 그들은 무저항 원리를 희생할 수밖에 없는 노동조합에 가입하여야 할까? 아니면 그들의 원칙에 충실하기 위해 직장을 그만두어야 할까? 아니면 문제에 대한 다른 해법을 찾아낼 수 있을까? 한 조사에 의하면, 이들 모든 대안이 오늘날 미국 메노나이트 가운데서 실제로 실천되고 있음을 보여준다. 무저항 원리를 희생하면서 직장에 남아 노동동맹에 연루된 사람들이 없었던 것은 아니다. 전체적으로 군 입대에서만큼 당시 산업문제를 진지하게 다루지 않은 것도 사실이다. 모든 공식적인 메노나이트 단체들이 전쟁이나 군 입대에 대해서 입장을 진술했던 것과는 달리, 노동연맹과의 갈등이나 가입여부에 대해서는 그렇게 하지 않았다. 산업에 연루된 폭력의 정도가 군 입대에 포함된 문제와 비교할 때에 더 작은 것이라고 여겨졌었기 때문에 이해될 만도 하다. 그러나 미국 메노나이트 대다수는 메노나이트 총회가 1941년 당시 산업과 관련된 공식적 입장을 표명함으로 노동조합 회원과 산업 갈등에 반대하는 명확한 증언을 하기 시작했다. 이 증언을 따라서 교회의 어떤 회원들은 최근에 동맹에 가입하지 않고 자신의 옛 입장을 고수하고자 곤란을 무릅쓰고 직업을 바꾸기도 했으며, 노동조합에 서명하지 않는다는 이유로 직업 현장에서 해임되는 사례도 있었다.

1939년, 메노나이트 총회는 일찍이 조합과의 협상에서 합의된 정책을 따라 산업관계위원회를 지명했다. 합의 형태는 미국노동연맹AFL과 산업조직체의회CIO 등 국제적인 공식기구에 의해 승인된 "기초이해"라는 일반 형태의 제안 형식을 따라 표준화되었다. 이와 같은 합의하에 공장 혹은 기타 시설에서 메노나이트 고용인들이 이행할 바를 정해주었다. 1) 특별한 이유, 대개는 자선이나 구제를 위해 노동연맹 회원이 지불하는 회비만큼의 돈을 기부하라. 2) 노동 연맹 활동에 가담하거나 저항하지 말라. 3) 노동 연맹과 고용주 사이에 파업이나 유사한 행위로 갈등이 일어날 때, 신중하게 중립적인 위치를 유지하라. 4) 임금이나 노동시간, 노동조건과 관련해서 공장과 노동연맹의 규칙을 따르라. 이러한 합의내용에 의해서 노동연맹은 무저항 고용인을 회원자격과 회비, 의무, 회의 참석, 그 외의 다른 연맹활동에서 제외하기로 했다. 1939년 이후, 여러 사람이 이 의안에 서명했다. 이 프로그램에서 산업관계위원회는 브래드렌 그리스도교회의 유사한 위원회와 밀접하게 일해 왔다.

산업 갈등과 물질주의

제1장에서 현대 문명은 감각적이며 물질주의적이고, 현대전쟁은 물질주의와 세속주의의 열매라고 제시한 적이 있다. 산업 갈등 역시 이와 동일하게 물질주의의 결과라는 것을 기억하는 것이 중요하다. 조직된 노동연맹과 대기업은 19세기 육체적 안락에 기여하는 기술적인 제품이나 물건들을 생산함으로 미국 사람들의 관심을 흡수하게 되면서 생겨났다. 물론, 실제로 편안함이 없었던 것은 아니다. 그럼에도, 사람들의 지배적인 관심이

편안해지고 육체적으로 안락해지면서 인간의 삶의 더 높은 가치에 더는 연연하지 않게 되었다. 전형적인 미국 사회에서 한때는 목회자의 영향력이 컸었지만, 이제는 그 자리를 의사가 대신하고 있다고 말한다. 어빙 바빗은 "인간은 한때 하나님을 두려워하며 살았지만, 지금 그들은 세균을 더 두려워한다"라고 말했다. 노만 퍼스터는 이러한 관심의 변화는 편안함이라는 말 그 자체의 의미에서도 반영되는데, 편안함은 한때 영적 위로와 관련된 말이었지만, 지금은 우선적으로 육체적 편안을 의미한다고 말한다. 심지어 "'위로자' 라는 말은 한때 성령에게만 적용되었었는데, 지금은 침대 커버를 가리키는 말로도 사용된다"고 말했다.383)

19세기, 대중이 물질주의의 피상적인 면모에 관심을 갖는 동안 학자들과 철학자들은 물질에 기초한 인간과 사회 해석에 진일보했다. 1867년, 칼 마르크스는 그의 유명한 책, 『자본론』을 출판했는데, 거기에서 그는 인간의 가슴 속에 있는 기본적인 충동은 경제적 충동이라고 논하고, 전 역사의 과정은 경제적 힘이 결정한다고 주장했다. 그리고 역사는 일차적으로 가난한 자와 부자간의 지속적인 갈등의 이야기라고 했다. 마르크스는 어디서든 이제 억눌린 계급이 그들을 착취하는 자들을 뒤엎기 위해 단결하지 않으면 안 되는 때가 이르렀다고 믿었다. 기독교 신앙의 근간이 되는 고등 종교와 도덕적 가치는 무시되어야만 했다. 경제적 욕구의 만족이 인간의 최고 목적이 된 것이다. 1859년 찰스 다윈은 『종의 기원』이라는 책을 발간하면서, 인간은 생물학적 진화의 산물이고 지속되는 적자생존 원리의 경쟁 결과로 특징짓는다고 주장했다. 16세기 이탈리아인 마키아벨리는 세계는 인간 사자와 여우 간의 놀이터라고 하면서, 이들 짐승들의 정신 안에서는 정복과 통치가 전부이고 거기에 어떤 도덕적 고려사항도 연결될 수 없다고 주장했다. 다윈의 작품은 마키아벨리의 교리를 지지하는 생물학적 논쟁으로 발전한 것이다. 사자와 여우같이 행동하는 인간은 다윈의 설명에 의하면, "자연의 법칙"에 의해 정당화된다. 전쟁은 살기 위해 필요한 갈등으로 간주된다. 가치는 잔인한 힘의 용어로 설명된다. 힘이 권리를 만들어 낸다고 주장한다. 물질주의의 최고 영광스런 작업은 프리드리히 빌헬름 니체1844-1900에 의해 정교하게 다듬어지는데, 니체는 인간 사회의 가장 근본적인 사실로서 약자에 대한 강자의 지배를 강조한다.

그러므로 과거 75년 동안, 정치적 국제적 적대관계, 인종간의 갈등, 산업 갈등이 강화된 시기라는 것은 절대 놀랄만한 것이 아니다. 서구 세계의 국가들은 지배적인 위치확보를 위해 갈등해왔다. 그들은 자원물질과 시장을 확보하기 위해 광범위한 산업을 일으켜 왔다. 이는 비밀동맹의 형성과 육지와 바다, 공중에서의 광범위한 전쟁무기 확보를 위해 필요한 식민통치의 갈등으로 나타났다. 가장 적합한 생존투쟁을 위해 나라들이 앞을 다투었다. 이는 19세기와 20세기 모든 사람이 의식적으로 마르크스와 다윈, 니체를 따랐다는 것을 암시하지는 않는다. 정치적·경제적 힘을 위한 갈등에 실제로 참여한 사람들까지도 위에 소개한 저자들의 사상을 반대했었을 수도 있다. 더군다나 다윈의 주요 논제를 수용한 사람들 안에서도 투쟁보다는 상호협조가 진보에 더 중요한 요인이라고 믿는 사람들이 있었다. 진화론자들의 저서들 가운데는 세계가 점차 발전하여 전쟁이나 다툼을 벗어나는 지점에까지 이를 것이라는 인간사회의 진화론적 관점을 주장하기도 했다. 이는 삶에 대한 낙관적이고 이상주의적인 관점이지만, 여전히 물질주의적 편견에 지나지 않으며, 인간의 죄의 실재성을 무시한다. 서구 사회에 대한 물질주의적 영향력이 매우 크기 때문에, 아무도 그 영향력에서 벗어나지 못하고 있었다. 권력과 부, 특권을 위한 갈등은 어디에나 있었다. 나라들은 사자와 여우의 정신으로 서로 흥정하면서 개인이나 기업들의 비즈니스 세계가 형성되고 있었다. 1871년 두 대통령의 아들이자 손자이기도 한 찰스 F. 아담은 시민전쟁 직후 다음과 같이 말하였다.

아직도 인류가 연구할 여지가 남아있는 법이라는 형식 하에 조
직적인 불법의 가장 괄목할만한 본보기가 되는 예는… 분명히…
개인적인 부의 광법위한 결합의 정상에서 인간은 전쟁을 선포하
고, 평화를 협상하고, 법정과 입법을 격하시키고, 그들의 의지에
무조건 복종하도록 국가들을 통제한다는 것이다…. 소수의 개인
들이 수백 마일의 철도, 수천 명의 사람들, 수천만의 소득, 수억
의 자산을 통제하고 있다. 이런 것들은 1, 2세기 전 작은 독일의
독재자가 그들의 공화국을 지배했듯이 정부와 개인들의 통제 하
에 막대한 힘을 휘두르고 있다.384)

미국 철강 산업의 지도자였던 앤드류 카네기(1837-1919)는 개인주의와
사유재산, 경쟁과 부의 축적에 대해서 간결하게 요약하였다. 그는 경쟁의
법을 "우리는 이를 피할 수 없다. 그것을 대체할 수 있는 것도 발견하지 못
했다. 그 법이 어떤 때에는 개인에게 어려운 반면 경쟁을 위해서는 최선인
데, 이는 모든 분야에서 가장 적합한 생존을 확보하기 때문이다"라고 말한
다.385)

무저항과 경제관계

조직화된 노동 프로그램이 사랑과 무저항의 원칙을 자주 위반한다 할
지라도 위에서의 논의는 주주 계급, 조직화된 자금, 대기업이야 말로 그러
한 원칙을 더욱 더 많이 위반한다는 사실은 자명한 것 같다.

만약 그들의 방법이 노동자의 방법보다 좀 더 정밀하다면, 그들이야말
로 더 교묘하고 더욱 악의적이라고 하겠다. 공장조합이나 다른 형태의 조
직된 고용주들의 연합은 노동자들의 파업과 유사한 힘의 방법을 종종 사

용해왔다. 공장 폐쇄, 살생부, 노동 스파이 고용, 그리고 실제적인 폭력이 자주 사용되고 있는 것이다. 1930년대에 자동차 산업이 조직되었을 때에, 상원 조사위원회는 제네랄 자동차 회사가 1백만 달러 이상을 스파이와 직원들에게 투자했다는 사실을 밝혀냈다. 다른 자동차 제조 회사는 275,000달러를 같은 이유로 지출했고, 이러한 술책은 "방어기제"였다고 완곡하게 표현했다. 물론, 무저항 그리스도인이 이러한 프로그램을 공유할 수 없음은 분명하다.

그러나 현대 경제적 삶이 매우 복잡하고 매우 민감하기 때문에 개인은 무엇이 진행되는지 알지 못한 채 종종 비기독교적 실천에 연루될 수도 있을 것이다. 일반적으로 그리스도인들이 돈을 저축하고 적정 이윤이 돌아오는 곳에 돈을 투자하는 것은 당연하다고 본다. 선한 청지기라면 어쩌면 이렇게 할 것이다. 그러나 투자된 돈이 만약에 무저항 원리를 어기는 비기독교적인 기업에 투자한다면 어떻게 되나? 무저항 그리스도인이 위에서 언급한 방어기제 형식으로 백만 달러를 투자하는 자동차 기업의 주식이나 채권에 천 달러를 투자할 수 있을까? 몇 년 전에 뉴욕시에 있는 트리니티 교회 회원들이 도시 내 슬럼가의 생활환경에 관심을 갖게 되었다. 구제행위를 위한 첫 단계로 그들은 이 슬럼가 거주지의 소유주가 누구인가를 조사했고, 트리니티 교회가 그것들을 소유하고 있음을 발견하고 놀라지 않을 수 없었다. 교회 이사회는 교회의 기부금을 수년 전부터 더 많은 수익을 올리려고 이 거주지에 투자했던 것이다. 그러나 이 이사회는 이러한 수입이 사랑과 형제애의 원칙에 일치하는 방식인지에 대한 더 중요한 질문에는 분명히 실패했던 것이다.

이번 장의 시작 부분에서 전쟁무기생산에 반대하는 피터 리데만의 증언을 언급한 적이 있다. 오늘날 생산되는 물질의 양이나 문제에 연루되는 방법의 다양성으로 말미암아, 16세기보다 훨씬 심각한 문제를 지닌다. 대량학살무장 프로그램이 진행되면서 국가의 산업 권력은 그 프로그램을 지원하기 위해 재편되었다. 대부분 큰 규모의 산업은 평화 시기의 산업에서 전시의 생산체제로 돌아섰고, 그 결과로 그 안에서 투자되는 산업과 자본을 관리하는 책임은 직접적으로 그리고 적극적으로 전쟁 임무를 맡게 되었다. 이러한 산업에 고용된 일꾼들은 현대문명에 기여하는 공장의 어느 부분에 위치되어 있는지도 모른 채, 전시동원체제와 같은 산업에 참여하게 된다. 전시에도 시민들의 일은 계속되어야 한다. 분명히 전시에도 전적으로 시민 사업에만 주어진 산업에서 혹은 최소한 전쟁 산업에 가담하지 않은 시민 산업 할당 부분에서 무저항 노동자들을 위한 일관된 고용과정이 있어야 한다. 만약 이것이 불가능하다면, 오직 한 가지 대안은 농업을 지원함으로 전쟁과는 상관없는 다른 시민 고용으로 대체되어야 한다.

무저항과 농업

그러나 현대 농업이 조직이나 방법에서 결과적으로는 사랑과 무저항의 길을 전적으로 위반하지 않는다고 말할 수는 없다. 제퍼슨이 농부를 "실질적이고 순수한 덕을 위하여 특별한 보존지역으로 남겨둔… 하나님의 선택된 백성이다…. 일반적으로 경작자의 도덕적 타락이 시대나 국가적인 예로 등장한 일은 없었던 것 같다."[386] 하지만, 농경 삶은 오늘날 제퍼슨 때와 같이 그렇게 단순하지 않다. 그 당시 농부들의 도덕이 어떠했든 간에 20세기에 이르러 농부들도 기독교 윤리를 벗어나는 실천에 가담하지 않을 수 없는 다양한 유혹을 받고 있다. 산업과 노동이 좀 더 나은 이익을 위해 조직적이 되기를 추구하듯 농업도 마찬가지이다. 이러한 운동은 1867년 초기 허드슨 후원자들이 조직되면서 시작되었다. 나중에 농민공제조합 Grange으로 알려진 이 조직은 농민계급의 사회적 · 지적 · 도덕적 · 경제적 개선을 위한 목적을 지닌 비밀 모임이었다. 이 조직은 협동 구매와 판매, 그리고 생산에 참여했다. 이 조직은 또한 철도 수송과 관세, 이율, 독점, 그 외의 다른 곳에서 부당한 실천이나 악용을 위한 목적으로 정치적 활동에 참여했다. 다른 농민조직은 그 다음 세대에 등장했는데, 1890년 국민당 Populist party의 형성에서 그 절정을 이루었다. 그 이후 다양하게 특화된 농업 관심들, 이를테면 농민연맹, 낙농연맹, 과일재배농가협회, 가금업자협회, 감자재배농가협회 등의 조합들이 생겨났다. 이들 다양하게 특화된 농장조직들의 총연맹조직이 시도되기도 했었다. 조금 다른 형태의 조직이긴 하지만, 농업 확장을 위한 여타 다른 일들과 더불어 농업대학, 농업을 국가적으로 관리하는 농산부가 생겨나기도 했다. 이들이 보여주는 가장 중요한 내용은 밀, 과일, 우유, 그리고 기타 농산물의 구매와 판매, 유통을 위한 협동이 최근에 크게 성장했다는 것이다.

산업 분야에서의 고용인과 노동 조직에서처럼 이들 농민 조직은 여러 가지 좋은 모습과 유용한 목적을 위해 많은 일을 하였다. 도움이 되는 정보교환과 농산물의 품질향상, 시장판매 등이 이들 조직이 제공하는 봉사를 통해서 개선되었다. 여러 경우에서 이들이 고용한 방법이 대우받고, 자신을 위한 정의 추구에 가담한 노동과 산업 연맹들처럼 이들 농민조직 중 어떤 조직은 이기적인 목적을 위해 운영되고, 다른 단체에 압력을 가하는 악의적인 방법을 사용하는 단체도 있었다. 올레오 마가린에 세금을 부과하도록 의회를 압력하거나 다른 형태의 차별화된 입법을 위해 압력을 가하는 조직된 낙농인 조합은 서로 경쟁하는 산업조직과 노동조직이 사용하는 전략과 다를 것이 전혀 없었다. 농민들 또한 정부 가격 정책에 항의하며, 시장에 고기를 출하하지 않기도 했으며, 1930년대 경제공황시기에 어떤 급진적인 농민조직은 법을 나름대로 운영하여 모기지 몰수 혹은 파산 매매 실행을 막기 위해 폭력을 사용하기도 했다. 후자의 폭력행위 형태는 분명히 기독교 윤리의 범위를 벗어났기에 메노나이트는 참여해서는 안 되는 것이었다. 여기서 일일이 다 말할 수 없는 매우 민감한 다른 농민 조직의 비윤리적 실천도 있었다. 농장조직의 회원과 참여활동에 대해서는 미국 메노나이트 중에 매우 다양한 현상을 보였다. 어떤 이들은 조직된 농업으로부터 완전히 분리되었다. 어떤 이는 사랑과 무저항의 기독교 윤리를 위반하지 않은 범위에서 정보획득과 농업개선 목적에만 참여를 시도하기도 했다. 이와 같은 경우는, 비록 상당수의 메노나이트 농부들이 농장조직에서 의문의 여지가 있는 더 민감한 형태의 방법들과 연루되었을 것이 분명하지만, 얼마든지 가능했으리라고 본다.

이는 메노나이트의 사회적 양심이 더 예리하고 민감하며 분별력 있는 성장이 필요하다는 사실을 강조한다. 폭력적 방법이 사용되던 노동조직의 초기에 전반적인 노동 분야가 메노나이트의 농업경제 범위를 벗어나던 때에는 교회가 노동조직과는 아무런 협동도 할 수 없다고 결론내리기가 쉬웠을 것이다. 그러나 성격상, 농업이 더 과학화 되고 복잡해지자, 여러 부분에서 메노나이트는 순진하게 공장조직에 참여하게 되고, 그런 과정에서 노동조직이라기보다는 성격과 방법적으로 절대 순진하지 않은 조직과 운동에 참여하게 되었다. 더욱 예리하고 더 분별력 있는 사회 양심의 필요는 깨끗하지 않다는 이유로 자신의 농장에서 우유 수거를 거절당했을 때, 평정심을 잃고 불순한 맹세까지 했던 메노나이트 농부의 예를 통해서 지적될 수 있겠다. 하나님을 경외함과 말의 순결에 대한 교회의 높은 관심은 주님의 이름을 헛되게 사용한 이 형제에게 징계를 내렸다. 그러나 둔감해진 사회적 양심은 생산된 우유를 사용하는 사람들의 건강을 위협할 수도 있는 비위생적 방법에 어떤 제재도 가하지 않은 사실에서 찾아볼 수 있다.387)

이 이야기가 실제적으로 사실인지 아닌지의 여부에 대해서 저자는 자세히 말할 수 없다. 그러나 사실이라면, 이는 복잡한 사회 경제적 세계에서 무저항의 교리의 다양한 세부적인 분별을 위한 사회적 양심의 필요성을 지적한다고 하겠다. 우유 한 잔을 마심으로 결핵균에 오염되어 죽은 사람이나 총알로 말미암아 입은 상처로 죽은 사람이나 죽는 것은 마찬가지이다. 인간의 생명을 취하는 군사조직에 참여하지 않는 무저항 그리스도인은 일상적인 시민직업에서도 그가 혐오했던 것을 아무런 의식 없이 행하는 일이 없어야 한다.

성경을 잘 아는 선의의 사람도 아주 중요한 것을 간과해버리기가 얼마나 쉬운지를 잘 보여주는 한 사건이 수년 전에 있었다. 중년 나이의 메노나이트들이 경제와 사업에 대해서 성경이 무엇을 말하는지 말해달라는 부탁을 받았다. 그들은 즉각 "사업에 게으르지 말고388) 킹 제임스 버전에 의하면 희랍어 원의는 사업에 대해서라기보다 영적인 것에 부지런하고 헌신적이기를 권고했던 말씀이다. 게으른 자들은 개미에게서 가서 어떻게 하는지를 생각하고 지혜를 얻으라"고 말했다.389) 그들은 아마도 "시장에서 부지런한 부자의 손"에 대한 예화를 덧붙였는지도 모른다.390) 그러나 더 중요한 것을 배제한 채 사업에만 부지런하였음으로 말미암아 어느 날 밤 영혼을 잃어야했던 사람들을 기억해야 할 것이며391) "가옥에 가옥을 이으며 전토에 전토를 더하여 빈틈이 없도록 하고 이 땅 가운데에서 홀로 거주하려 하는 자들은 화있을진저"392)라고 말한 이사야 선지자의 말을 들어야 할 것이다. 이들 선한 사람들이 이러한 잘못된 과정을 교정하도록 필요한 경고를 주는 것을 망각하고, 오직 전쟁으로 가는 길만을 막기 위해 성경구절을 독단적으로 기억하고 사용한다는 것은 이해하기 어려운 일이다.

메노나이트 농경사회의 경제성

미국의 산업화가 자신들이 지닌 문제들을 모든 기독교 공동체와 공유하게 된 것은 분명하다. 그러나 저자는 지금보다는 기독교 무저항의 방법에 가까운 길로 공동체의 삶을 살 수 있었던 가능성을 믿는다. 1941년 메노나이트 중앙 위원회에 보낸 산업관계 위원회 보고서에는 다음과 같은 내용들이 포함되어 있다.

> 산업조직과 함께하는 현재 우리의 노력은 필요하고 가치를 지니지만, 메노나이트 교회의 사회·경제적 상황에서 그러한 조직들을 불필요하게 만들었다면 더 좋았을 것이다. 산업노동연맹이 교회의 원칙을 위협하는 공장에서 형제들이 일하는 한 교회는 회원과 원칙을 보호하기 위해 할 수 있는 최선을 다하지 않으면 안 될 것이다. 아마도 더 가치 있는 일이란 교회가 문제의 근원에로 다가가고 교회 회원들이 연맹과 더불어 충동하지 않는 사회·경제적 상황을 제공할 수 있는 것이라고 하겠다. 만약 이렇게 될 수만 있었다면, 세계에 대한 메노나이트의 증언은 훨씬 강화되었을 것이다. 얼마 안 되는 공장 내에서의 비연맹가입 노동자들이 증언하고 있지만, 메노나이트 공동체는 협동적으로 신약성서의 경제와 사회 윤리의 모범으로 경제 및 사회적 삶을 이끌었다면, 더 강하고 나은 증언이 되었을 것이다…. 여러분 위원회는 만약 경제적인 방법에서 메노나이트와 기독교적 방법이 사람들 가운데서 효과가 나타난다면, 교회는 더 자세히 문제의 근원을 살피고 공동체를 세우는 발전적인 자세를 취할 것이며, 모든 회원의 생각과 힘을 유지하는 데 집중할 수 있을 것이다. 여러분들 위원회는 메노나이트를 강화하기 위한 가능성을 아직 실현하

지 못하고 있음을 알아야 하며, 우리는 또한 상호도움, 환대, 의료도움 등 도움이 필요한 젊은 농부들을 도와 협동으로 땅을 구입하는 일, 신약성서적인 사업과 사회윤리 그리고 효과적인 안전수단 등을 위한 효과적인 조직으로 이런 수단을 통해서 살아갈 때에 그리스도인을 신뢰하게 된다.393)

이 진술은 공동체의 경제적 삶을 계획하는 메노나이트의 무저항 원리에 더욱 가깝게 될 수 있다는 저자의 견해와 같이 한다. 이 제안이 어떤 점에서 메노나이트에 새로운 길을 제시하는 것같이 보일런지도 모르지만, 저자는 이러한 제안이 충분히 가능하다고 생각하며, 또한 기존의 메노나이트 형제애와 상호도움 전통과 같은 선상에 있다고 본다. 메노나이트 고용주들은 무저항 신앙을 증언하는 데 좋은 기회와 책임을 지니고 있다고 믿는다. 사회학자들과 미국 농무부 내의 전문가들은 오늘날 메노나이트 농업공동체를 농업안정과 공동체 단결을 위한 모델로서 인정하고 있다. 이들의 내용을 인용하는 저자들은 메노나이트 신앙과 메노나이트 삶의 길에 자신들이 농업공동체가 되는 데 도움이 되는 것을 인정하고, 그 내용을 찾아내고자 한다. 만약 이 견해가 옳다면, 메노나이트의 삶의 방법은 산업 분야에도 이미 기여했다고 본다. 예를 들면, 메노나이트는 공장을 너무 크게 하여 비인격적이 되게 하거나 영혼 없는 기업이 되지 않도록 한다. 고용주와 고용인 사이에 인격적인 관계가 이루어질 수 있는 만큼만 크기를 유지하는 것이다. 메노나이트 고용주들은 노동과 삶의 조건을 개선하고 외부 조건들도 그렇게 할 수 있도록 고용주와 고용인 관계를 발전시킬 수 있는 발전적인 수단들을 도입하는 데 주저하지 말아야 한다.

메노나이트 공장들은 고용주와 고용인이 협동의식으로 함께 일하고, 고용주와 고용인이 같은 수준으로 계층 간의 갈등의 근원적 소지가 없도록 함으로서 미국 내에서 가장 행복하고 만족스러운 산업연맹이 될 수 있을 것이다. 역사적 과정에서 이들의 방법을 공부하는 데 관심을 가진 농업 전문가들은 종종 유럽과 미국의 메노나이트 농부들을 방문하곤 한다. 사회학자들, 경제학자들, 산업관계 전문가들이 메노나이트 산업 공장을 방문하여, 권력 투쟁이 없는 전체적인 관계를 유지하는 이들의 성공 비결을 배우려고 하는 데는 그럴만한 이유가 있다고 본다. 이상적인 무저항 산업 상황을 배우기 위해서는 몇 가지 패턴으로 질문할 사항들이 있다. 연간 임금이나, 계절적 혹은 정기적인 해고에 대해서 궁금해 할 수도 있다. 노동자와 주주간의 이익 분배방식, 고용주와 노동자 간의 관계 등에 대해서도 듣기를 원할 것이다. 그러나 무엇보다도 메노나이트 공장 전문가를 방문했을 때는 그곳에 가장 장점으로 작용하는, 고용주가 노동자들을 위해 최고의 복지를 추구하고, 노동자는 고용주를 위해서 최선을 다하게 하는 기독교 신앙과 무저항 삶의 원리에 대해서 배워야 할 것이다.

그러나 저자의 견해로 이러한 산업은 메노나이트 전원공동체의 삶과 밀접하게 연결될 때에 가장 잘 유지될 수 있다고 본다. 전원공동체처럼 무저항 신앙을 적용하기에 좋은 환경은 없을 것이며, 이러한 이유로 많은 비중의 회원들이 직접 농업에 종사하는 메노나이트 교회와 같은 공동체가 가장 적합하다고 본다. 다른 한편, 메노나이트 사람들 모두가 다 실제로 농업에 종사하기를 기대할 수는 없다. 미국 농무부 통계발표 기준에 따르면, 오늘날 미국 인구의 15.8 퍼센트만 농업에 종사하고 있지만, 미래에는 농업 기술이 개발됨에 따라 이 숫자는 훨씬 더 낮아질 것이라고 본다. 이는 이 책이 출간된 당시 통계이지만, 2011년 기준으로 미국에서 농업에 종사하는 인구는 전체인구의 약 2%에 불과하다 – 역주

그러나 이는 농업에 종사하지 않는 메노나이트들이 계속해서 그들의 공동체를 떠나 대도시로 흘러들어가 형제애로부터 분리됨을 의미하지는

않는다. 우리에게 필요한 것은 전원공동체 삶의 새로운 실상이다 미래의 메노나이트 공동체는 농업과 산업의 균형 잡힌 통합적 공동체로서의 특징을 지녀야하고 또한 그렇게 될 수 있을 것이다. 메노나이트 공동체 안에 있는 높은 비율의 가족들이 앞으로는 아마도 가족 사이즈로 운영하는 농장에서 살게 될 것이다. 그러나 공동체 중심의 마을에는 작은 규모의 산업들이 있으며, 그들 대부분은 농장 생산물의 제1단계 과정산업이 될 것이다. 가금류의 포장, 음식물 건조, 혼합사료 등 많은 농업과 밀접하게 관련되는 다른 생산과정들이 도시에서처럼 전원공동체 내에서 효과적이고 경제적인 도움을 줄 수 있도록 이루어질 수 있을 것이다. 농업과 직접 관련되지 않은 다른 산업들에 대해서도 같은 이야기를 할 수 있을 것 같다.

이러한 형태의 성공적인 기능공동체를 만들려면 배려 깊고 협동적인 계획이 요구된다. 여기에는 공동체 회원들이 자신들의 개인적인 직업을 가질 수 있도록 돕는 상담서비스가 있어야 하고, 그들의 출발 단계를 위한 신용사업도 있어야 할 것이다. 유능하고 젊지만 초기에 자금이 부족해서 농장을 확장하기 못하는 경우가 많이 있다. 공동체가 신용사업을 하면서 낮은 이율로 자금을 빌려준다면 그런 젊은이들이 필요로 하는 것을 얻을 수 있을 것이다. 공동체의 상담 서비스는 새로운 산업이 생겨날 때에 필요로 하는 것이 무엇인지를 알게 한다. 단계적으로 산업을 확장해 나아갈 수 있는 한편, 실제적으로는 농장에 참여하지 못하는 공동체 회원에게 생계를 제공해줄 수도 있을 것이다. 이러한 공동체 내에서 파트타임으로 농장에서 일할 수 있는 가족 회원들이 있을 수도 있는 것이다. 그들은 5내지 10에이커 정도의 작은 농장을 지니고 우선 자신들의 음식을 생산하면서 공동체 산업 내에서 고용인으로 일함으로 현금을 벌어들일 수 있을 것이다.

이같이 계획된 메노나이트 전원공동체 내에서는 기독교적 형제애의 강한 정신을 발견할 수 있을 것이다. 이를 활성화하려면 잘 조직된 상호도움

체계가 있어야 한다. 공동체는 그 나름대로 잘 조직되고 신중하게 재정이 공급되는 사회복지 프로그램을 갖추고 있어야 한다. 어떤 가족이 병들거나 죽었을 때, 이러한 체계는 남은 가족의 빈곤 상태를 막는 역할을 할 수 있다. 공동체 회원들은 공동체 복지라는 용어를 생각하고 개인적인 이득이 아닌 형제애라는 용어를 통해서 사고해야 한다. 산업 갈등이 있을 수 있는 곳에서 주식이나 채권에 투자하는 대신, 공동체의 신용사업 내에서 돈을 서로 나누는 형제애가 있어야 한다.

이와 같은 형제애 정신은 전체 공동체 내로 스며들어 회원 전원에게 영향을 주어야 한다. 대학에 참여하는 젊은이들은 메노나이트 공동체에 봉사하는 삶을 살고자 해야 한다. 농부라면 농부로서 이런 봉사를 해야 한다. 그러나 이러한 사회는 공동체 산업 내의 노동자와 지도자와 마찬가지로 목회자, 교사, 의사, 간호사 또한 필요하다. 이런 분야에 흥미 있는 대학 졸업자들이 메노나이트 전원공동체에 들어와서 같은 봉사를 해야 한다. 어떤 경우에는 회원 모두에게 동등한 의료봉사를 할 수 있는 협동적 차원에서 관리하고 운영하는 공동체 의료서비스와 같은 공동체 내 작은 병원이 세워질 수도 있을 것이다. 그러나 무엇보다도 중요한 것은 이러한 이상적 공동체는 그리스도의 정신이 스며있지 않으면 안 된다. 무저항의 삶의 길이 이 모든 사업과 동기를 지도하지 않으면 안 된다. 그리스도인의 형제애 정신이 모든 관계를 다스려야 한다. 이러한 공동체 내에서는 산업적인 갈등 조짐이 있을 때, 그 근원에서부터 원인을 제거해내야 한다. 그리고 이러한 공동체를 생각하고 헌신하고 관리되는 곳에는 메노나이트 전원 공동체 인구가 산업 갈등이 있는 큰 도시로 유입되는 것을 막을 수 있는 행복, 만족, 안정이 있어야 한다.

타 인종에 대한 그리스도인의 태도

위에서 제안한 공동체는 그 자신을 위해서만 존재하는 것도 아니고, 그 주요 목표가 경제적 가치도 아니다. 이는 사람들이 형제로 함께 거하고 신약성경에 나와 있는 사랑과 평화의 길에 대한 모범이며 경제적 가치를 위대한 목적을 위해서 사용하는 진정한 기독교 공동체이다. 이 위대한 목적은 사랑과 형제애를 모든 사람에게 실현하는 것이다. 진정한 기독교 공동체는 어디서든 새로운 기독교 공동체를 추구하고자 메신저를 보내는 초기 교회의 선교 공동체이다. 16세기 아나뱁티스트는 공동체를 추구했지만 고립된 공동체 개념은 없었다. 그들의 공동체는 새로운 기독교 공동체를 유럽 어디에서나 건설하고 하나님 나라의 국경을 넓히고자 그들의 메신저를 보내는 디딤돌이었다. "아나뱁티스트 후계자들에게 '가서 모든 나라들로 제자를 삼으라' 는 주님의 최후의 명령보다 더 큰 관심을 갖게 하는 말씀은 없다"고 리텔은 말했었다.394) 공동체와 선교에 관해서 메노 시몬스 자신의 저서에서보다 더 좋은 예를 찾아볼 수 없을 것이다. 언젠가 그는 "우리는 사랑, 자선, 공동체를 가르치고 실천한다"라고 말했다.395) "우리는 예수 그리스도와 전 세계에 사도들이 전한 복음을 위해 생명과 피를 흘릴 수 있는 갈망과 열정을 지닌 마음을 갖고 추구한다"라고 말하기도 했다.396)

이러한 진정한 선교정신은, 그리스도인 공동체로부터 나와 인종이나 피부색깔, 사회, 경제적 지위에 상관없이, 사람이 있는 곳이면 어디에나 그리스도인의 사랑과 형제애가 가는 곳에서만 있을 수 있다. 이러한 정신이 사람들 가운데서 역사할 때에 평화가 이루어진다. 소위 이와 같은 사랑을 지니지 못한 그리스도인은 비록 무저항 신앙을 고백한다 하더라도 평화에 기여하지 못하며 오히려 다툼을 일으킨다. 마더 모건의 다음과 같은 말에 주목할 필요가 있다.

우리는 전쟁을 정부나 큰 기업이 평화로운 사람들에게 부과하는 것으로 생각한다. 이러한 사고는 비현실적이다. 작은 전쟁이 은행들 간의 싸움, 독재자 간의 싸움이라면, 큰 전쟁은 사람들 간의 다툼이다. 이런 것들은 인간의 계급과 지위에 근거를 둔 깊은 근원에서 나온다. 한 예로 인종 문제를 들 수 있겠는데 이는 다음 세계대전의 원인이 될지도 모른다. 인종 차별은 차별받는 사람들의 존엄성과 자아 존중감에 깊은 상처를 주는 사람들의 감정과 태도에서 나왔다. 우월감에 대한 태도가 증오를 가져왔으며, 기회균등을 힘으로 결정하는 역할을 했다. 한마디로 이러한 차별은 전쟁의 원인이 되었다. 유색 인종이 기술을 습득하고 대규모 관리가 가능하게 되자 그러한 문제에 대하여 수많은 사람이 단결하게 되었다. 현재 자신이 평화를 사랑하는 사람이라고 여기는 수많은 사람들이 인종적 우월 태도를 포기하기 전에 생명과 재산, 민주주의 제도를 대가로 또 다른 세계 전쟁을 선택하는지도 모른다.397)

이렇게 말할 때에 우리의 형제애를 테스트하는 하나의 좋은 예는 가정과 밖에서 유색인종에 대하여 어떤 태도를 취하는가 하는 것이다. 이 시대에 동양 사람들에 대한 우리의 태도는 특별히 중요하다고 본다. 왜 중국이 공산주의 통치로 전락하고 말았는가? 이는 서구 기독교의 삶의 방식보다 공산주의가 더 많은 것을 그들에게 제공할 수 있다는 신념으로 중국을 공산주의가 되게 한 건 아닌가? 1951년, 인도 정부가 미국의 극동정책을 조정해주기를 촉구함으로 말미암아 인도에 대한 미국의 감정은 우호적이지 못했으며, 그 결과 극도로 기아상태를 겪는 나라에 필요로 하는 곡물 선적을 지체시켰다. 인도 사람들이 계속해서 굶주리는 동안, 러시아와 중국이 그들에게 곡물을 보낸다는 소문이 있었다. 실제로 러시아의 곡물이 조금 인도에 도착하기는 했다. 미국으로부터 훨씬 더 많은 곡물을 받았음에도, 이 사건은 인도인들 가운데 그리스도인인 미국보다 공산주의가 그들에게 더 많은 것을 제공해준다는 왜곡된 생각을 하게 되었다. 최근에 런던의 도날도 소퍼는 실론의 인력거 노무자에 대해서 다음과 같이 말했다. "실론에 있는 오랜 그리스도인들은 하나님의 부성과 인간의 형제애에 대해서 말해 왔지만, 공산주의자들이 왔을 때에 그들은 인력거 노무자에게 '우리에게 투표하시오. 그러면 우리가 그 자리에 오를 때에 더는 콜롬보에 인력거 노무자는 없을 것입니다' 라고 말했다. 모든 인력거 노무자가 공산당원이 된 것은 놀라운 일이 아니다."398)

세계 인구의 절반이 굶주릴 때에, 그들이 절실히 원하는 것을 주겠다고 약속한 공산주의의 선전에 그들이 넘어간 것은 놀랄 만하지 않은가? 공산주의의 선전이 대부분 진실 되지 못하다는 것과 그것을 받아들인 사람들이 궁극적으로는 노예를 받아들인 것은 사실이다. 그러나 서구적인 삶의 방법이 공산주의보다 그들에게 더욱 더 많은 것을 주었음에도, 왜 동양인들이 철저하게 이 사실을 믿지 않게 되었을까? 아마도 서구라는 편견 때문에 서구의 그리스도인들까지도 이 사람들의 마음에 도달했어야 할 사회 양심과 사랑의 힘이 미치지 못하는 결과가 아닐까? 동양에 대한 서양의 태도는 정신적으로 친절한 척 생색을 내는 것이었고, 우월감으로 자만하고 득의만만한 태도로 보였던 것이다. 미국 사람들은 일반적으로 서구의 근검절약하는 산업으로 말미암아 미국은 부자이고 동양은 게으름 때문에 가난하다고 생각했다. 그들은 미국의 인구비율이 평방 마일 당 50명인 반면 중국은 300명이라는 인구밀집지역이라는 사실을 잊고 있었다. 캔자스 주에 농부가 60만 명인 반면, 같은 크기의 중국 후난 성에는 1억 8천만의 농부가 살고 있으며, 이곳에서 가족 당 수확을 거둬들일 수 있는 땅이 2에이커인 반면, 캔자스 주는 150에이커라는 사실, 캔자스 주에서 일 년 수입이 가족 당 3000달러인 반면, 후난 성에서는 120달러에 불과하다는 사실을 생각하지 않았던 것이다. 한편, 동양 사람들은 미국이 전 세계 인구의 6퍼센트에 불과하면서도 전 세계 자동차의 70퍼센트를 소유하고 있으며, 전 세계의 전화 50퍼센트, 51퍼센트의 고무, 62퍼센트의 오일을 장악하는 것을 이해하지 못한다. 이러한 차이를 서구인들의 탐욕과 물질주의 탓이라고 여기는 동양인들은 서구의 사람들이 정당하지 못하다고 할 것이다. 그렇다면 서구 그리스도인들의 태도는 어떠해야 할 것인가? 높은 생활수준으로 말미암아 자만할 것인가? 외국인들이 더 많이 들어와 생활수준이 낮아지지 않도록 이민자를 막는 국가 정책에 내심 만족하여야 할까? 마샬플랜이나 다른 형태의 미국 원조 없이는 재정적으로 향상될 수 없는 유럽이나 동양의 무능을 얕보아야 할까?

어떻게 하든 평화를 선택하는 무저항 그리스도인은 세계의 충분한 영양을 공급받지 못하는 사람들에 대한 깊은 책임감을 느낀다. 그는 행운으로 주어진 경제적 조건을 의식하고 다른 세계 내 어떤 사람들보다도 높은 수준의 삶에 대하여 도덕적으로 권리가 없다는 사실을 의식해야 한다. 최소한 그가 할 수 있는 일은 특권을 누리지 못하는 세계 내 다른 지역에 대해서 사랑과 동정심을 갖고 음식이 가득한 식탁을 대할 때마다 감사의 기도를 할 뿐만 아니라 다른 지역의 형제들의 희생으로 이런 호사스런 삶을 누리기를 원했던 탐욕에 대하여 하늘에 계신 아버지께 진지하게 용서를 구해야할 것이다.

각성된 사회적 양심

끝으로, 20세기에 이르러 무저항 그리스도인과 무저항 교회는 복음이 지닌 사회적 암시를 이해함으로, 그리고 사회적 암시와 더불어 복음의 확장을 위한 강력한 프로그램을 통해서 통렬한 사회적 양심을 가질 것을 강조하는 것은 절대 지나치지 않을 것이다. 교회는 전쟁 참여를 반대하는 무저항 그리스도인에 대하여 "정치질서를 위한 온전한 책임을 지는 데" 실패한 "전략적 위축"이라고 하면서, 무저항의 입장과 불일치하는 정치 사회적 행동의 형태로서의 존 C. 베네트의 비판에 의하여 주저하거나 방해받을 필요가 없다.399) 그리스도의 참 제자라고 해서 하위 기독교 사회에서 볼 수 있는 정치적 질서에 전적인 책임을 질 수는 없다. 그렇다고 하위 기독교 사회 질서를 위한 책임으로부터 전략적으로 물러설 필요도 없다. 그리스도인 제자로서 지속적인 과정을 추구하는 것이야말로 정치 사회적 질서를 위한 가장 충실한 도전이고 기여라고 말할 수 있겠다. 동시에 저자는 무저항 그리스도인은 정부를 포함해서 세상에 대해서 증언하며, 어디서든 사람을 소중히 여기며 기독교와 국가로서의 일반적 기준이 되는 복음과 구제, 다양한 형태의 기독교 사회봉사를 적극적인 사랑과 행동 프로그램으로 수행하지 않으면 안 된다는 것을 촉구하고자 한다.

메노나이트 현 세대가 사회와 국가에 대하여 영향을 주는 것은 확실하지만, 한편 여기에 제시한 목표가 아직 이루어지 못한 것도 사실이다. 이 일을 이루기 위해 우리가 해야 몇 가지 일들을 아래에 제시해본다.

1. 무저항 사람들, 특히 메노나이트교회는 그리스도의 복음에 나타나 있는 사회정의 원칙을 더 잘 이해해야 한다.
2. 이들의 마음속에서 기독교 윤리는 자신을 위한 정의를 요구하기보다는 정의로운 행동을 강조해야 한다. 정의를 요구하는 쪽을 강조할 때는 사랑과 무저항의 원리가 희생당할 위험이 있다.
3. 삶의 모든 영역에서 지속적으로 정의로운 행동 원리를 적용해야 한다.

4. 이들은 형제 그룹을 한데 모아 기업, 교역, 직업윤리 등을 논의하고 기독교윤리 선상에서 정의로운 행동에 대한 지속적인 증인이 되도록 정책과 절차를 형성할 수 있게끔 도와야 한다.

5. 교회는 정의로운 행동을 적합하게 강조하는 한편, 어디서든 발견되는 사회의 불의에 항거하는 저항의 목소리를 높이는 방법을 찾아야 한다. 교회는 계층 간 갈등의 소용돌이를 일으키지 않고 사회 정의의 예언자가 될 수 있는 남녀가 나오도록 해야 한다. 여기에서 참다운 비전과 그리스도인다운 정치가를 요청하게 된다.

6. 특별히 언급하고자 하는 것은, 가르치고 실천을 보일 수 있는 기독교 인종관계와 관련된 프로그램이 많이 필요하다는 것이다. 지금까지는 메노나이트 교회가 현실적인 방법으로 이 문제에 일을 제대로 시작하지 못했다. 1952년 교회는 국내외에서 임무를 수행하면서 교회가 운영하는 노인들을 위한 집에 다른 인종들을 수용하지 않은 것이 사실이다. 이러한 조건이 있는 한 목표는 아직 요원하다.

7. 교회는 지속적으로 복음화와 기독교 사회봉사와 관련된 새로운 분야를 개척해야 한다. 모든 종류의 자원봉사 단체는 국내외로 확장되어야 한다.

8. 교회의 구제 프로그램은 봉사할 수 있는 기회가 주어지는 한, 유지되어야 한다.

9. 교회는 국가와 정부에게 평화를 증언하는 책임을 다시 생각하고 책임적이며 더 적극적으로 증언하는 자세를 취하여야 한다.

11

사회에 대한 무저항의 기여

무저항 그리스도인의 과제

무저항 그리스도인이 그리스도의 제자가 된 이래 가장 우선되는 과제는 "너희는 가서 모든 족속으로 제자를 삼아 아버지와 아들과 성령의 이름으로 침례를 주고 내가 네게 명한 모든 것을 가르쳐 지키게 하라"400) 하신 주님의 말씀에 순종하는 것이었다. 아버지와 아들과 성령의 이름으로 침례를 준다는 것은 제자도를 위한 신학적 교리적 기초가 필요함을 암시한다. 예수 그리스도의 윤리적 교훈만을 가진 사람은 그분의 제자가 아니다. 단순히 그리스도의 외적인 삶을 모방해서는 하나님 나라에 들어갈 수가 없다. 제자도란 그리스도의 기름부음을 통한 중생의 경험을 우선 의미한다. 그리스도인의 윤리적 삶이란 이 중생의 경험에서 나온다. 그러므로 무저항 그리스도인의 첫 번째 과제는, 복음적인 기독교 신앙을 위한 거부할 수 없는 증언을, 기독교 이상으로 장식하여 매력적이기는 하나 인간의 철학에 뿌리를 둔 어떤 종류의 평화주의나 사회봉사로부터도 지켜내야 한다.

중생한 그리스도인이 지켜야할 '모든 것'은 전체 복음과 윤리를 모두 받아들이는 것을 의미한다. 산상수훈과 사도들의 기록에서 말하는 삶의 방법을 완전하게 살아야 한다. 참 제자는 어떤 부분을 빼버리거나 예수께서 의도하셨던 것과는 아주 다르게 자신들이 의미하는 것을 강조하고자 어느 부분을 약화하는 등 왜곡된 기독교 윤리를 수용하지 않는다. 따라서 무저항 그리스도인의 두 번째 과제는, "자신에게 악을 행하는" 사람에도 무저항을 실천하는 것을 포함하여, 전체 기독교 윤리를 유지하는 것이다. 국가의 일에는 평화의 방법을 적용하나 자본, 노동, 혹은 일상적인 일들에 대하여는 생략하는 부분적인 해석체계를 배제하지 않으면 안 된다. 진지하게 무저항을 유지할 뿐, 단순히 국제관계를 개선하거나 혹은 비폭력적인 강압으로 물리적인 힘의 수단으로 강압을 대신하는 소위 평화주의를 따라서는 안 된다. 끝으로 무저항 그리스도인은, 평화주의를 종교 그 자체로 삼거나 그들의 삶 그 자체에 나머지 모든 것을 예속하는 일반적인 흐름도 배제해야 한다. 그리스도인 무저항은 열매이지 뿌리가 아니다. 이는 복음의 메시지와 일치되는 것이지 복음 그 자체는 아니다.

평화주의의 도전

그러나 위에서 요약한 입장을 고수하다 보면, 무저항 그리스도인은 다양한 형태의 현대 평화주의에 의해 도전받는 자신을 보게 될 것이다. 평화주의자들에게 무저항은 너무 성경에만 순종하려 함으로 그들의 평화의 교리는 전체 세계관에는 우발적이며, 평화문제에 소극적이고, 변하는 세계질서 내에서 사회 정의 문제를 다루는 데 불충분한, 한마디로 무저항적 사고는 하늘의 소망을 지향할 뿐, 세계의 필요를 충족하지 못하다고 말한다. 이와 같은 이유로 평화주의는 말하길, 평화운동을 위한 지도력은 무저항 교회로부터 나오지 않는다고 한다. 이와 같은 도전에 대하여 무저항 그리스도인은 이 세상에서 유일한 희망은 하늘에 그 출처를 두는 방법대로 사는 것뿐이라고 답변할 것이다. 인간에게 중심을 두는 어떤 종교도 죄악 된 세상에 항구적인 도움을 줄 수는 없다. 무저항 그리스도인은 성경을 따라 살고자 하는데, 성경은 하나님의 계시이고 전반적인 교훈 안에 평화 교리가 자리 잡고 있기에 그렇게 살지 않을 수 없다. 다시 말하지만, 그리스도인의 평화는 열매이지 뿌리가 아니다. 이는 복음의 가르침 가운데 하나이지 복음 그 자체는 아니다. 무저항 그리스도인은, 현재 사회적 문제에 불충분하다는 도전에 대해서는, 이들 문제에 관심은 있지만, 다른 방법 즉 교육과 개혁의 방법이 아닌 중생과 제자도의 방법으로 일할뿐이라고 대답한다. 신약성서의 교훈은, 가난한 사람들을 구제하고 돕는 데, 항상 자비로운 행동으로 참여하게 하는 사랑의 정신으로 사는 것이다. 처음부터 오늘날까지 메노나이트 교회의 교훈과 실천은 5장과 7장에서 이미 말한 것처럼, 이 정신으로 무저항 그리스도인의 모임 가운데서 늘 있어왔다. 그러나 역사 속에서 종종 메노나이트 교회는 정신의 나태와 비전의 결여로 고통스러워했고, 당연히 있었어야 할 필요에 늘 깨어있지 못했었다는 점도 인정한다. 다른 한편, 메노나이트의 해외구제 프로그램의 성장은 우리 시대가 직면하는 필요에 교회가 매우 민감했다는 표시 중에 하나가 될 것이다.

푸에르토리코, 파라과이, 영국, 프랑스, 폴란드, 극동지역과 중국에 이르기까지 이르는 확장된 조직적 구제는, 156,000명의 형제들이 다른 곳이 아닌 바로 자신들이 가진 자원으로부터 재정적 지원을 했으며, 이렇게 하려면 순수한 지도력이 요구되어야 했다는 것을 알 필요가 있다. 그러나 평화주의자들이 무저항 단체들에게 정치적 압력과 비폭력 저항이 있을 때에 지도력을 볼 수 없었다는 비판은 바른 것이라고 하겠는데, 그 이유는 메노나이트와 다른 무저항 그리스도인들은 이러한 형태의 평화주의가 잘못된 접근, 즉 그들이 하나님 나라 개념과 그 건설 방법에 있어서 왜곡되었다고 보았기 때문이었다. 인기 있는 평화주의가 아닌 진정한 하나님 나라에 속한 그리스도인 형제애로서의 중생한 그리스도인 사회를 만들어내는 제자도를 세우는 것이야말로 메노나이트와 다른 무저항 그리스도인의 과제다.

비평화주의자들의 도전

무저항 그리스도인은 비평화주의자들의 도전도 직면하게 된다. 비평화주의자들은 하나님께서 그리스도인들에게도 전쟁을 하 라고 명령하셨다고 주장한다. 이 논쟁에 대해서는 이 책의 앞부분에서 이미 대답했다고 본다.401) 비평화주의자들의 또 다른 도전은, 최근에 찰스 클레이톤 모리슨에 의해 제기되었는데, 그는 평화주의도 전쟁도 아니라고 주장한다. 하나님 께서는 싸우라거나 싸우지 말라거나 하지 않으셨다는 것이다. 전쟁은 죄가 아니라 지옥이다. 그것은 죄에 대한 하나님의 심판이다. 전쟁은 항상 있으며 아무도 피할 수 없다. 모두는 단지 전쟁과 싸우는 데 도움을 주고 있을 뿐이다. 그것을 나쁘다고 말하는 것은 옳지 않다. 따라서 우리가 잘못 되었을 때 그래서 그 결과가 전쟁이라면 전쟁이 나쁘다고 말하는 것은 옳지 않다. 그러므로 최선의 전쟁이 되게 한다면, 그 결 과는 아마도 무엇인가 좋은 것이 있을 것이다. 만약 우리가 싸운다면 우리가 저지른 죄를 스스로 처벌하는 것이며, 우리는 정화되고 미래의 문명을 구제하는 데 도움이 될 수도 있을 것이다. "세계가 가장 필요로 하는 것은 전쟁에 대한 양심적 반대가 아니라 불의에 대한 양심적 반대"인데 이는 불의가 전쟁을 일으키기 때문이다. 모리슨의 주장은 바로 이런 논리였다.402)

모리슨이 전쟁을 인간의 죄 때문이라고 말한 것은 의심할 여지가 없다. 그러나 모든 인간이 그에 대하여 책임을 져야하는가? 모든 사람이 전 쟁을 발발하는 물질주의, 제국주의, 군국주의를 승인한 할 것인가? 평화와 형제애를 만드는 그리스도인의 제자도를 말과 실천으로 사는 사람들이 과연 아무도 없는 것일까? 심지어 이스라엘에도 바알에게 무릎을 꿇지 않은 7천명 이 있었다고 했다. 분명히 우리가 사는 세상에는 자비를 사랑하고 정의를 행하며 하나님 앞에서 겸손히 행하는 사 람들이 있는 것은 분명하다. 손이 깨끗하며 전쟁이라는 지옥으로 가지 않아도 되는 사람들이 있다는 것이다. 만약 모리슨 자신의 전제를 인정한다고 하더라도 최소한 불의에 대한 양심적 병역거부자가 있는 것이며 전쟁에 대한 양심적 병역거부자도 또한 당연히 있는 것이다. 무저항 그리스도교의 도덕적 요구를 만족시키는 데는 모리슨의 전제와는 다른 그 이상의 어떤 것이 된다. 어떤 사람이 복수를 위해 다른 사람에게 잘못을 저지르면 그렇게 복수를 행한 사람도 같은 복수를 당할 수밖에 없게 된다. 그렇다고 복수를 반복하는 행위를 정당화하는 것은 아니다. 맨 먼저 잘못을 행한 사람이나 그를 또 다른 복수로 징벌하는 사람들은 그 과정에서 결국 죄를 짓게 된다. "너는 원수를 갚지 말라…. 원수 갚는 것은 내가 할 일이다. 내가 갚을 것이다"라고 주께서 말씀하셨다. 죄악이 있는 인간 사회에서 인간은 복수를 계획하지만, 그렇게 할 때 그들은 죄를 짓게 된다. 전쟁은 죄이다. 그리고 예수 그리스도의 참된 제자는 전쟁을 하지 않는다.

무저항 그리스도인은 사회의 기생충인가?

오늘날 평화주의적인 기독교 신앙에 가장 도전적인 작가는 라인홀드 니버Reinhold Niebuhr라고 할 수 있겠다. 그는 일반적인 평화주의를 부인하면서도 신약성서 윤리는 비폭력 저항이라고 하면서 그의 윤리를 이곳에 기초한다. "평화주의자들은 신약성서 윤리를 비타협적 무저항이라고 주장하고 정치적인 세계를 전적으로 외면하면서 단지 사랑의 명령에 따라서 살기를 추구한다…. 다른 말로 하면, 성서적 무저항은 너무 순수한 평화주의라서 나머지 정치적으로 순진한 우리에게는 너무 위험한 게임이라는 것을 기억해야 한다."403) 메노나이트는 기독교 윤리에 대한 니버의 평가에 공감하지만, 그러나 어쩌면 그 자신이 "정치에 순진한 자들의 어리석은 게임"을 추구하고자 값진 진주를 저버리는 것을 보는 것 같아 실망하게 된다. 한편, 니버는 정치적인 어리석은 게임을 세계 내 현재 악 속에서 그리스도인들이 행하기에는 가장 실천적인 것이라고 믿는다. 세계는 지금 힘의 사용이 필요하다는 것이다. 비기독교 혹은 악한 사회 질서 속에서 무저항 삶의 방법은 국가적으로 실현 불가능하다고 말한다. 전체주의적 세력이 세계를 위협하는 때에 그리스도인은 순수한 기독교 윤리를 잠깐 떠나 악의 세력을 타도하기 위해 전쟁에 참여해야 한다고 한다.

만약 무저항 그리스도인이 위의 인용문에서 니버의 보완적인 특징에 만족하여 미소를 짓는다면, 그들은 아마도 다음과 같은 신랄한 도전으로 말미암아 주저하지 않을 수 없을 것이다.

> 이러한 평화주의(신약성서 무저항)는 일종의 금욕주의이며, 이는 정부와 상대적인 사회의 평화, 상대적인 사회 정의를 유지하는 나머지 우리에게는 죄악이 되는 기생충과 같은 것이다. 기생적인 삶은 바리새인들에 의한 부패로부터 평화를 지키는 일을 방해할 뿐이다. 그러므로 죄악 된 오만으로 죄악 된 기생을 반대하는 우리를 유혹하지 말고 이를 반대하는 우리에게 증언해야 한다.404)

무저항 그리스도인은 이러한 도전을 어떻게 해야 할까? 기생충임을 자인해야 할까? 물론, 이러한 도발은 새로운 것이 아니다. 예레미야 선지자도 그 당시에 이러한 도발에 직면했었다. 로마 제국시절 초기 기독교도 그러했다. 16세기 메노나이트도 마찬가지였다. 옛날과 마찬가지로 오늘날의 군국주의자들은, 만약 모든 사람이 무저항 그리스도인의 입장을 취한다면 국가는 망하게 될 것이라고 자기 멋대로 주장한다. 우리는 니버에게 어느 정도 공감하며 이해하지만, 결국은 그도 마찬가지 입장으로, 모든 사람이 그리스도인의 입장을 취하면 전쟁은 없어질 것이라고 주장하는 것과 같다. 그러나 인류 대부분이 이 입장을 취하지 않았기에 오늘날까지도 세계는 전쟁과 갈등을 당연한 것처럼 받아들이고, 무저항 그리스도인은 존재하는 혼란 속에서 질서를 위해 요구되는 의무를 이행하는 사람들에게 기생충과 같다고 니버는 말한다.

이러한 도전에 대한 첫 번째 대답은 그리스도인의 우선적인 의무는 그리스도의 제자가 되는 것이라고 해야 할 것이다. 그리스도가 하늘의 권위로 말하는 것을 전제로 한다면, 오직 우리가 해야 할 일은 그분의 명령에 복종하는 것이다. 다른 과정이 좀 더 실천적이고 합리적이며 사회적으로 유용한 것같이 보일 수도 있다. 그러나 인간적 관점에서 최선으로 보일지라도 결국에는 잘못된 것으로 입증되어 왔다. 잠언은 "인간에 옳게 보이는 것 같으나 나중에는 사망의 길이 된다"라고 말한다.405) 참 제자는 전 세계가 그리스도를 반대할지라도 그리스도를 따르는 것이 참이라는 것을 분명히 믿는다. 인간의 이성이 종종 잘못되었었음을 안다면, 그리스도인은 거룩한 계시에 모든 것을 걸고 그 결과를 하나님께 맡긴다. 이러한 복종은 맹목적인 복종이 아니다. 그리스도인의 신앙은 맹목적인 신앙이 아니다. 이 신앙은 입증된 것이다. 그리고 무저항 그리스도인들에게 그 입증은 그리스도로 말미암아 규정된 삶의 방법이야말로 인간 사회에 최선의 것임을 분명하게 한다. 무저항 고백에 충실 하는 한, 그는 기생충이 아니라는 사실을 확신해야 한다.

사회에 대한 진정한 봉사로서 그리스도인의 무저항

니버와 군국주의자들이 무력의 사용이야말로 비기독교 사회 질서를 위해서 피할 수 없는 것이라고 주장할지라도, 무력 사용이 곧 인간이 사회에 기여할 수 있는 최고의 봉사라고 할 수 없으며, 또한 무저항 그리스도인은 중요한 기여를 하지 못한다고 말할 수도 없을 것이다. 제4장에서 오리겐에 대하여 언급한 적이 있었는데, 그는 3세기 그리스도인의 특징을 당시 관리들이 수행한 어떤 것보다도 경건을 진작시키는 커다란 사회적 가치에 공헌한 "경건한 군대"인 로마제국의 후원자라고 했다. 오리겐 당시에 이는 지금 우리가 다루는 주제를 벗어난 것이라고 할 수 있겠다. 로마제국은 당시 최고의 통치권에 있었고, 군사적인 힘과 정치적 행정에 근거한 법과 질서는 가장 괄목할만한 것이었다. 당시 로마인들이 가장 되고 싶어 하는 직업은 바로 국가 공직자였다. 시민의무를 장려하는 것이 시민으로 행해야 할 공통적인 의무이지만, 이것이 바로 겸손한 그리스도인이 해야 할 역할이라면, 이는 인간 재능의 낭비에 해당할 뿐이다.

그럼에도, 당시에 사회적으로 별로 중요하지 않은 것처럼 보이는 것들 중에 종종 가장 큰 의미가 있었던 예가 없었던 것은 아니다. 오늘날 로마제국은 기억 속에만 남아 있지만, 기독교 교회는 여전히 살아 있다. 오리겐 당시에 제국은 이미 멸망의 단계에 있었음을 우리는 안다. 이와 같은 붕괴의 원인은 다양했기 때문에 적합한 설명이 불가능할지도 모르지만, A. E. 홀트 교수는 역사의 뒤안길을 내다보면서 중요한 언급을 했다. "초기 기독교 공동체와 로마 제국을 생각하면 할수록 항구적인 사회 건설에 유일한 요소는 로마제국을 직면하여 기독교 공동체가 보여준 것뿐이라는 확신을 더욱 가지게 한다."406)

제8장에서 애딘 발루와 T. S. 엘리엇에 대하여 언급한 적이 있는데, 이들의 증언 역시 오리겐의 것과 비슷하다. 발루는 무저항 그리스도인의 고결한 소명은 "인간성의 행진 앞에 도덕적으로 서고, 더 나은 의로 인도하는 것이다"라고 했다. 그리고 엘리엇은 "문제는 기독교적인 공직자가 되는 것이 우선이 아니다. 기독교의 틀 안에서 일하는 회의적이거나 무관심한 공직자는 세속적인 틀에 순응하게 하는 헌신적인 기독교 공직자 보다 훨씬 그 영향력이 클 수도 있다"라고 말했다. 문제는 바로 이것이다. 무저항 그리스도인의 사명은 정치적인 것이 아니다. 그것은 오히려 치유적인 사명이다. 인간 사회에 치료를 가져오고 진리에 대한 지속적인 증거를 통해

서 부패로 나아가는 것을 막는 것이다. 이 세계는 그들의 빛을 언덕 위에 세우고 진리와 의의 방법으로 증거하기 위해 서 있는 무저항 그리스도인의 사명이 있어야 한다. 이와 같은 증거를 제공하는 사람들은 조직된 사회의 비용에 기생하는 삶을 살지 않는다. 일반 사회 대중은 오히려 이 사람들의 가장 큰 시혜자들이다. 관직, 경찰, 군인의 직무를 수행하는 것을 가장 높은 것으로 갈망하는 사람들이 있다. 이 자리를 채우려고 준비된 사람들은 얼마든지 있다. 그러나 무저항 그리스도인들만이 채울 수 있는 고상한 자리를 위한 지원자는 그렇게 많지 않다. 덜 중요한 것을 위하여 이를 희생하지 않도록 해야 한다.

이러한 관점은 사회 질서의 완전한 기독교화를 기대하는 하나님 나라의 관점을 주장하는 평화주의자들을 만족시키지 못한다. 그러나 아나뱁티스트와 메노나이트는 사회 질서의 완전한 기독교화를 절대로 기대하지 않는다. 그러므로 그리스도인으로서 그들은 악과 더불어 타협하지 않으며, 그리스도와 신약성서의 가르침에 대조되는 일반적인 사회질서 행동에 어떤 방법으로든 참여하지 않는다. 그들은 교회 형제애의 교제 내에서 기독교 사회 질서를 강조한다. 이러한 형제애적인 삶의 방법은 진리와 의를 증언하는 입장에서 구성되며 지속적으로 더 높고 더 나은 것을 위하여 비기독교적인 세계에 도전한다. 이와 같은 방법으로 그들은 정치적 수완과 상대적인 정치적 행동에 참여하는 그들 자신의 높은 윤리적 원칙에 타협하기 보다는 더 높은 사명과 사회에 대한 더 고상한 봉사를 충족시키고자 한다.407)

무저항 메노나이트와 종교자유

아마도 아나뱁티스트의 삶에 있어서 종교 자유의 전통을 보존한 것보다 더 높은 상급은 없을 것이다. 1776년에 채택된 버지니아 헌법은 "종교는 이성과 확신에 의해서만 이끌어질 뿐 어떤 힘이나 폭력에 의해서 좌우되지 않는다. 따라서 모든 사람은 양심의 지시를 따라 자유롭게 종교적 수행을 할 수 있다"라고 명시한다. 10년 뒤 버지니아 입법은 "아무도 어떤 종교와 예배의 참여 회수나 지지를 강요당할 수 없으며… 모든 사람은 고백과 신앙 논쟁, 종교에 대한 견해에서 자유롭다"라고 함으로써 영국국교회 제도를 폐지했다. 법제화된 종교의 자유와 평등은 이제 버지니아에서 기정사실화 되었으며 이내 전국적으로 확대되었다. 1791년, 미국 헌법의 첫 번째 개정으로 종교 자유를 기본법으로 확정했다.

이 개정안은 "의회는 종교의 확립이나 자유로운 실현을 제한하는 어떤 법도 만들지 않을 것이다"라고 했다. 종종 이런 말들은 오랜 동안 그 이면에 어떤 일들이 있었는지를 알지 못한 채 그냥 지속적으로 반복될 수도 있다. 많은 사람이 이 대륙의 법에 이와 같은 기록이 있을 수 있도록 되기까지 수많은 기독교 순교자들의 피의 대가가 지불되었다는 것을 알지 못한다. 토마스 제퍼슨이 위에서 인용된 내용을 채택하기 위해 많은 일을 한 것은 사실이다. 그는 그 조항이 버지니아 헌법에 포함되도록 수고했고, 1786년에 채택된 법령을 작성했으며, 미국 헌법의 첫 번째 개정을 위해서 많은 일을 했다. 헌법을 위해서 그가 기여한 가장 중요한 것들은, 다음과 같은 그의 묘석에 새겨진 문구를 통해서 확인될 수 있을 것이다. "토마스 제퍼슨, 독립선언문의 작성자, 종교 자유를 위한 버지니아의 성문법의 저자, 버지니아 대학의 아버지." 특별히 버지니아의 성문법과 관련해서 이러한 사실들은 일반적으로 알려져 있으나 미국 사람들 대부분이 잊고 있는 중요한 다른 사실들에 대해서 W. W. 스위트 교수는 다음과 같이 말한다. "그러나 정의 면에서 이와 같은 업적 가운데 제퍼슨의 몫은 제임스 매디슨의 업적만큼 크지 못하며 이들 모두 또는 각자의 기여는 침례교도라 불리는 겸손한 사람들의 업적에 미치지 못한다."[408]

　"침례교도라 불리는 겸손한 사람들"의 전통은 16세기 아나뱁티스트에게로 소급된다. 그러므로 스위트가 말한 의미는 현대 침례교회와 메노나이트의 무저항 조상들은 오늘날 미국에서 우리가 최고로 누리는 종교자유 사상을 위한 중요한 출처가 된다. 사실, 종교 자유에 관한 이야기는 대부분 아나뱁티스트에 의해 현대 세계에 먼저 주어져 지금처럼 일반적으로 받아들여지기까지 성장한 사상에 관한 이야기라고 할 수 있겠다. 양심의 지시에 따라 예배드릴 수 있는 그리스도인의 권리에 관한 사상은 그들 무저항 신앙의 필수 부분이었다. 아나뱁티스트 교회는 콘라드 그레벨과 펠릭스 만쯔 그리고 그들의 동료들이 국가 교회를 세우려는 쯔빙글리와의 협조를 거부한, 1525년 쮜리히에서 시작되었다. 그들은 자신의 자유의지로 제자가 되지 않는다면 참 그리스도의 제자가 될 수 없음을 믿었다. 사람들에게 교회에 참여하라는 강요는 따라서 소용없는 짓이다. 그렇게 하는 것은 단순한 잘못만이 아니다. 그리스도인은 어떤 목적을 위해서든, 사람들에게 억지로 강요할 수 없으며, 그렇게 함으로 그들을 하나님 나라로 들어가게 할 수 없다. 그러므로 아나뱁티스트 교회는 상호간의 덕성 함양과 예배를 위해 함께 자발적으로 참여하는 무저항 제자들의 형제애인 것이다. 쯔빙글리의 후계자요 아나뱁티스트의 막강한 반대자였던 하인리히 불링거에 의하면, 아나뱁티스트들은 다음과 같이 가르쳤다고 한다.

> 누구든 신앙을 받아들이도록 억지력을 사용할 수 없다. 신앙은 하나님의 자유로운 선물이기 때문이다. 힘이나 억지력으로 누군가에게 신앙을 갖도록 강요하거나 잘못된 신앙으로 말미암아 누군가를 죽이는 것은 잘못이다. 교회에서 말씀이 아닌 검을 사용하는 것은 잘못이다. 세속적인 왕국은 교회로부터 분리되어야

하며 세속적인 통치자는 교회 안에서 권위를 행사해서는 안 된다. 주님은 단순하게 복음을 전하라고 명령하셨지 억지로 그것을 받아들이도록 강요하지 않으셨다. 그리스도의 참된 교회는 박해로 인한 고통을 받고 견딜 뿐, 누군가에게 박해를 가하지 않는 특징을 지닌다.409)

16세기 양심의 자유는 하나의 위험한 사상이었음을 기억하는 것이 중요하다. 4세기 이후 교회와 국가는 연합되었으며 그 외의 다른 생각은 엄두도 못 냈었다. 교회와 국가의 권위는 자발적인 교회, 국가의 통제로부터의 해방은 불법과 무질서를 의미하는 것이라고 믿었다. 국가의 안전은 종교와 일치되어 있었다. 가톨릭이나 프로테스탄트 모두 이에 대해서는 동일하게 믿고 있었다. 그러므로 아나뱁티스트의 사상은 공산주의나 오늘날 공포의 대상이 되는 다른 위험한 정치사상과 같이 여겨져 두려워했다. 이러한 가운데 무저항 사람들이 그들의 교회를 구성하고 오직 신앙에 의해서만 침례를 베풀기 시작했을 때에 그들은 형언하기 어려운 잔인한 박해를 받아야만 했다. 1529년, 스피어 칙령은 "모든 아나뱁티스트와 재침례를 받은 사람들은 성별을 막론하고 불과 검, 그 외의 다른 방법으로 죽음에 처해질 것이라고 했다.410)

초기 아나뱁티스트 지도자들 대부분은 순교적 죽임을 당했다. 처음 10년 동안 최소한 5,000명 이상의 스위스 형제들이 스위스와 주변 지역에서 사형을 당했다. 스위스에서 마지막 순교는 1614년에 있었지만, 스위스 메노나이트는 1815년까지도 완전하게 자유롭지 못했다. 트랜실바니아지금의 루마니아 동부지방-역주와 헝가리에서도 후터리안 형제들은 18세기에 사형을 당하였다. 네덜란드 정부는 다른 국가들보다 훨씬 일찍이 관용을 베풀었지만, 심지어 네덜란드에서도 1574년까지 처형당했다. 이것이 바로 종교

자유를 주장한 첫 세대들이 치룬 신앙의 대가였다. 그러나 이들 무저항 사람들 가운데서 끝까지 신앙을 지켜내지 못한 사람은 소수뿐이었다. 진리의 길에 대한 이들의 인내로 말미암아 마침내 네덜란드에서 처음으로 종교적 관용을 얻게 되고, 나중에 다른 나라 가운데서도 관용이 이루어졌다. 이즈음에서야 종교적 자유가 서구 세계에서 여명을 열게 되었다.

스위트 교수는 식민시절 미국에서도 두 그룹의 종교적 소수자가 있었다고 말한다. 한 그룹은 정책을 기반으로 종교 자유를 주장하고, 다른 그룹은 원칙으로부터 종교 자유를 주장했다고 한다. 원칙에서 종교 자유를 주장한 그룹은 퀘이커와 침례교, 덩커 그리고 메노나이트였다.411) 이들 모든 그룹들이 16세기 아나뱁티스트에 의해서 영향 받았다는 사실을 기억하는 것이 중요하다. 오늘날 메노나이트는 아나뱁티스트의 직계 후손이며, 그들의 종교 자유사상뿐만 아니라 무저항 사상도 이어가고 있다. 그들은 심지어 16세기 아나뱁티스트들 가족의 많은 성(姓)까지도 이어가고 있다. 침례교도들은 아나뱁티스트의 산물로 영국에서 기반을 두고 새로운 교회를 세웠으나 무저항을 준수하지는 않았다. 침례교는 미국에 와서 종교 자유를 인정하게끔 하는 데 앞장서는 역할을 했다. 퀘이커는 17세기에 시작했고, 덩커는 18세기에 출발했다. 이들 두 그룹은 그들 나름대로 독특한 역할을 했지만, 이들 모두 아나뱁티스트와 메노나이트로부터 많은 사상을 받아들였고, 그들의 초기 역사에 많은 회원이 아나뱁티스트와 메노나이트로부터 넘어왔다.

35년 전 루프스 존스Rufus M. Jones는 다음과 같이 아나뱁티스트지에 기고했다.

교회와 국가, 로마 가톨릭과 프로테스탄트 국가 내에서 권력을
손에 쥔 자들의 처음 받은 인상대로 재판받은 아나뱁스티스 운

동은 역사 속에서 가장 비극적인 것이었지만, 그러나 이들 수치
스러운 별명을 지닌 사람들의 원칙으로 말미암아 주어진 재판에
서 진리를 추구했음은 파란만장한 종교적 갈등 속에서 가장 중
요하고 의미심장한 것이 아닐 수 없었다. 그것은 초기 운동의 성
과물의 집산이었고, 무저항 분파들이 나온 영적 토양이었으며,
역사 속에서 현대 세계, 특별히 미국과 영국에서 서서히 절대적
인 자유와 독립된 종교, 사회 그리고 국가 안에서 모든 사람이
한 인간으로 여겨지고 교회와 국가를 형성하는데 나름대로의 몫
을 실현하는 새로운 형태의 기독교 사회를 위한 프로그램을 처
음으로 솔직하게 공표한 것이었다.412)

종교적 자유에 관한 현대 사상은 16세기 무저항 아나뱁티스트와 더불
어 시작했다. 거기에서부터 메노나이트와 다른 소수 그룹에 의해 미국으
로 건너왔다. 이들 그룹 모두가 무저항으로 남아 있지는 않으며, 그들 중
에는 무저항 선조들이면 승인하지 않았었을 종교적 자유의 입법화를 위한
정치적 압력의 방법을 사용하기도 했다. 그러나 결국 이들 다양한 그룹들
의 기여를 통해서 그 길이 준비되고, 18세기 토마스 제퍼슨과 프랑스 합리
주의자의 배경을 가진 동료들과 합중국의 헌법 안에 종교자유의 원칙을
써넣을 수 있었다. 16세기 무저항 아나뱁티스트들은 그 길을 보여준 개척
자들이었고, 그들은 순교의 피로 그 대가를 지불했으며, 그래서 오늘날 미
국 사람들이 종교적 자유의 축복을 누릴 수 있게 되었다. 이같이 이면의
이야기와 더불어 누가 과연 무저항 그리스도인들에 대하여 사회적 비용으
로 아무런 기여도 없이 기생충같이 살고 있다고 말할 수 있을까?현대의 종
교적 자유사상은 태어나서 무저항의 요람 속에서 양육되었다는 것을 기억
하도록 하자. 그리고 만약 미래에도 무저항 원칙과 이 신앙을 위해 기꺼이

희생당하는 사람이 없다면, 제국적인 기독교 속에서는 사라질 것이며 종교 자유마저도 끝날 수 있음이 전혀 불가능한 것은 아니다. 이 사실 하나만으로도 시민봉사 캠프의 정당성을 입증하는 데 충분할 것이다. 만약 이들 캠프에 있는 사람들이 단 하나의 유익한 일을 하지 않았었다 하더라도, 무저항 원칙에 대한 증언으로서 캠프의 존재만으로도 종교적 자유와 민주주의에 기여한 것이다. 이는 종종 사람들에게 별로 유익해보이지 않았던 것이 오랜 기간에 걸쳐 사회에 기여할 수 있는 가장 유익한 봉사가 될 수 있다는 또 하나의 예가 된다. .

무저항과 그리스도인 형제애

메노나이트와 같은 무저항 단체가 세상에 줄 수 있는 또 하나의 기여로서 최고의 질서에 관한 한 예가 있다. 이는 바로 기독교 형제애 사상이다. 무저항의 삶의 방법에서 맺은 열매인 사랑의 특성은 동시에 전통적인 의미로서의 교회라기보다는 멤버들이 형제애로 구성되는 기독교 공동체의 독특한 형태로 나타나게 되었다. 역사적으로 메노나이트 교회는 영적·지적·사회적·경제적으로 회원들의 전체적인 삶에 깊이 관심을 갖는 형제애를 유지해왔다. 이러한 형제애 정신에 대한 한 가지 표현은 메노나이트들이 그들의 역사, 특별히 제7장에서 언급한 메노나이트 중앙 위원회를 통해서 수행해온 구제와 재건 사업이었다.

16세기 아나뱁티스트의 형제애에 대해서 말하는 한 저자는 "그들은 하나 됨과 사랑의 표시로 서로 빵을 떼고 진심으로 서로 교훈을 나누고, 빌리고, 빌려주고, 주고 모든 것이 공동의 것임을 가르치고 서로 형제라 불렀다"413)라고 기록하고 있다. 후터리안 공동체에 대해서 언급하면서 또 다른 저자는 "기독교 소유 공동체는 늙거나 병들고 장애가 있거나 스스로

부양할 수 없는 신자들에게 그들이 필요로 하는 것을 공급하는 목적을 위한 것이다. 그래서 그들이 다른 사람과 똑같이 삶에 필요한 것들을 공유할 수 있게 하는 것이다"414)라고 말한다. 1557년 스트라스버그에 있는 아나뱁티스트 침례식을 방문한 한 프로테스탄트에 의하면, 침례 받는 사람은 "만약 필요로 하는 사람이 있다면 소유한 모든 것을 형제를 섬기기 위해 내 줄 수 있으며, 필요로 하는 사람들이 못 받는 일이 없도록 도움을 베풀겠는가?"415)라는 질문에 대답해야 했다고 말한다.

메노나이트의 사고방식에 따르면, 교회는 하나님께서 아버지가 되시며 자녀들이 각자를 형제와 자매로 여기는 하나의 커다란 가족이다. 매주 메노나이트의 전형적인 예배는 예배 그 이상이며 총회는 교회의 사업을 진척시키는 모임 그 이상이다. 이러한 모임들은 형제애의 삶의 특징을 지니는 친밀한 인간관계를 유지하는 데 도움을 주는 재결합인 것이다. 메노나이트 공동체는 그들의 단결과 상호 도움을 위한 효과적인 체계, 그들의 전반적인 삶이 교회를 중심으로 하는 방법에서 특징을 지닌다.

이 모든 것에서 중요한 것은 오늘날 많은 사상가가 우리 전체 문명의 건강은 작은 공동체의 건강, 활력, 단결에 달려있다고 믿는다는 것이다. 아더 E. 모건은 이에 대해서 다음과 같이 말한다.

문명의 기초는 자기 억제, 선한 의지, 이웃, 상호 존경, 개방적인 마음 그리고 협동이다. 이러한 특징들이 강한 곳에서 위대한 문명이 성장할 것이다. 이런 것들이 약한 곳에서는 아무리 부가 있고 수많은 도시와 공장, 대학들이 있더라도 문명은 붕괴되고 말 것이다.

이웃, 선한 의지, 상호 관심은 사람들이 서로 알고 신뢰하는 가

족과 작은 공동체 내에서 가장 잘 자라며 문명적으로 행동하기
를 두려워하지 않는다. 대중과 낯선 사람들 가운데서는 자기를
방어하기 위하여 행동하며, 이들 위장적인 특성들은 발전할 좋
은 기회를 갖지 못한다….

그렇다면 우리는 어떻게 해야 하나? 첫째 우리는 공동체의 중
요성과 그것이 실제로 국가적인 삶의 기초라는 것을 깨닫지 않
으면 안 된다. 역사를 만들어 가는 데 일부가 되기를 원하는 젊
은 사람들은 삶이 소모되는 도시의 거대한 조직에 대해서 잠시
망각해야 할 것이다. 그들은 삶과 국가적 성격이 창조되는 작은
공동체 속에서 더욱 순수한 모험이 있다는 것을 알 필요가 있
다.416)

이러한 진술 속에서 모건은 무저항이나 메노나이트 교회를 논하는 것
은 아니다. 그는 단지 오늘날의 질서와 문명을 위해서 작은 공동체의 중요
성을 진술하고 있을 뿐이다. 그러나 만약 그가 말하는 것이 사실이라면,
메노나이트 형제애는 미국 국가의 삶에서 매우 중요한 역할을 하고 있음
을 이해하기 어렵지 않을 것이다. 커다란 사회 내에서 병적인 것들의 치료
가 작고 서로 잘 짜여 있는 기독교 공동체 안에서 발견된다면 메노나이트
는 가장 중요한 역할을 하는 것인데, 이는 그들의 공동체가 대부분의 다른
공동체에서보다 훨씬 높은 수준에 해당하는 공동체적 특성을 지니고 있기
때문이다.

다른 저자들은 우리의 관심이 단순한 작은 공동체 삶으로부터 복잡하
고, 도시 산업으로 옮겨가는 것이 우리 공동체에 위험한 것이라고 경고한
다. T. S. 엘리엇은 "나라가 고도로 산업화되면 될수록 물질주의적 철학이

쉽게 그 속으로 유입될 것이며, 그 철학은 더욱 치명적이 될 것이다…. 무제한적인 산업주의의 경향성은 모든 인간을 전통으로부터 분리시켜 종교로부터 소외시키고 대중의 제안, 달리 말하면 대중의 폭력성에 민감하게 만든다"417)라고 말한다. 미국의 농업 경제학자인 O. E. 베이커는 현대 문화에 대해서 "힘 있고 광활하고 침투적인 도시가 지금 물질주의적인 이교도적 철학으로 외진 농촌 지역으로 밀려들어오고 있다"라고 말했다.418)

하버드 대학의 사회학자 소로킨P. A. Sorokin은 현대 세계의 위기는 우리 서양 정신의 완전한 변혁을 요구할 정도로 심각하다고 말한다. "순박하고 경건한 가족주의적 관계를 현재의 충동적이고 계약적인 관계로 대체하는 것이 바로 그것이다…. 경건한 가족주의적 관계야말로 가장 고상한 관계일 뿐만 아니라 현재의 상황에서 야만적인 승리로부터 빠져나오는 길은 가족주의적 관계 밖에는 없다." 이는 "우리의 가치 체계의 근본적 변혁을 의미하며, 다른 사람들과 문화적 가치, 큰 관점에서의 세계에 대한 더 심오한 우리의 행동 수정을 의미한다."419) 라인홀드 니버는 종교는 항상 "개인적인 삶을 순결하게 하고 더 친밀한 사회적 관계, 즉 가족과 같은 관계에 건전성을 제공함으로 더 많은 열매를 맺는다"420)라고 말했다. 민주주의의 가치를 강조하는 아더 E. 홀트도 역시 이러한 가치들은 "더욱 단순하고 친밀한 관계의 삶, 즉 가정과 이웃 그리고 단순한 노동 세계에 자연적인 뿌리를 박고 있다"라고 말한다.421) 여기에서 초기 기독교 공동체의 항구적인 사회 건설과 관련된 홀트의 생각이 중요한 것은, 로마 제국의 멸망의 원인을 제국 전체를 걸쳐 활기찬 공동체 삶이 일반적으로 쇠퇴한 점에 있다고 믿는 C. H. 쿨리에 의해서도 인정받고 있다.422) 지난 세대의 위대한 사회학자 중 하나인 쿨리는 사회는 이기주의, 인간 존재의 탐욕적인 욕망의 정제를 위해 가족, 이웃, 형제애적인 종교 단체에 우선적으로 의존적이어야 한다는 사실을 강조한다.

만약 로마사람들이 그들의 에너지를 삶과 국가적 특성이 창조되는 지역 공동체를 세우는 조용하고 겸손한 과업을 지향했다면, 그리고 삶이 소모되는 과시적이며 기획적인 사업을 줄였다면, 제국의 마지막 이야기는 달라졌을 것이다. 그러므로 미국인의 삶에 항구적인 기여를 하고자 하는 오늘날 기독교 젊은이들이 성취 가능한 건설적인 일들 대부분은 도시 산업이나 군복무, 국가적인 사건 등과 연결된 웅장하고 과시적인 기획에서보다는 조용하고 조그마한 기독교 공동체를 세우는, 더 근본적인 과제에서 찾는다면 지혜로울 것이다. 특별히 메노나이트 젊은이들이 지혜로운 사람들이라면, 그들을 수세기 동안 특징지었던 기독교 형제애 삶을 삶으로 이 땅에서 소금의 역할을 하는 무저항 단체를 이해할 수 있을 것이다. 역사적으로 종교 자유와 공동체적 형제애를 강조하는 무저항 사람들은 기생충이 아니며, 오히려 현대 사회에 최정상급으로 중요한 역할을 하는 사람들인 것이다.

결론

본 장은 대중적이지 않기 때문에 사회에 중요한 기여를 하지 못한다고 생각할 수 있는 무저항 사람들을 격려하기 위한 것이었다. 이러한 격려는 특별히 그 이유가 대중적이지 않지만, 선한 이유를 가진 사람들을 위한 것이다. 다른 한편, 경고의 말은 생색을 내거나 그들의 신앙을 나누지 않는 무저항 사람들을 위한 것이다. 이 사회는 결국 비기독교적이며 이런 사회에서는 힘을 사용하지 않고서는 함께 살아갈 수가 없다는 주장이 있음을 기억하지 않으면 안 된다. 그러므로 그 이상을 원하지 않는 사람들은 국가의 강압적인 기능의 진척에 활동적으로 개입함으로 비록 무저항의 사람들이 기여하는 것과는 같지 않더라도 사회에 기여할 수가 있다고 믿는다. 결국 기독교 윤리와는 같지 않더라도 간디의 비폭력적 억압 형태가 군사적인 폭력보다는 반대를 덜 받는다고 보는 것이다. 누가 과연 큰 악보다 작은 악을 싫어하겠는가? 하지만, 무저항 그리스도인은 비기독교 영역에서 최고의 가능성이라고 일컫는 것을 바라지 않으면서 사람들이 자신의 입장을 배척하더라도 그들을 이해하고 기뻐해야 한다. 그러나 자신을 위해서 신약성서 그 자체의 높고 절대적인 기준에 미치지 못하는 것을 만족히 여겨서는 안 된다. 왜냐하면, 그는 이와 같은 길에서만 오직 하나님께 복종하며 인간 사회에 최선의 기여를 할 수 있기 때문이다.

12
신앙의 수호

만약 무저항이 이 책에서 설명한 것처럼 하나님의 뜻을 따르는 삶의 길이며 인간 사회의 최고의 복지에 기여하는 것이라면 마지막 장은 이 신앙을 항구적이게 하는 것에 관심을 가져야할 것이다. 예를 들어, 메노나이트는 어떻게 신앙 공동체 내에서 무저항을 우선적인 자리에 둘 수 있을까? 무슨 방법으로 그 오랜 동안 이 신앙을 유지할 수 있었을까? 그리고 이를 유지하려면 앞으로 요구되는 것은 무엇일까?

살아있는 신앙과 삶

16세기 아나뱁티스트의 문헌들은 현대 메노나이트 조상들이 살아있는 그리스도인의 경험을 가졌었음을 확신하게 해준다. 그들은 기록된 말씀과 성령을 통해서 매우 현실적인 방법으로 하나님의 말씀을 들은 사람들이었다. 그들은 죄의 사악함을 알고 있었으며 개인적인 경험을 통해서 죄로부터 구원받는 것이 무엇인지 또한 알고 있었다. 19세기 개혁교회 신학자 막스 그레벨은 아나뱁티스트의 특징에 대해서 "성령을 통한 모든 그리스도인의 실질적이고 개인적인 회개를 크게 강조하는"423) 사람들이라고 말했다. 걸출한 아나뱁티스트 지도자 중 하나인 필그람 마펙은 "우리는 하나님의 자녀로 지음 받았음을 믿으며 하나님의 능력으로서 성령이 우리 중심에 계시며 그분의 일을 하시는 신앙을 통해서 율법과 죄의 노예로부터 해방되었음을 믿는다"424)라고 말했다.

이러한 중생 체험은 초기 아나뱁티스트들에게 참되고 진실한 기독교 신앙을 외적인 삶으로도 살게 하는 힘을 부여했다. 그들은 지속적으로 그리스도인을 그리스도와 성령의 중생케 하시는 일을 통해 새로운 삶을 살아가는 사람들이라고 말했다. 중생과 새로운 삶은 그들의 사고에서 분리될 수 없었다. 메노 시몬스의 말을 들어보도록 하자.

이는 실패할 수 없다. 진정한 그리스도인의 신앙이 있는 곳에는 죄에 대하여 죽고 새로운 피조물, 진정한 회개, 진지하고 거듭난, 책망할 것이 없는 그리스도인이 있기 마련이다. 그리스도인은 더는 죄의 욕망을 따라 살지 않고 우리를 그분의 보혈로 사서 성령으로 이끌어 예수 그리스도의 말씀으로 거듭나게 하신 그분의 뜻을 따라 산다.

하나님께 가치 있는 참 된 신앙은 거듭남으로 살아 있고 구원받은 능력을 통해서 마음을 움직이고 새롭게 하며 거룩한 말씀의 선포와 함께 하나님께서 마음속에 주신 새로움으로 산다. 그것은 무엇이든 불경건함과 자만, 거룩하지 못한 야망, 이기심을 포기한다…. 이것이 바로 성경이 우리에게 가르치는 신앙으로 그것은 세상의 꿈같이 무익하고 죽은, 열매 없는 환영이 아닌 것이다.425)

아나뱁티스트들에게 중생은 그리스께 복종하는 삶을 의미한다. 필그람 마펙은 "진정한 그리스도인의 신앙이란 성령과 마음에서 우러나오는 하나님 사랑으로… 외적인 복종과 순종하는 일 속에서 활동적이고 힘이 있으며 역사하는 믿음"이라는 것을 인정했다.426) 메노 시몬스는 중생한 그리스도인은 "기꺼이 순종하는 자녀로서 새로운 삶 가운데 행한다"라고 말했다. 시몬스는 이렇게 새롭고 순종하는 자녀를 "마음이 가난하고, 온유하며, 자비롭고, 열정적이며 평화하고, 인내하며, 의에 주리고, 목마른 사람들"이라고 묘사했다.427)

복종하고자 하는 마음과 의에 대한 갈증은 초기 메노나이트들로 하여금 빛과 인도하심을 위하여 성경을 공부하게 했다. 그들의 교회는 성경 공부와 기도를 위하여 개인 집에서 정기적으로 모여 새로운 영적 진리를 발견하고자 했던 사람들로 말미암아 처음으로 세워졌다. 필그람 마펙은 사람들에게 "깨어서 개인적으로 성경을 공부하라"고 "진지하게 권고"하였다.428) 메노 시몬스는 성경과 반대되는 "단 한 마디의 말을… 믿거나 가르치기보다는 차라리 죽을 것이다"라고 말했다.429) 그는 사람들에게 스스로 먼저 성경을 공부하지 않고 사람의 교리나 자신의 가르침을 믿는 사람들을 의지하지 말라고 권고했다.430)

누구든 성경을 진지하게 대하였다면, 무저항의 교훈을 믿지 않을 수 없었을 것이다. 그들은 그리스도의 가르침을 자기 의도대로 합리화하지 않았을 것이며, 그 의미에 대한 철학적 논의에도 참여하지 않고 실천성에 대해서 의문을 제기하지 않았을 것이다. 그들은 단순히 성경 말씀을 있는 그대로 발견하고 살고자 했을 것이다. 그들은 말씀 그대로 그리스도를 인정하고 아무런 의문 없이 왜 순종하지 않으면 안 되는지 그 이유를 달지 않을 것이다. 메노 시몬스에게는 "어떻게 '성경대로' 라고 하면서 그리스도인들이 복수하고 반항하며 전쟁, 살인, 고문, 도둑질, 강도 그리고 도시를 불사르며 나라를 정복할 수 있는가?"431)라는 질문만이 가장 합리적인 것이었다. 성경이 이러한 행동을 금했기 때문에 그리스도인들은 그러한 행동에 가담할 수 없는 것이다. 이처럼 그들의 신앙과 삶은 간단했다.

영적 강화의 필요 ▰▰▰▰

16세기 아나뱁티스트들의 신앙과 삶이 크게 강화되고 활동적인 특징을 지녔던 것은 의심할 여지가 없다. 그러나 메노나이트들의 신앙이 역사적으로 대대로 내려오면서 초기 선조들의 신앙과 변함없이 똑같았다고 할 수는 없을 것 같다. 19세기 중엽, 미국 메노나이트 가운데 영적 쇠퇴기가 있었으며, 따라서 교회는 바라는 만큼 시민전쟁의 위기를 맞을 준비가 충분하지 못했었다. 19세기 말엽에 일어난 대각성기로 인하여 메노나이트도 1860년대보다는 1917년, 1918년 전쟁의 시련을 겪으면서 영적으로 준비하며 잘 대처했던 것 같다. 1918년 이후, 조직된 교회의 평화사업은 매우 효과적으로 수행되었으며, 따라서 제2차 세계대전 기간에는 시민전쟁이나 제1차 세계대전에서보다도 훨씬 더 평화를 지킬 준비가 잘 되었던 것 같다. 그러나 아직도 의문의 여지는 제1차 세계대전 때보다 제2차 세계대전 당시에 메노나이트 사람들의 영적 강화가 개선되어 있었느냐 하는 것이다. 교회가 큰 비용과 노력으로 만든 대체봉사를 위한 준비와 규정들에 의해 실제로 제2차 세계대전 당시 징집으로 부름 받은 메노나이트의 60퍼센트에 못 미치는 인원이 시민공공봉사에 들어간 반면, 나머지는 군에서의 임무를 받아들였다. 이와 같은 비율은 제1차 세계대전 때에 군 복무를 면제받은 수보다는 높은 것이었다. 그러나 교회가 기울인 노력을 고려할 때에 그것은 매우 낮은 비율에 해당된다.

더군다나, 시민공공봉사에 있었던 사람들이 모두 다 진정한 무저항의 의미를 이해했던 것은 아니었다. 양심적 병역거부자로 등록한 사람들 가운데는 단순히 메노나이트의 전통이 그러하다는 이유로 혹은 그렇게 등록하는 것을 부모가 원했기 때문인 사람들도 있었다. 이런 사람들은 자신들이 그렇게 해야 하는가에 대한 확신이 없었으며 무저항 신앙의 항구화를 위해 필요한 영적 자질도 결여되어 있었다. 이 사람들이 당시 교회의 회원을 대표하는 것은 아니더라도 상황은 순수한 형제애 관심 면에서 충분히 심각한 것이라고 볼 수 있다. 이로써, 메노나이트의 미래 과제는 바로 다가오는 세대가 조상들의 믿음과 성경의 가르침, 즉 모든 면에서 교회는 중생된 신자의 진정한 형제애라는 것, 무저항 삶의 방법이 모든 교회 회원의 내적 그리스도인 체험의 자연적인 열매라는 사실에 굳건히 설 수 있도록 하는 지적·영적 각성이라는 점을 지적해 준다.

성경의 교훈

무저항 교리는 성경을 연구하고 그 교훈을 순종해야 한다고 깊이 믿었으며, 심오하고 살아있는 그리스도인 체험을 지닌 선조들로 말미암아 메노나이트 전통의 일부가 되어왔다. 이는 무저항의 근원이 메노나이트 신앙 공동체 안에서 시작되었음을 설명해주며, 또한 그 신앙이 오늘날까지 유지되어온 최상의 방법이었음을 말해준다. 우리는 구원 체험을 지녀야 하며, 성경을 읽고, 그 가르침에 순종해야 한다. 그러므로 무저항 교회가 오늘날 성경 읽기와 성경 공부를 가장 크게 강조하는 것은 매우 중요하다.

신명기 6장은 하나님의 말씀을 아는 것의 중요성에 대한 고전적인 진술이라고 하겠다. 신명기 저자는 인간이 하나님을 경외하고 그분의 계명을 지키는 것이야말로 필수적이라고 한다. 이렇게 하려면 어린아이 때부터 부지런히 가르쳐야 한다고 말한다. "오늘 내가 네게 명하는 이 말씀을 너는 마음에 새기고 네 자녀에게 부지런히 가르치며 집에 앉았을 때에든지 길을 갈 때에든지 누워 있을 때에든지 일어날 때에든지 이 말씀을 강론할 것이며."[432]

하나님의 백성 가운데 영적 부흥이 있을 때는 항상 성경 공부에 대한 관심이 먼저 앞섰다. 느헤미야 당시에도 백성으로 먼저 하나님께 머리를 조아리고 예배하게 했던 율법의 부흥이 있었다.[433] 에스라의 지도력 하에 말씀에 대한 효과적인 가르침이 있었으므로, 포로기 이전에 잃어버린 영적 생명력을 회복할 수 있었다. 중세기에는 하나님의 말씀을 부지런히 공부한 수도승들이 당시 교회의 생명력의 원천이었다. 프로테스탄트 개혁은 성경 공부에 대한 새로운 관심이 선행하고 또한 동반되었다. "종교개혁의 새벽별"로 불린 존 위클리프는 성경을 모든 사람의 손 위에 올려놓는 것을 목표로 했으며, 이 목적을 위해 그는 1382년 초기에 성경을 영어로 번역했다. 16세기에는 틴데일의 번역이 뒤따랐다. 독일에서 루터는 성경을 일반 시민들의 언어로 번역했고, 이 작업의 영향으로 프로테스탄트 운동이 자라나게 되었다. 메노 시몬스와 다른 종교개혁 지도자들이 16세기에 그들의 자리를 지킬 수 있었던 것도 성경 읽기에 있었다. 그 후 19세기 메노나이트 가운데 일어난 대각성도 성경 연구, 특별히 주일학교를 통한 성경공부에 대한 새로운 관심과 확대 가운데 일어났다. 20세기 메노나이트 가운데서도 마찬가지로 무저항 신앙은 형제애가 하나님 말씀과 그 교훈에 기초하는 데서 보존되고 확장되었다. 그러므로 무저항 교회가 전체 형제애 가운데, 자녀들 가운데, 그리고 젊은이들과 어른들 가운데 지속적으로 효과적인 성경을 가르치는 프로그램을 통하여 유지되는 것이 매우 중요하다.

가정생활의 교훈

성경을 가르치는 과제가 교회의 체계적인 활동을 통하여 이루어져야 하는 한편, 그리스도인과 무저항 삶의 기초는 가정에 두어야 한다. 하나님의 계획에서는 "주님의 보호와 권고 안에" 자녀들을 기르는 우선적인 책임이 그리스도인 부모에게 주어져 있다.434) 유대인 아버지와 어머니는 그들의 자녀들을 율법 안에서 가르치고 그들에게 이스라엘 종교, 예배의 형식과 축제의 의미를 가르치는 것을 의무로 한다.435) 한나는 어머니로서 어린 아들 사무엘을 주님께 드려 성전 안에 있는 제사장이 그를 지도하도록 맡겼다.436) 어린 나이 디모데에게 성경을 처음으로 알게 한 사람들은 그의 어머니와 외할머니였다.437) 성 어거스틴은 죄악 된 삶에서 회개하고 구원받은 것은 대부분 그의 경건한 어머니의 영향이라고 하면서 어머니의 공로를 인정했다.438) 자녀들의 교육을 위하여 학교와 교회의 도움이 분명히 필요하지만, 과거의 어느 때도 그러했듯이 오늘날 그리스도인 가정의 든든한 기초가 없다면, 그리스도인의 삶과 성품을 세우고자 하는 교회와 학교의 노력은 많은 부분에서 헛되고 말 것이다.

메노나이트에 대한 이해

그리스도인의 신앙과 삶을 우선으로 여기는 메노나이트가 지닌 특성에 대한 이해를 위해 여기 간단히 언급하고자 한다. 선조들의 신앙을 알지 못하고 그들의 신앙이 항구적이 되기를 희망할 수는 없다. 그러므로 그들은 메노나이트 교회의 사명에 대한 강한 신뢰를 가지고 그들의 사역을 감당하지 않으면 안 된다. 역사 연구와 그들의 이상, 전통을 다루는 전문가는 소수면 된다. 그리스도인의 신앙과 삶에 대한 저자들은 메노 시몬스나 필그람 마펙의 교리적인 저서들에 친숙하고 설교자들의 설교는 메노나이트 저자들이 제공하는 예화와 인용문들을 얼마든지 사용할 수 있을 것이다. 가톨릭은 토마스 아퀴나스에 접근하여 필요한 것을 발견하고, 칼뱅주의자들은 칼뱅에게서 그렇게 할 것이다. 메노나이트 설교자와 저자들이 만약 도움이 되는 자료를 위하여 메노나이트 저자들이나 지도자들이 아닌 다른 사람들과 자료들에게 너무 많이 의존한다면, 자신들의 신앙을 영속시킬 수 없을 것이다. 메노나이트 목회자들에게 영향을 주는 지배적인 영적 힘이 성격상 메노나이트가 아니고 그것이 '정통' 이든 '현대주의자' 이든 상관없이 성경적 기준에 상반 되거나 모자란다면, 진정한 메노나이트 회중을 세울 수 없을 것이다. 만약에 메노나이트가 성경 학교, 성경 세미나, 출판 등에서 오늘날 소위 '근본주의' 로 불리는 것들에 의존한다면, 무저항에 대한 그의 강조는 계속 양보해야할 압력을 받게 될 것이다. 다른 한편, 그가 만약 현대 자유주의 우물로부터 계속 물을 마신다면, 자신의 신앙의 기초도 그곳에서 찾아야 할 것이다. 진정한 메노나이트 교회가 신약성서에 진실하지도, 교회의 유산을 이해하지 못하고 그 유산을 누리지 못한다면 그들의 사역은 오래가지 못할 것이다.

평화교육을 위한 효과적인 프로그램

바람직한 결과는 지속적인 노력 없이 이루어지지 않는다. 평화와 무저항에 관한 교리는 교회가 가르치는 전체 프로그램에 잘 어울려야 한다. 목회자는 주일 설교에서 적당한 비율로 무저항을 각성시켜야 한다. 주일학교 직원과 교사는 이 중요한 주제를 주일학교 교육에서 차지하는 적당한 위치를 발견하는 데 좀 더 부지런해야 한다. 주일저녁 모임에서도 교회교육 프로그램에 보조를 맞추어야 한다. 여름성경학교에서도 이를 간과해서는 안 된다. 교회교육의 커리큘럼을 계획하는 책임을 지닌 사람들은 무저항이 커리큘럼에서 왜 강조되어야 하는지를 알고 있어야 하고, 출판을 담당하는 사람들은 어떤 문헌이든지 과제를 수행할 필요성을 두고 합동해서 출판해내야 할 것이다. 무엇보다도 모든 그리스도인 가정은 주님의 보호와 권고 안에서 자녀들을 키워야할 책임에 대해서 이해하고 있지 않으면 안 된다. 만약 그리스도인 가정이 진정한 메노나이트 가정이라면, 무저항은 그리스도인의 삶의 필수 구성요소이며 무저항 방법으로 자녀들을 가르치고 모범을 보이기 위해 부지런히 노력해야 할 것이다. 끝으로 기독교 대학, 총회, 평화위원회는 전체 교회에게 무저항이 늘 주제가 되며, 무저항 방법으로 움직여 나아갈 수 있도록 필요한 리더십을 나누고 자극하도록 해야 할 것이다. 내용상 메노나이트 교회의 무저항 교육은 완전하고도 균형이 잘 이루어져야 한다. 참된 성서적 기초를 가져야 하며 역사적인 메노나이트 전통과 역사적인 메노나이트 전통으로 채워지고, 국가와 공동체에 대한 기독교의 성서적 개념을 제공하는 한편, 사회에 형제애적인 무저항 봉사 비전을 제공하고 실천적이며 교회의 젊은이들에게 끊임없이 제기되는 많은 실천적 문제를 충족하기 위해 지혜로운 선택을 할 수 있도록 도움을 주어야 한다.

아마도 오늘날 메노나이트의 무저항 신앙에 대한 가장 심각한 위협은 세속화, 비메노나이트, 그리고 교회의 젊은이들에 대한 비기독교적인 교육 등일 것이다. J. H. 올드함은 오늘날 기독교 교회의 주요 갈등은 국가에 대한 것이라기보다는 세속적인 교육의 이교적인 과정이라고 경고한다. "기독교 신앙과 삶에 대한 세속적인 해석 사이에 나타나는 주요 갈등 요인은 주로 공공교육 현장에서 나오게 될 것이 틀림없다. 만약 교육의 공공 시스템의 전체 비중이 그리스도인의 삶의 이해와 맞지 않는 세계와 인간, 행동에 대해서 젊은이들의 마음에 각인되어질 수 있는 가르침으로 채워질 때에 교회는 설교와 예배, 봉사에서 거의 자유롭지 못할 것이다."439)

기독교 신앙에 대한 공공교육의 영향력에 대한 이와 같은 진술이 사실이라면, 무저항 기독교 신앙에 대한 전시 공공교육은 더욱 더 그럴 것이다. 물론 어린이들에게 현실적인 삶을 무시하도록 교육이 되어서는 안 된다. 불원간에 무저항 그리스도인의 신앙과 삶은 전쟁, 도시, 세계의 신앙과 삶으로부터 많은 차이가 있음을 곧 알게 될 것이다. 만약에 그가 이런 것들을 공공 교육의 실제 경험에서 배운다면, 한편으로 강력한 가정과 교회의 지도력 역시 영향력을 발휘하지 못할 이유가 없을 것이다. 그러나 이렇게 되려면, 교회와 가정의 영향력이 학교에서 받은 독소적인 군국주의적 영향력보다 훨씬 커야만 할 것이다. 또한, 여기에는 최선을 다해도 절차상 많은 위험이 있으며, 여러 가지 문제점이 생겨날 것이다. 따라서 교회는 무저항 신앙이 젊은이들 가운데서도 유지될 수 있도록 효과적인 교육과제를 위한 심각한 관심이 있어야 할 것이다.

진정한 메노나이트 공동체 형제애

메노나이트 무저항과 메노나이트 형제애는 같은 근원에서 나왔고, 무저항은 형제애적인 환경에서 가장 적합한 것이기에 형제애의 삶의 개발은 적극적으로 무저항을 가르치는 만큼이나 중요할 것이다. 이는 특히 오늘날 더욱 중요한데, 그 이유는 지난 75년 동안 미국인들의 삶에서 일어난 커다란 변화 때문이다. 산업과 농업, 그리고 교통에서 일어난 변화들은 메노나이트 회원들로 하여금 메노나이트 공동체 밖에 있는 사업들과의 사회 연관성을 증가시켰다. 이는 점차 다시 메노나이트와는 상업적인 생명보험과 유사한 다른 보조와 안전 방법을 택하게 하였다. 이러한 장치를 통해 추구한 안전은 충분히 합리적이기는 하나 이들을 반대하는 이유는 그런 것들이 상업적인 기반으로 이익을 극대화하고 "다른 사람의 짐을 서로 지는" 기독교 방법과 조화되지 않는 고용방법으로 조직화된 회사에 의해서 제공되기 때문이다. 이들은 그리스도인들에게 도움을 주는 한편, 형제애의 삶을 파괴하는 경향성이 있기 때문이다. 안전 추구는 충분히 인정할 수 있으나 이는 신약성서 방법에 의해서 그리스도인 형제애의 상호 도움을 통해서 추구되어야 한다. 그러므로 모든 메노나이트 공동체가 상호 도움이라는 효과적인 프로그램을 갖는 것이 중요하며, 이를 통해서 상업적인 생명보험이 제공하는 유사한 안전 수단 이외에 형제애를 이행할 수 있는 것이다.

회원들이 형제애와 상관없는 여러 사업과 관계할 때에는 그들의 돈이 주식과 기업 채권에 투자됨으로 교회의 삶에 기여하지 못하게 한다. 동시에 공동체 내에서 결혼한 젊은 부부들은 땅과 주택을 구입하는 데 재정적 지원이 있어야 하지만, 도움을 얻지 못하게 되자 도시로 일자리를 찾아 떠나야 하기에 공동체로부터 멀어지게 될 것이다. 다른 한편, 형제애로 자신들의 돈을 도움이 필요한 젊은 사람들을 위해 쓸 때, 가정 공동체는 풍성해질 것이며, 젊은 사람들은 그들 소유의 땅과 집을 구입하고, 그런 젊은 이들과 투자자들이 공동체 내에서 가족적인 삶을 살고, 그들의 인격, 영향력, 자금 그리고 그들의 땅이 자신들과 공동체의 삶을 더욱 강력하게 해 줄 것이다.

우리는 과거 메노나이트에 대한 가장 효과적인 증언은 단순한 개인이 아니라 공동체를 통해서 이루어졌음을 기억하지 않으면 안 된다. 여기저기에서 복음을 전한 사람들은 소수의 개인뿐만 아니라 집단적으로 신앙을 유지하고 삶을 살아온 공동체 형제들이었음을 기억해야 한다. 이런 공동체와 형제들이 전체 세계의 증언이 되어왔다. 세계대전 당시 무저항 원칙을 증언한 사람들은 군대 병영 안에 있는 양심적 병역거부자들뿐만 아니었다. 오히려 전체 교회가 함께 맞서서 세상에 대하여 증언을 했던 것이다. 제2차 세계대전 당시 시민공공봉사 프로그램은 전체 형제들에 의해 지원되었으며, 교회는 무저항 원칙으로 집단적인 증언을 할 수 있는 아주 좋은 기회를 가질 수 있었다.

비군사적 복무에 대한 지속적 정책

그러나 무저항 신앙을 유지하는 데는 동질적인 공동체 삶을 유지하는 그 이상의 것을 요구한다. 공동체 회원 개개인은 자신의 마음과 정신 속에서 전쟁과 평화에 관한 근본적인 도덕적 질문을 항상 하지 않으면 안 된다. 전쟁은 옳은 것인가 아니면 잘못된 것인가? 그리스도를 따르는 사람은 어떤 면으로도 사람을 죽이는 업무를 지닌 군사 조직의 일부가 되어서는 안 되는가? 아니면 그래도 되는 것인가? 만약에 그리스도인들이 이런 질문에 올바른 대답을 찾고자 한다면 그는 올바른 방법으로 다른 질문들에게 대해서도 대답할 수 있는 위치에 먼저 있어야 할 것이다. 올바른 대답을 찾는다는 것은 "우리 선조들의 신앙"이라는 찬송을 부르는 것보다 더 중요한 일이다. 다른 교파에 있는 한 회원이 저자에게 다음과 같이 말한 적이 있다. "나의 교회는 그들의 입으로 선조들을 찬양하고서는 그들의 선조들이 행한 것과는 전혀 달리 행하는 사람들이 많이 있습니다. 아마도 그들은 그들의 선조들이 알아보지 못하는 길을 걷는 것 같습니다." 물론, 메노나이트가 이처럼 되기를 바라지는 않을 것이다. 그러나 처음부터 진실을 유지하려면 항상 경각심을 요구한다는 것을 알아야 한다. 메노나이트들은 지금 선조들의 신앙에 충실한가? 아니면 선조들의 길을 벗어나는 위험성에 처해 있지는 않는가?

서유럽의 메노나이트들이 지나간 세기에 무저항 신앙을 잃어버리고 보편적인 군 복무제를 채택한 다양한 정부에게 양보한 것을 우리는 알고 있다. 그러므로 군 복무가 일반적인 요구사항이 되는 마당에 미국 메노나이트들은 같은 경험을 하게 될지도 모른다는 질문을 종종 해야 한다. 이 질문에 대한 정확한 대답은 서유럽 메노나이트들이 무저항 신앙을 상실한 것은, 그들의 선조들 때보다 환경이 어려웠기 때문이라기보다 그들의 신앙이 더 약해졌기 때문이었다. 무저항 원칙의 항구화는 궁극적으로 개인적인 신앙과 확신에 관한 문제이다. 물론, 유럽의 군사제도는 무저항을 맹렬하게 반대하며 따라서 무저항의 삶을 그곳에서 이행하기가 어려웠을 것이다. 그러나 지금의 유럽일지라도 16세기에 신앙을 진실하게 유지하려 했던 때보다 더 어렵지는 않았을 것이다. 오늘날 많은 나라에서 무저항을 고집한다면, 감옥에 가거나 사형에 처해질지도 모른다. 그러나 사백 년 전에 수천 명의 메노나이트들은 감옥에 가고 죽음에 처해졌으며, 바로 이 사실로 말미암아 오늘날 그 신앙이 우리 가운데서 유지되는 것이다. 따라서 중요한 질문은 오늘날 우리의 어려움이 얼마나 심각한가가 아니라 오늘날 우리의 신앙이 어떤가? 어려움이 있음에도, 우리는 과연 진실할 수 있는가 하는 것이다.

아마도 오늘날 가장 큰 위험은 무저항에 대한 폭력적인 반대자라기보다는 무저항 신앙에 관용이 따르는 미묘한 타협에 대한 유혹일 것이다. 정부가 전쟁에 대한 양심적 거부자를 인정하는 대신에 시민공공봉사에 대한 대안으로 소위 비전투요원으로서 군 복무를 제안했었다. 신앙이 충분히 확립되지 않은 사람에게 그것은 더 쉬운 방법으로 보였기 때문에 그러한 제안을 받아들였다. 그들은 사람을 죽이지 않고 대신 먹이고 고치는 일, 요리나 간호, 군 의료 활동이 나쁠 것이 없다고 말하면서 자신들의 행동을 합리화했다. 그러나 이러한 행동에 대해서 선조들은 무엇이라 말했을까? 군의 목적은 죽이는 것이다. 우리가 어떤 일에서든 군의 일원이었다면 우리도 결국은 죽이는 일에 참여하는 것이다. 비록 순진한 역할처럼 보일지라도, 군 복무는 우리가 받아들일 수 없는 것이라고 말했을 것이 분명하다.

사실, 궁극적으로 비전투적 군복무라는 것은 없다. 군에 있는 모든 사람은 실질적인 목적 즉 전투를 위해서이다. 전투적, 비전투적 군복무를 구분하려는 시도는 처음부터 불가능한 일을 시도하는 것일 뿐이다. 어떤 나라에서는 비전투적이라는 기술적 용어를 빼버리고 대신에 "봉사부대"라는 용어를 사용하기도 한다.

무저항을 고백하는 사람이 소위 비전투요원이라는 군 복무를 받아들이는 데는 아마도 몇 가지 이유가 있을 것이다. 그는 아마도 문제의 핵심을 완전히 모르고 있을 것이다. 다른 면으로 그는 겁을 먹고 있기 때문에 받아들였을지도 모른다. 만약 그가 군에 간다면 그는 군복을 입고 군인으로서 양심적 병역거부자를 향한 공적인 비판을 모면할 수 있었을 것이다. 그러나 한편 봉사부대에 입대했다면 개인적인 위험을 비교적 덜 받는 군 임부를 부여 받을 것이다. 솔직히 말하면, 그는 적의 총탄이나 공적인 조롱에서 어느 정도는 안전할 것이다.

제2차 세계대전 동안, 약간의 메노나이트들이 소위 비전투요원 복무를 받아들임으로 군인으로서 봉급을 받았다. 하지만, 시민공공봉사에 있었던 사람들은 봉급을 받지 않았다. 이 때, 양심적 병역거부자와 그렇지 않은 자를 결정하는 것은 돈이었다. 물론 돈의 액수에 의해 중요한 도덕적 질문을 결정한다는 것은 그리스도의 참된 제자가 아니다. 전쟁은 잘못된 것이거나 그렇지 않거나 둘 중에 하나이다. 만약에 그것이 잘못된 것이라면 그리스도의 제자들은 군에 가서는 안 된다. 만약에 그것이 잘못된 것이 아니라면 허구적인 비전투요원이라는 것으로 말미암아 갈등하게 할 것이 아니라 정규군으로 군에 가게 해야 할 것이다.

그러므로 의문의 여지없이, 만약 무저항 사람들이 그 신앙을 지키기를 원한다면, 엄격하게 군에 가지 않는다는 정책을 계속해서 따라야만 한다. 어떤 형태로든 군 복무에 참여한 형제들은 형제애의 무저항 증언을 불가피하게 파괴한 것이다. 그들은 그것을 다시 세울 수 없다. 유럽 메노나이트들은 비전투 복무와 타협함으로 군국주의를 지향하는 쪽으로 나아갔으며, 비슷하게 타협한 미국 메노나이트들의 경우도 그 결과는 같다고 할 수 있겠다. 봉사 자체가 잘못 되지 않는 한, 정부에게 봉사하는 것은 잘못이 아니다. 그러나 군사 복무는 무저항 그리스도인들에게 언제나 잘못된 것이다. 그러므로 무저항 그리스도인들과 교회는 군 복무와 시민봉사 사이에 분명한 선을 그어야만 한다.

더군다나, 무저항 신앙이 지켜지고 지속되어야 한다면, 형제애는 군사를 지원하는 다양한 활동과 봉사에 대해서 차별화하고 엄격한 선을 그어야 할 것이다. 메노나이트 총회의 공식적 진술은 적십자나 YMCA와 같은 시민기관일지라도 이들이 일시적으로라도 군에 의해 통제되거나 전쟁수행을 도왔을 때, 지원할 수 없다고 말했다. 이 진술은 또한 전쟁채권을 구입하든, 전쟁을 수행하는 기관들에게 자발적인 기부를 하든 무엇이든지 전쟁을 수행하는 자금의 일부가 되는 것에 재정적으로 참여할 수 없다고 말했다. 더 나아가, 군수품이나 전쟁무기를 생산하는 공장에 참여할 수 없으며, "동료 인간의 피를 흘리는 어떤 수단"의 전쟁이나 전시 인플레이션으로 인한 이익에도 추구하지 않을 것이라고 말했다. 다른 말로 하면, 무저항 그리스도인은 전쟁을 지원하는 어떤 활동에 대해서도 자발적으로 자신들을 순결하게 지켜야만 한다는 것이다.

그러나 무저항 그리스도인은 방해자들이 아니기 때문에 그 자체가 옳은 어떤 형태의 대안에 대해서는 보답할 준비가 항상 되어 있어야 한다. 징집 연령대의 젊은이가 영장을 받게 되면, 그는 군복무가 아닌 시민봉사를 신청할 것이다. 집에 남아 있는 그리스도인은 자신들의 돈을 전쟁을 지원하는 조직에 주어서는 안 된다. 그 대신에 자원봉사 기관, 전쟁 피해자 구제, 그 외의 유사한 프로젝트에 기부하여야 한다. 그렇게 함으로 자신의 돈을 인간 사회와 무저항 신앙을 유지할 수 있는 기관에 투자할 수 있는 것이다. 제2차 세계대전 동안, 여러 공동체에 있는 메노나이트들은 적십자에 기부했을 때에 그 돈이 특별히 재난구제, 전쟁피해 시민을 위한 시민기관들을 위해서만 사용하도록 했다.

제2차 세계대전 기간에 정부는 이 원칙을 무저항 그리스도인들이 전쟁채권을 구입할 때에 시민채권도 제공한다는 조건으로 인정하였다. 시민채권과 전쟁채권을 차별해야 할 가치가 있는지에 대한 질문이 제기되었다. 무저항 사람들이 구입한 채권 종류에 상관없이 전쟁에 필요한 돈으로 정부가 사용하지 않겠는가? 이 질문에는 두 가지 대답이 가능하다. 하나는 전쟁수행 외에도 정부는 여러 종류의 시민들을 위해서 많은 돈이 있어야 한다는 것이다. 전쟁기간에 시민공공봉사 캠프 하나만을 운영하는 비용만으로도 시민봉사를 위하여 무저항 사람들이 들인 돈의 액수만큼 많았다. 그러므로 시민채권 구입으로 무저항 사람들이 정부의 시민공공봉사 프로그램에 대한 재정적 지원을 부분적으로 돕는다는 것은 맞는 말일 수도 있다. 캐나다에서는 시민채권이 전쟁 피해자를 구호하는 계획을 위해 사용되기도 했다. 두 번째 대답은 그리스도인은 양심을 위해서 자발적으로 채권을 구입할 때, 분명하게 신앙을 증언하고 전쟁채권 대신에 시민채권을 구입하는 것이다. 무저항 사람들이 시민채권과 전쟁채권 사이를 조심스럽고 분명하게 구별함으로 전쟁을 지원하지 않고 또한 전쟁을 지원하는 다른 모든 것을 중단하고 분명하고 일관된 과정을 따르는 고통을 택한다면, 시민들은 그리스도인이 어느 위치에 있는지를 알고, 그리스도인들은 자신들의 신앙을 유지할 수 있을 것이다. 그러나 타협이 시작되면 곧 시민적인 것과 군사적인 경계선은 모호해지고 말 것이다. 그리스도인의 태도가 무엇인지를 시민들이 확실하게 알 수 없게 되는 때부터 그리스도인들은 자신들의 신앙을 잃고 다시 빠져나올 출구가 없는 길에 들어서게 될 것이다.

가난을 위한 적극적인 기독교 봉사프로그램

그러나 무저항 신앙을 지킨다는 것은 군사와 비군사적인 형태의 봉사를 구분하는 것 그 이상을 의미한다. 결국, 군복무를 거부한다는 것은 사랑에 대한 기독교 교리에 대한 소극적인 표현이다. 다른 한편, 궁핍한 사람들을 위로하고 치료하는 사역은 같은 교리에 대한 긍정적 표현이다. 이 사역은 결정적으로 신약성서에서 가르치는 것이다. 한 율법선생이 예수에게 이웃을 사랑한다는 것이 무슨 의미인지를 물었을 때, 주님은 단순히 여리고로 가는 길에 도적에 의해 길가에 눕혀진 사람을 구조하고자 그를 데리고 간 선한 사마리아인을 예를 들어 말씀하셨다.440) 야고보는 행함이 없는 믿음은 죽은 것이라고 말하고, 순수한 종교는 "궁핍한 고아와 과부를 돌아보고 세상으로 자신을 더럽히지 않는 것"이라고 설명하였다.441) 그리고 그는 "만일 형제나 자매가 헐벗고 일용할 양식이 없는데 너희 중에 누구든지 그에게 이르되 평안히 가라, 덥게 하라, 배부르게 하라 하며 그 몸에 쓸 것을 주지 아니하면 무슨 유익이 있는가"442)라고 말한다. 예수께서는 육체적인 필요를 느끼는 사람에게 자신의 사역을 중단하신 일이 없으시다. 그분의 제자로서 우리도 오늘날 그렇게 행할 의무가 있다.

개인적인 중생을 사회개혁으로 대체한 현대 종교 자유주의자들이 사회복음을 지나치게 강조했기 때문에, 어떤 메노나이트들은 교회 운영이 단순한 '사회봉사'가 되지 않도록 구제 프로그램의 확장을 주저하기도 한다. 이들이 복음의 메시지와 상관없는 사회봉사를 반대한다는 점에서는 옳다. 하지만, 예수님 자신도 끊임없이 필요한 사람들에게 영적 메시지에 더하여 신체적 도움을 주셨음에 주의해야 한다. 초기 메노나이트들도 바로 그렇게 했다. 제7장에서 메노 시몬스의 다음과 같은 말을 인용한 적이 있다.

하나님에게서 태어난 모든 사람은… 할 수 있는 한 자비와 사랑을 보여야 한다. 그 들 중에 구걸하는 사람이 없게 해야 한다. 성도들의 필요에 마음을 써야 한다. 좌절 가운데 있는 사람들을 즐겁게 해주어야 한다. 낯선 사람을 집에 맞아들여 한다. 고난 중에 있는 사람을 위로하며 필요로 하는 사람들을 도와야 한다. 헐벗은 사람을 입히며 배고픈 사람을 먹이고 가난한 사람들에게 얼굴을 돌려서는 안 된다. 그들의 몸을 경멸하지 말아야 한다…

성경은 말했다. "이 세상의 물질을 가지고서 형제의 필요를 보고
그에게 동정심을 갖지 않는다면 하나님의 사랑이 어떻게 그 안
에 거하겠는가?"443)

초기 메노나이트로 하여금 진정한 그리스도인 형제애를 살 수 있게 한
것은 바로 이러한 신념이었다. 제5장에서 이미 지적한 것처럼 가톨릭 저자
가 그들 교회에도 아나뱁티스트와 같은 공동체가 있었으면 하고 바랐던
것은 바로 이와 같은 사랑의 정신과 도움 때문이었다. 16, 17세기의 메노
나이트들로 하여금 그들의 양심의 지시에 따라 하나님을 자유롭게 예배할
수 있는 곳에서 새로운 집을 찾도록 박해받는 형제들을 도와 기독교 봉사
프로그램을 수행할 수 있도록 영감을 준 것은 바로 이 무저항 신앙이었다.
제6장에서 지적한 것처럼, 이 신앙은 1775년에 자신들의 어려움 속에서
도울만한 자유가 없음에도, 인간의 생명을 보호하고자 하는 바람으로 주
법안을 움직이게 만든 펜실베이니아 메노나이트 가운데도 바로 이 신앙이
살아있었던 것이다. 1890년, 인도의 기근을 구제하기 위해 메노나이트 프
로그램을 만들어낸 것도 같은 정신이었다. 또한 제1차 세계대전 당시 메노
나이트 교회가 유럽에서 전쟁을 지원할 수 없었으나 전쟁 난민들의 구제
와 황폐화된 땅을 건설하고자 인력과 돈을 주었던 것도 같은 정신이었다.
이와 같은 그리스도인의 봉사정신이 교회로 하여금 1920년 이후 북아메리
카와 남아프리카에서 박해받은 수천의 난민이 새로운 집을 찾을 수 있도
록 돕게 한 것이다.

제2차 세계대전이 말할 수도 없는 인간의 고통을 가져왔을 때에 사랑과
돕는 정신은 메노나이트로 하여금 그들의 구제와 봉사 프로그램을 세계
여러 지역으로 확대하는 감동을 주었다. 1944년 봄, 메노나이트 구제 요원
들을 푸에르토리코, 파라과이, 이집트, 영국, 인도, 중국 등지에서 볼 수

있었다. 폴란드와 프랑스에서의 봉사는 그럴만한 이유로 말미암아 잠정적으로 포기했다. 그러나 다음 5년 동안, 교회의 구제 프로그램은 예기치 못한 규모로 진행될 수 있었다. 국내의 궁핍한 공동체 봉사를 위한 메노나이트 선교와 구제 부서에 의해 후원되는 봉사 대원들을 위한 제안은 같은 정신의 다른 표현이라고 하겠다. 이는 당연한 결과이기도 하다. 이는 신약성서가 가르치고, 우리 주께서 친히 모범을 보이신 위로와 치료 사역이었다. 진정한 무저항 그리스도인들은 군 복무로부터 면제받으려고 이 봉사에 참여한 것이 아니었다. 그들은 그리스도의 사랑이 필요한 사람들에게 도움을 주고자 자신을 복종시킨 것이다. 자신의 동료를 죽이는 것을 금한, 같은 사랑이 그로 하여금 배고픈 자를 먹이고 헐벗은 자를 입히고 필요한 곳이면 어디든 가라는 치료사역을 명령한 것이다. 이와 같은 사랑이 살아 있고 무저항 사람들 가운데서 따뜻하게 남아 있는 한, 그들은 자신들의 신앙을 유지할 수 있을 것이다.

기독교와 기업관계

전쟁의 주요 원인 가운데 하나는 경제적인 이유이다. 신약성서는 "돈을 사랑하는 것이 일만 악의 뿌리이다. 이것을 탐내는 자들은 미혹을 받아 믿음에서 떠나 많은 근심으로써 자기를 찔렀도다"라고 말한다. 이 말씀은 바울이 디모데에게 보낸 첫 번째 서신에 나오는 말씀으로 "주인과 종"의 적합한 관계를 위한 일부분이다. 바울은 계속해서 부자는 유혹에 빠질 수 있다고 말한다. 그러므로 만약 그리스도인들은 필요로 하는 자에게 마땅히 공급해야 한다고 말한다. "경건으로 만족해하는 자는 크게 얻을 것"이라고 한다. 그러나 그들이 필요한 것보다 더 많이 얻고자 욕심을 부리면, 그 결과는 "투기, 분쟁, 비방, 악한 생각, 왜곡된 논쟁"이라고 말한다.444) 다른 말로 하면, 경제에서의 나쁜 태도와 사업에서의 나쁜 방법이 다툼과 전쟁의 원인이라는 것이다. 무저항 사람들은 항상 마음속에 이 사실을 잊지 말아야 한다.

결국엔 파업과 폭력으로 치닫는 산업 투쟁이 무저항의 정신과 모순된다는 것을 충분히 알 수 있다. 그러나 무저항 사람들은 너무 자주 모든 책임을 노동투쟁에 두는 경향이 있다. 그들은 국제간의 갈등에서처럼 산업적인 다툼에서도 쌍방적이라는 것을 잊는 것 같다. 제10장에 지적한 것처럼, 현대 산업과 자본주의 체제는 공통적으로 미국 내에서 계급 갈등에 책임을 돌리는 악을 포함한다. 여기에다가 자본과 산업은 현대 국제 전쟁에 그 책임을 돌리곤 한다. 외국 기업에 투자하는 미국과 유럽 자본은 외국의 영역을 억압하거나 정복한다. 두 국가의 기업이익 사이에서의 경쟁은 국가 간의 전쟁을 일으키기도 한다. 게다가, 어떤 기업은 전쟁 물자 제조를 위해 우선적으로 존재하며 전시에는 평상시의 일반 산업도 전쟁물자 생산으로 전환된다.

그러므로 무저항 그리스도인은 그들의 신앙을 타협하는 사업관계나 실행에는 거리를 두는 것이 필요하다. 적을 섬멸하고자 무기를 드는 것이 그리스도인들에 잘못된 것이라면, 전쟁 물자를 생산하는 것 또한 잘못이다. 그러므로 그는 전쟁 물자를 생산하는 공장에서 일할 수 없으며, 그런 공장을 운영할 수 없고, 그런 사업에 투자할 수도 없다. 만약 그리스도인이 국제간의 전쟁에 참여하는 것이 잘못이라면, 국제간 전쟁의 원인이 되는 기업에 참여하는 것도 잘못된 것이다. 만약 그리스도인이 산업 갈등에 참여하는 것이 잘못이라면, 노동과 보상, 공공 분야에서 부당한 방법과 부당하게 실천하는 기업을 운영한다거나 그런 기업에 투자하는 것 역시 잘못된 것이다. 이러한 부당한 방법과 실천은 국제간의 다툼에서와 마찬가지로 산업 분쟁에서도 주요 원인이 되며, 이는 기독교 사랑의 정신에 대한 심각한 위반인 것이다.

그러나 오늘날 메노나이트들이, 이런 것들에 대한 문제의식이 있는지 의심스럽다면 반드시 밝혀져야 한다. 비록 교회가 군수물자 공장 고용을 분명하게 반대하는 자리에 있기는 하지만, 제2차 세계대전 당시에는 여러 원인으로 이 원칙을 지키지 못했었다. 최근까지도 실질적으로 메노나이트들 대부분은 농업에 가담하는 전원 사람들이었다.

그러나 바로 지난 세대에서부터 점차 도시생활과 산업근로 쪽으로 바뀌어 가고 있다. 너무나도 많은 사례에서 관련된 도덕과 윤리 원칙을 충분히 고려하지 않은 채 이와 같은 변화가 이루어지고 있다. 많은 메노나이트가 현금을 지급받는 한 비즈니스에 만족하는 것 같다. 그들은 사업이나 고용 방법이 기독교적인 삶의 방법과 어떤 관계에 있는지 그 여부를 아예 묻지도 않는다. 메노나이트와 같은 무저항 사람들은 경제와 비즈니스 실천에 대한 질문에 민감하고 맑은 양심을 유지하고자 노력하지 않으면 안 된다. 물질주의 시대에 이 분야에서 올바르게 행하고자 특별한 노력을 기울여야 할 것이며, 그렇게 해서 자비를 사랑하고 하나님과 겸손히 행하는 것이야말로 정말 중요하다. 이곳에서 실패하면, 무저항 신앙의 상실은 시간 문제이다.

기독교와 인종관계

무저항 사람들이 철저하게 정의와 자비를 실행하는 노력을 기울여야할 또 다른 분야는 인종관계이다. 인종적 편견은 매우 민감한 죄이며, 가장 쉽게 저지를 수 있는 잘못이며 실제적으로 증오와 전쟁, 폭력을 유발할 수 있기 때문이다. 다른 인종이 자신들보다 열등하다고 가정하는 것은 매우 일반적 현상인 것 같다. 예수님 당시 유대인들은 자신들이 다른 사람들보다 더 낫다고 믿었으며, 따라서 이방인들은 하나님 나라의 일원이 되는 데 미흡하다고 생각했다. 그러나 바울은 그리스도 안에 "헬라인도 유대인도 없으며 할례자도 무할례자도 없고 이방인, 스구디아인도 노예도 자유자도 없으며 다만 그리스도가 모두이며 모두는 하나다"라고 말했다.445)

신약성서는 유대인이기 때문에 혹은 하얀 피부 때문에 또는 그의 조상이 메노나이트, 혹은 유사한 이유 때문에 하나님의 자녀가 되는 것이 아니라는 것을 분명히 밝히고 있다. 모든 사람이 죄를 범하였으며 그래서 하나님의 영광에 이르기에는 부족하다. 모든 사람은 예수 그리스도의 구속 사역을 통해서 동일한 방법으로 구원받아야 한다. 하나님은 온 인류의 창조주이시기에 그리고 모든 사람이 구원받기를 원하시기에, 그리스도는 인종이나 조상, 지위에 상관없이 모든 사람을 찾으시고 그들을 하나님 나라로 초대하신다. 그분의 눈에는 사마리아의 경멸당한 여인도 이스라엘 관원인 니고데모와 똑같이 구원받을 자격이 있는 것이다. 에디오피아에서 온 흑인도 히브리인 중의 히브리인인 다소의 바울처럼 침례를 받고 교회의 일원으로 받아들일 만한 가치가 있는 것이다. 만약 그리스도인이 이 사실을 마음속에 지니고 있다면, 오늘날 다른 인종의 사람들에게 정의와 자비를 행사하는 데 도움이 될 것이다.

오늘날 미국 내에서의 인종적 편견은 종종 흑인과 유대인에 대한 증오에서 생겨나곤 한다. 개신교인들은 가톨릭을 반대하는 강한 감정을 지녀 왔다. 태평양 연안에서는 오랜 동안 황색 인종 특히 일본인에 대한 편견을 지녔었다. 1941년 12월 7일 이후 감정적 인종 편견은 전국적으로 크게 강화되었다. 당시 일본계 미국인들의 대다수는 백인 시민들처럼 미국에 충성하였지만, 가장들은 가족으로부터 분리된 채 부당하게 집단 수용소에 수용되어 있었다. 여러 공동체에서 이들 황색 피부를 가진 미국 시민에 대한 반대 감정이 팽배했음으로 그곳에 거주한다는 것 자체가 안전하지 못했다. 백인의 인종편견을 보면, 흑인은 열등하기 때문에 악수할 만한 가치가 없다고 생각했다. 흑인은 백인과 같은 식탁에서 먹지 못하며 백인들의 교회에 참석하지 못했다. 백인과 같은 대우로 고용되지 못했고, 다양한 직업 특히 전문직은 그들의 피부가 검다는 이유로 폐쇄적이었다. 이는 모두 신약성서의 정신에 맞지 않으며, 그리스도의 제자 됨을 주장하는 무저항 사람들에는 용납할 수 없는 것이다.

무저항은 억압적인 구호, 파업, 선전문구 시위 등 흑인이나 일본인들에게 부당하게 대하는 어떤 계획에도 참여해서는 안 된다. 위의 행동들은 제9장에서 설명한 것처럼, 간디의 전략과 유사한 것이며 일종의 계급투쟁 형태였던 것이다. 다른 한편, 무저항 그리스도인은 언제나 흑인이든 일본인, 유대인, 가톨릭 등 그 어느 누구도 자신들과 다르다는 이유로 그들을 미워할 수 없으며, 누구에게나 진정한 그리스도인 사랑의 감정을 가져야 한다. 이러한 사랑의 감정은 무저항 그리스도인과 경멸당하는 사람이 함께 있는 곳 어디서나 어떤 방법으로든 표현되어야만 한다. 정의와 사랑을 실천하는 그리스도인 고용주라면 아무런 편견 없이 흑인이나 다른 인종들에게 같은 기회를 주어야 한다. 백인 그리스도인은 흑인 그리스도인들을 자신들의 교회로 기꺼이 받아들일 준비가 되어 있어야 한다. 그리고 그리스도의 사랑은 흑인과 더불어 같은 식탁에서 먹을 준비가 되어 있어야 한다. 백인 그리스도인은 흑인과 다른 유색인종과 더불어 형제애로 악수할 준비가 되어 있어야 한다.

이론적으로 물론 메노나이트 사람들은 인종에 상관없이 사랑의 원칙으로 모든 사람에게 다가간다고 한다. 그러나 실제적으로 이 원칙은 많은 사람에게서 지켜지지 않았다. 같은 메노나이트 조상을 갖지 않은 사람들에게 형제애로 받아들이는 일을 주저했던 경우가 얼마든지 있었다. 메노나이트 가족의 자녀들에게 대하는 그런 친밀한 감정을 다른 형제들에게 갖지 않았기 때문에 이들은 오히려 교회에 와서 자신들의 신앙을 상실하는 경우도 있었다.446) 메노나이트 공동체 내에 반유대인 감정이 있기도 하다. 흑인들에 대한 공통적인 편견을 지닌 메노나이트들도 있다. 무저항 그리스도인은 이러한 편견과 이에 대한 마음의 태도에서 해방되어야 한다. 비기독교적인 방법으로가 아닌 기도와 모범, 말씀 증언 등 영적인 방법으로 부당한 것을 고칠 수 있는 일을 해야 한다. 무저항 그리스도인은 일본인, 흑인, 유대인 등에 대한 정의를 요구하는 비폭력을 억지로 따를 수 없다면, 어떤 편견적 태도를 가져서도 안 된다. 무저항 사람들의 태도와 인종관계는 철저하게 기독교적이어야 하며 흑인이든 황색인이든 혹은 유대인이든 자신들의 인종과 차별을 두지 않고 한 형제로 받아들일 준비가 되어 있어야 한다.

무저항과 비타협

소극적인 면에서 무저항은 이 세상의 악에 타협하지 않는 일반적 원칙을 실천한다. 그리스도의 제자들은 "이 세상의 유행을 쫓지 말고," "새로운 마음으로 변화를 받으라"고 명령을 받았다.447) 이와 같은 변화는 삶과 행위 모든 면에 적용된다. 그리스도인의 말과 습관은 이 세상의 사람들과 달라야 한다. 그리스도인이 정말로 그리스도를 따른다면, 그의 사회적 기준과 비즈니스 관계는 비그리스도인과 다른 수준이어야 한다. 즐거워하는 것, 옷 입는 태도, 그 외의 다른 면에서도 그리스도의 진정한 제자는 세상과 타협하지 않는다. 전쟁에 대하여 비타협적인 그리스도인이 다른 삶에서 세상과 타협한다면, 그는 결국 어느 곳에서든 실패자가 되고 만다. 다른 사람을 무시하면서 그리스도인의 삶의 방법을 지킬 수는 없다. 그리스도인의 제자도는 일관성을 지니며 통전적임으로 어느 한 쪽을 무시하면 곧 나머지도 잃어버리게 된다.

복음에 대한 총체적 교훈

양차 세계대전 기간 동안에 무저항 원칙을 존중히 여긴 미국 메노나이트들의 기록은 일관성이 있었다. 그러나 모든 메노나이트 단체 모두가 다 완전한 것은 아니었다. 징집된 사람들 가운데 삼분의 일 이상은 양심적 반대의 위치를 지키지 못했다. 시민공공봉사 캠프에 있는 몇몇 개인들의 증언은 활동적인 그리스도인 신앙과 일치되는 것이 아니었다. 이는 가정 공동체에 있는 교회 회원들 가운데서도 마찬가지다. 이들 가운데 얼마는 이러 저러한 면으로 전쟁과 타협했으며, 다른 한편 동료 가운데서 그리스도인 사랑의 방법을 증언하는 데 실패한 사람들도 있었다. 메노나이트들 가운데 평화에 관한 그들의 생각이 혼란스러워 성서적 무저항과 현대의 평화주의를 구분하지 못하는 사람들도 있었다. 무저항을 형식적으로 드러내지만, 삶에서 열매를 맺기에 기본적으로 준비되지 못한 사람들도 있었다.

무저항 신앙과 삶에 대한 메노나이트의 연약한 모습이 다양한 만큼 이들을 치료하는 데도 한 가지 방법만 있는 것은 아니다. 물론, 신앙을 유지하는 데도 한 가지 방법만 있는 것은 아니다. 제2차 세계대전 기간 동안 징집 연령기의 메노나이트 남성들의 결정에 영향을 준 것에 대한 연구는 448) 이 목적을 성취하기 위해 다양한 노선을 따른 여러 노력의 중요성을 강조했다. 이 연구는 가정, 공동체, 학교에서 개인 환경이 메노나이트 젊은이들에게 전시에 무저항 신앙을 진실하게 따를 것이냐 아니냐를 결정하는 데 막대한 영향을 주었음을 보여준다. 통계자료에 근거하여 저자는 메노나이트 교회의 가르침과 설교에서 메노나이트 원칙에 대한 강조와 징집 연령대 가운데 양심적인 반대자의 비율 사이에 실질적인 관계가 있다고 결론을 내린다. 메노나이트에 대해서 철저하게 이해하는 목사의 회중들은 양심적 병역거부자의 비율이 높은 것으로 나타났다. 목회자가 철저한 복음적 신앙을 지니고, 역사적인 메노나이트 정신을 강하게 강조하며, 평화에 관한 설교를 하고 선거인 등록을 하는 결정적인 시기에 질문과 대답을 통하여 젊은이들과 함께 한다면 징집 연령대의 남자들이 양심적 병역거부자가 될 확률은 높아지는 것이다. 그러나 만약 목사가 평화에 대해서 설교하지 않고, 설교와 목회방법, 신학에서 오히려 현대 개신교 정신을 모방하는 경향이 있다면, 그 결과는 반대가 될 것이다.

마찬가지로 가족, 공동체, 교육기관 모두가 무저항 신앙을 선호하는 곳에서는 젊은이들이 이들의 영향력을 선호하지 않는 곳에서보다 무저항 신앙에 진실하고자 하는 경향이 훨씬 강하다. 젊은이의 삶이 강력한 메노나이트 공동체의 삶에 동조할 때에 더 많이 양심적 병역거부자가 되고자 한다. 그러나 공동체를 벗어나 있는 삶에서 그 결과는 정반대가 된다. 젊은이의 교육적인 만남, 동료관계, 협력기관들이 무저항 신앙을 지니고 있으면, 그는 입대를 거부할 확률이 높아지는 것이다. 1941년에서 47년까지 징집 연령대의 메노나이트에 관한 좀 더 자세한 분석연구 기록에서는, 공장 노동자들 중에 양심적 병역거부자 비율이 다른 직업에서보다 낮았으며, 고등학교 연령대와 방금 고등학교 졸업자의 양심적 병역거부자의 비율이 그 이상의 교육 분포 그룹보다 그 비율이 낮았음을 보여주었다.449) 그러므로 무저항 신앙을 지키기 위해서는 더 깊이 있고 살아있는 기독교 신앙과 부지런한 가르침, 이를 선호하는 가정과 공동체 환경이 중요하며 그리고 이에 대한 지속적인 경각심을 요구한다.

무저항만으로 복음이 구성된 것은 아니지만 무저항이 복음의 핵심 가운데 하나인 것은 분명하다. 그러므로 이 신앙을 지속하려면, 무저항 사람들이 하나님 말씀에 기초한 전체적인 복음의 가르침에 귀를 기울이는 것이 중요하다. 이 말씀이 사람들의 마음속에 뿌리를 내리고 구속받고 밝아진 성숙한 양심에 이르기까지 자라나는 곳에서는 성령의 소중한 열매인 사랑, 기쁨, 평화, 오래 참음, 관용, 선, 믿음, 온유, 인내를 맺게 될 것이다.

기독교 무저항의 확산

어떤 신앙이든 지속적이려면, 능동적인 전파가 필요하다. 선교에 대한 열정이 없는 교회는 죽은 교회이다. 선교 열정이 없는 신앙은 죽은 신앙이다. 기독교 복음의 특성상 어느 곳에서든 구원받아야할 사람을 위해 전파하지 않으면 아무런 성과를 거두지 못한다. 사랑과 무저항의 교리는 기독교 복음의 핵심이다. 어떤 형태의 평화주의일지라도 예수 그리스도의 구속적인 복음에 기초하지 않으면 무효다. 제9장에서 이미 지적한 대로, 이와 같은 핵심적인 기초를 결여한 많은 형태의 현대 평화주의가 있다. 이와 같은 이유로 성서적 무저항을 믿은 사람들은 세상적인 평화주의에 대하여 기독교 복음으로 도전할 책임을 지닌다. 많은 세상적인 평화주의 지도자들은 그들 자신의 프로그램에 부족한 점이 있음을 이미 알고 있다. 몇 년 전에 화해 단체Fellowship of Reconciliation에서 레이첼 킹의 『죄에 대한 하나님의 거부』라는 도전적인 책을 출판했다.450) 이 책은 저자가 자라나온 구시대의 자유주의 평화주의가 전쟁 문제에 대한 실제적인 적용에서 너무 피상적이었으며, 이 시대에 적용될 수 없는 얄팍한 낙관주의에 기초한 것이라고 솔직하게 말하였다. 그 책은 평화에 대한 기독교 복음의 일부로 하나님의 사랑과 동시에 하나님의 진노를 인정해야할 필요성을 강조하고 평화주의자들에게 그들의 구조를 더 확실한 신학적 기초에 세울 것을 권고했다. 1950년 디트로이트에서 모든 형태의 기독교 평화주의자들이 함께한 교회와 전쟁에 관한 총회가 열렸을 때에, 사람들은 성서적 무저항 입장에 대해서 듣고자 했으며, 성서적 무저항 관련 문헌들이 총회에서 추천한 독서목록에 눈에 띄게 드러나 있었다.

이 시대에 또 다른 희망적 지표는 복음주의적이고, 근본주의적인 그룹 내에서 평화 관련 질문에 관심을 갖는다는 징후가 보인다는 점이다. 지금까지는 보수적인 신학을 가진 많은 그리스도인이 무저항 입장에 대해 동조적이지 않았으며, 심지어는 적대적이었다는 점은 잘 알려진 사실이었다. 이에는 몇 가지 이유가 있었다. 한 가지 이유는 구약성서에 대한 균형적이지 못한 강조와 구약성서의 의식적·윤리적 교훈이 신약성서에 의해 폐지되었다고 잘못 이해하고 있었기 때문이었다. 다른 이유는 많은 현대 평화주의가 종교자유주의 형태에 기초하고 있다는 사실 때문이었다. 자유주의를 거부하는 경향을 지닌 신학적 보수주의자들은 마찬가지로 자유주의가 선호하는 평화주의에 대해서 아무런 생각 없이 거부하는 경향이 있었다. 제2장, 3장, 5장, 9장에서 보여주었듯이, 성서적 무저항은 자유주의 신학에 기초한 것이 아니라 그리스도의 복음에 기초한 것이다. 무저항의 교리와 그리스도의 속죄와 구속 사업은 불가분적으로 상호 연결되어 있으며 모두 같은 복음의 핵심 부분에 속한다. 이렇게 복음적인 기독교는 자유주의에게는 없는 복음에 기초를 둔 견고한 평화에 대한 가르침을 지니고 있다. 이와 같은 이유로, 복음적인 그리스도인은 평화의 복음에 가장 활동적인 승리자가 되어야 한다. 메노나이트 교회는 항상 이러한 견해를 유지해 왔으며, 우리 시대의 국가 체제적 기독교Christendom와 다른 견해를 분명하고 확신 있게 제시하는 것이야말로 메노나이트 교회의 책임인 것이다. 위에서 말한 대로, 지금은 복음적인 단체 안에서 이에 대한 관심이 깨어나고 있다. 몇 년 전에 복음적인 관점에서 분명하게 기록한 『기독교 양심적 병역거부자』라는 제목의 책이 제임스 D. 베일에 의해 출판되었다.451) 무저항 기독교의 가장 도전적인 책자, 『이방인과 여정』이 복음적인 기독교 선교사 제임스 R. 그레이엄에 의해 출판되었다.[452] 더 최근의 저서는 1950년에 출판된 컬버트 G. 루텐버의 『단도와 십자가』이다.[453] 이 책은 이스턴 침례신학교 교수라는 저자의 지위와 화해 단체에 의해 출판되었다는 점에서 특별히 중요하게 여겨진다. 몇 년 전에 풀러 신학교의 칼 F. H. 헨리가 매우 중요한 책, 『현대 근본주의의 불편한 양심』[454]을 출판했는데, 여기서 그는 기독교 복음의 사회적 교훈과 적용을 위한 복음적인 그리스도인에 대해 큰 관심이 필요하다는 것을 강조하였다. 헨리가 신약성서의 무저항 교훈을 채택하지는 않았지만 그럼에도 불구하고 복음의 사회적 교훈에 대한 그의 관심은 매우 중요한 것이었다. 복음적인 기독교 안에서 이러한 새로운 경향은 메노나이트와 무저항 그리스도인들에게 오랫동안 가져보지 못했던 국가 체제적 기독교에 그들의 신앙을 제시할 수 있는 기회로 발전적이며 매우 희망적인 징후라고 하겠다. 이러한 기회들을 소홀히 여겨서는 안 될 것이다.

20세기 중엽, 세계의 메노나이트들은 전에 전혀 가져보지 못했던 예수 그리스도 외에는 다른 기초를 두지 아니한 16세기 아나뱁티스트 비전을 회복하라는 소명을 받고 있다. 이 비전을 온전히 회복할 때에 메노나이트들은 400여 년 전에 그러했듯 가장 앞장섰던 선교 교회가 다시 될 것이다. 프랭클린 H. 리텔이 말한 것처럼, "아나뱁티스트는 듣는 이가 있는 곳이면 어디든지 그들의 선교사를 보냈는데, 이는 '이 땅은 주의 것이며 그것을 채우라'라는 말씀에 순종했기 때문이었다."[455] 메노 시몬스가 이에 대해서 가장 적절한 말을 하였다고 본다.

우리는 피와 생명을 내어놓고 불타는 심정으로 예수 그리스도와 그의 사도들의 거룩한 복음을… 모든 세계에 가르치고 전파하기를 원한다. [456]

그러므로 우리는 가능하다면 밤과 낮을 구분하지 않고, 집에서나 밭, 숲에서나 황무지, 어느 곳에서든지, 국내와 외국, 감옥과 토굴, 물이든 불이든 상관없이, 교수대이든 고문대이든, 군주나 황제 앞에서, 입과 펜으로, 소유와 피로, 생명과 죽음으로 복음을 전할 것이다.457)

하나님의 나라를 확장하고, 진리를 나타내며, 죄를 책망하고 의를 가르치며, 배고픈 영혼을 주의 말씀으로 먹이고, 길 잃은 양을 올바른 길로 인도하여 그분의 성령과 능력, 은혜를 통하여 많은 영혼을 주께로 인도하는 것이 나의 유일한 기쁨이고 마음의 소원이다.458)

메노 시몬스는 다시 이렇게 말했다.

> 이들 거듭난 사람들은…그들의 검을 쳐서 쟁기를 만들고 그들의 창으로 낫을 만들고 더는 전쟁을 모르는 평화의 자녀다….459) 그들은 할 수 있는 한 자비와 사랑을 나타낸다. 그들 중에는 아무도 구걸하는 자가 없다. 성도의 필요를 마음에 지니며 우울해하는 사람들을 즐겁게 한다. 낯선 이들을 자신들의 집 안에 맞아들이며, 고난 받는 자를 위로하고, 궁핍한 자를 돕고, 헐벗은 자를 입히며, 배고픈 자를 먹이고, 그들의 얼굴을 가난한 자에게서 외면하지 않고 그들 자신의 육체를 경멸하지 않는다. 460)

이것이 바로 철저하고 확실한 기초 위에 놓인 복음과 일치하는 무저항이다. 예리하고 분명하며 넓고 깊은 사회적 양심이다. 하나님 자신의 영에 의해 불붙여진 타오르는 열심이다. 오늘날 메노나이트 교회로 하여금 가정과 가족, 이웃과 공동체, 경제와 사업관계, 인종과 계층 간의 관계, 고용주와 고용인, 나라와 국가 간에 진정한 그리스도인의 제자도를 계속 보여주는 복합적인 요소들이 여기에 있다. 이것이 바로 확실하고 철저한 기초를 지니고 끝없이 전파할 수 있는 진정한 그리스도인의 무저항 복음이다.

부록

부록 1 주제 관련성구

■ **전쟁의 죄악**

역대상 28:3

야고보서 4:1, 2

갈라디아서 5:19~21

요한일서 3:1

■ **사랑의 법**

마태복음 22:37~40

요한복음 3:16

로마서 13:10, 8

요한복음 13:34

요한일서 4:7, 8

요한일서 2:10, 11

요한일서 3:14, 15

요한일서 3:23

고린도전서 13:1, 8, 13

■ **구약성서 내의 무저항**

출애굽기 20:13

잠언 20:22

잠언 25:21

출애굽기 23:4, 5

창세기 13:8, 9

창세기 26:20~22

창세기 37:28; 45:4, 5

■ **선지자들의 예언**

이사야 1:16~18

이사야 9:5, 6

이사야 2:4

이사야 31:1, 3

■ **하나님 나라**

요한복음 3:3

마태복음 18:3

마태복음 6:10

마태복음 6:33

■ **하나님 나라 일원을 위한 삶의 길**

로마서 8:1

로마서 6:4

고린도후서 5:17

골로새서 3:1, 12~15

로마서 12:1, 2

요한일서 3:18

갈라디아서 5:22,23

마태복음 5:3~12

마태복음 23:12

베드로후서 5:5

■ **하나님 나라는 이 땅의 것이
아니다**

마태복음 4:8~10

요한복음 6:15

요한복음 18:36

고린도후서 10:3~5

에베소서 6:10~18

디모데후서 2:3

디모데후서 4:7, 8

■ **모든 인종과 사람들을 하나님
나라에 초청함**

누가복음 13:29

갈라디아서 3:27, 28

에베소서 3:14, 15

고린도전서 12:13

로마서 10:12, 13

골로새서 3:11

■ **신약성서 내의 무저항**

마태복음 5:38~40

마태복음 5:43~48

마태복음 26:52

로마서 12:17~21

고린도전서 6:7

베드로전서 3:8, 9

데살로니가전서 5:15

디모데후서 2:24

■ **그리스도의 모범**

누가복음 23:34

누가복음 9:54~56

마태복음 16:24,25

베드로전서 2:19~24

빌립보서 2:5~8

갈라디아서 2:20

고린도전서 11:1

■ **용서의 정신**

마태복음 18:15

마태복음 18:21, 22

마가복음 11:25

에베소서 4:2

사도행전 7:59, 60

■ **고난 받는 교회**

마태복음 5:10~12

마태복음 10:22, 23, 28

성경 자체가 지닌 규범을 밝힌 다음에 그 규범의 조명하에 모든 성경을 해석하는 것이 성서 해석에 있어서 우선적이며 올바른 절차라고 본다. 구약성서에서 전쟁에 대한 거룩한 승인을 말하는 것으로 보이는 성경구절을 수집하는 것은 그렇게 어려운 과제가 아니다. 피상적인 생각이긴 하지만, 심지어 신약성서 가운데서도 몇 개의 구절이 전쟁에 대한 거룩한 승인이라는 관점을 보이기도 한다. 이들 성경구절들을 규범으로 채택하고, 나머지 성경을 그 규범의 조명하에 해석하면, 그 결론은 전쟁을 위한 설득력 있는 논리가 될 것이다. 다른 한편, 만약 십계명이 하나님의 근본적인 도덕법으로 인정되고, 예수 그리스도의 생애와 교훈이 그 율법에 대한 권위 있는 해석이요 완성이며, 이들 모두가 전쟁과 평화, 무저항에 관한 질문들에 대하여 성경 해석을 위한 규범으로 받아들인다면, 도달하는 결론은 전혀 다를 것이다. 이처럼 성경해석에는 규범이 있으며 해석상의 계통이 있음을 전제한다.

제2장과 3장에서 저자는 무저항을 해석하면서 성경 가운데 몇 개의 고립된 구절에 근거하지는 않았다. 저자는 사랑의 명령과 "너희는 살인하지 말라"라는 말씀이 하나님의 근본적인 도덕법의 일부이며, 그리스도의 생애와 교훈이 그 명령의 권위 있는 인정이자 해석이고 완성이라는 전제로 시작했다. 저자는 모세의 시민법의 낮은 기준이 그 당시 사람들의 낮아진 도덕적 상태와 영적 미숙으로 말미암아 그리스도 안에서 완전하게 드러나는 하나님의 진리와 능력이 있기까지 하나님 편에서의 일시적인 양보를 의미하는 것이라고 가정했다. 저자는 또한 만족한 해답이 없는 모든 성경 본문은 전체적으로 신약성서와 그 반대가 아닌, 위에서 제시한 규범에 의해 판단되어야 한다는 것을 가정했다. 제2장과 3장에서 전쟁과 평화, 무저

항에 관한 주제를 지닌 모든 난해한 성경구절, 특별히 그 장들의 목적에 적합하지 않은 토론을 포함하여 모든 구절에 대한 주석을 다 포함시킬 수는 없었다. 이러한 이유로 제한적인 난해한 성경구절에 대해서만 주석을 제시하였다. 여기에 포함시킨 목록이 완전한 것은 아닐지라도, 전쟁을 지원하는데 가장 빈번하게 인용되는 성경구절들을 포함하고자 노력했다.

하나님이 정부를 만들었으며, 따라서 국가에 대한 복종을 요구한다. *왕이여 왕은 여러 왕들 중에 왕이시라 하늘의 하나님이 나라와 권세와 능력과 영광을 왕에게 주셨고단2:37, 각 사람은 위에 있는 권세들에게 복종하라 권세는 하나님으로부터 나지 않음이 없나니 모든 권세는 다 하나님께서 정하신 것이라.롬13:1 인간의 모든 제도를 주를 위하여 순종하되 혹은 위에 있는 왕이나 혹은 그가 악행 하는 자를 징벌하고 선행하는 자를 포상하기 위하여 보낸 총독에게 하라.벧전2:13,14* 전쟁에 대한 옹호는 국가의 통치자들이 하나님의 계획을 수행하기 위하여 하나님으로부터 지명되었다는 것을 입증하고자 이와 같은 성경구절들을 인용한다. 전쟁은 이와 같은 계획의 일부이며 따라서 그리스도인들도 전쟁을 지원해야 한다고 그들은 말한다. 한 저자는 로마서 13장 5절, "그러므로 복종하지 아니할 수 없으니 진노 때문에 할 것이 아니라 양심을 따라 할 것이라"는 말씀을 인용하여서 "여기에 양심적 병역거부자란 있을 수 없다"라고 말한다. 그러나 같은 페이지에서 이 저자는 그리스도인들이 인간 정부에 불복종하지 않으면 안될 때가 있다고 하면서, "국가와 교회 간에 마찰을 빚을 때가 있기도 한다. 이와 같은 마찰이 일어날 때에 사도의 말씀에는 '우리는 사람보다 하나님께 복종한다' 라고 말한다."461)

그러므로 이와 같은 관점에서 저자들이 모든 것에서 정부에게 복종하여야 된다고 말하려는 뜻은 아니다. 그들은 더 높은 힘이 존재하는 것을 인정하며 하나님과 국가가 갈등 가운데 있을 때는 하나님께 순종해야 한다는 것을 인정한다. 그들의 실수는 전쟁과 무력의 사용이 그리스도인들을 위한 하나님의 계획의 일부라고 믿는 것이다. 제3장에서 지적했듯이, 그들은 하나님의 인과율에 의해서 악한 자는 그 자신의 악의 결과로 고통을 받아야 한다는 의미에서 통치자가 하나님의 사역자들이라는 사실을 잊어버린 것이다. 하나님의 지도하에 국가는 그 자체의 악을 점검하기 위한 죄악 된 사회의 도구일 뿐이다. 이는 사회 자체가 악하기 때문에 당연한 것이다. 그러나 그리스도인은 어떤 면에서든 악한 사회의 악의 일부가 되어서는 안 된다. 바울은 "사랑하는 자들아 너희가 친히 원수를 갚지 말고… 원수 갚는 것이 내게 있으니 내가 갚으리라. 주께서 말씀하시니라."롬 12:19

가이사에게 속한 것은 가이사에게. *예수께서 이르시되 가이사의 것은 가이사에게 하나님의 것은 하나님께 바치라 하시니.*막12:7 *권세를 거스르는 자는 하나님의 명을 거스름이니.*롬13:2 *혹 섬기는 일이면 섬기는 일로, 혹 가르치는 자면 가르치는 일로, 혹 위로하는 자면 위로하는 일로, 구제하는 자는 성실함으로, 다스리는 자는 부지런함으로 긍휼을 베푸는 자는 즐거움으로 할지니라.*롬13:7,8 국가가 요구하는 것은 무엇이든지 그에게 속한 것이라고 주장하지는 않았다. 마가복음 12장 7절에서 예수님께서 말씀하신 부분 가운데 중요한 것은 하나님께 속한 것은 하나님께 드리라는 것이다. 이것이 무엇을 의미하는지 알기 위해 우리는 국가의 법전을 찾는 것이 아니라 하나님의 말씀으로 가지 않으면 안 된다. 하나님의 말씀은 그리스도인들이 전쟁에 참여하거나 복수해서는 안 된다고 분명하게 가르친다. 가이사의 것을 지불하고 저항하지 말라는 명령은 무저항을 명령한 것임을 기억하여야 한다. 예수님과 바울은 팔레스타인이 이방인 가이사의 통치하에 있을 때 살았다. 많은 유대인은 이방인 통치자를 대항하여 반역을 일으켜야 될지 고민하고 있었으며 일시에 세금을 내지 않을 준비도 하고 있었다. 그리스도인일지라도 이국의 통치에 반대하고자 하는 유혹은 분명했을 것이다. 그러나 예수님과 바울은 가이사에게 복종하라고 말하였다. 반항하지 말라고 말했던 것이다. 그렇게 하는 것은 무저항의 원칙을 위반하는 것이었다. 무저항 그리스도인은 국가가 하나님께 불복종하기를 요구하지 않는 한, 그 국가의 권위에 복종하여야 한다. 그리스도인이 복종할 때에는 반항 정신으로가 아닌 겸손으로 해야 한다. 무저항과 정치적 혁명은 동반자가 될 수 없다.

보습을 쳐서 칼을 만들라. *너희는 모든 민족에게 이렇게 널리 선포할지어다. 너희는 전쟁을 준비하고 용사를 격려하고 병사로 다 가까이 나아와서 올라오게 할지어다. 너희는 보습을 쳐서 칼을 만들지어다. 낫을 쳐서 창을 만들지어다.*요엘3:9,10 이 말씀은 하나님의 백성에게가 아니라 요엘 당시 악한 이방 나라들에게 말한 것이다. 제2장에서 지적한 대로 선지자 시대에 하나님의 백성은 전쟁에 나가라는 명령을 더는 받지 않았다. 이스라엘에게 이 시기는 정화하고 깨끗하게 할 때였으며 죄로부터 회개할 때였다. 이스라엘은 군사동맹을 맺지 말고, 말과 병거를 신뢰하지 말라는 명령을 받았다. 이스라엘을 억압하는 나라들은 멸망할 것이나 하나님의 백성의 칼에 의해서 죽게 될 것이라고는 하지 않았다. 하나님 자신의 방법으로 그것을 이행할 것이다.사30, 31장 이스라엘은 칼을 쳐서 보습을 만들지 보습을 쳐서 칼을 만들라고 하시지 않았다.

위에서 인용한 요엘의 말씀은 하나님께서 심판하실 악한 이방 나라들에게 하신 것이다. 나라들은 하나님을 조롱하고 그들로 최악에 이르도록 도전하신 것으로 보인다. 요엘 3장 9~13절 까지의 말씀은 아마도 이렇게 요약될 수 있을 것 같다; 나를 대적하고 나의 백성을 파괴하는 너희 악한 나라들은 나아오라. 너희 보습으로 무기를 만들고 감히 용기가 있으면 나를 대항하는 싸움터로 나아오라. 나를 대적하는 모든 악한 세력은 하나로 연합하여 나아오라. 내가 너희를 심판할 것이다. 이는 이사야에서 하나님께서 악한 나라들로 하여금 하나님을 대적하여 함께 모의했던 것과 유사한데 그렇게 하게 하신 것은 그들이 성공하지 못할 것이기 때문이었다. "너희 허리를 동이라 그러나 끝내 패망하리라 너희 허리에 띠를 띠라 그러나 끝내 패망하리라. 너희는 함께 계획하라 그러나 끝내 이루지 못하리라. 말을 해 보아라 끝내 시행되지 못하리라" 사8:9,10

신약성서에 나오는 군인들. 군인들도 물어 이르되 우리는 무엇을 하리이까 하매 이르되 사람에게서 강탈하지 말며 거짓으로 고발하지 말고 받는 급료를 족한 줄로 알라. 눅3:14 예수께서 가버나움에 들어가시니 한 백부장이 나아와 간구하여…. 예수께서 들으시고 놀랍게 여겨 따르는 자들에게 이르시되 내가 진실로 너희에게 이르노니 이스라엘 중에 아무에게도 이만한 믿음을 보지 못하였느니라. 마8:5-10 첫 번째 구절은 침례 요한의 메시지와 관련된 말씀이다. 요한의 감동적인 메시지에 의해 동요된 사람들 가운데는 그들에게 요구하는 것이 무엇인지를 알기 원하는 군인들이 있었다. 요한은 군인들의 직업을 반대하여 아무 것도 말하지 않았기 때문에, 그들에게 간단하게 폭력을 행하지 말고 받는 급료로 만족하라고 말했는데, 어떤 이는 이를 두고 요한이 군복무를 승인한 것이라고 주장한다. 마찬가지로 예수께서 백부장의 믿음에 대해서 놀라워하신 것도 어떤 사람은 예수님이 군인 직업을 인정한 것이라고 주장한다. 이 두 가지 설명 외에도 사도행전 10장에서의 또 다른 백부장 고넬료의 개심과 사도행전 16장에서의 빌립보인 간수 이야기가 있다. 이 모든 경우에서도 군 직업에 대한 재가라고 주장하는 것이다.

이 논쟁에 대한 답변에서는 백부장과 빌립보 간수가 신약성서 안에서 실제로 침례 받은 군인의 경우이며, 신약성서는 이 사람들의 그 후 삶에 대해서 아무 것도 말하지 않고 있다. 과연 그들의 개심 이후에도 계속 군인으로 남아 있었을까? 성경은 아무 것도 말하지 않았다. 그러나 수 세기 동안 초대교회는 무저항이었음을 알 수 있다. 이 점에 대해서는 제4장을 보라.

하인의 치료를 위해 예수에게 왔던 백부장에 대해서 우리는 다만 예수께서 그의 믿음에 놀라워하셨다고만 말할 수 있다. 예수께서는 이 사람의 군 직업에 대하여도 아무 말씀 안하셨다. 예수님은 백부장의 믿음을 유대인들의 믿음과 비교하셨던 것 같다. "나는 이스라엘 가운데서도 이만한 믿음을 보지 못했노라." 이 사람의 다음 경력에 대해서 우리는 알지 못한다. 그가 제자가 되었는지 아닌지 아무 것도 말하지 않는다. 침례 요한과 관련된 진술은 모든 군인에게 최소한의 도움이 되었으리라고 본다. 예수께서 군인에게 "사람에게 폭력을 행하지 말라"라고 말씀하셨을 때에 그들이 계속해서 군인으로 사는 것은 불가능했을 것으로 보인다. 폭력을 저지르지 않고 어떻게 전쟁 일에 가담할 수 있을까? 폭력과 군 직업은 불가피하게 병행된다. 바울이 빌레몬에게 오네시모에 관해서 편지 쓴 것을 예로 들 수 있겠는데, 그는 빌레몬에게 여러 말로 노예를 소유하는 것을 금하지 않았다. 그러나 만약 바울이 권한대로 빌레몬이 형제 관계를 유지한다고 하면서 노예로서의 복종을 요구할 수 있겠는가? 어떤 면에서 같은 방법으로 침례 요한은 곧 그들로 하여금 군인 직업을 그만두도록 말했었을 것으로 보인다.

예수님께서 검을 사용하는 것을 승인하셨을까? *내가 세상에 화평을 주*

러 온 줄로 생각하지 말라 화평이 아니요 검을 주러 왔노라. *마10:34* 이 구절은 예수께서 검 사용을 승인하신 증거로 인용되어왔다. 그러나 이 구절의 문맥은 여기에서 예수님이 제자들에게 행위 과정을 명령하거나 어떤 원론을 도입하지 않았음을 분명히 보여준다. 그보다는 예수님께서 제자들에게 믿음으로 말미암아 고통하게 될 시련과 고난에 대해서 경고하신 것이다. 그들은 박해를 받을 것이다. 그리스도인에게는 그들의 가족 가운데서도 그들에게 배신하는 경우도 있을 것이다. 이러한 경우 그분의 오심은 가족들에게 평화를 의미하는 것이 아니라 그 반대이다. 여기에서 예수님은 그분의 오신 목적에 대해서 말씀하시지 않았지만, 어떤 경우에 즉각적인 효력이 있을 것임을 말씀하셨다. 그분의 목적은 사람들의 마음속에 평화를 가져다주는 것이었지만, 즉각적으로 나타나는 결과는 그리스도의 적들에게 의한 반대와 박해가 더 심해지는 것이었다. 주님에게 진실한 그리스도인이라면 때로는 박해의 칼로 말미암아 고통을 받게 될 것이다.

이제는… 검 없는 자는 겉옷을 팔아 살지어다…. *주여 보소서 여기 검 둘이 있나이다. 대답하시되 족하다 하시니라.* *눅22:36-38* 이에 예수께서 이르시되 네 칼을 도로 칼집에 꽂으라 칼을 가지는 자는 다 칼로 망하느니라. *마26:52* 학자들은 첫 번째 구절이 다루는 주제에 관련해서 이해하기 가장 어려운 성구 중에 하나임을 동의하는 것 같다. 무저항 관점을 반대하는 저자들은 예수께서 결정적으로 제자들에게 앞으로 일어날 일을 준비하여 검을 구입하라고 명령하신 것이라고 말할 것이다. 심지어는 두 번째 말씀에서도 검에 대해서 관용하는 것으로 해석하기도 한다. 어떤 저자는 예수께서 검을 칼집에 넣으라고 지시하셨을 때에 그분은 단지 검을 쓸 때는 지금이 아니라고 말씀하셨다고 한다. 이는 예수께서 검을 사용하는 것을 금하신 것이 아니라 남용하지 말라고 하셨다는 것이다. 이는 또한 "칼을 사용하는 자는 칼로 망한다"라는 말씀을 제자들에게 한 것이 아니라 적들에게 하신 말씀이었다고 한다. 이는 만약 그리스도의 적이 검을 사용한다면, 제자들의 검에 의해 망하게 될 것이라고 말하는 저자도 있다. 그러나 이와 같은 해석들은 예수님의 메시지에도 제자들에게도 모두 만족시킬 수 없는 것으로 그분의 전체적인 삶의 태도에 전혀 어울리지 않아 보인다. 더군다나, 두 번째 구절에 대한 해석은 본문 자체에 대하여 폭력적인 것으로 보이는데, 이유는 여기에서 예수님이 적들에게가 아니라 베드로와 제자들에게 말씀하시고 계셨기 때문이다.

이 구절을 이해하려면, 이 두 구절이 고난과 십자가 전날 밤에 예수님께서 하신 말씀이라는 것을 기억하는 것이 중요하다. 첫 번째 말씀은 주님의 만찬 제정 후에 예수께서 겟세마네로 가시는 길에서 말씀하신 것이다. 두 번째 말씀은 예수께서 동산에서의 고뇌 직후, 무리들이 검과 몽둥이를 들고 배신자 유다에 의해 이끌려 그분을 체포하러 왔을 때 하신 말씀이다. 베드로가 칼을 뽑아 자신의 주님을 방어하고자 대제사장의 종의 귀를 벤 순간에 말씀하신 것이다. 이 행동으로 말미암아 예수님께서는 베드로에게 "검을 제 자리에 꽂으라. 검을 든 자는 검으로 망할 것이다"라고 말씀하신 것이다. 이들 두 검의 뜻하지 않은 사건은 그때까지도 예수님의 사명을 제자들이 이해하지 못한 것과 관련되어 보인다. 종종 그분은 오심이 고통, 죽음과 관련된 것임을 제자들에게 말씀하셨지만, 그들에게 주께서 말씀하신 것을 이해하기가 매우 어려웠던 것으로 보였다. 제자들은 땅의 왕국이라는 용어로 생각하는가 하면, 그 왕국에서 자신들이 차지할 지위를 놓고 서로 경쟁하기까지 했다. 그리스도의 적들이 그분을 죽이고자 계획하는 소문이 있을 때에야 예수께서 그분의 죽음에 대해서 하신 말씀을 기억했다. 제자들이 그분을 보호하고자 하는 것은 자연스러운 것이었으며, 결정적인 시간에 그들은 그분이 무저항에 대해서 가르치신 것을 잊어버렸던 것으로 보인다. 그래서 베드로는, 아마도 다른 제자들과 마찬가지로 감추어 두었던 검을 들었던 것으로 보인다. 최소한 그 장면에는 두 개의 검이 있었으며, 그 중에 하나가 베드로의 것이었다.

예수님은 이 모든 것을 알고 계셨음이 분명하다. 그래서 그분은 마음속에 사탄이 밀을 까부르듯 할 것이라고 베드로에게 말씀하셨던 것 같다. 주님이 경고하셨을 때에 베드로는 주님과 함께 "감옥에든 죽음에든 갈" 준비가 되어 있다고 대답했다. 그러나 나중에 일어난 일을 보면, 베드로는 감옥이나 죽음에 이르기 전 최소한 먼저 다른 방법을 사용할 계획이 있었던 것 같다. 이와 같은 사건 직후에 검을 사라는 예수님의 말씀은 베드로의 믿음 없음을 꾸짖으셨던 것으로 보인다. 그 전에 예수님은 제자들을 선교 여행으로 보내셨는데, 그들은 지갑이나 전대, 두 켤레의 신발 없이 떠났어도 여행을 무사히 마칠 수가 있었다. 예수님께서는 "지갑이나 전대, 신발 없이 너희를 보냈을 때에 무엇이 부족했느냐"고 물으셨다. 제자들은 이들 가장 기본적인 준비물이 없어도 부족한 것이 없었음을 시인했다. 이때에 만일 예수님께서 말씀하셨다면, 다음처럼 역설적으로 말씀하셨을 것이다. "그래, 그렇다면 너희는 경험으로 이런 것들 없이도 잘 할 수 있다는 것을 알았으니 이제 지갑과 전대, 그리고 검을 구입해보라!" 이것이 바로 감추어 놓은 검을 갖고 있음을 아는 베드로에게 말씀하시는 방법이었을 것이다.

제자들이 동료들 가운데 두 개의 검이 있음을 시인했을 때에 예수님은 "그것으로 족하다"라고 하셨다. 이는 일종의 절망적인 표현으로 보인다. 아마도 그 의미는 이와 같았을 것이다. 만약에 너희가 이보다 더한 믿음이 있다면 내가 무엇을 더 말하랴? 어쨌든 예수님의 삶과 가르침에서 보면, 제자들이 검을 가지고 다니는 것을 인정했거나 자신을 체포하러 오는 무리들로부터 자신을 구하는 데 두 자루의 검이면 충분하다는 의미로 말씀하셨음을 믿는다는 것은 불가능하다. 무리들이 왔을 때에 베드로는 검을 사용했고, 예수님은 즉시 대제사장의 종의 귀를 치료하셨으며, 베드로에게 그 검을 내려놓으라고 명령하셨다. 이 말씀에 대한 가장 합리적인 설명은 예수께서 검을 사용하는 것을 인정하지 않으셨으며, 베드로가 검을 내려놓기를 원하셨다는 것이다. 만약에 베드로가 검을 계속 사용했다면 베드로 자신은 검에 의해서 죽고 말았을 것이다. 방어 무기는 그리스도의 제자들의 손에 속한 것이 아니다.

예수께서 미래의 전쟁을 예언하였다. *난리와 난리 소문을 듣겠으나 너희는 삼가 두려워하지 말라 이런 일이 있어야 하되 아직 끝은 아니니라. 민족이 민족을, 나라가 나를 대적하여 일어나겠고 곳곳에 기근과 지진이 있으리니.*마24:6,7 이 구절은 무저항 입장을 무익하다고 보는 데 종종 인용되고 있다. 만약 예수님 자신이 미래의 전쟁을 예측하셨다면, 왜 그리스도인이 그것들을 받아들이기를 거절해야 하나? 하지만, 이와 같은 논쟁은 긴 대답을 요구할 만큼 충분히 중요한 것이다. 여기서 예수님은 단순하게 미래의 사건을 묘사하고 계시며 제자들이 미래에 일어날 모든 것에 참여하게 되리라고 기대하지 않으셨다. 같은 구절에서 예수님은 미래의 기근을 예언하셨으며, 따라서 그리스도인이 기근을 극복하여야 한다고 논하지는 않을 것이다. 바울 역시 "악한 사람들과 속이는 사람들은 더욱 악하여져 속이기도 하고 속기도 하나니"딤후3:13라고 말하고 있지만, 아무도 이로 말미암아 그리스도인이 다가올 악과 유혹에 가담하게 될 것이라고 논쟁하지 않는다.

　　예수께서 성전을 깨끗하게 하심. 노끈으로 채찍을 만드사 돈 바꾸는 사람들의 돈을 쏟으시며 상을 엎으시고 비둘기를 파는 사람들에게 이르시되 이것을 여기서 가져가라 내 아버지의 집으로 장사하는 집을 만들지 말라.요2:15,16 요한은 복음서 저자 중에서 유일하게 이 장면에서 채찍을 언급하지만, 예수님께서 그것을 실제로 사용하셨다고 말하지는 않았다. 설령 그것을 사용하셨다고 하더라도 본문을 신중하게 읽으면 그것을 양과 소에게 사용하셨을 뿐 사람에게 사용하지 않으셨음이 분명해진다. 미국표준역 ASV은 흠정역보다 헬라어 원본에 더 충실하게 번역하였다고 본다. 미국표준역은 "그가 채찍을 만들어 성전으로부터 양과 소를 몰아내시다"라고 번역하였다. 그리고 요한은 예수께서 "돈 바꾸는 자의 돈을 쏟아버리고 그들의 상을 뒤엎으시다"를 덧붙였다. 그런 다음에 예수님은 사람들에게 "이것들을 여기서 가지고 가라"고 말씀하셨다.

예수님께서 돈 바꾸는 자들을 성전에서 몰아내고자 물리적인 채찍을 사용하셨음을 믿는다는 것은 불가능하다. 우선 이러한 행동은 예수님의 삶의 태도와 전체적으로 어울리지가 않는다. 다음으로 예수님은 복수하려 하지 않고서 이들에게 폭력을 사용하실 수는 없었다. 다수의 돈 바꾸는 사람들이 한 사람의 반대자를 물리적으로 즉각 제어시킬 수가 있기 때문이며, 설령 그들이 그렇게 하지 않았더라도, 성전지기들이 행패를 부리는 자를 체포했을 것이다. 이 말씀에 대한 가장 만족스러운 설명은 예수님의 말씀과 시선으로부터 나오는 권위가 그분의 임재 앞에서 위법자들을 풀죽게 했을 것이라고 본다. 예수님은 "아무도 이 사람같이 말 한 이가 없다"라고 한 바로 그분이다. 이러한 권위가 다시 한 번 사람들을 압도한 것이다. 그분이 성전 안으로 걸어 들어가 그곳에서 벌어진 장면을 보셨을 때, 그분의 내면에 의로운 분노가 일었으며 그분의 시선과 목소리로 말미암아 성전을 오염시킨 자들이 어쩔 도리 없이 상을 접고 걸어 나갔을 것이다. 다만 채찍은 동물에게만 사용된 것이다. 아마도 더 나은 설명은 예수님께서 채찍을 그분의 권위의 외적 상징으로 사용하셨을 수도 있다는 것이다.

심판자로서의 예수. *누구든지 나를 믿는 이 작은 자 중 하나를 실족하게 하면 차라리 연자 맷돌이 그 목에 달려서 깊은 바다에 빠뜨려지는 것이 나으니라.*마18:6 *그리고 내가 왕 됨을 원하지 아니하던 저 원수들을 이리로 끌어다가 내 앞에서 죽이라.*눅19:27 *그의 입에서 예리한 검이 나오니 그것으로 만국을 치겠고 그들을 철장으로 다스리시며 또 친히 하나님 곧 전능하신 이의 맹렬한 진노의 포도주를 밟겠고.*계19:15 이 구절들과 다른 유사한 성격을 지닌 구절들을 종종 예수님은 무저항이 아니며 그분의 교훈이나 실천도 마찬가지라고 입증하기 위해 인용된다. 그러나 이 구절들을 조심스럽게 읽어보면, 그들 모두가 죄에 대한 하나님의 심판에 대한 것과, 제2, 3장에서 보았듯이 무저항 교리와 하나님의 심판에는 아무런 갈등이 없다는 것을 알 수 있다. 예수님께서 지상에 계실 때에 그분은 연자 맷돌을 죄인의 목에 달지 않았으며, 적을 비틀지도, 검을 사용하시지도 않았고, 그분은 제자들에게 이러한 방법들을 사용하는 것을 금하셨다. 지상에 계시는 동안 예수님의 사명은 잃은 자를 찾고 구원하며 제자들이 살아야 할 삶을 친히 보여주셨다. 그러나 심판 때에는 그분이 심판자로 행동하실 것이며, 필요하면 벌을 내리실 것이다. 그러나 복수는 오직 하나님께 속한 것이며 그리스도인은 거기에 참여하지 않는다. "원수 갚는 것이 내게 있으니 내가 갚으리라"롬12:19

군사적인 예를 예화로 말씀하심. *강한 자가 무장을 하고 자기 집을 지킬 때는 그 소유가 안전하되.*눅11:21 *또 어떤 임금이 다른 임금과 싸우러 갈 때에 먼저 앉아 일만 명으로써 저 이만 명을 거느리고 오는 자를 대적할 수 있을까 헤아리지 아니하겠느냐.*눅14:31 예네덜란드 이야기이며 말하는 사람이 말하고자 하는 내용을 강조하고자 의도적으로 예를 드는 것이다. 예수님의 예화를 해석하는 안전한 원칙이 있다면, 그것은 그분이 강조하시고자 하는 것이 무엇인지를 밝히고, 예를 들어 강조하는 것에만 상세한 이야기가 가치 있다는 것을 기억하는 것이다. 위에서 인용한 첫 번째 구절은 예수님께서 인간으로부터 마귀를 쫓아낸 힘에 대해서 설명하신 것이다. 그분을 비판하는 사람들은 그분이 그것을 사탄의 힘으로 한 것이라고 말한다. 그러나 예수님은 인간을 사로잡았던 것은 바로 사탄이었다고 설명하신다. 사탄은 강하다. 사탄은 그의 왕국과 세상을 지배하고 있다. 그는 이 불쌍한 사람을 자신의 소유로 사로잡고 있었다. 그 상태에서 다음 말씀을 하신 것이다. "더 강한 자가 와서 그를 굴복시킬 때에는 그가 믿던 무장을 빼앗고 그의 재물을 나누느니라."눅11:22 이 구절을 통해서 예수님은 자신이 사탄보다 더 강한 하나님의 힘으로 사탄에게서 그 소유물, 즉 병든 사람을 취하여 내셨음을 의미하셨다.

여기에서 군사적인 용어를 사용하신 것은, 예를 들기 위한 목적이며, 그 구절은 전쟁, 심지어 평화나 무저항에 대해서 말한 것이 전혀 아니다. 만약 그런 말씀을 하셨다면 그 구절은 군사적인 준비를 위해 강력하게 논쟁하지 않았을 텐데, 이는 무장한 사람이 그의 소유를 더 강한 사람이 와서 빼앗아갈 때까지 지키고 있었을 것이기 때문이다. 위에 인용한 두 번째 구절에서 예수님은 제자가 되는 데 포함되는 비용을 계산할 필요에 대해서 가르치고 계신다. 지혜로운 사람은 집을 짓기 시작하기 전에 집을 짓는 데 드는 비용이 충분한가를 계산한다. 전쟁에 나가는 사람은 적과 대적하기에 충분한가를 보기 위하여 자신의 병사를 계산해본다. 다시 한 번 군사에 관한 예는, 순전히 예를 들기 위한 목적이며, 전쟁이나 평화, 무저항에 관한 질문과는 아무런 관련도 없다. 만약에 그랬다면, "주의 날이 밤에 도둑과 같이 오리라"살전5:12고 바울이 말했기 때문에 그가 훔치는 것을 너그럽게 봐줬다고 논리적으로 논쟁할 수도 있을 것이다.

성서에 나와 있는 군사적 상징. *마귀의 간계를 능히 대적하기 위하여 하나님의 전신 갑주를 입으라.* 엡6:11 *내가 네게 이 교훈으로써 명하노니 전에 너를 지도한 예언을 따라 그것으로 선한 싸움을 싸우라.* 딤전1:18 *너는 그리스도 예수의 좋은 병사로 나와 함께 고난을 받으라.* 딤후2:3 이와 같은 구절에서 바울이 전쟁을 승인하였다고 논하는 사람들이 있다. 그렇지 않다면 왜 바울이 그토록 많은 군사적 용어를 사용했겠는가? 한 저자는 "평화주의자들은 신구약성서에서 이와 같은 구절들이 지워져야 한다고 할 것이다…. 하지만, 성서가 그리스도인의 삶을 군사와 전쟁으로 특징짓는 것과 동시에 언제 어디서나 그런 것들이 옳지 않음을 거부하는 상징 하에 제시하고 있음을 아는 것이 쉽지 않을 것이다"라고 말했다.462) 이와 같은 구절들을 성경으로부터 지워야 한다는 데 관심이 있는 평화주의자자들이 있을지도 모르지만, 저자가 이러한 견해를 성서적 무저항에 돌린다면, 그는 이를 완전히 오해한 것이다. 무저항 그리스도인은 성서 자체가 부여하는 해석으로 성서의 상징적 언어를 받아들일 준비가 되어 있다. 상징주의는 어느 사회에나 악의 세력들 간에 전쟁이 있듯이 그리스도인의 삶에 선과 악의 싸움이 있기 때문에 정당화 된다. 그러나 그리스도인의 싸움의 성격과 그 싸움이 사용하는 방법 면에서 모두 이 세상의 싸움과 다르다. 그리스도인의 싸움에서 그리스도의 제자들은 선으로 악을 극복한다. 바울이 그리스도인들에게 위에서 인용한대로 "하나님의 전신갑주를 입으라"고 권고했을 때에, 그는 바로 뒤이어 다음과 같이 말한다. *우리의 씨름은 혈과 육을 상대하는 것이 아니요 통치자들과 권세들과 이 어둠의 세상 주관자들과 하늘에 있는 악의 영들을 상대함이라.* 엡6:12 바울은 거룩한 전쟁에 대해서 세상 나라들에 의해서 치러지는 전쟁과 공통된 것이 없는 영적 전쟁이라고 말한다. 다른 곳에서 바울은 육을 쫓아 싸움을 싸우지 않고 싸움에 사용되는 무기는 육체적인 것이 아니라고 말한다. 고후10:3,4 그는 또한 특별한 영적 무기로 구원의 투구와 성령의 검을 언급한다.엡6:17 신약성서에 기록된 대로, 그리스도인의 싸움을 국가들의 군사적 싸움이 성서에 크게 위배되지 않는다는 논리로 사용할 수 없을 것이다. 이는 앞에서 제안한 대로 인자는 밤에 도둑과 같이 올 것이라고 말한 것을 성서가 도둑질을 승인한 것이라는 논리로 적용하는 것과 같은 것이다.

악에 대한 대항. *마귀를 대적하라. 그리하면 너희를 피하리라.*약4:7 이 구절은 다른 유사한 구절과 함께 위에서 기술한 영적 전쟁과 비슷한 의미를 지닌다. 마귀는 악한 영이며 그리스도인은 영적 무기로 이들의 세력과 유혹에 대항해야 한다. 이것만이 마귀를 대항할 수 있는 유일한 방법이다. 마귀들은 육체적인 무기로 대항할 수 없는데, 이는 그가 육체적인 존재가 아니기 때문이다. 그러나 그리스도인은 악을 대항하라는 명령을 받는 동시에 악한 자를 대적하지 말라는 명령을 받기도 한다.마5:39 여기에서 예수님은 이 세상의 악한 사람에 대하여 말씀하고 계시며, 그리스도인들은 그들에게 무저항 방법으로 대하라고 말씀하신다.

희생적 봉사로서의 전쟁. *사람이 친구를 위하여 목숨을 버리면 이보다 더 큰 사랑이 없나니.*요15:13 무저항을 반대하는 저자들은 이 구절을 인용하면서 전장에서 자신의 생명을 희생하는 군인은 가장 위대한 사랑을 표한 것이라고 말한다. 세계대전 동안에 군목들도 심지어 전장에서 죽는 것은 예수께서 십자가에서 죽으신 것과 같은 희생을 하는 것이라고 군인들에게 말하기도 했다. 이것은 불경에 해당한다. 더군다나, 위의 말씀으로 전쟁을 정당화하는 것은 그 의미를 완전하게 왜곡하는 것이다. 예수께서는 친구를 위하여 목숨을 버리는 것에 대해서 말씀하셨지 적을 죽이는 것을 승인하지 않으셨다. 군인의 우선적인 목표는 자신의 생명을 내놓는 것이 아니라 적을 죽이는 것이다. 무저항 그리스도인은 그의 친구와 심지어 는 그의 적을 위해서도 목숨을 내놓을 준비가 되어 있으나 다른 사람의 생명을 취할 수 없다.

1. 만약에 악한이 당신의 아내와 자녀들을 공격한다면 당신은 어떻게 할 것인가? 그리스도인의 의무는 이러한 상황에서도 무저항이 되라고 요구할 것인가?

이와 같은 질문들은 무저항의 입장을 허물기 위해 가정한 것이다. 무저항 그리스도인들은 종종 이러한 질문들을 접하였으며, 제1차 세계대전 당시 군 종사자들이 양심적 병역거부자들을 시험하고자 끊임없이 사용한 질문이기도 하다. 천진난만한 사람들의 살인과 강간 특히 자신의 가족에 대하여 이러한 희생자들을 보호하지 않는 것은 비인간적이며 비기독교적인 것으로 대답할 수 없는 논쟁거리에 해당한다.

이러한 질문의 약점은 대개 가정적인 특징을 지니는 것으로, 실제 예가 될 만한 사례가 질문자에게 별로 없다는 것이다. 이러한 질문들은 또한 무저항이란 어떤 경우에도 아무 것도 하지 않는다고 전제한다. 성경은 그리스도인들에게 악에 대하여 아무 것도 하지 말라고 하기보다는 "선으로 악을 이기라"고 명령하였다. 그리고 비판자들은 가끔 "선으로" 마주칠 가능성을 통해서 위에서 진술한 상황을 생각한다. 월간지 *The Atlantic Monthly* 1923년 5월호는 에드워드 리차드에 의해 기고된 "신앙의 테스트"라는 제호의 글에서, 1918년 서부 페르시아 투르크와 쿠르드에서 구제 사업에 참여하는 동안, 위에서 언급한 가정적 상황에 실제로 처해진 한 그리스도인에 대해서 말한다. 리차드는 그의 무저항 삶의 길이 죽음을 막는 것을 보장할 수 없음을 인정한다. 그러나 그는 자신이 사랑의 정신으로 행동한다면, "죽음의 현장에서일지라도 살인을 막기 위한 가장 효과적인 수단이 될 것"이라고 확신했다. 그는 만약 자신이 그리스도께서 가르치신 사랑의 길을 실제로 따른다면, "생각과 의 그리고 위에서 언급한 쿠르드의 행동을 인도하시는 전능하신 하나님의 거룩한 실제 능력에 대해서 설명할 수 있을 것"이라고 확신한다. 리차드는 계속해서 다음과 같이 말하였다. "또한 나는 그분의 손 안에서 현장을 무사히 빠져나갈 수 있을 것이다. 만약 내가 죽거나 공격당한다면 싸움을 거부할지라도 나는 죽거나 공격당하는 것이 우리를 위한 하나님의 뜻이라고 설명할 수 있을 것이며, 우리의 죽음과 상처 혹은 고통은 우리가 취할 수 있는 어떤 행위보다도 하나님 나라를 이 땅에 오게 하는 데 더 효과적일 것이다."리차드의 신앙은 군인들이 그의 마을을 포위해왔을 때에 실제적인 시험대에 올랐다. 총으로 무장한 한 무리의 쿠르드가 리차드와 여성들, 노약자들이 사는 집으로 들어왔다. 쿠르드는 돈을 요구했다. 아무 것도 도움이 되지 않는 환경적 상황에서, 리차드는 항거하는 대신에 그들을 안으로 들어오도록 하고 그들이 집을 탐색하도록 도왔다. 집주인이 열쇠를 가지고 이미 달아난 상황에서 그들은 잠겨있는 돈궤를 찾아냈다. 도적들은 리차드에게 열쇠를 내놓지 않으면 쏘겠다고 위협했다. 그러나 리차드는 자신에게 열쇠가 없다는 것을, 그들이 신뢰하도록 보여주었을 때에, 그들은 집 안에 있는 누구도 해하지 않고 가버렸다. 또 다른 예로, 리차드는 술에 잔뜩 취한 채 손에 총을 든 사람을 만났다. 많은 사람의 생명이 위험에 처해있을 때, 리차드는 총을 들고 그를 쏠 수 있었음에도, 그는 그렇게 하는 대신 무장하지 않은 채 술 취한 사람에게로 다가가서 친교의 손을 내밀었다. 결과는 그 술 취한 사람과 인사를 나누고 그의 총을 리차드에게 건네주었다. 그리고 그다음 날 술에서 깨어나 돌아가면서 자신의 행동을 사과했다.

리차드에 의해서 언급된 위의 두 상황에서 어떤 생명도 잃지 않았으며, 나중 상황에서는 최소한 친구를 얻기까지 했다. 어떤 경우든 만약 리차드가 무력으로 저항했다면 누군가는 죽었을 것이며, 아마도 리차드가 그 대상이었을지도 모른다. 물론, 모든 유사 상황이 리차드의 경우와 똑같은 결과를 가져오리라고 보장할 수는 없다. 하지만, 그가 사용한 방법은 긴 안목으로 보아 여러 사람의 목숨을 구하는 방법이라는 데 의심의 여지가 없을 것이다. 리차드의 상황에서 어떤 사람이 자신의 생명이나 친구 혹은 가족의 생명을 희생할 수도 있을 것이다. 그러나 이 때, 그들은 하나님의 뜻에 따라 행한 것임을 알고 평안하게 죽을 수 있을 것이다. 무저항 그리스도인은 어느 때든 무저항이지 않으면 안 된다. 그는 총을 소지할 수 없으며 범죄자를 쏠 수 없다. 진정한 무저항 그리스도인의 가족은 사랑으로 범죄자를 구할 수 있는 것을 행하여야 한다. 그러나 만약 이 방법이 그를 얻는 데 실패한다면, 그들은 가족이나 다른 사람의 생명을 죽게 하기보다는 자신의 목숨을 기꺼이 내놓을 것이다.

2. 국가를 위해서도 무저항 실천이 가능할까? 1940년, 영국이 히틀러의 비행 공격을 저지하지 않았다면, 혹은 미국이 1941년 진주만 습격을 저지하지 않았다면 어떻게 되었을까?

무저항은 그리스도인 개개인에게와 마찬가지로 기독교 국가를 위해서도 실천 가능한 것이다. 이스라엘이 하나님의 뜻에 복종할 때에 하나님은 그들을 전쟁을 치루지 않고도 여러 번 구원하셨다. 그들이 전쟁에 연루된 것은 하나님의 길을 떠났을 때였다. 기독교 국가가 진지하게 오늘날 무저항의 길을 따를 때에 하나님께서 쿠르드의 손으로부터 리차드의 생명을 구하신 것처럼 침략과 파괴로부터 구원하심으로 순종의 대가를 지불하실 것이라는 믿음은 타당한 것이다. 그러나 만약 이러한 나라가 지켜질 수 없다면, 그리스도인의 태도는 하나님의 뜻에 따라 희생을 받아들여야 할 것이다. 이러한 희생은 한 나라가 세계에 줄 수 있는 가장 위대한 봉사가 될 것임에 틀림없다. 하나의 기독교 국가가 무저항에 의해서 국가의 운명을 순교자적으로 내놓는다면, 선을 위해 막강한 영향력을 미치는 "영적인 생명의 물결"이 흘러넘치게 될 것임을 아무도 의심하지 않을 것이기 때문이다.

그러나 이것과 관련해서 기억해야 할 것은 기독교 국가로서 이와 같은 예가 없다는 것이다. 오늘날 모든 국가 사회는 비기독교적이며 어떤 국가의 외교정책도 기독교적인 국가는 없다. 이러한 상황 하에서 영국이 히틀러의 침략 위협에 사랑의 무저항으로 반응하기를 기대하거나 일본의 진주만 공습에 "다른 뺨을 돌려대라"고 기대한다는 것은 소용없는 짓이다. 수년 동안 영국과 미국은 현재 상황에 이르도록 비기독교적인 외교 정책을 따라왔다. 그들의 정책은 독일이나 일본과 비교해 나쁜 것은 아니었지만 문제는 그것이 아니다. 진정한 문제는 그들이 비기독교적인 과정을 따라왔다는 것과 그 목적을 이루려고 전쟁과 무력에 의존했다는 것이다. 이와 같은 정책의 결과는 언제나 전쟁이었고 그러한 과정을 따르는 나라들에게 무저항은 "실천적"이 아니었다. 무저항은 오직 그리스도의 모범을 따르는 사람들에게만 실천적일 수 있다.

3. 적그리스도적 철학을 지닌 전체주의적 국가에게 세계를 다스리게 해야 하나? 전쟁 없이 그런 지배를 막아낼 수 있는가?

현대 전체주의적 국가들이 기독교와 교회에 실질적인 위협이 되고 있다는 데에 아무런 의심의 여지가 없을 것이다. 이것은 고대의 독재주의도 마찬가지였다. 그러나 하나님의 백성이 무력으로 전체주의와 싸우는 것은 하나님의 뜻이 아니었다. 히브리 예언자들은 이스라엘에게 그렇게 행동하지 말라고 경고했으며, 하나님께서 그분의 방법으로 악한 나라를 심판하고 하나님의 백성을 구해낼 것이라고 했다. 오늘날 우리는 이러한 약속이 성취되었음을 아는데, 그 이유는 고대 제국들이 먼지덩이로

변한지 오래이나 여전히 기독교 교회는 살아있기 때문이다. 기독교는 독재자들의 시대에 세워졌으며 초대교회는 교회를 완전히 파멸하고자 했던 로마 가이사에 의해 박해를 받았다. 그러한 군국주의 국가들은 오래 전에 사라졌지만 그러나 교회는 박해 속에서도 승리했다. 16세기 무저항 아나뱁티스트들은 말할 수 없는 박해 속에서도 건재하며, 이러한 방식으로 그들의 종교자유 유산을 현대 세계에 남겨 주었다. 무저항 신앙은 과거 시대에 많은 적이 있었으며, 이는 독재국가 형태 속에서 오늘날도 마찬가지이다. 그러나 그리스도인들은 종국에 가서 하나님의 적들이 파멸하게 될 것을 확신한다. 과거에도 종종 일어났지만 이는 다른 사람들의 전쟁을 통해서 이루어지기도 할 것이다. 그러나 대영 제국과 미국은 이러한 독재자들을 무력의 수단을 통해 겸허하게 만들려고 할 텐데, 이는 오직 영국이나 미국 역시 이미 죄를 지은 상태이기 때문이다. 제2장에서 보았듯이, 그분의 섭리 가운데 하나님은 다른 나라를 심판하기 위해 죄를 짓는 나라를 사용하셨기 때문이다. 그러나 만약 영국이나 미국 같은 나라가 정말로 진실한 그리스도인들이라면 교회는 다른 수단에 의해서 독재자들로부터 구원받을 것이다. 하나님은 그분의 백성에게 평화의 길을 ◎으라고 명령하셨으며, 만약 그들이 하나님의 뜻을 따르면 그 결과는 두려워할 필요가 없을 것이다.

4. 나라를 위해서 정책적으로 비무장을 옹호하는 것은 어리석은 짓이 아닌가?

질문 2에서 무저항은 진정한 기독교 국가를 위해서 실천적이라고 진술했다. 세계 국가들은 기독교적이지 않더라도 비기독교적인 방법을 계속해서 따른다면 전쟁은 지속되기 마련이다. 국가들이 군사·정치·경제적인 침략에 가담하면, 유사한 방법으로 복수가 따라오기 마련이다. 일부러 이 상태가 지속한다면 비무장은 어리석은 것인데 정책과 무장은 동반하는 것이기 때문이다. 그러나 만약 한 나라가 이러한 삶의 방법을 포기하고, 예수 그리스도의 원리를 채택한다면, 비무장은 최고의 지혜로운 방법이 될 것이다. 왜냐하면, 악의 원리가 무장과 함께 하듯, 비무장과 그리스도의 원칙은 서로 협동적이기 때문이다. 상대적으로 기독교적이면서 비공격적 외교 정책을 따르는 나라는 공격적인 세계에서 어떤 가능한 연합된 힘으로 강하게 잘 무장된 적대적인 동맹 국가의 침략이 있을지라도 오히려 더 안전할 것이라고 믿는 것은 타당하다고 본다.

5. 정책과 군사는 필수적으로 동일한 것이 아닐까? 만약 정책적인 힘이 국내의 평화를 위해 필요한 것이라고 인정한다면, 육군이나 해군 등 군인이 국제 평화를 위해 필요로 하는 것을 따르는 것이 아닐까?

정책과 군사 사이에는 어느 정도 차이가 있지만, 8장과 9장에서 지적했듯이 이 둘은 같은 종류에 해당한다. 기독교 국가에서는 최소한 인정된 국제기구 하에서 군인이 국제 경찰로 여겨질 수도 있으며 국내외 양쪽에서 힘을 통하여 질서 유지를 위한 수단으로 인정할 수도 있을 것이다. 그러나 바로 이와 같은 이유로 무저항 그리스도인은 군인이나 경찰로서 봉사할 수 없는 것이다. 만약 국가가 순수하게 기독교적이라면 국내 경찰력은 필요 없고 차라리 국제적인 경찰을 요구할 수 있을 것이다. 그러나 8장에서 지적한 대로 이러한 국가는 성격상 오늘날 우리가 아는 국가와는 다르기에 그것을 묘사하려면 다른 이름으로 불려야 할 것이다. 경찰과 군사의 유사성은 군사기능에 대한 참여가 아니라 그리스도인이 경찰 기능에 참여할 수 없다는 논쟁이 될 것이다.

6. 전쟁과 악을 인정하는 전체주의의 승리보다는 전쟁으로 전체주의적인

독재자와 같은 더 큰 악을 파괴하는 것이 더 낫지 않을까?

이러한 논쟁은 사회에서 얼마든지 주장될 수 있을 것이다. 어떤 악이 다른 악보다 더 큰 것은 사실이다. 비기독교 국가의 상태에서 움직이는 사람들에게는 커다란 악보다 좀 더 작은 악을 선호하는 것이 아마도 합리적일 것이다. 그러나 그리스도인은 전적으로 이 수준보다는 나은 삶을 살 것을 요청받는다. 그리스도인에게 목적은 수단을 정당화시킬 수 없다. 그리스도인은 모든 것에서 그리스도에게 복종하는 것이 자신과 사회를 위한 그 결과가 어떠하든 악과 타협하는 것보다는 훨씬 나을 것이다.

7. 무저항은 악을 조장하는 것이 아닐까? 악에 대해서 아무 것도 안 하는 것보다 죄를 반대하는 것이 더 좋은 것이 아닐까?

무저항이 곧 악을 조장하는 것은 아니다. 무저항은 선으로 악을 극복하는 것이다. 질문 1에서 언급한 술에 취한 사람은 선으로 극복되어 자신의 행동을 사과했다. 그의 영혼이 감동받은 것이다. 그와 마주하는 사람이 무력으로 그를 대항했다면 아마도 누군가는 죽었을 것이고, 그의 영혼에 복음을 전할 수는 없었을 것이다. 사랑과 무저항의 길은 힘으로 할 수 있는 것보다 죄를 극복하는 데 많은 일을 할 수 있다. 사실, 악은 악을 낳고 무력은 무력을 낳고 증오는 증오를 낳는다. 악은 항상 일어나고 더 많은 악을 자극한다.

8. 무저항은 일종의 무기력함의 상징이 아닌가?

아니다. 질문 1에서 언급한대로 리차드가 따른 과정은 적을 쏘는 것보다도 훨씬 더 강함과 용기를 필요로 한다. 양심적 병역거부자가 되고 대중 앞에서 어떤 것에 대한 반대자가 되는 것은, 대중을 따르고 군에 입대하는 것보다 훨씬 더 많은 용기를 요구한다. 그리스도가 철저히 무저항의 삶을 사셨으므로 그분의 삶은 위대했다. 그분은 자신의 생명을 사랑의 희생 제물로 내놓으므로 세상을 온전히 이길 수 있었다. 인간의 십자가에 자신을 온유하게 내놓으신 그리스도는 지금 세상의 주이시요 모든 사람의 심판자이시다.

9. 모든 전쟁은 다 옳지 않은 것인가 아니면 어떤 차별이 있는가?

일반적으로 사람들이 전쟁을 비난하는 것은 공통적인 현상이지만, 한편 사람들은 "이 전쟁만큼은 다르다"라는 근거로 전쟁에 참여하는 것을 정당화한다. 그러나 이와 같은 관점에서 모든 전쟁은 각기 서로 다르다고 보는 것이 어떤 중요성을 갖는지 살펴보자. 11세기와 12세기 가톨릭교회는 유럽에서 전쟁을 탐탁하지 않게 여겼지만, 팔레스타인에 있는 투르크에 대한 전쟁은 다른 것과 다르다는 이유로 승인했다. 1776년, 미국은 영국을 증오하여 그들을 대항하여 싸웠다. 그러나 1917년과 1941년, 그들은 상황이 다르다는 이유로 영국과 한편이 되어 싸웠다. 1812년, 전쟁 후에 많은 미국 사람이 모두 전쟁을 비난했지만, 1861년 시민전쟁이 일어났을 때에 노예를 해방시킨다는 이유로 전쟁을 차별화하고 그 전쟁을 지지하였다. 1917년, 많은 사람이 세계대전을 지지하였는데, 이유는 그 전쟁이 "다른 모든 전쟁을 종결시킬 것"이라고 차별화했기 때문이다. 시간이 지나고 나서 이 전쟁을 지지했던 사람들은 제1차 세계대전에 참여한 것이 실수였다고 자인하면서도, 나중에 제2차 세계대전을 독재자의 등장으로 말미암아 상황이 다르다고 하면서 열심히 지원했다. 그러나 20세기의 독재자들은 사도 바울 시대의 네로나 다른 시대의 독재자와 핵심적인 면에서 다를 것이 아무 것도 없었다. 그 당시 바울은 사실상 로마 독재자를 대항하여 싸우지 말라고 말했다. 그리스도인에게 모든 전쟁은 하나님의 뜻을 거스르는 것이기 때문이었다.

10. 전쟁에 참여하지 않는 사람들을 양심적 병역거부자라고 부른다. 그렇다면 양심은 과연 온전한 것인가?

아니다. 양심 하나만으로는 온전하지 못하다. 한 사람의 양심의 내용은 그가 받은 도덕적·종교적 가르침에 크게 의존한다. 성경은 선한 양심과 나쁜 양심 둘 다 말하고 있다. 성경은 또한 약한 양심, 악한 양심, 그리고 화인 맞은 양심에 대해서 말한다. 이러한 이유로 그리스도인의 양심은 성경에 기초하여 하나님의 계시에 의해 지도받아야 한다. 이러한 지도를 받는 그리스도인은 잘못된 길을 가지 않을 것이다. 이러한 지도 없이 양심을 따른 다는 것은 다른 형태의 평화주의를 따르는 것이지 성서적인 무저항을 따른 것은 아니다.

11. 군인들은 전장에서 자신의 생명을 희생하곤 한다. 이는 예수께서 친구를 위하여 목숨을 버리는 자보다 더 큰 사랑은 없다고 하신 말씀에 대한 본보기가 아닐까?

군인은 종종 동료들을 위한다는 동기로 자신의 생명을 내놓기도 하지만, 그 자신의 생명을 먼저 내놓기보다는 다른 사람의 생명을 취하는 일에 일차적으로 가담한다는 것을 기억해야 할 것이다. 예수님은 자신의 생명을 모든 사람을 위해 내놓으셨을 뿐 다른 사람의 생명을 취하시지 않으셨다. 진정한 무저항 그리스도인은 항상 자신의 생명을 내놓을 준비로 하나님과 인간을 섬길 뿐 다른 사람의 생명을 취하지 않는다.

12. 시민봉사 캠프라는 비교적 안전한 장소에 가는 양심적 병역거부자보다 군인은 더 큰 희생을 치르는 것이 사실 아닌가? 이러한 이유로 양

심적 병역거부자는 책임회피자가 아닌가?

전장에서의 군인은 시민봉사 캠프에 있는 사람보다 자신의 생명을 잃을 위험이 훨씬 큰 것은 사실이다. 다른 한편, 전장에 있는 사람은 다른 사람의 생명을 취하기도 하는데 이는 하나님의 눈으로 볼 때에 죄를 짓는 것이다. 책임회피자가 된다는 것은 한 사람의 의무를 이행하는 데 실패하는 것이다. 다른 사람의 생명을 취하지 않는 그의 실패는 인간을 향한 인간의 최고의 의무이기도 하다. 이와 같은 이유로 "책임회피"라는 용어는 무저항 그리스도인에게 적용되지 않는다. 더구나 진정한 무저항 그리스도인들은 위험한 현장에서 사랑과 치료, 구호의 일로 동료들을 위해 봉사할 준비가 되어있는 사람들이다. 시민공공봉사에 가는 사람들은 법아래서 자신들의 의무를 이행하고자 한다는 것을 기억해야 할 것이다.

13. 군인들에게도 복음이 필요하지 않은가? 그러므로 군 복무, 특별히 군 목으로서의 봉사는 그리스도를 위한 복음증거의 기회가 아닌가?

군인도 다른 사람과 마찬가지로 복음을 필요로 하는 것은 사실이며, 무저항 그리스도인은 군 조직의 일부가 되지 않는 한 그들에게 복음을 전하는 데 주저하지 말아야 한다. 그러나 살인하는 조직의 일부가 된다는 것은 사랑과 무저항 복음을 전할 자격이 없는 것이다. 술주정뱅이나 노름하는 자에게도 복음은 필요하지만, 그리스도인이 그들에게 복음을 증거 한다는 이유로 술주정뱅이나 노름꾼이 되어서는 안 된다.

14. 과거의 전쟁에서 선한 결과도 많이 있었지 않은가? 전쟁을 통하여 우리의 자유가 확보되지 않았나? 732년 모하메드를 따르는 사람들을 전쟁에서 패배시킴으로 서구의 기독교를 구하지 않았나? 군인들의 목숨

을 바치는 용기로 도덕적 목적을 이룬 것은 전장에서가 아닌가?

이 세계에는 아마도 그렇게 나쁜 것도 없으며 또한 그렇게 선한 것도 찾아볼 수 없다. 아무도 위의 질문 가운데 진리의 요소들이 함축되어 있다고는 보지 않을 것이다. 그러나 우리는 모든 악한 행동은 선보다 더 많은 악의 결과를 가져온다는 것을 확신하며, 이러한 일반적 원칙에서 전쟁도 예외가 아니라고 본다. 때로는 전쟁이 얼마만큼의 자유를 획득하는 데 도움이 되기도 하지만 이는 또 다른 자유를 파괴하고 악순환적인 포학행위를 가져온다. 제11장에서 지적했듯이 현대 종교 자유의 사상은 무저항의 요람에서 태어난 것과 무저항 그리스도인 순교자들의 피의 대가이지 전사와 군인들에 의해서 이루진 것이 아님을 기억해야 한다. 모하메드 사람들의 진격이 뚜르 전투로 말미암아 서구에서 멈춰진 것은 사실이지만, 장기적인 면에서 기독교 쪽에서의 무저항 정책이 그 후에 나타난 제국적인 기독교보다 못했을 것이라고 누가 장담할 수 있는가? 한편, 전장에서의 시련이 군인들의 목숨으로 용기와 도덕적 목적을 이루었다고 하지만, 전시에는 언제나 커다란 도덕의 몰락이 있었으며 전쟁으로 잃은 것에 비하면 얻은 것은 아주 미미한 것이다.

15. 양심적 병역거부자 가운데 얼마는 그리스도인이 아니었지 않았나?

그중 얼마는 진정한 종교적 양심의 가책이 없는 단순한 정치적 반대자들이었으며 또 다른 사람 가운데 하나님의 말씀과 교회의 권위에 의문을 품은 종교적 자유주의자 혹은 급진주의자들이 아니었나? 이 때, 그리스도인에게는 전쟁을 반대하기보다 아무 것도 하지 않는 것이 더 낫지 않은가?

이러한 정책은 그리스도인에게 아무런 도움도 되지 않는데, 만약 이런 이유로 군에 간다면 그는 더 많은 비기독교적인 것을 발견할 것이며, 양심적 병역거부자들 가운데서보다 훨씬 낮은 일반적인 도덕수준을 보게 될 것이다. 몇몇 저자들의 진술과는 달리 양심적 병역거부자들 대부분은 전쟁을 하나님의 뜻과 위배되기 때문에 옳지 않다고 믿는 복음적인 그리스도인이었다. 시민공공봉사 캠프의 40퍼센트는 메노나이트였으며, 많은 다른 이들도 유사한 신앙을 지닌 그리스도인들이었다. 그러나 성서적인 무저항 신앙을 지닌 양심적 병역거부자들은 제9장과 10장, 12장에서 강조했듯이, 다른 형태의 평화주의와 타협하지 않도록 주의할 필요가 있다.

16. 만약 어떤 개인이 자신은 인간의 목숨을 취할 수 없다고 느낀다면 군에서 비전투요원으로서의 봉사도 받아들여서는 안 되는가? 개인적으로 살인에 가담하지 않는 많은 종류의 일들이 군에서 필요로 하지 않는가?

군에는 개인적으로 살인에 가담하지 않는 많은 임무가 있는 것이 사실이다. 그렇다고 비전투요원 봉사가 괜찮다는 것은 아니다. "전투"는 싸움을 의미하며, "비전투"는 싸우지 않음을 의미한다. 군인은 오직 한 가지 목적 즉 싸우기 위한 것이다. 그러므로 군에 있는 모든 사람은 전투에 가담하는 것이다. 싸우는 것이 잘못된 것이라면 싸움을 싸우는 조직에 속하는 것도 잘못된 것이다. 전쟁이 잘못된 것임을 믿는 사람은 누구나 신앙에 진실하면서 동시에 비전투요원으로 군에 봉사하는 부름에 응할 수 없다. 군에서의 의료부대 봉사는 이 봉사가 생명을 구하는 것이기에 양심적 병역거부자를 위해 구성된 것이라는 논쟁이 있어왔다. 그러나 이는 합리적이지 못하다. 만약 은행 강도단의 일원이 다른 사람들이 총을 쏘고 돈을 훔치는 동안 응급처치 상자를 지니고 다니는 임무를 할당받았다면, 그도 전체 강도 일행으로 법 앞에서 범죄자로 여겨져야 할 것이다. 조직 내에서는 어떤 사람이 할당받은 특별한 과제가 그렇게 중요하게 여겨지지 않는다. 군의 의무부대는 보병이나 다른 부대와 마찬가지로 살인하는 조직의 일부이다. 군의 지휘관들은 개인적으로 거의 살인하지 않는다는 의미에서 비전투 요원에 해당된다고 할지 모르지만 그들의 명령 하에 살인이 자행되는 책임을 모면할 수는 없을 것이다.

17. 전시에 시민들은 적십자나 다른 전쟁 관련 조직에 돈이나 다른 봉사로 기여하도록 요청 받는다. 이러한 봉사와 기여에 대해서 무저항 그리스도인들의 태도는 어떠해야 하는가?

다음 질문이 문제에 도움 될 것이다. 봉사나 기금이 전쟁의 도구로서 이용되거나 사용되지는 않는가? 만약 그렇다면 무저항 그리스도인은 그런 것들과 관련해서 아무 것도 도울 일이 없을 것이다. 전시에 적십자사에 기부된 돈의 80퍼센트는 전쟁 목적으로 사용되었다. 만약 기부자가 전쟁이 아닌 다른 목적으로 사용되는 것을 확인할 수 있다면, 그는 의식적으로라도 기부할 수 있지만 그것이 아니라면 기부할 수 없다. "평화, 전쟁, 군복무"에 대한 메노나이트 총회의 진술문은 다음과 같은 문장을 포함하고 있다. "우리는 전쟁 수행 중에 일시적으로 군사와 연결된 시민조직 하에 YMCA나 적십자사 등 실제로 군사 명령 체계 하에 조직되거나 전쟁 체제의 일부가 되어 방법이나 정신이 아니더라도 평화 시기의 활동에 이로울 수도 있는 기관에 봉사하지 않을 것을 일관되게 요구한다."

18. 전시에 다양한 봉사활동과 관련된 메노나이트 교회의 프로그램은 무엇인가?

메노나이트 교회는 교회의 모든 회원이 무저항 증언에 일관적이면서 국가의 복지에 기여할 수 있는 잘 조직된 계획들을 가지고 있다. 제2차 세계대전 기간 동안, 양심적 병역거부자는 시민공공봉사 제도 하에서 봉사했다. 전쟁 이후 시민봉사는 시민공공봉사 없이 수행되었다. 메노나이트 중앙 위원회와 메노나이트 구제위원회는 자원봉사와 외국 구제 프로그램을 연장하여 이행했다. 교회 회원들은 전쟁과 결부된 조직에 기부하는 대신, 이 프로그램에 자금을 지원했다. 병원에서 봉사하기를 원해 모집된 사람들은 비군사 병원에서 이러한 봉사를 할 수 있는 기회를 찾아낼 수 있었다. 이는 전쟁 기간 동안에 실제로 있었으며 다음 전쟁에서도 다시 그러한 봉사에 자원하였다. 메노나이트 프로그램은 지금 매우 잘 알려져 있어서 다른 비메노나이트 공동체 대부분에서도 이러한 봉사활동이 다양한 전쟁 활동에 대한 대안으로 인정받고 있다. 여기에는 또한 전쟁채권 대신에 시민채권을 구입하는 것도 포함되어 있다.

19. 만약 전쟁채권을 구입하는 것이 잘못이라면, 전쟁을 목적으로 많은 비중이 사용되는 세금 지불 역시 잘못 아닌가?

전쟁채권 구입은 특별히 전쟁 목적을 위한 자발적인 대여라는 이유로 여기에는 실제적인 차이가 있다. 다른 한편, 세금은 비자원적인 것으로 전쟁과 더불어 수많은 복지 서비스로 정부와 시민의 기능을 수행하기 위해 필요한 것을 정부가 요구하는 것이다. 신약성서는 권위를 지닌 정부의 적법성을 인정함으로 세금 내는 것을 승인한다. 세금 내는 것을 거절하는 것은 혁명과도 같은 것이며, 무저항 그리스도인은 동참할 수 없는 것이다. 그러나 전쟁 대여금은 국가의 전쟁 수행에 직접 기여함으로 무저항 그리스도인은 거기에 참여할 수 없다.

20. 무저항 그리스도인에게 전쟁 물자 생산 공장에서 일하는 것은 일관성이 없는 행위임이 분명하다. 그러나 이 문제에 어디까지 선을 그어

야 하나? 음식도 전시에는 싸움의 승리를 위해 도움이 된다는 이유로 전시에 음식물을 생산하는 농장에서 계속 일하면 안 되는가?

가장 안전한 길은 전쟁물자 혹은 특별히 전쟁에 기여하도록 되어 있는 물건을 생산하지 않는 것이다. 폭탄을 만들기 위하여 가솔린 탱크를 봉인하는 고무 공장에서 일을 해서는 안 될 것이다. 그러나 만약 이 공장에 시민들이 사용하는 신발을 만드는 부서가 있다면, 이 부서에서 일하는 것은 무관하다. 음식에 관하여 전시에 있는 군인이 사용하는 음식물은 미국 내에서 생산되는 음식물 중 아주 낮은 비율에 해당된다는 것을 기억해야 한다. 군에게 우선 제공되나 그 나머지가 시민들에게 제공되는 것은 사실이다. 그러므로 무저항 농부가 음식물 생산을 계속해서 거부한다면, 그들은 실제로 시민들에게 기여하는 음식물을 부족하게 할 것이다. 게다가, 음식물은 전쟁 물자가 아니다. 그것은 오직 인간의 생명을 유지하게 하는 목적을 지닌다. 그러므로 만약 무저항 농부에 의해 수확된 음식의 일부가 나중에 전쟁에 참여하는 사람들에 사용되더라도 그 책임은 농부에게 있는 것이 아니라 그들에게 있는 것이다. 그러므로 무저항 그리스도인이 전시에 음식을 생산하지 않아야할 이유는 없다고 본다.

21. 전시에 발생하는 높은 가격으로 말미암은 고 소득 창출에 대한 그리스도인의 태도는 어떠해야 하나?

1937년, 메노나이트 총회 성명서는 다음과 같이 기록하고 있다. "우리 동료들은 피를 흘리는 전시와 전시 인플레이션 상황에서 이익을 추구해서는 안 된다. 그러나 만약 전시에 과도한 이익이 우리 손에 들어왔다면, 그러한 이익은 양심적으로 필요로 하는 사람들을 구제하거나 사랑과 평화의 복음을 전하는 등, 자선의 목적으로 다시 환원되어져야 하되,

우리 자신의 물질적 이익을 위해서 사용해서는 안 된다.”

22. 전시에 무저항 그리스도인의 일반적인 태도는 어떠해야 하나?

이 점에 대하여 메노나이트 총회는 다음과 같이 진술하고 있다. “만약 우리나라가 전쟁에 참여하게 된다면, 정부에 복종하는 것이 성서의 가르침을 위반하지 않는 한, 그래서 하나님 앞에서 맑은 양심을 유지할 수 없을 때를 제외하고는행5:29, 전시의 적에 대한 증오와 분노, 복수, 흥분하지 말고 온유와 복종하는 정신으로, 모든 것에서 정부의 법과 규칙에 순종하여 경건함과 정직함으로 조용히 평화를 추구하며 살아야 한다.”

조항 13. 시민 정부의 공직

우리는 하나님께서 악한 사람을 처벌하고 경건한 사람을 보호하며 나아가 나라들과 도시들 곧 세상을 통치하며 선한 질서와 선한 규율로 다스리고자 하는 목적으로 시민 정부를 제도화하셨다는 것을 믿고 고백한다. 그러므로 우리는 정부를 경멸하거나 모독하거나 대항하도록 허락받지 않았으며, 정부를 하나님의 사역자로 인정하고 하나님의 법이나 뜻, 계명을 방해하지 않는 한 복종하고 순종해야 한다. 그뿐 아니라 예수께서 가르치시고 친히 이행하셨으며 따르는 사람들에게 명령하셨듯이 모든 선한 일에 '준비' 되어야 하며 관세, 세금, 공물을 신실하게 내고, 의무를 다하여야 한다. 또한 나라를 대신해서 정부의 안녕을 위해 진지하게 기도함으로 그 보호 아래 사는 자신들을 유지하며 "경건과 정직으로 고요하고 평화로운 삶을 살아가도록" 해야 한다. 주님은 통치자들의 건전한 행정으로 누릴 수 있었던 복지와 자유, 호의에 대해서 이 땅에서와 영원한 보상을 하실 것이다. 롬13:1-7; 딛3:1,2; 벧전2:17; 마17:27; 2:21; 딤전2:1,2

조항 14. 무력에 의한 방어

예수님께서는 제자들에게와 마찬가지로 우리가 우리의 적에게 검으로 대항하는 복수와 대항을 금하셨다. "악을 악으로, 폭언을 폭언으로, 갚지 말고," "검을 집에 꽂으며" 선지자들이 오래 전에 말한 대로 "그것들을 쳐서 보습을" 만들어야 한다. 마5:39,44; 롬12:14; 벧전3:9; 사2:4; 미4:3

이로부터 우리는 그리스도의 모범, 삶, 교리에 따라 옳지 않은 것, 위법이나 어느 누구에게나 괴롭게 하지 말고, 이 도시에서 다른 나라에 이르기까지 모든 사람의 복지와 구원을 추구하며, 다른 사람에게 대항하기보다 "우리의 선이 받아들여지지" 않더라도 고통을 감내하며, 만약 "오른 뺨을 맞으면 다른 뺨을 돌려주되" 복수하거나 격노하지 말아야 할 것을 안다. 마 5:39; 10:23; 롬12:19

이 외에도 우리는 우리의 적들을 위해 기도하고 위로하며 그들이 배고프고 목마를 때 먹임으로 선을 행하도록 납득하고 악을 선으로 이겨야 한다. 롬12:20,21

끝으로, 우리는 모두를 존경함으로 선을 행하고 "하나님 앞에서 모든 인간의 양심에 맡기며" 그리스도의 법에 따라 그들이 우리에게 행하지 않았으면 하는 것을 그들에게 행해서는 안 된다. 고후4:2; 마7:12; 눅6:31

 1937년 메노나이트 총회 입장성명서

서론

세계 평화를 위협하는 전쟁과 전쟁에 관한 소문 등 현재 세계에서 일어나는 어려운 상황에서 1937년 8월25, 26 양일 간 오레곤주 터너 근교에서 모인 메노나이트교회 총회 대표와 인도와 남미 아르헨티나에서 미국과 캐나다가 함께 모인 16번의 회의를 통해서 전쟁과 군복무 참여를 반대하는 평화와 무저항과 관련하여 우리 회원들이 이들 원칙에 따라 그리스도인이 되기를 진지하게 권하면서 우리의 신앙과 신념을 다음과 같이 발표한다.

이렇게 함으로 우리는 새로운 교리를 만들지 않고, 대신에 재산의 약탈과 고국 땅으로부터 이주당하고 때로는 고문과 죽음에 처해졌던 시기에도 스위스1525년와 네덜란드1533년에서 종교개혁 시기에 세워진 교회에서부터 우리의 선조들에 의해 고귀하게 간직되어온 옛 신앙을 새롭게 표현하고자 한다. 미국에 정착한 후 수 차례에 걸쳐서 우리는 무저항과 평화적 신앙을 진정서로 국가 공직자에게 설명했는데, 이를테면, 1775년 청원서는 펜실베이니아 식민통치 회의와 미국 대통령에게, 세계대전 기간과 그 이후, 1915년, 1917년, 1919년과 그 외에도 캐나다 주지사에게 청원함으로 우리의 신념을 통치자와 동료 시민들에게 증언하였다. 우리의 입장은 1632년 네덜란드 도르트레흐트에서 채택되고, 1725년 미국 저먼타운에서 열린 첫 번째 메노나이트 총회에서 확인되었으며, 1917년 인디아나주 고센에서 열린 총회 선언문과 1921년 미주리주 가든시티에서 열린 총회에 의해 채택된 신앙 진술서에서 재확인된 "18개 조항"으로 알려진 우리의 신앙 고백에서 표현한 대로 완전하고도 권위 있게 제시되었음으로, 이 시점에서 우리의 입장을 다시금 상세하게 표현할 필요가 없다고 생각하여 사람들이 현재 조건에서 적용할 수 있는 평화와 무저항 신앙의 중요한 교의를 명백하고 오해의 소지가 없도록 단순히 확인하고자 할 따름이다.

평화와 전쟁에 관한 우리의 입장

1. 우리의 평화 원칙은 그리스도와 그분의 말씀 그리고 모든 사람을 향한 평화와 사랑으로 살기를 바라시는 그분의 강조에 기초한다.

2. 평화의 왕이신 그리스도를 따르는 자로서 그분의 복음이 그분의 제자로서 우리에게 모든 사람과 화평하고 심지어는 우리의 적들에게까지도 사랑과 선한 뜻으로 살며, 우리 주님의 정신과 반대되는 무력과 폭력의 포기를 요구하시는 평화의 복음임을 믿는다. 이와 같은 원칙들을 우리는 다음과 같은 성경 교훈에서 찾아낸다: "네 원수를 사랑하라"; "너희를 미워하는 이들에게 선을 행하라"; "악을 대항하지 말라"; "내 나라는 이 세계에 속한 것이 아니다. 내 나라가 이 세상에 속하였다면 나의 종들이 싸웠을 것이다"; "네 검을 집에 꽂아 넣어라. 검을 사용하는 자는 검으로 망할 것이다"; "진심으로 사랑하고 스스로 원수를 갚지 말라"; "네 원수가 배고프면 먹이고 목마르면 마시게 하라 그렇게 함으로 숯불을 그의 머리 위에 놓게 되리라"; "악을 악으로 갚지 말고 선으로 악을 이기라"; "주의 종은 다투어서는 안 되며 모든 사람에게 관용을 베풀라"; "우리 싸움의 무기는 육체가 아니다"; "그리스도 또한 우리를 위해 고난을 받으심으로 우리에 본이 되셨으니, 너도 그의 발자취를 따라야 한다; 죄 없는 자가 누구냐, 입에 간계가 없어야 하며, 욕설을 당할 때에 욕하지 말며, 고통을 주는 자에게 위협하지 말라. 악으로 악에게 갚지 말고 악담을 악담으로 돌려주지 말고 오히려 축복하라"; "만약에 어떤 사람이 하나님을 사랑한다 하면서 그 형제를 미워하면 그는 거짓말쟁이다… 이 계명은 우리가 그분으로부터 받은 것이다. 하나님을 사랑하는 자는 또한 그의 형제를 사랑한다."

그리고 이 외에도 전체적으로 복음의 취지에 맞는 많은 유사 성경구절들이 있다.

3. 다른 사람과의 평화 그리고 마음속에 있는 평화는 복음의 열매이다. 그러므로 평화를 고백하는 자는 항상 그의 동료와의 관계 속에서 복음과 조화를 이루는 삶을 산다.

4. 전쟁은 모두 그리스도의 교훈과 정신, 복음에 위배되며, 모든 육체적인 분쟁과 마찬가지로 전쟁은 죄를 짓는 것이고, 그 목적과 마찬가지로 정신이나 방법에서도 잘못되었으며, 그 결과는 파괴적임을 믿는다. 그러므로 평화의 원칙을 고백하면서 전쟁과 분쟁에 참여한다면, 그리스도인으로서 우리는 죄를 짓는 것이며 의의 재판장이신 그리스도의 저주 아래에 떨어지게 될 것이다.

군복무에 대한 우리의 입장

위의 성경 말씀을 조명으로 우리는 그리스도를 따르는 자로서 모든 형태의 군복무와 전쟁 지원에서 단절하라는 명령을 받을 뿐만 아니라 이들 원칙을 위반하는 회원들을 범칙자로 여겨 교회의 교제 밖으로 추방하지 않으면 안 된다. 특별히 우리의 입장은 다음 사항들을 준행한다.

1. 우리는 국가 간의 물리적인 전쟁은 물론 계급, 단체, 개인 간의 분쟁에도 간여하지 않는다. 우리는 개인적으로 무기를 소유할 수 없으며 직접적이든 간접적이든, 전투 혹은 비전투요원이든 궁극적으로는 작전 수행에 참여하여 전쟁을 돕거나 격려하지 않으며, 우리 동료 인간의 생명과 건강 재산을 파괴하는 결과를 가져오는 정부의 군사 활동 하에 있는 어떤 복무도 받아들일 수 없다.

2. 같은 근거로 비록 방법이나 정신에서는 그렇지 않더라도 전쟁 수행 중에 일시적으로 군과 연합하여 전쟁 체제의 일부가 되어 군의 명령

체계를 받아들이는 YMCA나 적십자사와 그 외의 유사한 기관 등, 전시의 활동으로 인해 평화 시에 수혜를 받는 시민 조직에 대하여는 봉사하지 않는다.

3. 우리는 위에서 언급한 범주 안에 있는 전쟁 활동이나 관련 기관에 대하여 그 기금이 시민 구제 혹은 유사한 목적으로 사용되지 않는 한, 전쟁채권 구입이나 어떤 형태의 자발적 지원금이든 참여하지 않는다.

4. 우리는 평화 시기든 전시든 상관하지 않고 폭탄이나 무기 생산 공장으로 확인되면 그 생산 작업에 참여하지 않는다.

5. 전시 체제에 참여하기 위하여 평상시 준비하는 군사 훈련 학교나 대학 등 어떤 예비활동에도 참여하지 않는다.

6. 우리는 당연히 전쟁을 도모하여 폭동, 선정 혹은 악한 뜻, 증오를 조장하는 어떤 활동에도 주의 깊게 단절해야 하며 오히려 선한 뜻을 위해 노력하고 모든 나라와 인종을 존중히 여기며 전쟁이나 갈등이 일어날 때에 중립적인 정신을 진지하게 지켜야 한다.

7. 우리는 전쟁과 전시 인플레이션으로부터 이익을 추구해서는 안 되는데, 이는 동료인간의 피 흘림으로부터 이익을 추구하는 것과도 같은 것이다. 그러나 만약 전시에 과도한 이익이 손에 들어왔다면, 그러한 이득은 양심적으로 필요로 하는 사람들에게 구제하거나 평화와 사랑의 복음을 전하는 등, 자선의 목적에 맡겨야지 우리 자신들의 물질적 이익에 사용해서는 안 된다.

우리의 자발적인 재난구제

그리스도와 복음의 교훈과 정신을 따라서 우리는 모든 사람에게 선을 행하여야 한다. 그러므로 우리가 활동 중 구제의 대상이 될 수 있거나 같은 대가를 치르게 될지도 모를 위험을 무릅쓰고서라도 가난과 재난, 고통에 빠진 사람들을 돕는 데 항상 자발적이어야 한다. 우리는 전시나 평상시나 이러한 봉사에 투신할 준비가 되어 있어야 한다.

전시 기간 동안의 태도

만약 우리나라가 전쟁에 참여하게 된다면, 우리는 정부에 복종하되 성서의 가르침을 위반하지 않는 한, 그래서 하나님 앞에서 맑은 양심을 유지할 수 없을 경우를 제외하고는행5:29, 전시의 적에 대한 증오와 분노, 복수, 신경질을 내지 말고 온유와 복종하는 정신으로, 모든 것에서 정부의 법과 규칙에 순종하여 경건함과 정직함으로 조용히 평화로운 삶을 추구해야 한다. 우리의 최고 충성은 하나님께로 향한 것임을 고백하고, 어떤 다른 충성으로도 이를 대신하지 않으며 그 대가가 어떤 것이든 상관없이 모든 것에서 그리스도를 따라야 함을 고백한다. 우리는 나라를 사랑하고 존경하며 시민으로서의 충성과 복종과 마찬가지로 나라의 최고의 복리를 위해서 건설적으로 일하기를 원한다. 동시에 우리는 온 땅과 인종에 상관없이 사람들로 하여금 기회가 되는 대로 악 대신에 선을 행할 수 있도록, 사랑하기 위하여 그리스도의 사랑에 의해 구속받는데, 이러한 일들도 전쟁에 의해서 파괴된다는 것을 믿는다. 이러한 입장을 취하는 것은 우리의 동료들로부터도 오해와 시기는 물론 고통을 수반한다는 것을 알고 있지만, 우리는 하나님의 은혜로 우리의 선조들이 그랬던 것처럼 이러한 생명의 길을 신실하게 수행함으로 받게 되는 희생이나 고통을 우리와 다를 수도 있는 사람들을 향하여 악이나 나쁜 감정 없이 감내할 수 있기를 희망한다.

만약 징병제도가 다시 생겨나더라도 우리는 우리에게 요구되는 봉사가 정부 군사 활동 하에서 이루어지지 않고 우리의 양심에 거리낌이 없고 지금까지 우리의 특권이었던 종교 신앙과 양심의 자유를 계속해서 누릴 수 있도록 허용되기를 희망하는 모험을 하게 될 것이다.

결과에 대한 감사

우리는 나라 가운데서 전쟁으로부터 평화와 선한 뜻을 도모하고 유지한 미국과 캐나다 양국 정부의 노력에 감사를 표한다. 특별히 우리는 다른 국가 간의 논쟁에 연루되지 않고 중립적인 정책을 지지하기를 원한다. 우리는 미국 대통령과 캐나다 수상에게 하나님의 가호가 있기를 바라며, 마찬가지로 우리 선교사들이 다양하게 일하고 힘들고 어려운 일에 앞서서 수행하는 여러 나라들의 수장들에게도 하나님의 가호가 있기를 바라며 평화를 위한 그들의 노력이 성공으로 끝내어지기를 위해 기도한다.

우리는 우리와 우리 조상들이 유럽에서 박해를 당하던 시기에 난민으로 건너와 조국을 삼은 미국과 캐나다를 지키고 윌리암 펜 이후 행복을 누릴 수 있는 특권이며 국가의 헌법과 여러 주의 헌법에 의해서 우리 동료 시민들과 마찬가지로 우리 모두 완전한 양심의 자유와 예배의 자유를 누리는 것에 감사한다. 우리는 하나님의 축복과 인도하심이 우리나라와 제도, 백성에게 계속되기를 기도한다.

해결책을 채택함

이에 따라서 우리는 위의 진술들을 평화와 전쟁, 군복무에 관한 우리의 입장을 대신하는 성명서로 채택하고, 우리의 평화분과위원회로 하여금 이 성명서를 미국과 캐나다 정부, 그리고 우리의 선교사들이 수고하는 나라들의 정부 담당자에게 전달하고자 한다. 우리는 지역마다 열리는 총회에서 이 입장 성명서를 재가해줄 것을 제안하며, 우리의 입장을 충분히 알고 확신을 가지며 이전 시대 우리 선조들에 의해 우리에게 전달된 성서적인 단순하고 평화로우며 무저항 신앙을 지속할 수 있도록 모든 회중과 회원 개개인에게 관심 갖기를 제안한다.

실천적인 적용에 관하여 우리는 평화분과위원회에게 이 문제에 대해서

교회를 대표하고 조심스럽게 기도하는 마음으로 징집을 포함하여 우리 회
원들에게 생겨날 수 있는 문제들을 고려하고, 의회 혹은 위원회에 이 문제
와 관련하여 제기된 법안에 특별한 주의를 기울여 주기를 요구한다.

 그리스도인의 신앙과 헌신에 대한 선언문

1950년 11월 9-12일에 인디아나주 위노나레이크에서 열린
메노나이트 총회의 평화 부서에 의해 지원된 연구모임에서
채택됨

I

20세기 중반에 이르러 여전히 재앙을 가져다주는 전쟁의 위협과 파괴적인 전쟁 위협의 그늘에 의해 특징되는 결정적인 시기에 미국과 캐나다에 있는 메노나이트와 브레드렌 교회에서 파송된 대표들로 구성된 이 총회는, 평화의 왕이신 예수 그리스도와 그의 복음, 그분을 구세주와 주님으로 받아들이는 모든 사람의 생명과 인간 사회를 구속하고 변화하고 하나님의 영에 의해 새로 거듭나게 하는 그분의 능력을 믿는 믿음을 새롭게 하고자 연합하였다. 이 모임은 또한 평화와 사랑의 방법으로 무저항과 화해를 이루고자 온전한 제자도로 그리스도를 따르는 데 더 깊은 헌신으로 연합하였다. 이 총회에서 우리는 하나님의 아들로 최고의 부름을 새롭게 알게 되었으며, 그리스도께서 우리에게 요구하시는 절대적인 요구를 직면하게 되었다. 우리는 이 요구를 완전히 인정하고 그분의 주님 되심의 의미와 우리의 진지한 헌신의 결과, 친숙한 대화, 오늘날 우리를 위한 그분의 뜻을 알게 하시는 은혜와 빛을 위하여 하나님께 긴급히 기도하고자 한다.

함께 숙고한 결과, 우리는 다음의 선언 속에 표현된 확실한 신념을 미국과 전 세계, 그리스도를 주로 섬기는 모든 사람에게 겸손히 이 메시지지에 담아 보낸다. 우리 형제들에게 이날을 우리가 복음과 그리스도인 제자도의 핵심 위에서 분명하고 거부할 수 없는 입장을 밝히는 날이라고 말하고자 한다. 오늘은 구속적인 복음과 완전하고 영광스러운 사랑과 봉사의 삶을 용기 있게 그리고 단호하게 나타내고 선포하는 날이다. 하나님의 능력과 우리와 항상 함께 계시겠다고 약속하신 우리 주님이 함께 하심을 신

뢰하는 한 마음과 한 목소리, 한 목표를 이루도록 하자.

II

1. 우리의 신앙은, 주와 구원자는 그리스도 한 분이시며 그분에게만 우리
   의 최고의 충성과 복종을 드린다.

2. 우리의 신앙은, 그리스도 안에서 우리는 새로운 피조물이요 새롭게
   하시는 하나님의 은혜와 내주하시는 성령의 능력을 통하여 하나님의
   자녀라 불리고 용서하고 회개한 자를 치유하시며 다른 사람들과 더불
   어 그분과 교제하는 새로운 삶을 가능하게 하는 거룩한 복종과 제자
   도의 삶을 산다.

3. 우리의 신앙은, 구속의 사랑이 복음의 중심으로 하나님께로부터 우리
   에게로 오셔서 우리로 하여금 하나님과 이웃을 사랑하도록 하며 이러
   한 사랑은 모든 사상과 행동의 중심이 된다는 믿는다.

4. 우리의 신앙은, 그리스도께서 교회 안에 우주적인 공동체와 형제애를
   세워 그리스도의 통치를 실현되게 하시며 구속받은 자를 모아 구원하
   고 치료하는 복음 사역을 온 인류 사회로 향하여 나아가게 한다.

5. 우리의 신앙은, 사랑과 평화의 삶이 개인과 인종들을 위한 하나님의
   계획이며, 따라서 제자도는 개인과 사회 등 모든 인간관계에서 미움
   과 다툼, 폭력을 버린다.

III

이들 신앙 선언은 평화를 위한 아무런 청사진도 제시하지 않으며, 역사
속에서 인간의 노력만으로는 전쟁을 없앨 수 없고, 오직 사람들이 그리
스도의 주되심 가운데서만 평화를 이루고, "당신의 나라가 임하시고 당
신의 뜻이 하늘에서 이룬 것처럼 땅에서도 이루어지이다."라고 기도한
다. 그러나 우리는 하나님의 은혜로 그분의 이름에 의해 결정하는 일들

에 대하여 확실한 태도와 의무, 사역을 감당한다.

1. 우리의 사랑과 사역은 인종이나 조건, 형제애의 범위, 친구와 적에 상관없이 지속되며, 복음의 효력이 모든 사람에게로 전달되도록 해야 한다. 인종 혹은 계급은 우리 가운데 아무 것도 아니어야 한다.

2. 우리는 국가가 하나님의 힘과 사역으로 세워졌음을 온전히 이해한다. 그러나 어떤 특별한 형태의 정부와 구체적인 입법, 행정, 사법적인 행동은 상대적이고 조건적임을 인정하고 우리는 모든 것을 하나님 말씀의 조명하에서 판단하고 국가와 그 기능의 상대성에 대한 우리의 반응은 항상 절대적인 그리스도인 제자도와 사랑으로 확인한다. 우리는 하나님께서 모든 사람에게 요구하시는 정의로운 힘을 증거 해야 하는 의무를 인정하며, 또한 그들을 대신해서 하나님께 진지하게 지속적으로 중보 한다.

3. 우리는 우리가 속해 있는 전체 사회 질서를 유지할 책임을 갖고 그 질서를 누리며 그리스도인의 사랑과 봉사 안에서 할 수 있는 최선을 다한다. 모든 사람을 위해 하나님의 나라와 그분의 의를 구하면서, 우리는 사람들을 그리스도에게 인도하고, 모든 문화와 사회, 물질적인 필요에 창조적으로 적용하는 복음 사역에 함께 연합하는데, 이는 복음의 진정하고도 궁극적인 목적은 모든 사람을 기독교화 하고 신앙의 교제 안에서 온전하게 그리스도인 공동체를 창조하는 것이기 때문이다. 이와 같은 이유로 우리가 참여하는 사회 질서는 그리스도의 심판 하에서 지속되어야 한다.

4. 우리는 자기중심적이고 고립된 자신만의 쾌락 속에서 우리에게만 하나님이 허락하시는 영적·물질적 행복으로 자신과 자신의 공동체만을 유지하는 데 만족하지 않고, 사랑으로 나아가 봉사로 증거하고, 어느 곳에서든지 사람들 가운데서 온전한 제자의 삶으로 제한 없는 평

화와 사랑을 추구한다. 이 사역을 위해 개인과 연합으로 우리는 말과 글, 거룩한 증거와 가족, 교회, 공동체 안에서의 사랑, 구제사업과 사회봉사, 그 외의 다른 모든 가능한 방법과 시설을 동원한다. 우리는 이러한 증거와 봉사를 위한 특별한 계획과 목적을 위해 시간을 들여 많은 사람이 참여하도록 한다. 특별히 그리스도인의 사랑과 구속적 활동으로 사람들이 세계의 긴급한 문제를 해결하도록 하며 전쟁을 무기력하게 만들어야 한다. 이와 같은 봉사 속에서 우리 젊은이들은 커다란 역할을 할 수 있다. 그들은 장단기적인 면에서 여러 가지 면으로 봉사활동을 할 수 있다.

5. 이와 병행하여, 우리는 우리 자신과 다른 사람에 대한 경제·사회·문화적 실천에서 기독교적인 조화를 추구하는데, 이는 다른 사람에게 해를 주지 않고 장·단기적으로 사랑이 실제로 역사할 수 있도록 하기 위해서이다. 경제적 시스템이 종종 부추기는 이기심과 자만, 개인과 단체, 국가적인 탐욕이 어떻게 물리적인 분쟁과 전쟁의 원인이 되는지를 앎으로 우리는 직접적인 군사작전의 목적이든 재산을 파괴하고 인간의 생명을 다치게 하거나 잃게 하는 것에 기여하지 않아야 한다는 것을 알아야 한다.

6. 복음을 반대하고 진정한 그리스도인의 신앙과 삶의 방법을 파괴하는 무신론적 공산주의와 같은 사회 체계나 이데올로기를 반대하는 한편, 우리는 이러한 견해와 행동을 조장하는 사람들에 대한 그리스도인의 사랑에 대조되는 어떤 태도나 행위도 취하지 않고, 다만 이와 같은 악을 복음을 통해서 극복하고 승리하고자 한다.

7. 우리는 어떤 형태로든 전쟁과 타협하지 않는다. 징병, 노동, 돈 혹은 산업 공장에서의 생산 활동 등 어떤 형태로든 국가가 강요하는 경우, 우리는 우리 나름대로 나라를 위해서 기여하고 사람들이 필요로 하는

곳 어디서든 중요하고 필요로 하는 복지를 제공하는 방법을 찾되 특별히 전쟁과는 어떤 방법으로든 타협하지 않고, 그리스도인의 증언을 유지하며, 그리스도와 그의 사랑을 신실하게 표현하고자 가능한 방법을 다할 것이다. 그러므로 우리는 어떤 형태로든 군복무에 참여하지 않는다. 우리는 전쟁을 운영하는 기금이나 전쟁채권에 참여하지 않는다. 우리는 폭탄이나 무기 등 전쟁이나 파괴의 도구를 생산하는 것을 안다면, 이들을 생산하는 일에 참여하지 않는다. 우리는 전쟁에 기여하는 과학, 교육, 문화 프로그램이나 악한 뜻 혹은 사람들과 국가들 가운데 증오를 조장하는 어떤 선전이나 활동에 참여하지 않는다. 우리는 선한 의도, 상호 존중과 이해를 강화하고 모든 국가와 인종, 계급 가운데서 도움을 실천한다. 우리는 교회처럼 우리 자신을 직접적인 징병 행정이나 국가의 강요에 위탁하기보다는 자원봉사를 통하여 국가의 요구 더 나아가서 그들이 제공하는 어떤 시민봉사든지 충족시키고자 한다.

8. 만약에 전쟁이 폭격이나 다른 형태의 파괴, 예를 들면 원폭, 세균전, 독가스 등 가능성이 있는 심각한 황폐화를 추구한다면, 인간의 생명을 파괴하지 않고 보전하는 데 도움이 되는 한, 우리는 양심이 허락되는 한, 개인의 안전을 생각하지 않고 희생적으로 그것을 막아야 한다.

IV

신앙과 복종, 희생으로 우리에게 사랑과 무저항의 원칙을 포함한 신앙의 고귀한 전통을 물려준 스위스, 네덜란드, 독일 아나뱁티스트-메노나이트 조상들과 성명서와 헌신의 형태로 우리의 신앙을 표현할 수 있게 됨을 하나님께 깊이 감사하는 한편, 모든 개개인은 하나님의 말씀을 읽고 순종함으로써, 이와 같은 신앙을 자신들의 것으로 삼고, 또한 삶의 실천을 위해 새롭게 천명되어야 한다. 따라서 우리는 형제들과 더불어 오류가 없는 하나님의 계시로서의 성경의 수월성을 더 진지하게 인정하고 성령의 인도하심으로 그리스도의 길과 현재 세계에서의 적용과 관련된 전체적인 메시지에 대한 방법을 새롭게 발견하고자 한다.

우리는 겸손히 이 길을 이해하고 따르며, 그리스도인의 사랑을 실천하고 증거함에 있어서 우리가 부족했음을 인정하고, 우리의 부족함과 실패를 고백한다. 우리는 그리스도를 위한 제자도와 대사직에 새롭게 헌신하고 하나님의 은혜와, 배우며 복종하는 데 그리스도의 몸으로서의 친교의 도움이 필요하다는 것을 안다. 그러므로 그분의 이름으로 그분을 위하여 함께 일어서고 함께 나아가도록 하자.

부록 7

평화, 전쟁, 무저항 관련 그리스도인 신앙과 헌신을 위한 선언문

1951년 8월 23일 인디아나주 고센, 메노나이트 총회에서 채택된 메노나이트 교회의 입장

서론

1937년 8월, 세계가 전쟁에 직면한 가운데 메노나이트 교회는 오레곤주 터너에서 모인 총회를 통하여 평화, 전쟁, 군 복무에 관련된 시대의 이슈에 대하여 신앙과 헌신에 대한 우리의 입장을 진술하고자 이 선언문을 채택한다. 통탄할만한 세계대전을 치룬 이후, 수년 동안 우리는 평화롭지 못한 채 국지전을 경험했으며, 가공할만한 3차 대전을 향하여 계속해서 세계 무장과 긴장이 고조되고 있음을 알고 있다. 미국 정부는 1940년의 군 복무 규정을 거듭해서 연장하고 있으며 지금은 항구적인 군사 훈련체계를 확립할 계획을 세우고 있다. 다른 나라들도 군사 프로그램을 확대하는 데 주력하고 있다. 이러한 조건 하에서 우리의 입장 진술을 갱신하는 것은 바람직하며, 회원들의 신앙과 삶을 강화하고 다른 사람들에게 더욱 적합한 증언을 위하여 더 완전하게 무저항 신앙의 의미를 설명하고자 한다. 그러므로 1951년 8월21-24까지 인디아나주 고센 총회에 모인 메노나이트 교회 대표들은 평화, 전쟁, 무저항에 관한 그리스도인의 신앙과 헌신을 위한 다음과 같은 선언문을 채택한다.

기본적인 중심 진리

지난 4세기 동안 모든 전쟁을 반대해온 메노나이트 교회의 평화원칙은 예수 그리스도의 복음과 그분을 따르는 모든 사람에게 요구하는 그리스도의 주님 되심을 믿는 제자도의 핵심이었다. 이들 원칙들은 그리스도인 신

앙에서 직접 나온 것으로 다음과 같은 중심 진리를 주장한다.

1. 우리 주는 그리스도 한 분이며 그분만이 우리 주인이시자 구원자이시고 최고의 영광과 복종을 받으시기에 합당한 분이시다. 그분은 무저항 신앙의 삶에 대하여 우리가 믿고 헌신하는 기초이시며, 그분의 능력 안에서 모든 사람을 향한 평화와 사랑을 살고자 하는 유일한 희망이다. "예수 그리스도 한 분 외에 다른 기초는 없다."2. 구속하시고 갱신하시는 하나님의 은혜로 우리는 그리스도 안에서 새로운 피조물이며, 내주하시는 성령을 통해서 하나님의 자녀로 일컫는 거룩한 순종과 제자도의 삶을 산다.

3. 구속하시는 사랑은 복음의 핵심이며 사랑과 평화의 삶은 개인과 모든 인종을 위한 하나님의 계획이다.

4. 그리스도는 교회를 세우셨으며, 교회는 그분의 몸이고, 구속받은 사람들의 우주적인 공동체로서 형제들 안에 그분의 온전한 주님 되심을 이루고, 그로부터 우리는 구원과 치료하는 복음의 증언을 위해 모든 인간 사회로 나아가지 않으면 안 된다.

5. 하나님의 말씀 안에 계시된 대로 전쟁은 그리스도의 교훈과 정신, 복음과 하나님의 뜻에 모두 위배되며 따라서 전쟁은 모든 육체적인 분쟁과 같이 죄이며 정신, 방법, 목적에서 모두 잘못된 것으로 그 결과는 파괴적이다. 만약 우리가 평화의 원칙을 고백하면서 전쟁이나 분쟁에 가담한다면, 우리는 죄를 짓는 것이고 하나님의 저주를 받게 될 것이다.

성서적 기초: 구약

구약성경은 거룩한 기원과 권위를 지니며 본질상 하나님의 뜻을 온전히 이루어가는 점진적인 계시로 궁극적인 것은 새로운 언약을 지닌 신약에서 완성된다. 그러므로 종종 그리스도인의 전쟁 참여를 뒷받침하기 위하여 인용되는 구약성서는 신약성서 교훈과 어떤 면에서 모순되지 않을 수 없다. 그러므로 우리는 구약성경을 그리스도와 사도들의 교훈의 조명에서 해석하며 오직 그리스도 안에서 온전한 성경 해석을 위한 규범을 찾는다. 구약성서에 기록된 이스라엘 민족의 역사는 우리의 모범이 아니며, 새로운 언약 하에서 하나님의 백성, 곧 교회는 모든 나라들로 이루어져 세상으로부터 분리된 기관으로 교회와 국가는 분리되어야 한다. 그러나 구약성경 안에서도 궁극적으로 살인이나 전쟁은 부인되며, 하나님의 형상으로 지음 받은 인간은 사랑으로 통치되어야 한다는 것이 하나님의 본래의 뜻임을 명백하게 드러낸다.

성서적 기초: 신약

모든 전쟁과 분쟁은 죄이며 창조적인 그리스도인의 사랑을 명백하게 보여주는 많은 신약성서 구절 가운데서 우리는 특히 다음 말씀들에 주목하고자 한다. "화평케 하는 자는 복이 있나니"; "원수를 사랑하고… 너를 미워하는 자에게 선을 행하며… 이같이 한즉 하늘에 계신 너희 아버지의 아들이 되리니"; "다른 사람들이 너에게 행해주기를 바라는 대로 그렇게 행하라"; "누구든 나를 따라오려거든 자기를 부인하고 날마다 자기 십자가를 지고 나를 따르라"; "나의 나라는 이 땅에 속하지 않았다. 나의 왕국이 이 땅에 속하였다면 나의 종들이 싸울 것이다"; "일어나 네 검을 집에 꽂아라. 검을 취하는 자는 검으로 망할 것이다"; "사랑하는 자여 원수를 갚지 말라"; "네 원수가 주리거든 먹이고 목마르면 마시게 하라. 그렇게 함으로 숯불을 그 머리 위에 쌓게 되리라"; "악으로 이기지 말고 선으로 악을 이기라"; "주의 종은 다투지 않으며 모든 사람에게 온유하며"; "우리의 싸움의 무기는 육신에 속한 것이 아니요"; "그리스도께서도 우리를 위해 고

난 받으심으로 우리의 본이 되셨으니 너희도 그분의 발자취를 따르라. 그
는 죄를 범하지 아니하시고 그 입에 거짓도 없으시며 욕을 당하시되 맞대
어 욕하지 아니하시고 고난을 당하시되 위협하지 아니하시고”; “악을 악
으로, 욕을 욕으로 갚지 말고 도리어 복을 빌라”; “너희 중에 싸움이 어디
로부터 다툼이 어디로부터 나느냐 너희 지체 중에서 싸움은 정욕으로부터
나는 것이 아니냐?”; “우리가 이로써 사랑을 알고 우리도 형제를 위하여
목숨을 버리는 것이 마땅하니라”; “누구든지 하나님을 사랑하노라 하고
그 형제를 미워하면 이는 거짓말하는 자니… 우리가 이 계명을 주께 받았
나니 하나님을 사랑하는 자는 또한 그 형제를 사랑 한다”; “그 중에 제일은
사랑이라.”마5:9; 5:44, 45; 5:39; 7:12; 눅9:23; 요18:36; 마26:52; 롬12:20, 21; 딤후
2:24; 고후10:4; 벧후2:21-23; 3:9; 약4:1; 요일3:16; 4:20,21; 고전13:13

그리스도, 고난 받는 사랑의 본보기

이 모든 말씀을 그리스도께서는 직접 그분의 삶으로 표현하셨다. 그분
의 성육화로 인간이 되신 생애와 사명 속에서 하나님 뜻의 완전한 계시는
갈보리에서 충만하게 그 의미를 드러내셨다. 우리 주님의 신성과 인성의
통합은 그분에게 가해진 악을 무죄와 무저항으로 견디시고, 고난 속에서
모든 죄인을 자신과 동일시하고, 십자가 위에서 자신의 몸으로 죄를 극복
하시고 승리하셨다. 산상수훈에서 그분이 가르치신 것을 십자가를 포함하
여 그분의 삶과 실천에서 이루셨다. 이와 같은 그리스도를 믿는 사람들은
죽음과 부활의 경험에서 그와 연합되며 무저항의 고통과 이를 극복하는
승리로 그분과 하나가 된다. 이러한 그리스도의 길에 전쟁과 관련된 악이
설자리는 없다.

십자가의 길

특별한 신약성서 말씀과 그리스도의 본보기를 넘어 구속적인 복음의 온전한 방향은 파괴적인 전쟁을 금하고 사랑을 요청한다. 죄악 된 인간 세상에서 구속적으로 하나님의 사랑을 나타내신 그리스도의 십자가 자체는 전쟁을 반대하는데, 십자가가 무제한의 고통을 받아들이고 자기를 부인하며 다른 사람의 구속을 위한 사역에 완전하게 헌신하기 때문이다. 이와 같은 자기희생의 길이야말로 자기를 부인하는 제자도와 무저항 고통을 지는 사랑 안에서 매일 십자가를 지고 그분을 따르라는 말씀이며 우리가 져야 할 그 십자가를 의미하는 것이다.

제자도의 길

그리스도를 통해서 하나님에게 사로잡힌 그리스도인은 나아가 결과에 상관없이 모든 것에서 주님을 따라야 한다. 그리스도인은 온전한 제자도의 대가를 치러야 하는데 그리스도의 복음의 원칙은 순간적으로 좋게 보이는, 받아들일 수도 있고 거부할 수도 있는 것이 아닌, 끝까지 따르지 않으면 안 되는 명령이다. 그리스도께서 하늘로부터 오는 권세로 말씀하심을 전제로 받아들인다면, 남은 것은 오직 그분의 명령에 따르는 것뿐이다. 그리스도 안에서 새롭게 된 사람은 마음으로부터 그렇게 하기를 원할 것이다.

그러나 이러한 제자도의 길은 순종해야할 명령일 뿐만 아니라 개인과 사회를 위해 승리와 평화의 길이며 미래의 왕국으로 미루지 않고 바로 지금 여기서 실천돼야 할 삶이다. 하나님의 통치를 기뻐하는 신념으로 우리는 당장 그리스도의 통치하에서 살아간다. 우리는 그리스도의 교훈과 복음의 능력이 인간과 사회에서의 죄의 문제에 대한 해결임을 믿으며, 사회가 타락한 이유는 그리스도와 그분의 복음을 거부하거나 그리스도의 이름

을 부르는 자들이 복음대로 살지 않고 주님에 의해서 그들에게 부과된 제
자도의 십자가를 지지 않기 때문임을 믿는다. 진정한 그리스도인은 죄로
물든 세상으로 나아가 타협하지 않고, 자신의 목숨을 내놓고서라도 복음
을 지키고 확장시킨다. 거룩한 은혜와 능력은 인간을 통하여 완전하게 나
타내어져야 하는 행동 프로그램을 요청하지만, 그러한 프로그램이 세상의
유일한 희망은 아니다.

악한 세상에서 힘을 사용하는 문제

악과 선이 공존하는 세상에서 우리는 비록 제한적이긴 하지만, 하나님
의 고귀한 법에 의해 악을 징벌하고 선을 보호하는 하나님 자신이 인정하
는 국가에 의해 힘이 사용되는 것을 받아들인다. 그러나 우리 그리스도인
은 이 힘을 사용할 수 없으며, 사랑을 근거해서 살아가도록 부름 받았음을
믿는다. 그리스도인이 이 방법을 포기하면 실제적으로 그는 세상을 위한
희망을 포기하는 것인데, 힘은 의로운 그리스도인 사회를 창조하지 못하
고 다만 최선의 경우 어느 정도 악을 억제할 수 있을 뿐이다.

온전한 제자도를 위한 우리의 헌신

이러한 신앙과 확신에 대한 선언만으로는 항구적인 평화를 위한 청사
진을 제시하지 못하며, 인간의 노력만으로 역사 속에서 전쟁과 죄가 없는
세상을 가져올 수 없다는 것을, 그러나 오직 "당신의 나라가 임하시며 당
신의 뜻이 하늘에서처럼 땅에서도 이루어지이다"라는 기도가 이루어질 것
을 확신한다. 전쟁을 반대하고 모든 관계에서 희생적인 그리스도인 사랑
의 지속적인 증언은 이를 넘어 더욱 광범위하게 그리스도인 제자들의 적
극적인 태도와 의무, 사역을 필요로 한다. 온전한 사랑과 제자도의 길은
하나님의 도움으로 충족될 수 있음을 믿으며, 하나님의 은혜로 이들 요구

들을 새롭게 받아들이고 그분의 이름으로 주어진 의무를 다할 것을 결심하고 이를 선언한다. 이와 같은 헌신에 대한 선언은 다음과 같은 것을 의미한다.

A. 우리 자신들의 영 안에서

1) 우리는 하나님과 평화를 누리며

2) 하나님의 평화는 예수 그리스도를 통하여 우리의 마음과 정신을 보호하고

3) 그리스도의 사랑은 우리의 본성을 다스리고, 다른 동료와 가족, 교회, 공동체, 사회 그리고 모든 일상생활과의 관계에서 우리를 통제하는 동기가 된다.

B. 봉사와 증거 안에서

4) 복음과 그 영향력을 모든 사람에게 전하고, 어느 곳에서든 사람들을 모아 제한 없이 온전한 제자도의 삶과 평화와 사랑을 추구하도록 그리스도를 증거하고 그분의 이름으로 봉사하고자 우리는 사랑 안에서 연합한다. 이러한 사역을 위해 우리는 말과 기록된 말씀, 가족과 교회, 공동체 안에서 거룩함과 사랑을 드러내고, 구호사업, 그리스도인 사회봉사, 기타 실행 가능하고 용이한 방법을 사용한다. 이러한 봉사에서 우리 젊은이들은 중요한 역할을 할 수 있으며, 그룹을 이루어 장단기적으로 혹은 전 생애를 통해서 특별한 봉사를 할 수 있을 것이다.

5) 많은 것을 누리는 우리는 그리스도인의 사랑과 은혜 속에서 우리가 사는 온전한 사회질서를 유지하고자 책임 의식을 갖고 최선을 다한다. 모든 사람이 먼저 하나님 나라와 그 의를 구하도록 사람들을 그리스도에게로 인도하고 문화, 사회, 물질적인 필요에 복음을 적용하고자 창조적으로 복음사역을 위해 연합한다.

C. 사회, 경제, 정치적 관계 속에서

6) 경제, 사회, 문화적으로 실천하는 우리의 사랑이 장·단기적으로 오
히려 이웃에게 해가 되지 않도록 더 예민하게 그리스도인으로서 절제
한다. 개인과 단체, 국가의 이기심과 자만, 탐욕 그리고 육체적인 분
쟁과 전쟁의 원인이 되는 경제 체제에 대해서 이해함으로 재산을 파
괴하고 인간의 생명을 상하게 하거나 앗아가는 어떤 행위도 도모하지
않는다.

7) 그리스도인의 사랑은 경제, 노동관계에서도 우선적이어야 하며, 무력
이나 폭력수단에 참여하지 않고, 그리스도인의 윤리, 즉 사랑과 형제
애를 타협하지 않고 바르게 실천하고자 한다.

8) 하나님께서 힘으로 임무를 수행하는 국가를 세우셨음을 인정하지만,
우리는 그 힘으로 말미암아 그리스도인의 사랑을 좌절시키는 어떤 요
구에도 참여하거나 반응하지 않으며, 그 힘이 하나님께서 모든 인간
과 정부 또한 그 이상에 이르기까지 요구하시는 의가 되도록 증언하
고 그들을 대신해서 하나님께 진지하게 중보 한다.

9) 복음을 억압하고 진정한 그리스도인의 신앙과 삶의 방법을 파괴하는
어떤 사회 체제나 이데올로기를 거부하는 한편, 우리는 이러한 견해
를 지니고 실천하고자 하는 사람들을 맞서 그리스도인의 사랑을 반대
하는 태도나 헌신적 행위에 참여하지 않고, 다만 복음을 통해 그들의
악을 극복하고 승리하고자 한다.

D. 전쟁과 군복무에 있어서

10) 우리는 국가 간의 물리적인 전쟁이나 갈등, 계급, 단체, 개인 간의 다
툼에 참여하지 않으며, 따라서 전투 혹은 비전투 등 어떤 형태의 군사
훈련이나 군복무도 받아들이지 않는다.

11) 우리는 우리의 노동, 돈, 사업, 공장, 어떤 형태의 자원도 전쟁이나 군
사적 목적, 또는 전쟁 기금이나 전쟁 산업에 어떤 강압을 무릅쓰고서

라도 투자하지 않는다.

12) 우리는 전쟁에 기여하기 위해 계획된 과학, 교육, 문화 프로그램이나 사람들과 나라들 간에 나쁜 뜻이나 미움을 조장하고자 의도된 어떤 선전이나 활동에 참여하지 않는다.

13) 어떤 형태의 징집에도 반대하는 한편, 어떤 폭력적인 과정에도 기여하지 않으며, 전시에나 평화 시에 동일하게 우리가 만족하는 방법으로 국가의 요구를 충족하는 봉사의 길을 찾아내고자 한다. 이러한 봉사야말로 우리뿐만 아니라 우리 젊은이들에게도 만족스럽고 교회 역시 그들의 희생이 따르는 봉사와 증거를 함께 하는 것을 기대하고 갈망한다.

14) 만약 폭격과 핵폭탄이나 세균전쟁, 독가스 등과 같은 심각한 파멸을 가져오는 것에 대해서 우리는 개인적인 안위를 먼저 생각하지 않고 양심이 허락하는 한, 그런 파괴가 일어나지 않도록 사람들의 생명을 보전하고 회복하기 위해 어떠한 시민봉사도 헌신적으로 감당할 것이다.

15) 평상시와 마찬가지로 전시에도 우리는 모든 경건함과 정직함으로 고요하고 평화로운 삶을 살기 위하여 전시의 증오와 복수 보복으로 인한 병적 흥분 상태를 피하고, 성경의 교훈과 하나님 앞에서 양심을 위반하지 않는 한, 세금을 포함하여 모든 면에서 정부의 법규에 온유하게 순종하는 정신을 지닌다.

결론

스위스, 네덜란드, 독일 아나뱁티스트–메노나이트 조상들이 우리를 위해 신앙과 복종, 헌신으로 획득한 그리고 위의 선언과 헌신에서 다시 표현된 사랑과 무저항 원칙을 포함한 소중한 신앙의 유산을 위하여 하나님께 깊이 감사하는 한편, 우리는 이 신앙이 하나님 말씀을 읽고 그 말씀에 대한 복종에서 개인적으로 다시 확보되어야 하며 실천으로 새롭게 기록되어야 할 것을 확신한다. 따라서 우리는 하나님의 뜻에 오류가 없는 계시로서의 성경 앞에서 성령의 인도하심으로 그리스도의 길에 관한 전체적인 메시지를 새롭게 하고 현재 우리가 사는 세상에 형제애를 실천하고자 모였다.

우리는 그리스도인의 사랑을 표현하고 증언하는 데 우리의 부족한 점을 알고 있으며 사랑과 평화, 무저항의 길을 이해하고 따르는 데 부적합했던 것, 실패한 것들을 겸손히 고백한다. 그리스도를 위한 제자도와 대사직에 대한 헌신을 새롭게 함으로 우리에게 필요한 은혜를 하나님께 간구하고 배움과 복종으로 서로 협조할 것을 서약한다.

우리는 또한 모든 그리스도인에게 십자가 복음의 온전한 의미와 사람을 구원하고 나를 치유하기에 완전한 복음을 전하는 그리스도인의 제자도를 살펴보고 예수 그리스도를 따르는 모든 사람에게 위임된 인간과 하나님, 인간과 인간이 화해하는 사역을 실천할 것을 결심하고 호소한다.

 관심사항

1951년 7월 24~27일, 로럴빌 메노나이트 캠프에서 메노나이트 교회의 산업관련 위원회에 의해 후원된 그리스도인 공동체 관련 연구 협의회에 의해 채택됨

I. 교리와 실천

기독교는 오늘날 본성적인 인간의 선을 환경 구조에 적용함으로 드러낼 수 있다는 전제로 사회복지에 관심을 갖는 경향성이 있다. 우리는 또한 인간이 하나님과 바른 관계를 가지면 동료 인간과의 수평적 관계는 자동적으로 적용된다는 전제로, 하나님과 인간의 수직적 관계를 배타적으로 강조하는 경향성에 대해서도 알고 있다. 우리는 "사회 복음"이 기본적으로 잘못되었다고 믿지만, 비사회적 복음 역시 부적합하다는 것을 믿는다. 믿음과 행위가 함께 하지 않으면 안 된다는 야고보서의 말씀을 신뢰한다. 따라서 사회적 행동은 거듭난 마음에서 나오지 않으면 안 되며 오직 하나님의 영만이 성령의 열매를 맺게 할 수 있다는 기본적인 전제로부터 벗어나서는 안 된다는 데 깊은 관심을 갖는다. 죄로부터 우리를 구원하시고 모든 행동의 주가 되시는 예수님께로 사람들을 인도하는 복음적인 목적을 벗어난 어떤 사회·경제적 개선 프로그램에도 분명히 반대한다. 교회는 그리스도의 복음에 담긴 사회 정의의 원칙을 잘 이해할 필요가 있으며, 설교자와 교사들이 구약성서 예언자들과 우리 주님, 그리고 사도들이 표현하고 함축한 사회적 의무를 배우고 설명할 것을 촉구한다. 모든 사람의 사회적 양심이 일깨워지고 예민해짐으로 동시에 더욱 복잡해진 현대인의 삶의 상세한 부분에 이르기까지 그리스도인의 사랑과 형제애가 더 민감해져야할 것에 대하여 깊은 관심을 갖는다. 사회적이지 못한 행동의 죄를 고백하고 그와 같은 오명에서 우리의 삶을 정결케 함으로 세상에 대한 우리의 증언이 더 효과적이기를 바란다.

II. 일상생활에서의 무저항

무저항은 전쟁에서뿐만 아니라 평화 기간이나 전시의 삶의 전반적인 정신적 태도에도 유효해야 하지만, 지난 몇 세대 전쟁을 걸쳐 더 포괄적인 무저항 삶에서 우리 회원들이 지속적인 평화의 입장을 취하는 데 일반적으로 실패했다는 관점에서 이 연구 모임은 다음과 같은 관심을 표명한다.

1. 무저항 원칙은 거듭남 이후 지속적인 교육 프로그램에 의해 사람들의 생각에 깊게 새겨질 수 있다.

2. 우리 젊은이들이 SSS-150 Form양심적 병역거부자 신청서-역주에 자신들의 무저항 신념을 나타내는 행동과 태도를 기술할 때에 당혹스러워하지 않도록 일상의 행동을 돕고 격려해야 한다.

3. 우리 형제들은 모든 형태의 탐욕과 탐심, 억압, 고용주든 고용인이든 의무를 고의적으로 소홀히 하는 것, 원칙을 타협하는 농업, 상업 또는 어떤 형태의 노동연맹이든, 다른 사람을 이용하여 자신을 이롭게 하기 위한 어떤 계획적인 방법도 조심스럽게 피해야 한다.

4. 우리는 정당하게 대우받는 것보다는 정당하게 행동하는 것과 선으로 악을 이김으로 우리 주님을 증언하는 기회를 추구하는 데 관심을 갖는다.

5. 직접적인 군사 작전, 재산과 생명의 파괴, 사람들이나 나라들 간에 증오와 나쁜 뜻을 진작시키는 노동, 생산물, 자금, 자원봉사 등에 참여하지 않는다는 것을 분명히 보여주어야 한다.

III. 그리스도인의 사업과 직업윤리

사업과 산업, 직업과 연관된 현대의 조직과 관련해서 그리고 이러한 기업과 전문적인 조직의 정책, 방법, 절차에 대한 기독교 윤리적 관점에서 이런 모든 정책, 방법과 목표, 결과에 관련하여 기독교 윤리를 범하고 있지는 않는지 조심스럽게 살펴볼 필요가 있다. 이 분야에서 우리는 다음과 같은 특별한 관심을 표명한다.

1. 형제애에 영향을 미치는 다양한 기업과 농업, 전문적인 조직에 대한 조심스러운 연구가 이루어지고 기독교 윤리적 관점에서 그들의 목적, 정책, 방법을 평가할 수 있어야 한다.

2. 개인의 통제 범위를 벗어나는 비윤리적 실천에 대한 책임을 포함하는 관련 사업을 피하여야 한다.

3. 대기업에 대한 자금 투자는 경쟁자나 노동 정책에서 그리스도인의 양심에 받아들일 수 있는 정책을 지닌 기업임이 분명할 때에 조심스럽게 이루어져야 한다.

4. 농부나 사업가, 전문인들은 비기독교적 억압 수단, 정당하지 못한 경쟁이나 노동정책, 혹은 다른 기독교적 방법이나 절차에 참여하여 관계를 맺지 않도록 조심하여야 한다.

5. 규모가 큰 산업이나 기업보다는 가능한 여러 작은 공동체 기업과 산업을 선호하고 참여함으로 다양한 공동체와 다양한 중소기업을 진흥시킨다.

6. 자신들의 기업 조직 운영에서 그리스도인다운 노동관계를 유지하고 이들 관계의 지속적인 개선을 위하여 최선의 내부 조직과 행정으로 양심이 계몽되기를 추구한다.

7. 형제애를 지니고 지속적으로 우리 형제들의 경제적 삶이 더 온전하게 그리스도인 청지기직과 제자도를 성취할 수 있는 수단과 방법을 찾는다.

IV. 노동조직

오늘날 산업의 경향성과 더불어 노동 운동이 일어나면서 노동 조직과 관련된 많은 문제를 만들어 내고 있다. 노동자의 단결로 말미암아 노동자들이 실현하는 이익을 인정하지만, 사용하는 방법들 중에 성서적 원칙과 조화되지 않는 점이 있음을 발견함으로 그것을 재가할 수 없으며 따라서 우리는 그리스도인으로 그 속에 참여하지 않는다.

제기된 문제와 관련하여 우리 자신들의 입장을 정리하면서 다음과 같은 면에서 우리의 관심을 표현한다.

1. 현재 우리의 "산업 관련 입장 표명"은 노동 지도자 혹은 일반 대중과의 접촉에 적용될 수 있도록 문헌의 일부가 검토되고 개선되어야 한다.

2. 형제들을 가르치고 안내하기 위하여 필요한 교리교육 문헌에 대한 연구가 이루어져야 한다.

3. 이 질문에 대한 양심과 개인적인 확신으로 문제 해결을 위해 기본적으로 요구되는 효과적인 방법과 수단을 고려해야 한다.

4. 어떤 종류의 일이든 과정상 성서적 원리를 타협하지 않고 받아들여질 수 있도록 하는 명확한 설명이 있어야 한다.

5. 교회를 통한 태도와 실천의 불일치는 일관되지 못한 증언을 나타내 보이고, 이로 말미암아 자격이 미달되는 연맹 회원을 교회의 회원으로 받아들일 수도 있어 우리가 추구하는 무저항과 관련하여 교회 입장을 약화하는 심각한 문제점을 가져올 수 있음으로 우리는 전체적인 교회의 입장과 실천이 이 분야에서 우리의 관계를 이끄는 성서적 원칙과의 조화를 온전히 이룰 수 있게끔 진지한 관심이 있어야 한다.

V. 인종과 소수단체와의 관계

하나님은 인간을 편애하지 않으시며 유대인이나 헬라인이나 그리스도 예수 안에서 모두 하나라고 가르치는 분명한 성서적 관점에서, 오늘날 세

계와 특히 미국에서 편만한 인종적인 편견과 인종적인 적대감이 형제애에
미치는 영향력에 대해서 다음과 같은 관심을 표명한다.

1. 그리스도의 복음을 흑인, 유대인, 동양인 등의 인종과 소수 단체에 전
   하는 수단을 연구하고 복음의 메시지가 그들의 삶의 기준을 높이는
   데 필요한 봉사 활동을 수반해야 한다.
2. 형제들에게 a) 인종과 소수 단체로 말미암아 고통 받는 장애 b) 인종
   간의 차이에 대한 과학적인 근거 c) 인종과 소수 단체와의 관계에 대
   한 성경의 가르침을 더 잘 알게 하는 방법을 찾는다.
3. 기회가 있을 때마다 인종 분리와 차별을 반대하며 형제들 가운데 그
   러한 분리나 차별이 없도록 한다.
4. 다른 인종과 소수 단체 그리스도인과 교제를 나눌 수 있는 기회를 제
   공하고, 같은 성도로서 서로를 잘 알 수 있는 방법을 배운다.

VI. 그 외의 다른 관심들

미국과 캐나다에서 현저하게 증가하는 물질적인 번영과 이들 지역과
예수 그리스도의 메시지뿐만 아니라 인간의 건강과 품위에 따르는 삶의
유지를 위해 요구되는 물질적인 면에서 긴급한 도움을 필요로 하는 다른
세계 지역과의 현격한 불균형에 대하여 다음과 같은 관심들을 표명한다.

1. 삶의 기준에 나타나는 불균형에 관하여 지속적으로 살피고 진정한 상
   황에 대해서 알고자 노력한다.
2. 소유에 대한 그리스도인 청지기직의 원칙과 실천을 지속적으로 가르
   친다.
3. 우리가 누리는 물질적 번영은 우리 자신들의 마음, 몸, 올바른 삶에
   의해 축적된 것이라기보다 하늘에 계신 아버지의 자비에 의한 자연
   자원의 풍부함으로 말미암아 주어진 결과임을 인정한다.

4. 이러한 면에서 덜 행복한 사람들과 더불어 우리의 기술과 축적된 소
유를 나눔으로 그들도 노력을 통해 삶의 기준을 높일 수 있도록 한다.

5. 보호관세, 국제교역의 흐름을 방해하는 다른 제한들, 제국주의적 식
민통치 침탈, 특권을 지니지 못한 다른 나라 사람들의 국내 유입을 막
는 차별적이고 제한적인 이민정책 등 이기적이고 국수주의적인 정책
에 동의하지 않는다.

VII. 보호를 필요로 하는 노인과 어린이, 과부에 대해서, 예측 불가능한
폭풍이나 홍수, 직업상실, 질병, 사고 등에 대한 보험에 대해서, 많은 사람
심지어는 우리의 공동체 내에서도 필요로 하는 비상시기에 교회보다는 정
부의 도움을 기대하는 것과 관련된 현대 미국과 캐나다 정부에서 점차 증
가하는 온정주의적 경향성에 대해 우리는 다음과 같은 관심을 갖는다.

1. 우리 형제들이 누리는 혜택을 정부의 도움에만 의지하는 사람들에게
도 연장시킬 수 있는 방법을 찾는다.

2. 우리 각 회중, 지역 총회 그 외의 다른 기관들의 상호도움 활동과 관
련해서 이들이 현재 하는 일들이 더 효과적이 되기를 연구하고 다른
사람들의 필요에까지 활동범위가 확대되기를 기대한다.

3. 믿음의 가족들의 복지를 위해 각 회원들의 책임을 인식하고 형제들
가운데 불균형이 감소되기를 추구한다.

VIII. 단순한 삶을 강조하는 성서적인 메노나이트 관점에서 땅, 노동,
자금 등 메노나이트 생산 자원들은 세계에 예수 그리스도의 복음을 전하
고 마음과 몸을 약하게 하거나 인간의 사소하고 피상적이며 부수적인 것
들을 생산하기보다는 생존과 삶의 질을 향상하는 데 필수적인 것을 공급
하는 데 직접적으로 관련된 물건이나 봉사를 생산할 수 있도록 총회적인

관심을 갖는다.

　IX. 공동체와 가족 내에서의 여성과 어린이들의 권리와 특권, 의무와 관련된 세계의 기준이 빠르게 변화하며, 나이나 성별에 상관없이 모든 인간의 인격적 지위를 존중히 여기는 성서의 높은 기준에 대한 관점에서 우리는 다음의 몇 가지 관심을 표명한다.
　1. 가족관계를 강화하는 방법을 지속적으로 연구해야 한다.
　2. 하나님 나라에 대한 헌신의 능력과 인내와 거듭난 삶을 보여주는 가정 안에서의 가족 간의 사랑과 존경하는 힘의 영향력을 지속적으로 세계에 증언한다.

　X. 술과 마약 매매, 사행성 오락, 매춘 등과 같은 죄로 말미암아 나라를 총체적으로 부도덕하게 하고, 이러한 악이 나라의 안녕을 위협한다는 점에서 우리 총회는 다음과 같은 관심을 표명한다.
　1. 위에서 지적한 악들에 대항하여 우리 형제들은 엄격하고 절대적인 입장을 고수한다.
　2. 공동체와 나라, 그리고 우리가 사는 국가에서 이들 악에 대항하여 증언한다.

1955년 8월 24일 메노나이트 총회에서 채택된 성명서

기독교의 발전에 도전하는 악의 세력 가운데는 자신들과 다른 색깔의 피부, 다른 민족적 기원을 가진 사람들에게 많은 수의 그리스도인이 느끼는 편견이 포함된다. 대개 우월감에서 생겨나는 이러한 편견은 다른 사람들과 마찬가지로 교회 회원들도 복음의 교훈과 정신과는 다른 다양한 형태의 차별을 행사한다. 이러한 종류의 부당한 대우를 받는 희생자들은 종종 그들의 억압자들에 대하여 원한을 품게 된다. 이와 같은 긴장은 사회적인 적대감과 국제적인 악의를 가져올 뿐만 아니라 복음의 진보를 어렵게 하고 그리스도인의 증거를 약하게 한다. 편견과 우월감의 태도로 죄의식을 갖는 사람들은 풍성한 그리스도인의 생명을 경험할 수 없게 된다.

400여 년의 역사를 통해서 모든 인간관계에서 그리스도인의 형제애와 사랑의 길을 강조해온 그리스도인들의 교제에서와 같이 우리는 이 시대에 생명력 있는 증거를 유지하고 전하기 위해 우리가 고백하는 신앙의 올바른 적용을 정기적으로 점검하지 않으면 안 된다. 우리는 주님이야말로 하나님의 참된 계시이며 예수 그리스도의 참된 계시로 기록된 성경, 그분의 가르침과, 생애, 죽음에서 보여주신 십자가의 길을 믿는다.

성경의 가르침

A. 창조질서 안에서의 인간의 연합

성경은 하나님께 "인류의 모든 족속을 한 혈통으로" 만드셨다고 가르친다.행17:26 성경 전체는 과학적 관찰에 의해 확인되고 모든 사람은 비록 표면적으로 다를지라도 하나라는 사실을 분명하게 가르친다. 신체적 특징의 다양성과 사회적 환경으로 인한 문화적 차이 등, 이러한 차이는 각

자 창조자의 형상을 지니고 있음으로 하나님 앞에서 한 인간으로서의 가치에 아무런 차이도 없다.

그러므로 그리스도인은 모든 사람을 형제로 여겨 그리스도께서 사랑하고 잃은 자 가운데서 찾으신 것처럼 하나님의 나라로 인도하고자 해야 한다.

B. 은혜의 질서 안에서의 인간의 연합

1. 성경은 "모든 사람이 죄를 범하였으매 하나님의 영광에 이르지 못한다"라고 말한다. 이 사실은 모든 지역의 인종이 악을 저지르며 모든 인간 안에서 하나님의 본래의 형상이 손상되었음을 객관적으로 확인한다.

2. 성경은 또한 "하나님이 세상을 이 처럼 사랑하사 독생자를 주셨으니 이는 누구든지 저를 믿는 자마다 멸망치 않고 영생을 얻게 하려 하심이라"고 말한다.요3:16 인간의 죄의 어두움을 향하여 하나님의 은혜의 영광이 빛을 발한다. 바울은 이를 다음과 같이 말하였다. "곧 예수 그리스도를 믿음으로 말미암아 모든 믿는 자에게 미치는 하나님의 의에 차별이 없느니라. 모든 사람이 죄를 범하였으매 하나님의 영광에 이르지 못하더니 그리스도 예수 안에 있는 속량으로 말미암아 하나님의 은혜로 값없이 의롭다 하심을 얻은 자 되었느니라."롬3:22-24

C. 한 교제 안에서의 연합

성경에서 선한 목자의 목적은, 자신의 잃어버린 양들을 우리 안에 있는 양떼에게로 데려와 하나가 되게 하는 것이라고 말한다. "또 이 우리에 들지 아니한 다른 양들이 내게 있어 내가 인도하여야 할 터이니 그들도 내 음성을 듣고 한 무리가 되어 한 목자에게 있으리라."요10:16 한 무리의 양떼는 바로 한 몸,엡4:4 하나님의 형상으로 재창조된 인간의 새로운 사회, 즉 교회이다. "거기에는 헬라인이나 유대인이나 스구디아디인이나

종이나 자유인이 차별이 있을 수 없나니 오직 그리스도는 만유시오 만유 안에 계심이라"골3:11 이와 같은 초월성은 단지 이론적인 것이 아니고 그리스도가 그들 가운데 거하고 지역과 공동체 안에서 실제로 구현되는 교제가 이루어져야 하는 실재이다.

D. 인종 관계에 있어서의 십자가의 길

1. 성경에서 교회는 모든 인종과 단체 관계 가운데 십자가의 길을 가야 한다고 가르친다. 이는 우리가 모든 장벽을 넘어 교회의 교제 내에서 회개한 모든 사람을 포함하여 적극적으로 복음의 부름을 따라야 함을 의미한다. 이와 같은 부름은 말과 행위로 그리스도의 사랑을 표현하는 것을 포함한다.

2. 모든 사람을 사랑하고 그리스도인 형제애의 본을 보이는 복음의 선포에서 십자가의 길을 따르는 사람들에게는 고통스러운 박해와 불의가 따르기 마련인데 이를 기쁨으로 받아들일 준비가 되어 있어야 한다. 마5:9-11

3. 십자가의 길은 국가와 인종의 이기주의가 있는 곳에 그리스도인의 사랑과 인간연합을 제시하는 그리스도인의 무저항의 길이다. 전쟁 참여를 거부하는 것은 그리스도인들이 모든 인종 관계에서 차별이나 억압을 극복할 것을 요구한다.

교회 역사의 증언

1. 예수님은 사역하실 때에 "사람들이 동서남북으로부터 와서 하나님의 나라 잔치에 참여하리니"라고 말씀하셨다. 눅13:29

2. 유대인 그리스도인들의 경우, 이 위대한 진리를 이해하기 어려워하지만 고넬료의 회개에 나타난 하나님의 은혜는 그들에게 "사람의 외모를 보지 아니하시고 각 나라 중 하나님을 경외하며 의를 행하는 사람

은 다 받으시는"행10:34,35 유대인들에게 허락하신 성령을 이방인에게
도 주시는, 그리고 "믿음으로 그들의 마음을 깨끗이 하사 그들이나 우
리나 차별하지 아니하시는"행15:8,9 하나님을 가르쳐주신다.

3. 예루살렘 공의회로부터 종교개혁에 이르기까지 교회는 다른 문화, 민
족, 인종적 배경을 가진 사람들도 교제 가운데 받아들였음을 분명히
보여준다. 신약성경 어느 곳에서도 인종이나 피부 색깔을 근거로 차
별한 곳은 없다. 에디오피아인에게 침례를 베푸는 데 아무런 주저함
이 없었으며, 형제들 가운데 이를 문제 삼은 일도 없다. 초기 교회 역
사에서나 기나긴 중세 동안 그리고 종교개혁에서 인종이나 피부 색깔
을 근거로 차별이나 분리가 있거나 이를 근거로 해서 그리스도인 회
중 가운데 회원을 인정하는 데 차별을 두었다는 어떤 문헌적 증거도
없다.

분리와 차별의 죄

A. 최근의 현상으로서의 인종차별

1. 공공 교통이나 학교, 심지어는 교회에서마저 다른 색깔을 지닌 사람들
을 분리하거나 특권을 부인하는 인종간의 긴장은 상대적으로 최근의
역사 속에서 발전한 것이다.

2. 미국의 식민기간 동안에 노예제도가 생겨났다. 이는 그 폐지여부로
말미암아 갈등하다가 시민전쟁에서 그 절정을 이루고, 재건의 시기에
는 고통과 증오로 점철되고, 그 가운데서 우리 사회의 흑인들이 불행
하게도 희생자가 되는 상황이 생겨나고, 이는 우리 가운에 있는 비앵
글로 색슨 족에 속하는 모든 사람에게도 크고 작게 영향을 미치게 되
었다.

3. 이와 같은 상황에서 색깔을 지닌 사람들은 코카시안들과는 다른 조상

을 가진 인류이며, 모든 면에서 열등하다는 광범위한 신화가 생성되었다. 불행하게도 어떤 그리스도인은 이러한 신화를 성경적으로 재가하고 지지함으로 혼란을 심화하기도 했다. 이렇게 많은 그리스도인들이 이론적으로든 실천적으로든 교회 역사 속에서도 발견되지 않는 복음의 기본적 원칙을 부정하는 자리에 있게 되었다.

B. 인종적 편견과 차별의 죄

미국적 형태의 분리이든 다른 어떤 곳에서 발견되는 인종편견과 차별은 죄라고 믿는다. 우리는 다음과 같은 내용을 진실로 믿는다.

1. 인종 차별은 우리의 신앙고백과 정면 대치된다. 그리스도 안에 있는 사람들은 하나다. 예수님은 아버지께 "당신의 이름으로 네게 주신 이들을 보전하시고 그들로 우리와 같이 하나 되게 하옵소서." 요17:11

2. 인종차별은 기독교 신앙과 현대 과학에서 오랜 동안 거짓으로 판명된 신화를 영구적이게 한 것이다.

3. 차별화된 사람들을 바람직하지 않고 열등하게 여기는 것은 치욕적인 낙인에 불과하다.

4. 이는 하나님에 의해서 창조된 인격을 거역하는 것이며, 모든 사람이 기뻐해야할 하나님의 섭리에서 주어진 기회와 특권을 부인하는 것이다.

5. 이는 모든 사람에 대한 사랑과 구원으로서의 구속적인 태도를 요구하며, 모든 거짓을 금하고 적대적인 감정이나 다툼과 사람들에 대한 악의를 금하는 도덕법을 위반하는 것이다. 마5:21-38

C. 죄의 결과

편견과 차별의 죄는 직접적으로 관여된 사람들뿐만 아니라 교회와 사회 전체에 다음과 같은 해로운 영향을 준다.

1. 희생자를 모욕하고 좌절하게 함으로 사회에서 정상적인 행동을 어렵

게 한다.

2. 죄를 짓는 영혼에 상처를 준다.

3. 사회적 긴장과 증오와 분쟁을 일으킨다.

4. 오늘날 국제적인 분쟁과 전쟁의 주요 원인이 되고 있다.

5. 그리스도인들에게 여전히 남아있는 죄를 없앤다고 주장하는 무신론적 공산주의의 손을 강하게 만든다.

6. 기독교의 구속과 사랑이라는 중심 메시지를 위반하는 것이며, 이로써 교회와 복음의 전파, 이를 위한 각종 프로그램을 전 세계적으로 불신하게 한다.

교회의 책임

A. 우리의 고백

위의 관점에서 우리는 복음의 메시지와 인간의 행동 사이에 반목이 있음을 의식한다. 그러므로 그리스도인으로서 우리는 겸허하게 우리의 죄를 고백한다. 우리는 빛을 보지 못하는 소경임을 고백한다. 우리는 폭력과 피를 흘리는 것에 단순히 참여하지 않는 것만으로는 모든 사람에 대한 사랑의 교리의 표현에 부적합하다는 것을 고백하며, "모든 종류의 언어, 인종"을 이웃으로 그리스도인의 교제 안으로 불러들이지 못한 채 위대한 사명만을 촉구했음을 고백하며, 분리나 차별의 사회 형태를 받아들이는 것이 "이 세상과 타협하지 말라"는 명령을 위반한 것임을 알지 못했음을 고백한다. 우리는 종종 사람들이 인종 편견이나 차별을 할 때에 침묵을 지켰었다. 우리의 행동은 십자가의 길을 받아들이기보다는 공적으로, 사회적으로 승인된 것들에 의해 이기적인 결정을 내렸다. 그리스도인 문헌을 가장하여 우리 가정으로 침투해 들어오는 인종주의와 반 셈족적인 거짓 선전을 받아들여 왔다. 우리는 기독교의 순수성에 대한 질문 없이 세속적인 사회로부터 단순히 문화적으로 인정받은 것들을 기독교 문화와 동일시했다. 우리와 민족적으로 다르다는 이유로 다른 그리스도인들을 우리 자신들의 문화적 자만과 배타적 태도로 방해하여 함께 예배하기를 꺼렸다. 이런 것들과 또 다른 많은 죄를 우리의 동료 인간과 하나님 앞에서 회개한다.

B. 우리의 희망

그럼에도 불구하고, 우리는 실망하지 않는다. 복음은 단순한 관념이 아니며 우리 안과 주변에 있는 사람들 가운데서 구속적으로 역사하시는 하나님의 은혜를 보기 때문이다. 우리 이웃 가운데는 진실한 그리스도인 관계가 여전히 남아 있으며, 많은 공동체에서 진전하는 모습으로 말미암아 하나님께 감사한다. 우리는 모든 곳에서 우리와 함께 동료 그리스도인들이 그들의 마음과 삶으로 성경과 그 정신을 더욱 철저하게 이행할 것을 호소한다. 우리는 회개와 고백 속에서 하나님의 새롭게 하시는 은혜를 경험하고, 이와 같은 경험을 통하여 우리 동료 인간과의 관계 속에서 받은 상처가 치료될 수 있음을 믿는다.

C. 우리의 의무

회개는 하나님으로부터 소외시키는 죄에서 돌아서서 우리 길을 고치는 것을 의미한다. 우리는 다음의 것을 촉구한다.

1. 그리스도인으로 우리는 그리스도와 제자도 안에서 연합된 근거 위에 함께 하는 소속감을 개발한다.

2. 차별로 말미암은 특권을 받아들이는 것은 곧 이 세상의 악과 타협하지 말라는 성서의 원리를 위반하는 것임을 인정한다.

3. 우리의 회중과 선교 사역지는 그리스도를 받아들이고 제자도 안에서 따르는 그분을 사람들의 인종과 색깔에 관계없이 교제에 초청하고 받아들이는 정책을 따르며 공동체 안에서 분리된 이웃 회중 공동체와

상호 교제를 개발하기 위하여 진지하게 노력한다.

4. 학교와 대학, 병원, 어린이집, 양로원, 이사회 등 교회 기관들 가운데 아직도 편견과 차별이 있다면, 인종과 색깔, 민족 등 구별 없이 그런 차별이 없도록 모든 사람을 받아들이고 봉사활동을 한다.

5. 여름 성경학교나 여름 캠프와 같은 어린이 관련 행사에서 인종적인 교류가 자연스럽게 일어나도록 한다.

6. 다양한 인종과 다른 사회단체 사람들과의 인격적인 만남을 장려한다.

7. 일상적인 사업과 활동에서 동등하지 못한 실천이 있을 가능성에 대해서 세심하게 주의한다.

8. 이러한 질문과 관련하여 특별히 정부와 사회 안에서 인종적 편견의 악을 바로 잡는 일에서 일깨워진 사회적 양심의 표현과 여러 면에서 진행되는 일들에 대해 감사를 표하고, 우리 공동체 안에서 그리스도인 원칙을 일관되게 하기 위한 노력들을 지지하며 편견과 차별이 있는 곳이면 어디서든지 이러한 악을 반대하여 증언한다.

9. 이와 같은 문제점들에 관련된 다른 경험과 통찰, 확신 안에서 우리는 형제애로 그리스도인의 관용을 실천하고 적극적인 그리스도인의 해결책을 추구한다.

D. 우리의 가르침과 설교 프로그램

적합한 상호 이해야말로 어떤 수준에서든지 인간관계를 개선하는 데 필요한 조건임을 깨닫고, 우리는 인종관계와 관련된 가르침과 설교 프로그램을 위해 다음과 같은 특별한 과제와 목표를 제시한다.

1. 우리는 성경의 가르침을 더 분명하게 제시하고 차별에 관한 성서적 근거라고 여겨지는 오해를 바로잡기 위해 노력한다.

2. 인종간의 질적인 차이라고 여겨지는 것들에 대하여 과학은 아무런 근거도 제시하지 않음을 사람들이 이해할 수 있도록 돕는다.

3. 우리는 인종과 편견에 관한 심리학·사회학적 요소들을 다루어 사람들이 이 죄가 인간의 사고과정과 사회적 태도라는 것을 이해할 수 있게끔 돕는다.

4. 우리는 모든 사람을 있는 그대로 만나며 그들이 우리와 함께 있는 것을 자연스럽고 편안히 느끼도록 생각하며 행동도록 한다.

5. 우리는 인종적 편견으로 여겨지는 모든 대화와 표현, 이야기를 근절시켜야할 필요성을 가르친다.

6. 브라질 등 다른 나라와 우리나라 가운데 좋은 관계 속에 일어나는 인종간의 자유로운 협동에 관심을 갖고 배운다.

7. 인종간의 결혼에 대해서, 우리는 결혼을 위한 성서적 요구는 오직 "주님 안에서"일 뿐이며, 인종간의 결혼에 대한 생물학적 장애는 없으며 모든 사회적 암시가 담긴 연합이라는 점을 주의 깊게 생각하도록 돕는다.

결론

요약하면, 그리스도의 복음은 구속과 화해의 복음이다. 하나님은 인간을 다양한 "인종"과 색깔, 민족들로 그리스도 안에서 새로운 사람으로 만드시고 교제하게 하셨다. 그분은 이 새로운 사람들을 화해의 사역자로 부르셨다. 우리가 이 교제 곧 그리스도의 몸 안에서 협력하는 것은 우리 전체 삶으로 구속의 위대한 과정에 헌신하는 것이며, 인종과 계급을 넘어 그리스도의 증언에 진실하게 참여하는 것이다.

1961년 8월 24일 펜실베이니아 존스타운 메노나이트 총회에
서 채택된 입장 성명서

공산주의가 세계에서 크게 진전하고 있는 가운데 우리나라에도 냉전 기류를 가져온 최근의 강력한 반공산주의 열기와 이와 같은 분위기에서 우리의 무저항 입장을 도전적으로 제시하면서, 1961년 8월24일 펜실베이니아 존스타운에서 모임을 가진 우리 메노나이트 교회 대표들은 성서와 역사적인 신앙에 대한 우리의 헌신을 재확인하면서, 1937년과 1951년 총회 선언문에서 강조한 다음과 같은 특별한 관점을 환기시키고자 한다.

1. 우리의 사랑과 사역은 친구든 적이든 모든 사람을 지향하지 않으면 안 된다.

2. 복음을 억압하거나 그리스도인 신앙을 파괴하고자 하는 어떤 이데올로기도 반대하는 한편, 이러한 견해를 주장하거나 조장하는 사람들에 반대하여 그리스도인의 사랑과 대립되는 어떤 태도나 행동을 취하지 않으며, 어떤 악에 대해서든 복음을 통하여 극복하고자 한다.

3. 만약 우리나라가 전쟁에 가담하게 되면, 우리는 모든 경건과 정직하게 조용하고 평온한 삶을 위하여 노력하고 증오와 복수 원한과 같은 전시의 흥분상태에 가담하지 않는다.

현재 상황에서의 우리의 적극적인 입장

1. 우리는 무신론적 이데올로기의 악과 그들의 행동, 모든 유물주의적 철학의 성격을 철저하게 이지적으로 파악한다.

2. 우리는 a) 복음의 진리를 통해서 b) 적에 대한 반감에도 불구하고 복음이 선포하는 사랑의 길을 보여주는 자비로운 일들을 통해서 이들 이데올로기와 철학에 반대하는 증언에 신실하고, 영향력을 끼쳐야만

한다.

3. 우리는 어느 곳에서든 모든 사람과 마찬가지로 그들을 그리스도에게
   인도하기 위하여 공산주의자들에게도 구원의 복음을 사랑으로 전하
   는 의무와 특권을 감당한다.

4. 우리의 사랑과 격려, 도움의 손길과 기도는 모든 땅에 사는 그리스도
   인들을 향하며 특별히 철의 장막 뒤에서 그리스도를 위해 고통 받는
   사람들에게 관심을 갖는다.

5. 우리는 필요하다면 오해 받고 거짓으로 고소당하는 위험을 무릅쓰고
   서라도 어떤 상황에서든 복음을 용기 있게 선포한다.

6. 우리는 공산주의를 확산하고 사람들로 공산주의 영향력에 취약하게
   만드는 조건들을 제거하는 데 도움이 되는 적극적인 제반 행동을 촉
   구한다.

소극적인 헌신과 관련된 우리의 이해

1. 우리는 기독교와 무신론적 공산주의는 비교대상이 아님을 인정하며,
   그리스도로 말미암아 무신론적 공산주의에 대하여 도전한다.

2. 무신론적 공산주의는 궁극적으로 무력이나 폭력이 아닌 생각과 삶에
   서 기독교 진리를 증언함으로 극복할 수 있음을 인정한다.

3. 이 일에 있어서 무저항 그리스도인의 증언은 분명해야 하며, 물리적
   이든 지적이든 어떤 형태로든 무력이나 폭력을 옹호하는 것에 동조하
   지 않는다.

4. 우리는 기독교를 어떤 특별한 경제나 정치체계 또는 미국주의와도 동
   일시 할 수 없다. 따라서 그리스도인은 반공주의자가 되어야 한다든
   가 또는 공산주의자들에 대한 그리스도인의 사랑의 실천이 곧 공산주
   의에 대한 지지라는 견해를 받아들이지 않는다.

5. 우리는 비록 무신론적 공산주의에 대하여 반대하는 가르침과 경고를

하지만 "성전"의 형태를 지닌 반공산주의 십자군에 참여하지 않고 맹목적인 두려움과 위험한 형태의 전체주의적 철학을 지향하는 분위기를 만드는 (특별히 동료 그리스도인들을 향하여) 사람이나 조직에 반하여 왜곡된 사실을 채택하지도, 근거 없는 의무를 지지도 않는다.

6. 우리의 경고는 특별히 이와 같은 목적을 위하여 기독교의 이름으로 현대 강단과 라디오, 종교적인 인쇄물을 사용하는 이들을 반대한다. 오늘날 세계 공산주의는 신실하지 못한 제국적인 기독교를 심판하는 것으로 하나님에 의해서 허락된 것이라고 믿으며, 우리는 말과 행동으로 전해야 하는 온전한 복음을 선포함에 있어서 과거의 실패를 고백한다. 우리는 형제들에게 모든 삶의 분야에서 복음을 온전히 사는 데 관심가질 것과 하나님의 섭리가 평화가 넘치는 나라들을 지배하는 목표를 위해서 기도할 것을 촉구한다. 그리고 경제적 탐욕과 증오, 전쟁, 경쟁적인 이데올로기로 인한 갈등으로 가득한 세계 내에서 우리는 우리의 시민권이 하늘에 있는 순례자이며, 승천하신 주님이 돌아오실 때에 그리고 그분의 궁극적인 영원한 나라에서 모든 것이 완성될 것임을 기다리면서, 그리스도를 위하여 효과적인 증인으로 우리의 사명을 온전히 감당할 수 있도록 성령님의 인도하심을 위하여 기도한다.

1961년 8월 25일 펜실베이니아 존스타운에서 열린 메노나이트 총회에서 채택된 입장 성명문

서론

재확인

메노나이트 교회를 대표하여 1961년 8월25일 펜실베이니아 존스타운에서 열린 메노나이트 총회에 모인 우리는 1951년 인디아나주 고센 모임에서 채택된 "평화와 전쟁, 무저항에 대한 그리스도인의 신앙과 헌신에 대한 선언"을 여기에서 재천명한다.

우리는 10년 전 이 선언문이 시민 정부를 하나님께서 재가하신 것으로 말하는 아나뱁티스트-메노나이트 비전과 조화되며, 그리스도의 제자에게서처럼 검에 의한 저항을 금지하는 것을 믿는다. 이와 같은 선언과 비전은 신약성서 교훈의 진정한 표현이며 "그리스도께서… 우리를 위하여 고난을 받으사 너희에게 본을 끼쳐 그 자취를 따라오게 하셨으니… 욕을 당하시되 욕하지 아니하시고 고난을 당하시되 위협하지 아니하시고" 벧후2:21-23라는 말씀 속에 축약된 것이 우리의 전체적인 방침임을 확신한다.

증언에 대한 의무

이 시점에서 "우리는 하나님께서 모든 사람에게 심지어는 정부와 그들을 대신하여 계속해서 진지하게 중보하고 의의 능력에 대하여 증언하여야 하는 의무를 인정한다."라고 했던 1951년 선언문의 C-8 항목에 특별히 관심을 갖고 좀 더 진전된 표현을 하고자 한다.

이 선언문이 선포된 이후 10년 동안, 이 의무의 의미를 좀 더 완전하게 이해하기 위한 연구가 진행되어 왔다. 국가에 대한 그리스도인의 증언

의 근거는 무엇인가? 그 증언의 성격은 무엇인가? 그러므로 우리의 역사적인 무저항 신앙에 대한 재확인에 덧붙여 현재의 성명서는 이러한 질문들에 대하여 도움이 되는 대답을 찾고자 하며, 국가에 대하여 증언해야할 그리스도인의 의무에 관한 적극적인 확신을 설명하고자 한다.

성서적 기초

우리는 이 의무가 교회의 특성과 세상에 대하여 교회가 증언하도록 부름 받은 특성에 기초하였음을 믿는다.

교회의 주인 되시는 그리스도

교회는 그리스도의 몸이며, 신자의 공동체, 함께 모인 동료들, 그리스도의 구속적인 사건에서 흘러나오는 힘으로 동질화되고, 그리스도가 역사의 주인이요, 교회의 머리되시며, 그분의 주님 되심 아래서 교회는 순종으로 헌신하고, 제자도의 길을 간다. 신자는 그리스도 안에서 새로운 생명을 받으며 구속력 있는 명령, 영광스런 잠재성, 축복받은 실재 안에서 살아간다. 교회는 그분을 알지 못하는 세계의 구속을 위하여 하나님과 함께 일한다. 역사의 의미는 구속적인 그리스도와 교회 즉 그분의 구속받은 공동체 안에서 발견된다. 롬8:18-23; 고전15:24; 고후5:17-20; 엡1:20-23; 빌2:9-11; 골1:11-20, 2:10, 3:1; 히1:3; 계21:1-6

그리스도의 주님 되심을 부인하는 세상

그리스도의 몸 밖에는 그리스도를 부인하고 하나님을 향하여 대적하는 사람들이 있다. 성경은 이들 비신자의 무리들이 "세상"이라고 불리는 정사와 권세, 왕들의 지배하에 있으며, 이러한 용어들은 그 안에 있는 타락한 사회 질서의 구조뿐만 아니라 구조적인 단위 내에서의 갈등과 하나님의 뜻에 대항하는 반역을 암시한다.

이와 같은 세상은 그리스도의 주님 되심을 인정하지 않는다. 오히려 그분을 죽임으로 이들 권세들은 그분을 멸하고자 했다. 그러나 이들 권세들에 대한 그리스도의 승리는 모든 사람이 무릎을 꿇고 모든 입들이 고백하는 주인 되심을 드러내셨다. 이와 같은 그리스도는 그분의 주님 되심을 인정하는 교회와 그분을 부인하는 세상에 대해서 모두 주님이 되신다. 시110; 마22:44; 막12:36; 눅20:42, 43; 행2:34, 35; 13:27; 롬13:1; 고전2:8; 고전15:25; 갈4:3, 9; 엡3:10; 6:12; 골2:15; 히1:3; 2:8; 10:13; 벧전3:22; 계3:21

화해의 사역과 국가에 대한 증언

그리스도의 사랑은 우리로 하여금 정부에 있는 사람들을 포함하여 모든 사람에게 확대되는 화해의 사역을 요구한다. 이와 같은 사역은 다음의 네 가지 즉, 1)누구든지 그에게 나아오는 자마다 믿음으로 받는 구원; 2)명목상의 그리스도인에게는 없는 진정한 제자도의 의미; 3)그분의 뜻에 반항하는 사람마저도 포함하는 모든 사람에 대한 하나님의 사랑; 4) 그분의 부르심을 계속해서 거부하는 경우 교회와 세상의 주인 되시는 그분 앞에서 성도든 죄인이든 대답해야만 하는 모든 사람에 대한 "의와 절제, 심판"에 대한 이유를 증언한다. 마28:18-20; 행1:8; 24:25; 26; 딤전2:1,2

국가의 이중적 성격

선을 위한 하나님의 사역자로서의 국가

국가에 대한 성서적 견해는 이중적이다. 한편으로 선을 위한 하나님의 사역자로서 그 기능은 현재 세상에서 질서를 유지하기 위한 것이다. 그 권력의 궁극적 출처는 역사 자체이기도 한 하나님이시다. 그리스도인은 국가를 존중히 여기며, 하나님의 사람들이 "경건과 정직으로 고요하고 평화로운 삶을 위한 통치가 이루어지게끔 기도로 순종하고 협동해야 한다. 국가의 우선적인 기능은 교회가 그리스도의 주권 하에 화해의 사역과 예언자적 증언을 추구할 수 있도록 안정적인 사회를 유지하는 것이다.롬 13:1-7, 딛3:1, 벧전2:13-17

권력의 대리자로서의 국가

다른 한 편, 국가는 또한 현재 악한 세상의 기관이기도 하지만 대리적인 힘으로 역사의 주인을 대항하기도 했다. 이러한 이유로 그리스도인은 국가의 요구에 항상 복종할 수가 없게 되었다. 국가를 통치하는 지배자나 그들의 행위가 권세나 권력, 그리스도의 주되심을 거역하는 악한 영의 주관자들에 의해 지배될 경우 반대하지 않으면 안 되게 되었다.고전 2:8; 6:1-3; 8:5; 15:24, 25; 엡6:12; 계13

고대국가의 이중성

성경이 국가를 하나님의 사역자로 그리고 현재 세계의 어두움의 지배자로 말할 때에 이는 민중이 전체주의를 선호하더라도 전체주의 국가를 반대하는 민주주의에 대해서 말한 것은 아니다. 가장 악한 경우라도 모든 국가는 어떤 의미에서 선을 위한 하나님의 사역자이다. 그리고 모든 국가는 최선의 상태에서도 동시에 어떤 면에서 반항하는 권력의 대리인 역할을 한다. 이러한 권력의 양면성과 갈등으로 말미암아 국가는 최선의 상태에서도 이 세계에서 부분적이거나 단편적인 질서를 유지할 수 있을 뿐이다. 궁극적인 분석으로는 설령 기독교를 보호한다고 고백하는 국가라 할지라도 그리스도와 그분의 주되심에 온전히 헌신하는 국가는 없다.

요한계시록 13장에 나오는 사악한 국가는 성도를 대항해 모든 그리스도인에게 인내와 믿음, 순종을 요구하는 싸움을 싸우지만, 로마서 13장에서와 같이 교회가 자유롭게 일할 수 있는 사회 구조를 제공하고 주님을 영접하지 않는 국가의 역사적 목적을 수행할 수 있도록 하나님에 의해서 사용되기 때문에 존경과 복종할 것을 요구한다.

현대국가의 이중성

현대 사회에 대한 제국적 기독교의 영향력은 막대하다. 이는 심지어 국가의 경우도 마찬가지인데, 국가는 종종 상대적으로 관용적이고 기독교 신앙을 격려하기도 하며, 여러 공직자 가운데는 도덕적으로 훌륭한 사람들도 있고 복지 프로그램과 개인적인 시민의 가치를 인정하는 민주주의에 의해 특징되기도 한다. 그러나 이러한 가치들은 상대적일 뿐 실제적인 국가 상황은 의식적으로 혹은 무의식적으로 선을 위한 하나님의 사역자가 되는 동시에 정사와 어두움의 세력의 대행자가 되기도 한다. 오늘날 교회를 보호하는 친근한 국가는 내일 교회를 파괴하는 계시록의 짐승이 될 수도 있는 것이다.

<h2>국가에 대한 그리스도인의 증언</h2>

복음증거와 증언

세계의 구속을 위해서 하나님과 함께하는 일에 교회는 그리스도인의 제자도와 영원한 생명을 위한 하나님의 은혜의 메신저인 동시에 모든 사람의 복지(하나님의 뜻에 반항하는 사람들까지도 포함해서)를 위한 하나님의 사랑과 돌보심을 증거하며, 은혜의 날이 지나간 다음 심판의 날이 오게 될 때에 주님을 대항하여 반역하는 세계에 내려질 임박한 멸망을 선포하는 예언자가 되어야 한다.

국가에 대한 관심

비록 교회가 독재자가 되지 않게 하는 국가의 정책에 대한 책임이 없다고 하더라도 그리스도인은 국가의 선과 국가의 정책에 의해 영향을 받는 사람들의 복지를 위해 관심을 가져야 한다. 그러므로 그리스도인들은 국가가 역사 속에서 하나님의 목적을 위해 그분에 의해 지혜롭게 행정하고 사용될 수 있도록 기도해야 한다. 그리스도인들은 또한 국가의 지도자를 위해 그들에게 하나님의 축복이 있기를 위해 기도해야 한다. 국가에 대한 그들의 증언은 그들을 기도하게 하는 동일한 사랑의 동기를 지녀야 한다. 하나님의 거룩함과 의, 평화, 정의에 근거하는 체제를 찾을 수 있도록 그리스도인들은 공직자들에게 그리스도에 대한 신앙의 필요성과 정책과 행동에서 의를 따라야할 의무에 관심을 갖는 메시지를 전하여야 한다.

사도와 교부들의 본보기

성경에 의하면, 사도 바울은 예수 그리스도에 대한 그의 믿음과 부활의 희망을 로마의 공직자들 앞에서 선포하고, 의와 절제 그리고 다가올 심판에 대해서 예언자적으로 증언했다. 메노 시몬스는 그 당시의 통치자들에게 회개와 의, 심판을 증언하면서 "지혜롭게 조심하여 책임과 위험한 공직을 하나님의 뜻을 따라" 행할 것을 권고하였다.

오늘날도 마찬가지로 그리스도인은 국가에 대하여 증언하여야 한다. 온전한 제자도의 의미를 포함하는 신앙에로의 초대가 공직자를 포함하여 모든 사람에게 확대되어야 한다. 한편, 하나님은 국가나 그 통치자가 비록 하나님을 배반할지라도 버리지 아니하신다는 것을 기억하고, 그리스도인은 기독교 신앙과 제자도의 수준에 못 미치는 반응이 온다고 할지라도 준 기독교 국가와 이방 국가들에게까지 그리스도의 주님 되심을 주장하고 나아가야 한다. 행1:8; 4:23; 24:25; 26; 고후5:17; 엡3:8-10; 딤전2:1-4

오늘날의 과제

오늘날 과제를 위해 완성해야하거나 최종적인 형식을 특별히 주장할만한 목록은 없다. 오늘날 그런 것이 있다고 하더라도 내일의 필요에 따라 시간적인 우선순위와 재능에 따라 그러한 목록은 갱신되어야 할 것이다. 그러나 그것이 무엇을 의미하느냐 하는 본보기로서 우리는 우리가 살고 있고 우선순위가 허용하는 한, 받아들여야할 가치에 따라 오늘날 특별히 중요하게 여겨지는 것들을 명시하고자 한다.

1. 국가 공직자는 정의, 평등, 자유, 평화와 같은 가치와 개념에 관한 최고의 의미를 추구하고자 지속적으로 도전해야 한다.

2. 비록 그들이 상대적이고 최소한의 가치를 선호하여 최고의 선을 거부한다 할지라도 국가 공직자는 자신들이 상대적인 관련 구조 내에서 가능한 최고의 가치를 발견하고자 도전해야 한다. 그렇게 하는 가운데 그리스도인은 기독교 윤리의 수행에 허용되지 않는 결정에 대해서 올바르게 말할 수 있을 것이다.

3. 전쟁의 악은 특별히 핵무기의 시대에 국가 공직자의 양심을 자극해야 한다. 이 목적에 대한 우리의 이전 선언은 계속해서 새로워져야 한다.

4. 하나님의 의와 조화되지 못하고 불의와 고통, 마음과 몸, 성품을 약하게 하거나 범죄를 키우는 데 기여하는 사회적 태도, 조건, 실천을 반대하는 증언이 항상 필요하다. 이와 같이 그리스도인은 국가가 사회적 필요를 충족하는 적극적인 방법을 제시하는 데 준비되어 있어야 하며 또한 올바른 행동 영역의 한계에 대해서 경고해야 한다.

5. 교회의 우선적인 과제는 교회가 되는 것이다. 마찬가지로 국가는 국가가 되어야 한다. 각자 나름대로의 과업 속에서 교회는 국가가 어느 정도 따라 할 수 있는 제도, 절차적인 양식, 가치 있는 판단을 창조해야 한다. 교회의 중요성을 강조하는 만큼 교회는 국가와 국가가 봉사하는 세상의 복지를 위해 비중 있게 기여해야 한다.

증언의 방법

여기에 기록한 증언들은 국가 공직자들과의 언어를 통한 대화로 이행될 수 있으며, 국가적이든 지역적이든 유인물, 배고프고 헐벗은 사람들에 대한 자선 행위, 인종적인 혹은 사회적, 식민지, 민족, 외국 간의 정치적 긴장 등이 있는 곳이면 어디서든지 신약성서의 가르침과 역사적인 아나뱁티스트–메노나이트 비전과 그 외의 다른 지속적인 방법으로 화해 사역을 해야 한다.

우리 자신들의 과거 부적합한 노력을 깊이 의식하고 우리의 의무에 대한 증언에서 실패한 것을 고백하면서 우리는 국내외에서의 그리스도인의 사명과 자원봉사, 그 외의 다른 유사한 사역이 이러한 증언을 위해 하나님에 의해서 사용되는 것을 믿으며, 이들을 통하여 교회는 선을 위한 하나님의 사역자로서 그 자체의 봉사가 유익함을 알게 함으로 국가의 양심에 도전하는 기능을 할 수 있다.

우리의 헌신

우리 자신들이 그리스도를 통하여 하나님께 화해된 것처럼 우리에게도 화해의 사역과 사명이 주어진 만큼 우리는 그리스도를 위한 대사로서 우리의 헌신을 새롭게 하여 진실로 국가의 공직자를 포함하여 사람들의 마음에 거룩한 호소를 위한 수단으로 사용되어야 할 것이다. 그 이전 어느 때보다도 우리가 전하는 복음을 이 세계가 필요로 하며 복음이 요구하는 설교의 증언이 요구됨을 굳게 확신함으로, 우리는 거룩함과 의와 하나님의 정의 그리고 부활에서 모든 권세와 정사들 위에 승리하시고 교회와 세계의 주되심을 인정받는 그리스도에 의해서 주어진 평화의 길을 나라들에게 더 효과적으로 증거 하기 위한 과제를 새롭게 해야 한다. 마지막으로 우리는 그리스도인들에게, 특별히 우리 자신들의 회중들에게 각자 "너희는 나의 증인이라"는 관점에서 우리 자신들의 삶을 살피며 기도하고 각각 우리 앞에 주어진 기회를 어떻게 효과적으로 사용하는가를 생각하며 예수 그리스도의 진정한 군사가 되어 이와 같은 책임을 감당할 수 있도록 해야 할 것이다.

Guy Hershberger (1896-1989)

41년 동안 고센 대학의 역사학 교수였던 가이 허쉬버그는 헤스톤 대학과 미시간 대학, 시카고, 바젤, 아이오와에서 연구했다. 계간지 「Mennonite Quarterly Review」와 인디아나주 고센의 메노나이트 역사학회가 후원한 아나뱁티스트와 메노나이트 역사 연구 시리즈의 편집위원 가운데 하나로 봉사하였다.

아나뱁티스트–메노나이트 연구 전문가 외에 가이 허쉬버그는 그의 경력 초기에서부터 기독교 사회 윤리와 관련된 전쟁, 평화, 무저항에 특별한 관심을 발전시켜왔다. 잡지와 백과사전에 수록한 여러 책비평과 논문 외에 그는 다음과 같은 책을 출판했다. *Can Christian Fight? Essay on Peace and War*(1940); *Christian Relationships to State and Community*(1942); *The Mennonite Chruch in the Second World War*(1951); and *The WAy of the Cross in Human Relations*(1958). 그는 The Recovery of the Anabaptist Vision(1957)과 Harold S. bender, Educator, Historian Churchman(1964)의 편집자이며, 이 책들의 기고자이기도 하다.

이 책은 1944년에 처음 출간된 귀 허쉬버그의 *War, Peace, and Nonresistance* 제5판을 번역한 것이다. 저자는 일 년 동안 유럽 대륙과 영국에서 유럽 평화주의를 연구하였다. 1939년부터 1965년까지 저자는 메노나이트 교회의 경제와 사회관계 위원회 그리고 1959년부터 1965년까지 평화문제 위원회의 총무로 봉사했다.

허쉬버그는 1940년대와 1950년대 "메노나이트 공동체" 운동의 지도자

중 한 사람이었으며 Mennonite Mutual Aid를 설립하는 데 도움을 주었다. 그의 생애 마지막 해에 복음을 인종과 소송, 알코올 등과 같은 문제에 광범위하게 적용하고자 했다. 그의 작업은 많은 메노나이트들과 다른 사람들에게 복음의 사회적 함축성에 대한 감각을 일깨워 주었다.

1977년 헤랄드 출판사는 허쉬버그의 80회 생일을 기념하여 *Kingdom, Cross, and Community*를 출간했다. J. R. Burkholder와 Calvin Redekop가 편집한 이 책은 허쉬버그 사상이 교회에 미친 영향력에 대한 16개의 논문들을 수록하고 있다.

1) 간디와 비폭력에 대한 더 나은 토론을 위해서는 제9장을 참조하라.

2) 창세기4:5-8.

3) 창세기4:8,23,24.

4) A. Johnson, "war, "Encyclopedia of the Social Sciences (New York, 1935), 15:331.

5) University of Pennsylvania, Translations and Reprints from the Original Sources of European History (Philadelphia, 1902), 1:2:6,7.

6) pp. 72-73 하기 참조.

7) P. A.Sorokin, Contemporary Sociological Theories (New York, 1928); Social and Cultural Dynamics, Vol. III (New York, 1937); The Crisis of Our Age (New York, 1941).

8) H. R. Niebuhr, W. Pauck, and F. P. Miller, The Church Against the World (Chicago, 1955), 24

9) 렘31:31-34.

10) 히8:6,7.

11) 레19:2

12) 마5:48

13) 마19:17-19, 막12:50, 51, 예수님은 신6:5과 레19:18을 인용 하셨다.

14) 출20:13.

15) 요일3:15.

16) 벧전2:21,23.

17) 창13:7-12.

18) 창26:12-33

19) 창43장-45장.

20) 출23:4.

21) 잠25:21.

22) 왕하6:8-23.

23) 시21:8,9.

24) 롬1:18.

25) 갈6:7.

26) 출14:23-31.

27) 롬1:28.

28) 창4:12b. 히브리어 원래 표현으로 "너는 …할 것이라"는 단순한 미래 시제형으로 반드시 명령형이 될 필요가 없다. 창세기 9장 6절도 마찬가지이다. 하나님께서 사형을 제도화시켰다고 주장하는 사람들에 의해서 하나님께서 가인의 처벌도 허락하셨을 것이라는 주장이 제기되고 있다. 하지만, 하나님께서 그렇게 하시기보다는 오히려 직접적으로 간섭하셔서 가인의 생명을 구하셨을 것이라는 사실이 사형제도설보다는 우세하다.

29) 롬8:4

30) 창4:15.

31) 어떤 저자는 출애굽기 20장 13절이 일상적인 범죄를 저지른 살 인자에게만 관여 될 뿐 국가에 의해 합법적으로 죽이는 것은 아니라고 주장한다. 이 관점에 의하면 제6계명은 마태복음 19장 18절에서 예수님의 말씀을 사용하여 "너희는 살인하지 말라"고 번역해야 한다. 그러나 출애굽기 20장 13절의 히브리 원문은 하나 는 옳고 다른 하나는 옳지 않다는 두 종류의 죽음이 있다는 암시가 없다. 이 구절은 단 지 "너희는 죽이지 말라"이며 합리적인 유일한 해석은 도덕법에 따라 하나님의 백성은 어떤 상황에서든지 인간의 생명을 취하는 것이 금지되어 있다는 것이다.

32) 로마서 12장 19절, 13장 4절에서 바울은 시민 통치자를 "악을 행하는 자에게 진노하심을 따라 보응하는 자니라"고 말한다. 여기에서 바울은 국가의 기능을 죄가 있는 사회에서 인과응보의 법을 이행하는 자로 기술한다. 그러나 그리스도인은 이 수준보다 우위에 있으며 더 높은 사랑의 법에 따라 산다. 로마서 13장에 대해서는 제3장에서 더 논하게 될 것이다.

33) 마19:8.

34) 처음 두 경우 인간의 생명을 취하는 것과 간음에 대해서 예수님은 직접 십계명에서 인용하신다. 그러나 예수님은 이 계명을 어떤 방법으로든 바꾸지 않으신다. 다만 그분은 옛 언약의 시민법 아래 있는 그들에게 주어지지 않았던 의미를 주신다. 새 언약 하에서 예수님은 이들 계명에 관하여 하나님의 근본적인 도덕법의 더 깊은 의미에서 나온 새로운 해석을 제공하신다.

35) 마5:17.

36) John C. Wenger, "The Theology of Pilgram Ma rpeck," Mennonite Quarterly Review (October, 1 938), 12:241.

37) John Horsch, Mennonites in Europe (Scottdale, Pa., 1942), 355, 356.

38) 위의 책, 356.

39) 약1:17.

40) 말3:6

41) 히13:8

42) 창1:31.

43) 창6:6.

44) 갈3:19. 이는 근본적인 도덕법을 의미하지 않고 옛 언약의 시민법과 의식법을 의미하는 것이다.

45) 마19:4-8.

46) 신24:1-4.

47) 삼상8:4-22.

48) 삼상10:24.

49) 신1:21.

50) 민13:1,2.

51) 신1:22, 23.

52) 민14:42.

53) 신1:43,44.

54) 출23:4,5.

55) 출23:20-33.

56) Edward Yoder, "Wars in the Old Testament," Gospel Herald (Jily 18, 1940), 33:366. 이와 같은 해석에 대해 하나님께서 적을 몰아내기 위하여 전쟁을 사용하지 않았다는 의미가 아니라는 반대 논쟁이 있기도 했다. 그러나 이와 같은 호전적인 논쟁은 단순히 전쟁을 반대하는 납득할 만한 진술의 부재 때문이었다. 전체적인 논점은 나 하나님은 그들을 몰아낼 것이지만 그러나 너 인간은 싸울 필요가 없다. 하나님의 활동이 인간의 행동을 대신하며, 기적이 전쟁을 대치할 것이라는 것이었다.

57) 슥 4:6.

58) 레 26:21-25.

59) 출 32:

60) 레 10:1,2.

61) 레 24:10ff

62) 민 11:

63) 민 12:

64) 민 16:

65) 민 25:

66) Ira M. Price, The Monuments and the Old Testament (Philadelphia, 1925), 242-43, 245

67) 시106편.

68) 사10:5.

69) 사10:26.

70) 롬13:4.

71) 대하22:8.

72) 겔11:19, 20.

73) 사1:2.

74) 사1:4.

75) 사6:5; 1:5.

76) 사1:15; 59:3, 7, 8.

77) 사2:7, 8: 30:15-17; 31:1-5.

78) 사1:9.

79) 사53:5, 6.

80) 사1:16-18.

81) 사2:4.

82) 사9:5, 6.

83) 이는 죄인을 위한 것이 아니고 구속받은 자를 위한 계획이라는 점에 주목해야 할 것이다.

84) 벧전2:21.

85) 사 10: 24-27. .

86) 이사야 13장과 16장 참고.

87) 이사야 30장과 31장 참고

88) 이사야 37장, 왕하 19장 참고.

89) 렘 27:12.

90) 렘 37: 17, 18.

91) 렘37: 13-15.

92) 렘 30: 18.

93) 렘 51:11.

94) 사52:12.

95) 마11:9.

96) 요1:1-12.

97) 마19:16-19.

98) 마22:37, 39.

99) 요3:3.

100) 요일4:10.

101) 마25:41-46.

102) 마13:30.

103) 마18:7.

104) 마18:35.

105) 행5:5,10.

106) 롬 11:22.

107) 롬 1:18.

108) 롬 12:19.

109) 롬 3:15, 17.

110) 마 19:8.

111) 히 8:7, 10:1.

112) 시 116:4-8.

113) 마 5:1 7-19.

114) 히9:14.

115) 고후3:3.

116) 골2:14.
117) 마5:17-48.
118) 고후5:17.
119) 롬6:4.
120) 롬6:11, 17, 18.
121) 요일1:6,7.
122) 롬12:2, 17-21.
123) 갈5:22.
124) 벧전1:10, 13, 14, 2:20, 21.
125) 마5:5.
126) 마6:26-30.
127) 눅15:3-7.
128) 눅15:11-32.
129) 요10:11.
130) 막7:25-30.
131) 마8:5-13.
132) 요3:1-21.
133) 요4:7-42.
134) 마10:17-22.
135) 요11:1-46.
136) 막2:15-17.
137) 마10:8.
138) 눅13:34,35.
139) 눅19:41.
140) 마26:47-52.
141) 마27:14.
142) 마27:27-44.
143) 눅23:34.
144) 사53:7.
145) 갈2:20
146) 벧전2:21-24.
147) 마5:3-12.
148) 마6:10.
149) 마5:21,30
150) 마5:31-37.
151) 마5:38-44.
152) 마18:21,22.
153) 마7:12.
154) 롬12:19-21.
155) 마10:16.
156) 마10:28.
157) 벧전3:14.
158) 행7:60.
159) 고전13:5.
160) 딤전6:10.
161) 엡6:5-9.
162) 몬16절
163) 행4:32.

164) 고전6:1,7.

165) 요18:36.

166) 마4:8-10.

167) 요6:15.

168) 롬13:3,4.

169) 벧전 2:14.

170) 딤전2:1,2.

171) 벧전2:13,14.

172) 행5:29.

173) 마22:17-21.

174) 1942년 12월 9일 친구 Carl M. Lehman이 저자에게 보낸 편지에서.

175) 요일2:3-5.

176) 마5:13,14.

177) 벧전2:24.

178) 벧전2:21-25.

179) 빌2:7, 8.

180) 빌2:5.

181) 빌2:14, 15.

182) 히10:26-31

183) Norman Thomas, The Conscientio us Objector in America (New York: 1923), 25, 26.

184) 눅22:36.

185) C. J. Cadoux, The Early Christian Attitude to War (London, 1919), 17.

186) 행10:1-48

187) 행16:19-24.

188) Cadoux, 위의 책, 99.

189) 니케네 이후 교부들 (Robert and Donaldson, editors, New York, 1925). 7:378 (12사도들의 교훈집, 2:6, 7). 이것과 다음 질문들은 니케네 교부 이후에서 직접 인용한 것이지만 Cadoux와 Heering의 예를 따랐다).

190) 위의 책, 1:54 (Ignati us to Ephesians, 10).

191) 같은 책, 1:33 (Polycap to Ph ilippians, 2).

192) 같은 책, 1: 254 (Dialogue, 110).

193) 같은 책, 2:129 (Plea for the Christian, 1).

194) 같은 책, 4:667-68 (Origen vs. Celsus, 8:73).

195) 위의 책, 3:99, 100 (De Corona, 11).

196) Ante-Nicene Fathers, 4:558 (Origen vs. Cel년, 5:33). Cadoux, op cit., 130과 비교.

197) 위의 책, 4:668 (Origen vs. Celsus, 8:73-75).

198) 위의 책, 4:666 (Origen vs. Celsus, 8:70).

199) 위의 책, 4:668 (Origen vs. Celsus, 8:73-75).

200) 위의 책, 5:277 (Epistles of Cyprian, 1:6). G. J. Heering, The Rall of Christianity (London, 1930), 51과 비교.

201) 위의 책, 7:187 (Divine Institutes, 6:20).

202) 위의 책, 6:415 (Arnobius vs. the Heathen, 1:6).

203) Cadoux, 위의 책., 122-25.

204) Herring, 위의 책., 52

205) Cadoux, 위의 책., 149.

206) Heering, 위의 책., 53.

207) Heering, 위의 책., 57.

208) 위의 책., 256.

209) Heering, 위의 책, 57.

210) 위의 책, 58, 59.

211) Cardoux., 위의 책, 257.

212) J.W. Thompson, An Economic and Social History of the Middle Ages (New York, 1928), 64.

213) 이 문장은 Harnack의 것으로 Heering 책에서 인용했다. Heering, 위의 책 55.

214) Herreing, 위의 책, 59.

215) Nicene and Post-Nicene Fathers (P. Schaff, ed. New York, 1901), 4:300, 301 (Reply to Faustus, 22:74

216) 눅14:22, J. C. Ayer, A Source Book for Ancient Church History (New York, 1933). 452, 453.

217) Nicene and Post-Nicene Fathers, 4:301 (Reply to Faustus, 22:74).

218) 눅3:14, 이 구절에 대한 저자의 주석은 부록 2에 나와 있다.

219) 마22:21.

220) 마8:5-10.

221) Heering, 위의 책, 72-74. P. Hartill, Into the Way of Peace (London, 1941), 50, 51.

222) 다양한 기독교 단체의 사회, 윤리적 견해를 철저히 다루려면 Ernst Troeltsch, The Social Teaching of the Christian Churches, 2 vols. (New York, 1931), 참조.

223) 제9장은 교회의 역할을 포함하여 현재 평화주의에 관하여 논할 것이다.

224) Ray H. Abrams, Preachers Present Arms (New York, 1935), 73.

225) 위의 책, 71, 72.

226) 위의 책, 73.

227) 위의 책, 72, 73

228) 위의 책, 66.

229) 위의 책, 67.

230) G. J. Heering, The Fall of Christianity (London, 1930).

231) John Horsch, The Principle of Non-resistance as Held by the Mennonite Church (Scottdale, Pa., 1951), 7.

232) 위의 책, 7, 8.

233) 위의 책, 9.

234) 위의 책, 11.

235) 위의 책, 15.

236) 위의 책, 18.

237) 위의 책, 11.

238) 위의 책, 10.

239) 위의 책, 11.

240) 위의 책, 11.

241) 위의 책, 10.

242) 위의 책, 14.

243) 위의 책, 13.

244) 아우스분트는 1564년에 처음 등장한 이후 여러 편집본이 출판되었다. 이 찬송가는 Older Oreder Amish Church에서 오늘날까지도 예배에 사용되고 있다. "순교자의 거울"의 첫 판은 네덜란드에서 1660년에 출판되었으며 최종 본은 펜실베이니아 스카데일에서 1950년에 출판되었다.

245) R. J. Smithson, The Anabaptist (London, 1935), 116, 117.

246) 위의 책, 117, 118.

247) 네델란드, 스위스, 독일에서의 아나뱁티스트에 관한 기사는 C. H. Smith의 "The Story of the Mennonities (Newton, Kansas)에 근거했다.

248) 여기에 기록된 숫자는 C. H. Smith, The Coming of the Russia Mennonites (Berne, Ind., 1927)과 The Story of the Mennonites (Newton, Kans., 1950)에 근거한 것이다.

249) 제1차 세계대전 이후의 이주에 대해서는 7장에서 다루어질 것이다.

250) S. W. Pennypacker, Historical and Biographical Sketches (Philadelphia, 1883), 193–94.

251) W. J. Bender, "Pacifism Among the Mennonites, Amish Mennonites, and Schwenkfelders of Pennsylvania to 1783," Mennonite Quarterly Review (July, 1927), 33, 34.

252) Colonial Records (Harrisburg, Pa., 1852), 10:293.

253) Penssylvania Archives, Eighth Series, 8:7349. A copy of a contemporary broadside containing the petition is in the Goshen College Library.

254) W. J. Bender, loc, cit. (October, 1927), 25, 46.

255) Benjamin Rush, An Account of the Manners of the German Inhavitants of Penssylvania (Philadelphia, 1875), 62.

256) E. N. Wright, Conscientious Objectors in the Civil War (Philadelphia, 1931), 51.

257) Edward Yoder, "Teaching Non–resistance," Gospel Herald (Scottdale, Pa., April 18, 1940), 33:78.

258) "A Seriously Consideration," Herald of Truth (January, 1865), 2:6.

259) D. Musser, Non–resistance Asserted (Lancaster, Pa., 1864).

260) "Preserving the Draft," Herald of Truth (March, 1865), 2:21.

261) Herald of Truth (January 1865), 2:6, 7.

262) Ibid., (August, 1864), 1:50; (January, 1865), 2:6, 7.

263) E. N. Wright, op. cit., 83, 84.

264) Ibid., 129.

265) Ibid., 86.

266) Ibid., 87.

267) Ibid., 167.

268) L. J. Heatwole in Hartzler and Kauffman, Monnonite Church History (Scottdale, Pa., 1905), 208.

269) E. N. Wright, op. cit., 168–69.

270) L. J. Heatwole, loc. cit., 210, 211.

271) Ibid., 211.

272) Ibid., 212.

273) E. N. Wright, op cit., 206.

274) C. H. Smith, The Story of the Mennonites (Newton, Kansas, 1950), 794–95.

275) Norman Thomas, The Conscientious Objector in America (New York, 1923), 176

276) Ibid., 48, 49.

277) C. H. Smith, The Coming of the Russian Mennonites, 277–82.

278) Gospel Herald (Scottdale, Pa., Sept. 6, 1917), 10:420.

279) Aaron Loucks to S. C. Yoder, Oct. 8, 1918, World War Papers, Archives of the Mennonite Church, Goshen, Ind.

280) O. B. Gerig to J. S. Hartzler, Oct. 9, 1918, and reply, Oct. 11, 1918, Ibid.

281) See correspondence in World War Papers, Archives of the Mennonite Church.

282) See C. H. Smith, The Coming of the Russian Mennonites, 294–96.

283) See below, p. 135.

284) See S. C. Yoder, For Conscience Sake (Goshen, Ind., 1940), 94–96.

285) For a full account of Mennonite Civilian Public Service see Melvin Gingerich, Service

for Peace (Akron, Pa., 1949).

286) 평화 위원회의 일에 관한 더 상세한 내용을 원할 경우 Guy F. Hershberger, The Mennonite Church in the Second World War (Scottdale, Pa., 1951)을 참조할 것.

287) Minutes of the Conference of Historic Peace Churches를 참조할 것.

288) The Complete Writings of Menno Simons (Scottdale, Pa., 1956), 558.

289) C. H. Smith, The Story of the Mennonites, 541.

290) Pennsylvania Archives, Eighth Series, 8:7349.

291) C. H. Smith, The Coming of the Russian Mennonites, 110–13.

292) Mennonites in the World War, 179.

293) Ibid., 180.

294) P. C. Hiebert and O. O. Miller, Feeding the Hungry (Scottdale, Pa., 1929), 90–110.

295) Ibid., 323–30; Story of the Mennonites, 493, 94.

296) S. C. Yoder, For Conscience Sake (Goshen, Ind., 1940).

297) See Guy Heshberger, The Mennonite Church in the Second World War, Ch. XV; Irvin B. Horst, A Ministry of Goodwill (Akron, Pa., 1950).

298) Guy F. Heshberger, The Mennonite Church in the Second World War, 179–84.

299) Ibid., Ch. 1; Gingrerich, Service for Peace.

300) 요18:36.

301) 비교. W. A. Dunning, A History of Political Theories, Ancient and Medieval (New York, 1919), 1:247.

302) Dreer Mss. Collections, Hist. Soc. of Pa., Letters and Papers of William Penn, 38.

303) 로마서13:1,2(ASV)

304) 이 기사의 전체 원문을 위해서는 부록 4를 참조하라.

305) 디모데전서 2:1,2.

306) 한 예는 북 아메리카 메노나이트 총회의 한 회원이면서 시 공직에 있었는데, 전쟁 물자를 제공하는 데 뛰어난 공로로 육군–해군 상을 받은 시의 전쟁 물자 생산 공장 중 한 곳에, 군에 있는 한 사람이 이 정보를 받으면 기뻐할 것이라고 알려주었다는 축하 편지를 썼다. 이 메노나이트 후보를 공직에 보내려고 선거 캠페인 기간 동안에 후보에게 투표할 것과 적을 사살하는 총기 구입을 위한 전쟁채권 구입을 종용하는 것 같은 정치 광고가 게재되었다. 정부 공직에 중요한 보직이 있는 유럽의 메노나이트들은 대부분 무저항주의자가 아니었다.

307) 누가복음 20:25(ASV).

308) J. H. Oldham, Church, Community, and State: a World Issue (New York, 1935), 17, 18.

309) Adin Ballou, Primitive Christianity and Its Corruptions (1870), 2:180, 201–2.

310) T. S. Elliot, The Idea of a Christian Society (New York, 1940), 25–27.

311) 마태복음 5:13.

312) Ante–Nicene Fathers (New York, 1925), 4:666, 668 (Ofigen vs. Celrus, 8:70, 75).

313) Edward Yoder, "The Obligation of the Christians to the State and Community," Mennonite Quarterly Review (Goshen, Ind., April, 1939), 13:113.

314)발루의 견해에 대한 인용에 대해서는 앞장을 참고하라.

315) 마태복음 5:39 (ASV).

316) 국제 평화 계획에 관한 탁월한 연구를 위해서는 S. J. Hemleben, Plans for World Peace Through Six Centuries (Chicago, 1934)을 보라.

317) S. B. Laughlin (Ed.), Beyond Dilemmas: Quakers Look at Life (New York, 1937), 40, 41.

318) 위의 책, 219.

319) H. J. Cadbury, "The Individual Christian and the State," Friends World Conference Official Report (Philadelphia, 1937), 35

320) J. Dymond, Essays on the Principles of Morality and on the Private and Political Rights and Obligations of Mankind (1829), 183–84, 323, 470.

321) From the preface of the Frame of Government for Pennsylvania, reprinted in the Colonial Records, 1:29, 30.

322) Isaac Sharpless, Quakerism and Politics (1905), 87, 88.

323) Letter from William I. Hull to Walter C. Woodward, April 5, 1937.

324) Letter from Paul C. French to Guy F. Hershberger, March 11, 1945.

325) Cf. Noah Worcester, Slemn Review of the Gustom of War (1814) and his perodical, The Friend of Peace (1815 ff).

326) W. E. Channing, Discourses on War, 45-71.

327) John Horsch, The Social Gospel (Scottdale, Pa., 1920), 6에서 인용.

328) C. H. Hopkins, The Rise of the Social Gospel in American Protestantism (New Haven, 1940), 232.

329) Mennonite Statement of 1937 전문을 위해서는 부록 5를 보라.

330) W. W, Van Kirk, Religion Renounces War (Chicago, 1934), 10.

331) 위의 책, 10.

332) 위의 책 12.

333) 위의 책, 91

334) 위의 책, 118-19.

335) 위의 책, 253.

336) W. W. Van Kirk, Religion and the World of Tomorrow (Chicago, 1941), 9.

337) 위의 책, 53.

338) W. Rauschenbusch, Christianity and the Social Crisis (New York, 1912), 64, 65.

339) 신약성서적 하나님 나라와의 비교하여 현대의 진보 사상을 분석하기 위해서는 H. Emil Brunner, The Theology of Crisis (New York, 1928)를 보라.

340) H. R. Niebuhr, W. Pauck, and F. P. Miller, The Church Against the World (Chicago, 1935).

341) 위의 책, 32, 33, 110-11.

342) 아모스 6:1-6.

343) 미가서 6:8.

344) 마태복음 5:7.

345) 골로새서 4:1.

346) 사도행전 25:11.

347) 고린도전서 6:7.

348) 마태복음 27:14.

349) 위의 책, 37.

350) 위의 책, 49.

351) 사도행전 5:29.

352) Ernest Crosby, Garrison the Nonresistant (Chicago, 1905), 30-42

353) E. A. Steiner, Tolstoy the Man (New York, 1904), and E. H. Crosby, Tolstoy and His Message (New York, 1903).을 보라.

354) K. Shridharani, War Without Violence (New York, 1939), 169.

355) 마태복음 22:21 (ASV).

356) 로마서 13:5,6.

357) 이는 간디와 그의 추종자들에 의해 사용되어진 용어로 비폭력의 실천을 의미한다.

358) Shridharani, op cit., xxx.

359) The Elkhart Truth (Elkhart, Ind,.) July 25, 1942.

360) H. E. Fosdick, "If America is drawn into the War, can you, as a Christian, participate in it or support it" The Christian Century (Chicago, Jan 22, 1941). 58:115-18.

361) W. W. Kirk, Religion Renouces War, 16.

362) Shridharani, op. cit., 270-74.

363) R. B. Gregg, The Power of Nonviolence (Philadelphia, 1934); Training for Peace (Philadelphia, 1937); A Discipline for Nonviolence (Pendle Hill Pamphlet, No 11)을 참고하라.

364) Reinhold Niebuhr, Christianity and Power Politics (New York, 1940), 10, 11. 관련된 문구는 Gregg의 책, 85, 202를 볼 것.

365) 쉬리다라니, 위의 책, 122.

366) Shridharani, My India, My America (New York, 1941), 272, 276.

367) 골로새서 3:11.

368) Fellowship (February, 1943), 9:35.

369) Ibid., 9:35.

370) The Conscientious Objector (August, 1943), 2.

371) Fellowship (July, 1943), 9:131.

372) The Conscientious Objector (October, 1943), 5.

373) Fellowship (October, 1943), 9:180.

374) Ibid., (November, 1943), 9:195.

375) Norman Thomas, The Conscientious Objector in America (New york, 1923), 24, 25.

376) Jonathan Dymond, Principles of Morality (1829), 332 ff.

377) The Jasper-Pulaski Peace Sentinel (CPS Camp No. 28, Medaryville, Ind.), Feb.12, 1943.

378) Cooperstown (CPS Camp No. 19, Marion, N. C.), April 25, 1942.

379) Ibid., March 21, 1942.

380) Calmet (CPS CAmp No. 19, Marion, N.C.), April 25, 1942.

381) John Horsch, The Principle of Nonresistance as Held by the Mennonite Church (Scottdale, Pa., 1927), 24에서 인용.

382) V. L. Parrington, The Colonial Mind, 1620-1800 (Main Currents in American Thought, Vol. I, New York, 1927), 347.

383) Norman Foerster, The American Stage University (Chapel Hill, N.C. 1937), 40.

384) R. H. Gabriel, The Course of American Democratic Thought (New York, 1940), 144.

385) 위의 책, 150.

386) Parrington, op. cit., 347에서 인용.

387) W. Rauschenbush. A Theology for the Social Gospel (New York, 1917), 135.

388) 로마서 12:11. 킹 제임스 버전에 의하면 희랍어 원의는 사업에 대해서라기보다 영적인 것에 부지런하고 헌신적이기를 권고했던 말씀이다.

389) 잠언 6:6.

390) 잠언 10:4.

391) 누가복음 12:16-20.

392) 이사야 5:8.

393) Minutes of the Twenty-second Mennonite General Conference (Scottdale, Pa., 1941), 46, 47.

394) F. H. Lettel, "The Anabaptist Theology of Mission," Mennonite Quarterly Review (January, 1947), 21:12.

395) H. S. Bender and John Horsch, Menno Simons' Life and Writings (Scottdale, Pa., 1936), 76.

396) 위의 책, 88.

397) Arthur E. Morgan, "The Small Community as the Birthplace of Enduring Peace" (Typewritten manuscript), 1.

398) Peace News (London, Nov. 17, 1950).

399) John C. Bennett, Christian Ethics and Social Policy (New York, 1946), 41-46을 보라.

400) 마태복음 28:19, 20.

401) 제2장과 3장 그리고 부록 2에서.

402) C. C. Morrison, The Christian and the War (Chicago, 1942). 모리슨의 논쟁의 비판을 위해서는 Edward Yoder, Compr omise with War (Akron, Pa., 1944)을 보라.

403) Reinhold Niebuhr, "A Communication: The Will of God and the Van Zeeland Report," The Christian Century (Dec. 14, 1938), 55:1550.

404) R. Niebuhr, "Japan and The Christian Conscience," The Christian Century (Nov. 10, 1937), 54:1391.

405) 잠언 14:12.

406) A. E. Holt, Christian Roots of Democracry in America (New York, 1941), 129.

407) 사회 질서에 대한 아나뱁티스트의 견해에 대해 논의하기 위해서는 H. S. Bender, "The Anabaptist Vision," Church History (March, 1944), 13:3-24, 그리고 Mennonite Quarterly Review (April, 1944), 18:67-88)을 보라.

408) W. W. Sweet, The Story of Religions in America (New York, 1950), 279.

409) John Horsch, Mennonite in Europe (Scottdale, Pa., 1942), 325에서 인용.

410) Horsch, Mennonites in Europe, 302.

411) W. W. Sweet, Religion in Colonial America (New York, 1942), 323.

412) R. M. Jones, Studies in Mystical Religion (London, 1909), 369.

413) R. J. Smithson, The Anabaptists (London, 1935), 115.

414) John Horsch, The Hutterian Brethren (Goshen, Ind., 1931), 131.

415) H. S. Bender, "The Anabaptist Vision," Church History (March, 1944), 13:20.

416) A. E. Morgan, The Des Mones Register (Aug. 26, 1941), 8.

417) T. S. Elliot, The Idea of a Christian Society, 19.

418) O. E. Baker, "The Rural Family and Its Significance to Organized Religion," The Christian Rural Fellowship Bulletin, No. 43 (June, 1939), 3.

419) P. A. Sorokin, The Crisis of Our Age (New York, 1941), 320, 321.

420) R. Niebuhr, Moral Man and Immoral Society (New York, 1932), 63.

421) A. E. Holt, op. cit., 128.

422) C. H. Cooley, R. C. Angell, and L. J. Carr, Introductory Sociology, (New York, 1933), 205-6.

423) John Horsch, Mennonites in Europe, 298.

424) Ibid., 375.

425) Ibid., 374.

426) Ibid., 375.

427) H. S. Bender and John Horsch, Menno Simons' Life and Writings (Scottdale, Pa., 1936), 69.

428) John Horsch, Mennonite in Europe, 351.

429) Ibid., 353.

430) Bender and Horsch, op cit., 56.

431) Bender and Horsch, Menno Simons, 91.

432) 신명기 6:6, 7.

433) 느헤미야 8:5, 6.

434) 에베소서 6:4.

435) 출애굽기 12:26, 27; 신명기 6:20; 여호수아 4:21, 22.

436) 사무엘상서 1:2.

437) 디모데후서 1:5.

438) 어거스린의 고백록을 보라.

439) J. H. Oldham, Church, Community, and State (New York and London, 1935), 17, 18.

440) 누가복음 10:25-37.

441) 야고보서 1:27.

442) 야고보서 2:15, 16.

443) Complete Writings, 558-9.

444) 디모데전서 6:4-6.

445) 골로새서 3:11.

446) John Umble, an "Race Prejudice Obstacle to Evangelism in the Mennonite Church," Goshen College Record Review Supplement (Goshen, Ind., September, 1926), 29-32, 참조 비교.

447) 로마서 12:2.(ASV).

448) Robert Kreider, "Enmironmental Influences Affecting the Decision of Mennonite Boys of Draft Age, " Mennonite Quarterly Review (October, 1942), 16:247-59; 275.

449) 이 주제에 관한 논쟁을 좀 더 자세하게 보기를 원하면, Guy Hershberger, The Mennonite Church in the Second World War (Scottdale, Pa., 1951), ch. IV를 참조하라.

450) Rachel King, God's Boycott of Sin (New York, 1946).

451) James D. Bales, The Christian Conscientious Objector (Berkeley, Cal if.).

452) James R. Graham, Stranger and Pilgrims (Scottdale, Pa., 1951).

453) C. G. Rutenber, The Dagger and the Corss; An Examination of Christian Pacifism (New york, 1950).

454) Carl F. H. Henry, The Uneasy Conscience of Modern Fundamentalism (Grand Rapids, Mich., 1947).

455) F. H. Littell, "The Anabaptist Theology of Mission," Mennonite Quarterly Review (January 1947), 21:10.

456) Complete Writings of Menno Simons, 303.

457) Ibid., 633.

458) Ibid., 189.

459) Ibid., 94.

460) Ibid., 558.

461) R. I. Moyer, The Christian and War (St. Paul, 1942), 17.

462) L. Boettner, The Christian Attitude Toward War (Grand Rapids, 1940), 45.